献给海南建省办经济特区20周年

In the Celebration of the 20th Anniversary of Establishing
Hainan as a Separate Province and a Special Economic Zone

Dedication to the
Promising Land

痴心热土

——20年的梦想与追求

— Twenty Years' Dreams and Aspirations

迟福林 著

By Chi Fulin

人民出版社

策划编辑:郑海燕
装帧设计:肖 辉

图书在版编目(CIP)数据

痴心热土——20年的梦想与追求/迟福林 著. -北京:人民出版社,2008.3
ISBN 978-7-01-006905-0

Ⅰ.痴… Ⅱ.迟… Ⅲ.①地区经济-经济体制改革-海南省-文集②地区经济-经济
发展-海南省-文集 Ⅳ.F127.66-53

中国版本图书馆 CIP 数据核字(2008)第 024339 号

痴 心 热 土

CHIXIN RETU

——20 年的梦想与追求

迟福林 著

人民出版社 出版发行
(100706 北京朝阳门内大街 166 号)

北京新魏印刷厂印刷 新华书店经销

2008 年 3 月第 1 版 2008 年 3 月北京第 1 次印刷
开本:787 毫米×1092 毫米 1/16 印张:32.25
字数:630 千字

ISBN 978-7-01-006905-0 定价:60.00 元

邮购地址 100706 北京朝阳门内大街 166 号
人民东方图书销售中心 电话 (010)65250042 65289539

序　言

　　我从北京来海南工作已整整 20 年。1987 年 12 月,当我第一次踏上海南岛时,就被这块充满春意的土地所吸引。虽然海南岛的工作、生活环境同北京相比有很大的差距,但我很快就爱上了这片热土。转瞬间,20 年过去了,我发现自己与海南的这份情感已难以割舍。这里,有我喜欢的青山绿水,更有我愿意为之奋斗的事业。尽管这 20 年间时有坎坷和失落,但更多的是希望与追求,是不懈的努力。

　　作为一名海南改革发展的亲历人和实践者,20 年来,我一直关注着海南的变化,坚持海南改革发展研究。20 年过去了,我把自己这期间关于海南研究的一部分文章汇集成这本《痴心热土——20 年的梦想与追求》,献给海南建省办经济特区 20 周年。我很喜欢这个书名,虽然少了点学术味,却有很鲜明的情感色彩。这 20 年来,正是这份情感,支撑着我对海南研究的热情和执着。为此,我十分珍惜自己寄予每篇文章中的那份情、那份爱。这些梦想和追求,将伴我终身。

　　本书汇集的文章时间跨度大,难免有很深的历史痕迹。为了真实地反映自己的观点,本书编辑时基本未做修改。

　　这里,感谢我的同事陈所华、匡贤明、王瑞芬、龙晓玲、常英伟、李浩天等在本书选编中给予的帮助。谨以此书献给海南建省办经济特区 20 周年。

迟 福 林

2008 年 1 月 30 日

目　录 CONTENTS

第四篇　以突出"特"字为主线的海南发展

Contents

Chapter There Unswervingly Following the Path of Reform

第一篇

实现邓小平创办
海南经济特区的战略构想

邓小平关于创办海南经济特区的战略思想，是邓小平改革开放思想的重要组成部分。邓小平以一个伟大的政治家的眼光和气魄，从我国的战略全局出发，对创办海南经济特区，对海南经济特区的地位和作用，做出了战略构思。创办海南经济特区，对于进一步推进我国的改革开放，加强民族团结，扩大对外开放，巩固国防，实现祖国统一大业，都有着十分深远的意义。

——1994 年

做好"很了不起"这篇大文章

1987 年 6 月 12 日,邓小平在会见外宾时,第一次公开提出了建立海南经济特区的战略构想。他说:"我们正在搞一个更大的特区,这就是海南岛经济特区。""海南岛好好发展起来,是很了不起的。"

今天,邓小平创办海南经济特区的思想,依然是海南改革开放和经济社会发展的重大战略指导思想。深入学习和深刻领会邓小平的这一战略思想,对于新时期新阶段海南经济特区的发展,对于充分发挥海南经济特区在中国改革开放全局中的影响,至关重要。

——1994 年

做好"很了不起"这篇大文章[*]
（1994 年 11 月）

◇◇◇◇◇◇◇◇◇◇◇◇◇◇◇◇◇◇◇◇◇◇◇◇◇◇◇◇◇◇◇◇◇◇◇◇◇◇◇

在邓小平的亲自倡导下,1988 年党中央国务院决定在海南创办我国最大的经济特区。1988 年 4 月 13 日,全国人大七届一次会议通过了关于设立海南省和建立海南经济特区的决议。自此,海南开发建设史上翻开了崭新而辉煌的一页。海南建省办经济特区近七年来,创造了海南历史上最快的发展速度和最好的社会经济发展水平。海南经济特区建设的实践证明,邓小平关于创办海南经济特区的思想和中央的决策是完全符合海南实际的,是十分正确的。

邓小平关于创办海南经济特区的战略思想,是邓小平改革开放思想的重要组成部分。邓小平以一个伟大的政治家的眼光和气魄,从我国的战略全局出发,对创办海南经济特区,对海南经济特区的地位和作用,做出了战略构思。创办海南经济特区,对于进一步推进我国的改革开放,加强民族团结,扩大对外开放,巩固国防,完成祖国统一大业,都有着十分深远的意义。

今天,邓小平创办海南经济特区的思想,依然是海南改革开放和经济社会发展的重大战略指导思想。深入学习和领会邓小平的这一战略思想,对于今后海南经济特区的发展,对于在改革开放的新形势下继续办好海南经济特区,对于充分发挥海南经济特区在中国改革开放全局中的影响,都是至关重要的。

---

[*] 载《海南日报》1994 年 11 月 15 日。

一、一项"很了不起"的伟大事业

早在全国改革开放之初,党中央和邓小平就从战略全局上提出了加快海南开发建设和发展的问题。1980 年 7 月 24 日,国务院在批转《海南岛问题座谈会纪要》的文件中指出:鉴于海南岛的特殊地位,中央决定要对海南岛的经济建设给予大力支持。1983 年 4 月 1 日,中共中央、国务院关于批转《加快海南岛开发建设问题讨论纪要》的通知中,明确指出:"海南岛战略地位十分重要。开发建设这个资源丰富的宝岛,对加强民族团结,实现国家四化,巩固南海国防都有重要意义。"1984 年 2 月 24 日,邓小平在与中央负责同志的谈话中非常明确地表示了他对加快建设海南岛的高度重视和关注。"我们还要开发海南岛,如果能把海南岛的经济迅速发展起来,那就是很大的胜利。"①1987 年 6 月 12 日,邓小平在会见外宾时,第一次公开提出了建立海南经济特区的思想。他说:"我们正在搞一个更大的特区,这就是海南岛经济特区。""海南岛好好发展起来,是很了不起的。"②此后,中央根据邓小平创办海南经济特区的战略思想,做出了设立海南省、建立海南经济特区的重大决定,并实行比其他特区更"特"的政策。由此可见,邓小平作为我国改革开放的总设计师,作为一个伟大的政治家、战略家,开发建设海南岛的战略思想是早已形成并不断发展的,创办"更大的特区"、开创"很了不起"的事业、实现"很大的胜利",是邓小平经过深思熟虑、精心构想的一个杰作,是邓小平特区思想进一步发展的重要标志。

邓小平关于创办海南经济特区的战略思想,其内涵是非常丰富的,需要我们认真学习和深刻领会。邓小平为什么说海南岛迅速发展起来是"很了不起的,是很大的胜利",无疑是基于海南岛的特殊地位和作用而做的战略考虑。邓小平的这一战略思想,主要包含了以下四个方面的内容:

1. 海南迅速发展起来,本身就是一件"很了不起"的事情,是社会主义现代化建设事业的很大的胜利

海南岛是我国的国防前哨地区,又是老革命根据地,少数民族聚居地。海南岛 3.4 万平方公里的面积,绝大部分是农村,600 多万人口中有 500 多万农民。建国以来,海南岛形成了封闭、单一的经济格局,经济基础十分薄弱,属于相当不发达和落后的地区。因此,就海南岛自身的多种综合性特征和因素而言,它的发展在我国具有充

---

① 《邓小平文选》第三卷,人民出版社 1993 年 10 月版,第 52 页。
② 《邓小平文选》第三卷,人民出版社 1993 年 10 月版,第 239 页。

分的典型性。既有利于尽快提高老区人民的生活水平,加强民族团结,巩固国防,又有利于支援全国的现代化建设,对全国的改革开放有着先行试验和借鉴作用。

邓小平指出:"社会主义最根本的任务就是发展生产力,社会主义的优越性归根到底要体现在它的生产力比资本主义发展得更快一些、更高一些,并且在发展生产力的基础上不断改善人民的物质文化生活。"①"贫穷不是社会主义,发展太慢了也不是社会主义。否则社会主义有什么优越性呢?"②从坚持社会主义,建设相对资本主义具有优越性的社会主义这个大局和战略高度着眼,海南岛作为全国的一个典型地区,开发建设和迅速发展具有其十分重大的典型意义。

在解放后到建省办特区前的三十多年里,由于受"左"的思想影响,政策封闭,体制不顺,国防建设和经济建设的关系没有处理好,海南的经济相当落后,人均分配水平只有全国分配水平的83%,85%的商品要靠内地调进,17%左右的人口未达温饱。对于这样一个孤悬海外、贫穷落后的海岛,如果能够充分发挥其本身的资源优势和地理优势,通过实施改革开放的政策迅速发展起来,那就是社会主义现代化建设史上一项"很了不起"的事业,是社会主义事业的一个很大的胜利。正如邓小平在1984年年初的一次讲话中所说:"如果用20年的时间把海南岛的经济发展到台湾的水平,那就是很大的胜利。"③

正是由于海南在社会主义现代化建设史上的重要地位和作用,所以邓小平提出了在海南创办全国最大经济特区的倡导。海南建省办特区后,经济得到了快速发展,仅建省头3年固定资产投资达170亿,大大超过了海南建国30多年来全民所有制国家资产投资总和,而1993年一年,固定资产投资就完成了169.4亿。建省办特区5年,已实现了中央在建省办特区时提出的达到国内平均发展水平的第一步目标。1993年全省国民生产总值达到204亿元,比建省前的1987年增长2.7倍,平均每年增长20%以上。现在看来,只要深入领会和贯彻邓小平创办海南经济特区的战略思想,海南在20年内赶上台湾20世纪80年代发展水平的目标是可以达到的。

2. 加快开发海南独特的自然资源,对于海南的发展具有全局影响

(1)海南的真正优势在于资源。邓小平说:"海南岛和台湾的面积差不多,那里有许多资源,有富铁矿,有石油天然气,还有橡胶和别的热带亚热带作物。海南岛好好发展起来,是很了不起的。"④海南岛号称"宝岛",自然资源十分丰富。海南具有

---

① 《邓小平文选》第三卷,人民出版社1993年10月版,第63页。
② 《邓小平文选》第三卷,人民出版社1993年10月版,第225页。
③ 引自中共广东省海南行政区委员会文件琼字[1984]16号。
④ 《邓小平文选》第三卷,人民出版社1993年10月版,第239页。

丰富的土地资源,土地总面积 5086 万亩,占全国热带面积的 42.5%,是我国最大最好的热带地区,是生产橡胶、椰子、油棕等许多热带经济作物和四大南药的基地。目前尚有 900 万亩荒地有待开发,已开垦的土地单产很低,潜力很大。海南的矿产资源种类繁多,已探明的各类矿产有 60 余种。石碌铁矿是亚洲最大的富铁矿,占全国富铁矿储量的 71%,锆英石储量占全国的 60%。海南的石油、天然气的储量也很丰富,中国南海的莺歌海、北部湾和珠江口三大油田,前两个都在海南岛海域,再加上琼北陆地油田开发起来,石油天然气的产量将十分可观。海南岛四面环海,海岸线占全国大陆海岸线的 10.1%,海产品种类繁多,十分丰富。海南岛热作资源得天独厚,享有"百果园"之称,是中国最大的热带、亚热带水果产区之一。海南农业资源潜力巨大,是发展高产、优质、高效的现代农业的理想之地。海南岛有独特的旅游资源,它与美国夏威夷处在同一纬度上,是一块依然保持着热带自然风貌的"处女地",具有迷人的热带亚热带景观和独具特色的海岛风情。

海南丰富的自然资源,在全国是独一无二的,它是我国进行现代化建设的宝贵财富。海南的自然资源能够充分地开发利用起来,不仅会促进海南经济特区的发展,而且会对全国的经济发展起到巨大的支持和促进作用,这也是一件"很了不起的"事情。

(2)抓住资源开发这个突破口。在目前国家对整个经济发展实施宏观调控,海南的经济发展面临许多困难的新形势下,发挥海南优势的关键是抓住资源开发这个突破口。尤其是具有全局意义的热带农业和热带旅游业的资源开发。这一突破口的作用突出表现在:第一,它能把海南的改革再推进一步;第二,它能把内外资金吸引进来;第三,它能把海南的对外开放再推进一步;第四,它能把海南的企业再推进一步。如果农业不开发,农产品加工就搞不起来,对外贸易就缺乏物质基础,因为海南的加工业和对外贸易的基础在农业;如果旅游资源不开发,不仅资源优势发挥不出来,而且原来投入的基础设施的效益也发挥不出来。而农业和旅游资源的开发可以带动其他产业的全面发展。海南只有通过这两大资源的开发才能更好地争取自己的政策优势,创造对外开放和经济体制的优势。因此,统一对资源开发的认识具有十分重要的意义。

3. 海南特殊的地理位置决定了它在促进对外开放、巩固国防方面具有十分重要的战略地位

海南地处亚太腹地,地理位置十分重要,它是中国连接东南亚的前沿,拥有连接欧洲、非洲、澳大利亚和亚洲南部国家最近的海上航线,而且作为我国位置最南端的交汇点,是航空线、航海线、陆路交通线的潜在枢纽,具有沟通我国与外部世界经济联系的巨大优势。邓小平讲:"特区是个窗口,是技术的窗口,管理的窗口,知识的窗

口,也是对外政策的窗口。""特区成为开放的基地,不仅在经济方面、培养人才方面使我们得到好处,而且会扩大我国的对外影响。"①在海南建立我国最大的经济特区,就是由此使海南岛成为中国大陆连接东南亚和世界各国的桥梁,成为中国进一步对外开放的一个重要窗口,成为促进南中国海和平合作的重要基地。由此可见,海南经济特区在我国对外开放格局中具有不可替代的、举足轻重的重要作用。

海南岛又是我国的南大门,是我国十分重要的海防前哨。我国历来重视国防建设,很显然,国防建设必须以经济力量和经济建设为基础。新中国成立以后,海南进行了多次阶段性开发建设热潮,但却形成了封闭、单一的经济格局,甚至形成了畸形的经济结构,其经济发展的落后状况与国防要求十分不相称。通过创办经济特区,使海南迅速发展起来,将会大大有助于加强国防建设的力量,提高国防建设的水平,这对于巩固我国国防,筑起坚固的南海海防长城,具有十分重要的战略意义。的确,它又是一件"很了不起的"大事情。

4. 建立海南经济特区,对于实现祖国的和平统一大业有着重大意义

邓小平十分关注并致力于祖国的和平统一大业。他说:"实现国家统一是民族的愿望,一百年不统一,一千年也要统一的。"②为此,他创造性地提出了"一国两制"的构想。为了落实"一国两制"的构想,实现台湾的早日回归,邓小平提出了许多具体途径:一是增加接触,促进了解,推动合作,为双方进一步商谈统一问题创造条件;二是大力发展经济,创造出促使台湾回归的说服力和吸引力。"中国解决所有问题的关键是要靠自己的发展。"③

创办海南经济特区让海南迅速发展起来,是促进台湾回归,实现祖国和平统一大业的重要战略措施。海南与台湾是祖国的两大宝岛,都是孤悬海外,具有十分相似和相近的地理和人文条件。两岛在经济结构上具有互补优势,在经济合作上具有便利的交通条件。一方面,通过创办海南经济特区,力求使原来十分落后的海南岛在20年内赶上台湾的发展水平,这对台湾回归无疑有相当的说服力和吸引力。另一方面,海南经济特区在发展过程中,以其进一步的对外开放,加强与台湾的接触、了解和合作,增强两岛在经济上的依存度,可以使两岛由于经济利益的密切联系和一致性,最终实现对祖国统一的认同,达到以经济促政治的目的。海南建省办特区后的实践证明,台湾各方对来海南投资有很大的热情,只要海南真正形成一个对外开放的优势,

---

① 《邓小平文选》第三卷,人民出版社 1993 年 10 月版,第 51～52 页。
② 《邓小平文选》第三卷,人民出版社 1993 年 10 月版,第 59 页。
③ 《邓小平文选》第三卷,人民出版社 1993 年 10 月版,第 265 页。

真正形成一个长期稳定的政策环境,台资大量投入海南是可能的,两岛的经济联系会更加密切。

二、以更大的开放,办"更大的特区"

邓小平提出把海南办成全国"更大的特区",这个"更大的特区"到底怎么办? 邓小平有很多构想。1989年5月,邓小平明确指出:"我过去说要再造几个香港,就是说我们要开放,不能收,要比过去更开放,不开放就发展不起来。"①这是一个具有战略意义的崭新构想,实际上也为海南办好"更大的特区"指明了根本途径。同时,从1989年4月,邓小平在对海南提出的引进外资成片开发洋浦问题时所做的重要批示:"海南省委关于洋浦开发的决策是正确的,洋浦开发机会难得,不能拖延,手续要迅速周全",可以看出邓小平"办更大的特区"的战略构想就是要通过大开放、"更开放",把海南推向国际市场,把洋浦变成自由港区,让海南率先建立高度开放的市场经济体制。为了落实邓小平"办更大特区"的战略构想,党中央、国务院这几年来给予海南一系列改革开放的优惠政策。近七年来,海南利用党中央、国务院给予的优惠政策,在改革开放方面取得了很大的成绩。但是,现在回过头来看海南近七年来的发展,要真正实现邓小平办好海南"更大特区"的战略构想,完成这一项"很了不起"的伟大事业,根本出路在于要尽快建立起一个符合国际惯例的,有利于"更开放"的高度开放型的市场经济体制模式。

1. 加快建立高度开放型的市场经济体制是办好海南"更大的特区"的根本出路

1992年以来,全国改革开放的步伐加快,作为经济特区的海南和兄弟省市相比较政策落差已经大大缩小,特别是中央财税体制改革、金融体制改革、计划和投资体制改革以及外贸体制改革等措施的实施,使经济特区政策优势已不明显。

实践证明,中央给予海南的许多政策很难执行,根本的问题在于体制,体制理不顺,就是给了好政策,也要在实践中打折扣,也很难在实践中完全落实。那么,海南要办好"更大的特区",根本的出路是在改革中建立符合海南实际的市场经济体制,以服从和服务于海南的对外开放。这个体制就是同一般市场经济体制模式不同的开放型的市场经济体制模式。

随着我国改革开放的深入进行,海南经济特区面临着来自国内各方面的严峻挑

---

① 《邓小平同志重要谈话(1987年2~7月)》,人民出版社1987年10月版,第36页。

战。全国实行全方位、多层次对外开放格局以及国家对固定资产投资进行宏观调控两大宏观经济因素,对海南经济发展所带来的影响已经日益明显。尽管海南的经济发展,经过近七年的努力已经上了一个台阶,但是,整个经济仍然十分脆弱,要实现邓小平关于"海南岛好好发展起来,是很了不起的"战略构想和伟大事业,根本的出路在于建立符合海南实际的、同一般市场经济体制不同的、符合国际惯例的、有利于更大规模吸收外资的、开放型的市场经济体制,创造海南新的优势,形成新的投资吸引力。

海南特区还面临着国际经济发展的新挑战。特别是一些周边国家竞相制定更加自由、开放的经济政策,大力兴办自由贸易区、自由经济区或自由港,成为我国经济特区对外开放、吸引外资、引进外国技术的强劲对手,没有更加开放的体制和政策,特区将处于竞争的不利地位。因此,建立高度开放型的市场经济体制,已成为提高海南经济特区在周边国家和地区的竞争力的关键所在。

海南作为孤悬海外的海岛,其经济具有显著的岛屿经济特征,优势与局限性都十分突出。世界上这类国家和地区的发展模式千差万别,但最为成功的是我国的香港和台湾地区。因此,要办好海南这个"更大的特区",完成邓小平提出的这一"很了不起"的伟大事业,必须在建立社会主义市场经济体制和发展社会主义市场经济过程中,认真落实邓小平关于大胆改革开放的思想和三个"有利于"的标准。邓小平说:"改革开放胆子要大一些,敢于试验,不能像小脚女人一样,看准了的,就大胆地试,大胆地闯。深圳的重要经验就是敢闯。没有一点闯的精神,没有一点'冒'的精神,没有一股气呀、劲呀,就走不出一条好路,走不出一条新路,就干不出新的事业。"[①]"改革开放迈不开步子,不敢闯,说来说去就是怕资本主义东西多了,走了资本主义道路。要害是姓'资'还是姓'社'的问题。判断的标准,应该主要看是否有利于发展社会主义社会的生产力,是否有利于增强社会主义国家的综合国力,是否有利于提高人民的生活水平"[②],邓小平还指出:"社会主义要赢得与资本主义相比较的优势,就必须大胆吸收和借鉴人类社会创造的一切文明成果,吸收和借鉴当今世界各国包括资本主义发达国家的一切反映现代社会化生产规律的先进经营方式、管理方式。"[③]因此,我们应当借鉴,吸收我国台湾、香港等地区和国外的经济发展经验,立足海南已经初步建立的市场经济体制,充分利用中央授予的各项权力(立法权、试验权),放手移植各国和地区成功的法律和规章,率先在各个方面与国际惯例接轨,建立起开放型的市场经济体制。

---

① 《邓小平文选》第三卷,人民出版社 1993 年 10 月版,第 297 页。
② 《邓小平文选》第三卷,人民出版社 1993 年 10 月版,第 372 页。
③ 《邓小平文选》第三卷,人民出版社 1993 年 10 月版,第 373 页。

2. 海南最有条件建立高度开放型的市场经济体制

海南从地理、资源、政策总体优势来看都优于全国其他特区和开发区,海南自身的条件决定了市场经济体制的开放程度可以更高、办法更活、速度更快。

海南改革的条件相对全国其他特区和地区都好。建省前不仅国家指令性计划的比例小,国营企业数量少、规模小,而且在全国整个经济发展中所占的比重也很小。到1993年GNP仅占全国总量的6.8‰。因此,海南进一步深化改革的制约因素较少,完全有条件也有可能按照国际惯例,建立起一个高度开放型的市场经济体制。

海南近七年来的体制改革,为建立高度开放型的市场经济体制奠定了坚实的基础。近七年来,海南特区从有利于对外开放出发,实行"小政府、大社会"的新体制,初步建立了以间接管理为主的行政管理体制框架;不同所有制企业平等竞争、竞相发展的基本格局已形成;建立了符合国际惯例的企业直接登记制度;大力推行股份制改革,发展股份制企业,现代企业制度的雏形已初步形成;推行价格改革,初步建立起市场形成价格的机制,积极培育和发展各类市场,初步形成了包括商品、金融、技术、劳务、房地产等在内的市场体系,各类市场十分活跃;统一的、社会化程度较高的新型社会保障制度已出台,并在逐步完善;与此同时,建立了日益完善和健全的法规条例和管理制度。可以说,海南已初步建立了市场经济体制的基本框架,这个基本框架的建立,不仅为海南的经济社会发展创造了宽松的环境,也为海南加快建立高度开放型的市场经济体制奠定了坚实的基础。

3. 建立海南特区高度开放型的市场经济体制就是要"更开放"

"更开放"是邓小平特区建设思想的重要内容。海南要真正办成"更大的特区",需要的不是一般的开放,而是有别于其他地区的"更开放"。迄今为止,自由贸易区是国际上公认的开放型市场经济最成功的体制模式。海南特区要建立起高度开放型的市场经济新体制,应该借鉴并大胆采用自由贸易区的基本政策,力求做到货物、资金、人员进出自由,逐步成为亚太区域最开放的地区之一。如实行现代自由企业制度;取消特区的外贸限制,实行放开经营的外贸体制;走向货币自由可兑换的更加开放的金融体制;更加灵活自由的人员进出政策。

海南能率先建立高度开放型的市场经济体制,实行开放型市场模式,正是为了迎接我国"复关"的挑战,有利于我国市场同国际市场的对接,也可以弥补因"复关"带来的特区某些优惠政策的失效而造成的损失,使特区发展更上一个新档次。从这个意义上讲,海南建立高度开放型市场经济体制对我国的改革开放也将是一项"很了不起"的贡献。

三、继续争取"更大的胜利"

加快把资源优势转化为经济优势,是实现邓小平关于海南经济特区战略构想的重要内容。资源作为社会生存和发展的物质基础,其开发利用对推动区域经济发展潜力巨大。实现资源优势向经济优势转换的根本途径在于加快改革步伐,建立高度开放型的市场经济体制,增创特区新优势,利用体制优势发展外向型经济,利用体制优势加强琼台经济合作,利用体制优势促进海南经济大发展,争取"更大的胜利"。

1. 加快改革步伐,解决建立高度开放型市场经济体制中的几个关键性问题

(1)产权制度改革。首先要建立起符合市场经济发展要求的国有资产管理体制,按照政府的社会经济管理职能和国有资产所有者职能分开的原则,进一步理顺国有资产行政管理部门、国有资产经营公司、企业三个层次的产权关系,构造国有资产管理部门统一行政管理,授权国有资产经营公司自主经营,企业拥有包括国家在内的出资者投资形成的全部法人财产权的国有资产管理体制。其次要促进存量产权的合理流动,允许包括外商在内的各种投资者购买国有企业、集体企业的产权(股权)。要采取措施,进一步完善、扩大产权交易市场,提高产权交易市场的开放程度,把一大批存量资产推入产权交易市场,使产权交易市场成为海南引进内外资的一个新的重要渠道。在保证产权交易市场规范化运作的前提下,允许外商参与产权市场的开发建设;允许外商举办产权交易经纪公司;鼓励外省、外资企业的产权到海南产权交易市场入市流通;鼓励境内外投资者、机构投资者以各种出资方式购买海南企业的产权或向海南企业参股。

(2)加快建立现代企业制度的步伐,构造高度开放型市场经济体制的微观基础。根据《公司法》和《海南经济特区股份有限公司条例》、《海南经济特区有限责任公司条例》的要求,争取用很短的时间,把大多数国有企业改组为有限责任公司,把符合条件的企业尽快改造成为股份有限公司,逐步形成以有限责任公司为主体,以股份有限公司为骨干,以国有独资公司、其他类型企业为补充的新型企业制度和企业结构。

(3)进一步完善"小政府、大社会"的行政管理体制。政府要加速培育市场体系,监督市场运行和维护平等竞争,调节社会分配和组织社会保障,为企业提供良好的社会服务,改革政府管理企业的方式与方法。

(4)依靠改革把海南农业的潜在优势变为现实优势。采用公司制办法,实行资

11

本、土地、技术三者的最佳结合。要深化对农村土地使用制度的改革,使农业在农民产权独立和自愿重组的基础上,提高农业生产的社会化程度。海南民源现代农业股份公司,通过把中国科学院的技术以及农民土地折价入股的办法实行资金、技术、土地的三结合,为采用高新技术大规模进行农业开发做了较为成功的尝试,并初步取得了较好的经济效益和社会效益。事实说明,通过公司制办法,建立"公司＋农民"的新体制,是深化农村土地制度改革、推进农村经济快速发展的成功举措,应当在实践中不断完善。

推进股份合作制,实现农村组织制度创新。农村股份合作制是在广大农民对传统的组织制度的反省和对新的组织制度的企盼中产生的,目前尚处于探索起步阶段,需要更为大胆的试验,并为其创造更宽松的环境。在推进农村股份合作制中实现农村组织制度创新,使海南农业焕发出新的活力。

通过热带农业资源的集中开发推进海南小城镇建设。从小城镇的形成来看,以某种专业生产为基础形成的专业市场或大型集贸市场,能带动其他非农产业和小城镇的建设。从海南的实践看,兴隆农场、八一农场都是通过农业以及热带风光开发而形成的旅游热点,并已向具有一定档次和规模的城镇发展。它大大促进了该地区的经济发展,并辐射和带动了周围地区,农民也因此受益。这种依靠一定优势产业步入小城镇的道路具有普遍的意义,值得不断探索。

(5)按照国际惯例改革对外经济体制,要切实解决境外投资者的国民待遇问题,拓宽外商投资领域。允许外商通过合作、合资、独资等形式来海南举办各类商品批发、零售、购销市场;允许外商参与举办保税生产资料市场;允许外商以各种方式参与发展海南的旅游事业;允许外商参与基础设施、基础产业,如机场、公路、邮电等事业的开发和建设。要按照世界上经济特区通行的自由贸易原则,进一步改革外贸体制和进出口管理制度,实行基本放开经营的外资政策,给所有具备条件的各类企业以进出口商品的自由,要鼓励和支持有条件的企业走向国际市场,实现海南企业与境外企业的沟通和融合。

2. 通过扩大开放,加快海南资源的开发利用,走出一条外向型经济发展道路

由内向转向外向,是邓小平特区建设思想的重要内容。发展外向型经济是特区经济建设的基本方向。海南丰富的资源与短缺资金之间的矛盾只有通过扩大开放引入内外资金,特别是引入外资才能得到解决。可以说,通过进一步扩大对外开放,大规模引进外资,是加快海南资源的开发利用,促进经济腾飞的关键。

(1)要通过进一步对外开放,加速海南的热带农业资源开发。热带农业是海南

得天独厚的资源,具有很强的市场优势。海南农业发展缓慢的根本原因在于农业科技落后,迅速改革这种落后状况的根本途径在于进一步扩大对外开放,大规模引进发达国家(地区)先进的农业技术、农用机具设备、优良品种和科学的经营管理经验,加快海南农业资源与国外的先进技术、设备的高位"嫁接",以迅速提高海南农业的科技含量,提高农民的科技素质,改变海南农业的落后面貌。

扩大利用外资比重,发展农业综合开发区。1990 年 5 月,海南省正式创办了全国第一个农业综合开发试验区。试验区在区内建立"成片开发、连片作业、倾斜投入、综合开发"的农业新区,坚持走"贸工农一体化、产供销一条龙"的开发路子,取得了比较显著的成效。海南有必要在总结经验的基础上,通过进一步扩大开放,吸引更多的海外资金特别是台湾资本来海南进行农业综合开发。海南应充分利用对外开放的政策优势加大吸引外资的力度,靠高投入带动海南农业经济的高增长。

(2)要通过进一步扩大对外开放,加快海南的旅游资源开发。邓小平说:"旅游业大有文章可做,要突出地搞,加快地搞。"海南具有国内外公认的旅游资源,旅游产业是海南的重要支柱产业之一。在当今世界旅游业竞争十分激烈的形势下,要想使海南的旅游业在激烈的国际竞争中争得一席之位,必须进一步扩大开放,加快招商引资,使海南的旅游迅速上档次、上水平,实现旅游业的深层次开发,提高海南旅游的竞争力。

——海南旅游优势的发挥有赖于进一步大开放。旅游业是海南优势产业,旅游资源是海南最大的资源。因此,我认为应停止 6 年来议而不决的关于海南产业政策的争议。事实已经说明,海南必须坚持以旅游业为龙头,大大发展第三产业,引导投资,促进资源开发,把丰富的热带旅游资源优势转化为市场优势和经济优势。现代旅游业与传统的旅游业是不一样的,仅仅以自然条件要形成旅游热点是难以做到的,在现代社会哪里开放度高,哪里就是旅游热点。在一定意义上,旅游业的发展程度已成为经济和社会开放的标志。香港地方不大,旅游资源并不丰富,缺少大小山川和名胜古迹,人文景观也不多,游览景点屈指可数。然而香港却能每年成功地吸引 700 多万游客(1993 年已达 890 万),而其中愿再飞一小时到海南观光的游客却极少,究其原因,除了香港居于世界金融贸易中心地位和具有国际大都市风采之外,主要在于其是高度开放的自由港以及由此形成的购物天堂旅游特色。

——开放才会带来知名度,知名度是旅游业的生命所在。海南要像夏威夷一样闻名于世还需要一定时间,但开放度的提高一会带来海南知名度的提高,有了知名度就有了游客,1993 年我作为美国政府邀请的客人曾在纽约华尔街活动一周,在我所接触的大金融家、企业家中,很少有人知道海南岛。因此,我们必须坚持在开放中办旅游,以旅游促开放,进而提高海南的知名度,这样就会有更多的游客慕名而来。

——拓展利用外资领域,探索更多利用外资模式。近几年来,国际资金市场利率总水平较低,美国联邦储备银行贴现率连续下降,从6.5%下降到3.5%,为近二十几年来最低水平,因此,是利用外资的有利时机。同时要借鉴国外旅游业营运机制和办法。如建立和推广饭店连锁集团模式,饭店连锁集团具有资本技术、市场营销、风险扩散等优势。这是利用外资发展旅游业的一条值得尝试的途径。同时,可通过股份制方式建立股份制旅游公司达到筹集外资的目的,并允许更多的外资企业股票上市。还可通过BOT(建设—经营—转让)投资方式更多地引进外资,这种投资正日益受到各国的重视。此外,兴办中外合资旅行社,也是吸引外资、扩大客源可以采用的方式。

——灵活变通、政策创新,以吸引国内外资本。海南在很大程度上是靠中央的优惠政策发展起来的。今天我们仍要珍惜政策优势,通过灵活和勇于探索,力求政策到位、政策扩展和政策创新,进而吸引更多的国内外资本。如尽可能减少各种开发费用,有些费用(如城市开发费)可采取待开发商售房获益后再交的办法。同时,根据国外经验,在宏观经济的不景气而影响房地产投资时,政府应加强基础设施投资力度,从而使房地产增值保值,增强境内外投资者的投资信心。

——创造海南购物、娱乐天堂。中央赋予海南在进口贸易及国内市场方面很多优惠政策,必须结合旅游购物的具体情况,把优惠政策落实到实处。

生产更多的品种齐全、适销对路的商品,特别是富有特色的工艺美术品、旅游纪念品、日用化工品、纺织品等,设法提高商品的附加值,旅游者的购物支出会明显地甚至大幅度地提高。

开辟国际购物免税商业区,借鉴法国免税购物办法,旅游团队在离境时可统一办理退(半)税手续,经特批允许外商在旅游开发区较为集中的地域内,举办少数经营名牌商品的专业商店。

利用联营、合资或独资方式,在海口、三亚等重要旅游地建立大型、高档旅游购物免税商场,以及大型超级百货商场,优化海南旅游购物环境。

开发一些既健康又有吸引力、富于刺激性的旅游娱乐项目。在不断挖掘和创新中丰富游客的夜生活。

3. 充分利用海南的地域优势和政策优势,加强与台湾的经济合作,尤其是农业合作

海南与台湾在气候、资源、地理等方面具有许多相似之处,加强琼台经济合作对于促进海南经济发展,实现祖国统一大业,都具有极为重要的意义,因此,海南应该在琼台经济合作,吸引台资方面下大工夫。例如,鼓励台商参与商业零售、金融、房地产等第三产业的投资,应积极推动琼台两岛在金融、航空领域的合作。利用海南特区的

贸易政策优势,积极推动对台小额贸易、间接贸易和大宗商品的直接贸易。

我认为,目前,琼台合作最有利、最具条件的是农业合作,琼台农业合作是两岛优势互补和经济发展的需要。目前正是加速琼台农业合作的大好时机,应当加强、加快、加大两岛的农业合作。

——尽快成立有琼、港、台专家、学者、企业家等参加的海南农业开发促进会。

——开展琼台农业科学技术的合作交流活动。

——争取台湾对海南资金、良种、技术的援助。

——建立琼台合资合作的农业开发区。

——加快琼台农产品加工业的合作。

——琼台联合设立"海南农业开发基金",利用基金引导台商进行农业的成片综合开发。

——推进海洋捕捞业的合作。

——加快环保合作,使"绿色道路"战略得以实现。

——切实为双方的农业合作创造外部条件。如目前台商反映比较强烈的社会治安问题、地方政府行为问题等,必须下力气解决,创造良好的吸引台商的软环境。

如果海南能够在我国的对外开放格局中扮演重要的角色,能够在改革中走出一条新路子,能够在祖国统一大业中发挥重要的作用,那么,就真正实现了邓小平指出的"海南好好发展起来,是很了不起的","是一个很大的胜利"。真正的"很了不起","很大的胜利",就在这里。海南作为中国最大经济特区,它的作用也就在这里。我们要从中国改革开放和战略全局出发,继续做好"很了不起"这篇大文章,以更大的开放,办好"更大的特区",争取"很大的胜利"。

重新理解邓小平创办
海南经济特区的战略思想[*]

（1997 年 2 月）

◇◆

　　10 年前, 邓小平首次公开提出"我们正在搞一个更大的特区, 这就是海南岛经济特区"。邓小平对创办海南岛经济特区寄予很高的期望, 他同时强调说:"海南岛好好发展起来, 是很了不起的"。今天, 我们重新学习邓小平创办海南经济特区的战略思想, 重温邓小平关于海南发展的一些重要指示, 目的是进一步深刻研究邓小平创办海南经济特区构想的历史背景和重大意义, 进一步实现邓小平对海南经济特区寄予的厚望。

　　邓小平倡导创办海南经济特区是从我国改革开放的全局构思的, 他提出的"海南岛好好发展起来, 是很了不起的", 这个"很了不起"是一篇大文章, 需要我们从我国对外开放的战略全局来重新认识、重新理解。这对在改革开放的新形势下进一步把海南特区办得更好, 对于充分发挥海南特区在我国改革开放全局中的重大作用, 是至关重要的。

一、创办海南经济特区, 使海南经济迅速发展起来,
　　对于按照"一国两制"原则实现祖国和平统一
　　大业有着特殊的作用, 这是一项"很了不起"的
　　伟大事业

　　邓小平在创办海南经济特区时强调指出,"海南岛和台湾的面积差不多, 那里有

---

　　[*] 载《海南社科界》1997 年第 3 期。

许多资源,有铁矿、有石油天然气、还有橡胶和别的热带、亚热带作物"。正是在这个前提下,邓小平特别指出"海南岛好好发展起来,是很了不起的"。在这里,邓小平把创办海南经济特区同台湾相联系,我们应当深刻理解邓小平创办海南经济特区的战略意图。

1. 鉴于海南与台湾的可比性强,创办海南经济特区,通过 20 年左右的时间使海南赶上台湾的经济发展水平,将十分有利于按照"一国两制"的原则解决台湾回归问题。

2. 鉴于海南和台湾的资源状况差不多,创办海南经济特区非常有利于促成海南和台湾的全面经济合作,使海南为按照"一国两制"原则实现两岸统一做出重要贡献。

3. 鉴于海南和台湾两岛地理位置的特殊性,创办海南经济特区,能逐步形成两岛的经济、贸易和人员的自由往来关系,使海南特区在实现祖国和平统一大业中扮演重要角色。

二、按照邓小平创办海南经济特区的战略思想,适应我国改革开放的新形势,海南进一步发展的战略目标应当是:在实质性推进"一国两制"中充分发挥特殊作用

在我国改革开放的长期历史过程中,经济特区应当始终扮演重要的角色。经济特区要继续"特"下去,并且长期"特"下去,这是我国改革开放大局对经济特区提出的历史要求。为此,我们要善于把握我国改革开放的总体进程和大趋势,提出和确定经济特区分步走的战略目标。

第一步战略目标——经济特区作为我国对外开放的"窗口"和改革"试验田",扮演经济转型政策工具的角色。

第二步战略目标——经济特区和港澳台有紧密的经济合作关系,应当在实现"一国两制"中发挥特殊作用。

第三步战略目标——经济特区按国际惯例发展成为国际公认的自由港、自由贸易区、出口加工区、高科技工业园区等。

目前,从总体上说,经济特区在改革开放中的"试验田"和"窗口"作用已基本实现。在全国全面实行社会主义市场经济和全方位对外开放的新形势下,经济特区为推进全国的改革开放仍然要担负某些局部的试验作用,仍然要作为先行者、探路者。但是,从我国改革开放的大局出发,应当赋予经济特区更新、更高的要求,要确立新的

发展战略目标。

在当前和今后很长时期内,中国经济特区应当为实现第二步战略目标做出特殊贡献,即按照"一国两制"原则,促进与港澳台紧密的经济合作关系。海南特区由于多种优势,使它具备多方面条件实现与台湾直接的、密切的经济联系,从而完全有可能在推进"一国两制"中扮演特殊角色、发挥特殊作用。

1. 海南特区在推进"一国两制"中充分发挥特殊作用,完全符合邓小平创办海南经济特区的战略构想。邓小平提出创办海南经济特区,并把海南和台湾的情况相比,寄希望于海南特区在祖国和平统一大业中发挥重要作用。

2. 按照邓小平创办海南经济特区的战略思想,实质性推进海南和台湾的全面经济合作,完全符合我国改革开放的新形势,十分有利于发挥海南经济特区在我国改革开放全局中的特殊作用。

3. 当前全面实现琼台经济合作的时机和条件都比较有利。香港即将回归,用"一国两制"原则加快祖国统一已成为一种大趋势。琼台经济合作有了初步发展,海南投资环境也有了较大改善。海南有条件也有可能,在各方面的支持下采取实质性步骤,在琼台经济合作中实现更高层次的对接。

三、按照海南特区发展的战略目标,积极创造条件, 真正为按照"一国两制"原则实现两岸统一 做出特殊贡献

按照邓小平的战略思想,要把海南办成全国更大的特区必须实现更大的开放。海南特区近十年的实践充分证明,实现大开放是海南特区各项工作的主题,是海南的根本出路。唯有如此,才能真正形成琼台经济全面合作的局面,才能真正发挥海南在推进"一国两制"中的重要作用。

1. 实践一再说明,抓住机遇比什么都重要。海南由于基础差、底子薄,能否善于抓住机遇,加快确立和实现特区的发展目标,对于海南特区来说尤为重要。对此,我们应当有十分清醒的认识。我们已没有能力为此再付出学费。1988 年 4 月 28 日,邓小平在省委关于设立洋浦开发区的汇报材料上批示:"机会难得,不宜拖延"。这八个字分量很重,不应仅仅理解只是指洋浦开发区,而应理解为邓小平对海南特区提出的要求。今天,这八个字对于海南特区实现特定的目标仍然有着重要的指导作用。我们应当按照邓小平的要求,抓住当前的有利时机,积极地、主动地、创造性地开展工作。没有这一条,海南特区很多事情是办不好的。

2. 以实现琼台农业项下的自由贸易为突破口,寻求琼台经济的全面合作。热带

农业是海南与台湾各自的优势产业,两岛完全可以在这个产业上实现优势互补、互惠互利的关系。从当前多方面的情况看,力争实现琼台农业项下的自由贸易有很大的现实性和可能性。为此建议:

(1)将"琼台农业项下的自由贸易"作为海南大开放的一件大事来抓。

(2)组织力量进行专题研究,尽快拿出操作方案,上报中央部门以取得政策支持。

(3)就琼台农业项下的自由贸易问题与台湾进行对话和交流。

3. 继续创造良好的投资环境,适应大开放的要求,适应琼台经济全面合作的要求。按照更高的要求,创造更好的投资环境,对于海南特区来讲十分重要。加快吸引外来投资,特别是台湾的投资是海南目前面临的最迫切的问题。尽管这些年来,在投资的总体环境方面有明显改善,但在许多方面仍然不尽如人意,特别是在投资软环境方面亟待改善。

最近,江泽民总书记在中央党校的重要讲话中指出:"在社会主义改革开放和现代化建设的新时期,在跨世纪的新征途上,一定要高举邓小平建设有中国特色社会主义理论的伟大旗帜,用这个理论来指导我们的整个事业和各项工作。这是党从历史和现实中得出的不可动摇的结论。"海南经济特区近十年的实践充分证明:邓小平创办海南特区的战略思想仍然是新形势下海南经济特区的重要指导思想。重新学习和深刻领会邓小平创办海南经济特区的战略思想,对于海南下一步的发展有着相当重要的指导作用。

在香港即将回归、中共十五大即将召开之际,我们重新学习和领会10年前邓小平创办海南经济特区的重要讲话,备感亲切、备受鼓舞。中国的改革开放已进入新的阶段,海南的发展应当有新的目标。我们都有责任对此做出积极努力和贡献。

实现邓小平创办
海南经济特区战略构想的建议*

（1998 年 4 月）

❖◇❖◇❖◇❖◇❖◇❖◇❖◇❖◇❖◇❖◇❖◇❖◇❖◇❖◇❖◇❖◇❖◇❖◇❖

　　海南建省办经济特区已 10 周年。10 年来,海南经济和社会发展都有了重大的变化。在新的形势下,如何总结建省办经济特区 10 年的经验,探讨和研究海南经济特区进一步深化改革、扩大开放、加快经济发展的思路和对策,是全省广大干部群众十分关注的大问题。

　　要进一步深刻研究邓小平创办海南经济特区构想的历史背景和重大意义,使海南经济特区在祖国和平统一进程中发挥特殊作用,全面实现邓小平对海南经济特区寄予的厚望。其政策要点是:以实现琼台农业项下的自由贸易和把三亚市建设成为国际性旅游城市为突破口,加大改革开放的力度,创造海南经济发展的大环境,实质性推进海南经济特区第二步战略目标。

一、邓小平创办海南经济特区的战略构想是
海南进一步发展的指导思想

　　1. 邓小平创办海南经济特区的战略思想是确立海南跨世纪发展目标的重要前提

　　中共十五大高举邓小平理论伟大旗帜,坚持扩大开放的基本国策,要求经济特区

---

　　* 在"海南建省办特区 10 周年座谈会"上的发言,1998 年 4 月 13 日。

在体制创新、产业升级、扩大开放等方面继续走在全国前面,继续对全国的改革开放大局发挥示范、辐射、带动作用。这为海南经济特区的跨世纪发展提供了新的历史机遇。从全国改革开放的战略全局出发,站在理论思维的高度,重新理解邓小平创办海南经济特区战略思想的深刻内涵和重大指导意义至关重要。

2. 创办海南经济特区,使海南经济迅速发展起来,对于按照"和平统一,一国两制"的基本方针推进祖国和平统一大业有着特殊的作用,这是一项"很了不起"的伟大事业

邓小平曾一再非常明确地表示他对加快建设海南岛的高度重视和关注,"我们还要开发海南岛,如果能把海南岛的经济迅速发展起来,那就是很大的胜利"。"我们正在搞一个更大的特区,这就是海南岛经济特区。""海南岛和台湾的面积差不多,那里有许多资源,有富铁矿,有石油天然气,还有橡胶和别的热带、亚热带作物。海南岛好好发展起来,是很了不起的。"由此可见,邓小平把创办海南经济特区同台湾相联系,无疑是基于海南岛在对外开放全局中的特殊地位和作用而做的战略考虑;创办"更大的特区"、开创"很了不起"的事业、实现"很大的胜利"是邓小平对海南寄予的厚望。对此,我们应当重新认识,重新理解。

3. 按照邓小平创办海南经济特区的战略思想,适应中国跨世纪改革开放的新形势,海南经济特区的发展战略应当定位为:在推进祖国和平统一大业中发挥特殊作用

在中国经济转轨时期,经济特区应当始终扮演重要的角色。这是我国跨世纪改革开放大局对经济特区提出的历史要求。鉴于此,我们曾经提出和确定经济特区分步走的战略目标:第一步战略目标——经济特区作为我国对外开放的"窗口"和改革"试验田",扮演经济转型政策工具的角色;第二步战略目标——经济特区和港澳台有紧密的经济合作关系,应当在实现"一国两制"中发挥特殊作用;第三步战略目标——经济特区按国际惯例发展成为国际公认的自由港、自由贸易区、出口加工区、高科技工业园区等。目前,从总体上说,经济特区在改革开放中的"试验田"和"窗口"作用已初步实现。在全国全面实行社会主义市场经济和全方位对外开放的新形势下,经济特区为推进全国的改革开放仍然要担负某些局部的试验作用,仍然要作为先行者、探路者。在当前和今后很长时期内,中国经济特区应当为实现第二步战略目标做出特殊贡献,即按照"一国两制"原则,促进与港澳台更紧密的经济合作关系。海南经济特区由于多种优势,使它具备多方面条件实现与台湾直接的、密切的经济联系,从而完全有可能在推进"一国两制,和平统一"中扮演重要角色、发挥特殊作用。

二、海南进一步对外开放的关键是以实现琼台农业项下自由贸易为突破口

海南经济特区创办近十年来,经济发展迅速,这得益于开放。海南的优势产业之一——农业,对海南的全面发展具有全局性影响。海南正处在由传统农业向现代农业转变的初始阶段,而台湾经济从农业起步,经历了四十多年的发展,农业经济已经达到国际先进水平,积累了不少成功的经验。海南与台湾的可比性强,资源状况差不多,两岛还有着特殊的地理条件,发展两岛间的全面经济合作有着得天独厚的条件。加快琼台农业合作的步伐,争取实现琼台农业项下的自由贸易,把对外开放与产业发展结合起来,在开放中形成产业优势。这也是海南进一步扩大开放的战略选择。为此,提出如下有关加快琼台农业项下自由贸易的政策建议:

1. 建议对台湾用于在海南岛农业生产的各种农用生产设备、农产品加工设备,农用种子、化肥、农药、农具等涉农物资实行免税政策

实行这一政策有利于台商扩大在海南投资的规模,提高农业生产效益,提高农产品加工转化水平,降低农业生产成本。台商涉农产品在海南投资产生实效后,对祖国内地扩大两岸农业交流会起到十分重要的示范和促进作用。

2. 建议对台商投资农业的农业特产税等实行变通减免政策。在进出口方面,免去 2.5‰ 的商检费,在商检、卫检及动植物检验方面给台商提供方便

3. 台湾在海南独资、合资生产的农产品及农业加工产品,其进口设备和材料消耗,当产品进入内陆市场时,可免征关税

实行这一政策有利于对海南丰富的农产品进行深加工,并走向市场。因为在目前条件下,海南陆岛交通十分不便、加之加工能力不强,大量农产品由于无法运输或者运输周期长,损耗大,降低了产品效益。只有通过加工,才能使农产品方便、快捷地走入市场,并易于消费者接受。只有对农业加工设备和包装物料等消耗材料进入内地免征关税,才能扶持和促进海南农产品加工业有一个大的发展。

4. 建议中央授权海南省同台湾方面就琼台农业合作事宜进行具体商谈

两岸经济合作从长远看,是全方位、多层次、宽领域的合作。琼台农业合作作为

两岛之间的一个具体的经济合作事项,可考虑由海南省与台湾省或台湾当局某一个部门或者琼台两岛的有一定影响的民间机构直接进行商谈。如果中央授权海南省开展这项工作,则一旦时机和条件成熟就可以付诸实施。

5. 建议将海南列为两岸农业综合开发试验基地

两岸农业综合开发试验基地,既可以是全岛性的,也可以在岛上选择某个市县或某个区域试行。对试验基地制定一系列的配套政策措施,如优惠的地价政策等。试验区内的土地管理办法不受区外政策的影响。如对台湾来琼从事农业开发的各类人员,包括家属子女,可持有长期多次往返证件。在各方面对台胞实行国民待遇。

6. 建议中央将海南列为两岸"三通"的直航点

琼台两岛由于地缘相近,人员相亲,经济优势互补,合作潜力巨大。特别是由于岛形特征,便于人员管理,实行两岛三通,可操作性强。

7. 建议中央给予琼台农业合作以金融支持

允许台资银行到海南设分行,鼓励台资企业在海南设立金融机构,允许有实力的台资企业发起设立琼台农业开发基金,吸收岛内外资金开发海南农业。目前在海南投资农业的中小农场主占大多数,个人投资占多数,资金规模和项目规模都还比较小。通过基金的方式,既可以吸纳大企业、大财团作为主要股东,也可以吸引众多的小额投资者的闲散资金,壮大农业开发实力。基金运作成熟后,还可以考虑在香港、台湾等地上市。

8. 建议采取措施,加强琼台在海洋和旅游资源开发方面的合作

为促进琼台合资合作组建捕捞队,发展海洋捕捞业,建议在海南岛周边海域从事海洋捕捞业视同关外区处理,对在海南岛内配套所需生产资料,如生产设备、经营海产品加工业的加工设备可实行保税政策,合资开发的渔业产品视同海南的当地产品可自由进入内陆市场。此外,逐步创造条件,允许和支持两岛间合作进行南海油气资源的开发。

三、借鉴国际经验,尽快把三亚市建成国际性旅游城市

1. 充分认识三亚市创建国际性旅游城市的重要意义

在世界上,旅游业被喻为长盛不衰的"朝阳"产业,中国广州、深圳、苏州、杭州、

上海等地不约而同把旅游业作为第三产业的龙头和经济发展的支柱产业。海南这几年旅游业持续快速增长,为全省的经济注入了活力。比较而言,三亚市旅游业的发展更具有明显的产业优势。1992~1996 年,三亚全市以旅游为龙头的第三产业增加值累计为 27.53 亿元,占全市 GDP 的 32.77%,旅游服务业税收累计总额为 12499 万元,占全市税收总额的 15.3%,累计创造就业机会 35.3 万个,从业人员已占全市从业人员总数的 41.53%。三亚市旅游业已经成为全市经济发展的支柱产业,最重要的新的经济增长点。

三亚创建国际性旅游城市其重要意义将在下列方面充分展示出来:其一,成为三亚的支柱产业和新的经济增长点,为国家财政税收提供新的财源;其二,拉动三亚及其全省旅游业及其关联产业(比如交通、邮电、商贸、轻工业、农业、房地产等部门都需要借助旅游市场的持续繁荣来保持发展的态势)的发展;其三,直接或间接地创造就业机会(根据"世界旅游组织"资料,旅游业每直接增加一个从业人员就能为社会提供 5 个就业机会,这一特殊功能是其他产业做不到的),从而化解全省结构调整和企业重组下岗人员再就业的压力;其四,最为重要的是,通过三亚创建国际性旅游城市,创造出更多的条件,扩大对外开放,加大琼台经济合作。

2. 批准三亚市为我国国际性旅游城市的时机已经成熟,建议省政府申报国务院及时批准并给予政策支持

目前,三亚创建国际性旅游城市的基本条件已经成熟。

(1)全市海陆空立体交通网已经形成,成为琼南最大的物资集散地和客运中心。特别是三亚凤凰国际机场目前已与国内十多个大城市通航,并开通了新加坡、马来西亚、韩国、日本、中国澳门、中国香港等国家和地区的国际包机航线。

(2)三亚的供水、供电充足,通讯建设逐步现代化,无线传呼、移动电话、图文传真等通讯设备俱全。

(3)旅游接待方面的设施已有很大发展。

(4)旅游景点已初具规模。目前全市已开发天涯海角游览区、亚龙湾国家旅游度假区、大东海旅游区、鹿回头山顶公园、海山奇观旅游风景区、南山文化旅游区等六大系列。鉴于此,尽快批准三亚为国际性旅游城市将有助于吸引更多的外商投资三亚旅游建设,并由此进一步提高三亚在国际旅游市场的知名度。

3. 为加速三亚市国际性旅游城市的建设,必须实行一些优惠政策

1996 年年初,我院在《关于海南经济特区进一步扩大对外开放的建议(二十三条)》中,曾就三亚创建国际性旅游城市提出了六项政策建议,这几年,海南省及三亚

市也为招商引资制定了一系列优惠政策。在此基础上,我们建议:

(1)实行更加优惠的政策吸引和鼓励内外投资。其政策要点是:今后在 3~5 年间为旅游建筑所必要的原材料的进口实行零关税;建筑配套的用品、设备、卫生洁具的进口实行零关税;对旅游设施必备的基建设备、会议设备、电器设备进口时在核定总量的前提下免征关税。同时,采取必要的政策,鼓励外商投资企业在三亚从事旅游服务业的产品生产。

(2)拓展国际航线。授予三亚凤凰国际机场国家一级口岸的权限,将其开辟为更为开放的航空口岸,即该机场有与境外航空公司的对飞权,在其尚未具备外飞的条件下,允许国外航空公司先飞进来,待外飞条件成熟以后再实现对飞。

(3)在允许三亚保留落地签证的同时,进一步简化出入境手续,方便国际游客出入境。例如,在一定的时间内对某些地区和国家如中国港澳台、日、韩等地的游客免签入境;允许来三亚度假的国内游客去港澳作短期停留,可考虑通过指定旅行社在严格管理下从事此项业务。

(4)允许和鼓励三亚大力发展旅游免税商品业。例如,允许自由进出口日用百货,免征关税;允许外商独资、合资建设百货商场,并允许搞批发零售业务;鼓励外来投资者生产旅游商品,对其生产商品实行保税。

(5)采取多元化的融资方式,支持旅游业的发展。比如,组建以支持旅游为主的地方性旅游开发银行和股份制金融机构;争取发行三亚旅游开发债券;等等。

(6) 应采取支持鼓励政策,发展琼台两岛间的旅游合作。台湾游客在海南应当全面享受国民待遇,允许台湾投资者合资或独资举办旅行社,开展两岛间的旅游项目,并可组织两岛间的海外旅游。允许三亚开办合资、独资经营的一类旅行社。

4. 挖掘三亚丰富的文化内涵,提高三亚旅游的文化品位,同时加速全岛旅游资源的开发,形成全岛旅游业的整体优势,以吸引更多的游客

海南旅游业文化品位不高,没有形成整体优势,这是制约海南旅游业发展的重要因素。三亚历史悠久,境内落笔洞发现有旧石器时代的文化遗址;崖州早在秦始皇时期就是著名的南方三郡之一;历代封建王朝被贬谪到三亚的名臣留下了较多的足迹。这些都可以开发利用。除此之外,还可以仿照深圳"锦绣中华"等形式搞人造景观,使三亚的旅游与文化、自然景观与人文景观结合起来。同时,分别以三亚、海口为代表,沿东、中、西三条公路干线营造系列旅游景点,相互弥补,形成全岛整体优势,使旅游业真正成为全省的支柱产业之一。

5. 建议把三亚列为全国综合改革试点城市,为三亚创建国际旅游城市创造良好的外部环境

把三亚列为全国综合改革试点城市,允许三亚在招商引资、财政税收及金融体制改革、成立公司、报批项目、进出口贸易、出入境签证、人口控制、人才引进、土地政策、城市市政建设等各个方面先行试验,这不仅对于三亚创建国际性旅游城市,而且对于充分发挥经济特区"试验"窗口的作用都有重要的意义。应争取早日批准。

四、加大改革力度,创造海南经济发展大环境

1. 抓住贯彻中共十五大精神这一历史契机,加大解放思想的力度

以邓小平创办海南经济特区的战略思想为指导,强化"特区"意识,强化"开放"意识,强化"发展才是硬道理"的意识,按照"三个有利于标准"勇于探索,真抓实干

2. 抓住机遇,在经济体制改革上大胆突破

"抓大放小",加快国有企业战略性重组,深化产权制度改革;进一步放开搞活小企业,大力发展混合所有制经济,放手发展非公有制经济,健全和完善市场经济体制和运行机制

3. 在"小政府、大社会"的行政管理体制框架内,加大人事制度改革力度

树立"谁拥有人才,谁就拥有 21 世纪"的人才发展观,明确科技是第一生产力,人才是第一生产力的载体。必须认真总结海南建省 10 年来引进人才工作的经验,真正形成一种重视人才,尊重人才,培养和引进人才,聚集优秀人才的氛围、环境和机制,千方百计吸引、留住各类人才,共同振兴海南。

4. 加大政策环境建设力度,会要政策,更要会用政策

要认真研究和用好中央已经给海南的政策,关键要抓落实;创造性地执行政策,同时制定海南经济特区内部的一些有倾向性支持和扶持某些区域和行业发展的政策。

经济特区要长期"特"下去

在中国经济转轨时期,经济特区应当始终扮演重要的角色。这是我国跨世纪改革开放大局对经济特区提出的历史要求。

经济特区的战略目标分三步:第一步战略目标——经济特区作为我国对外开放的"窗口"和改革"试验田",扮演经济转型政策工具的角色;第二步战略目标——经济特区和港澳台有紧密的经济合作关系,应当在实现"一国两制"中发挥特殊作用;第三步战略目标——经济特区按国际惯例发展成为国际公认的自由港、自由贸易区、出口加工区、高科技工业园区等。

目前,从总体上来说,经济特区在改革开放中的"试验田"和"窗口"作用已初步实现。在全国全面实行社会主义市场经济和全方位对外开放的新形势下,经济特区为推进全国的改革开放仍然要担负某些局部的试验作用,仍然要作为先行者、探路者。在当前和今后很长时期内,中国经济特区应当为实现第二步战略目标做出特殊贡献,即按照"一国两制"原则,促进与港澳台更紧密的经济合作关系。

——1997 年

对经济特区扩大对外开放的再认识*

——纪念党的十一届三中全会召开 20 周年

（1999 年 8 月）

今天，我们纪念党的十一届三中全会召开 20 周年，最需要深刻思考的重要问题是——我国 20 年的基本经验是什么？ 20 年来，按照十一届三中全会确立的正确路线，我国发生了巨大的变化。引起巨变、推动巨变的真正动力是改革开放。改革开放是推动我国经济社会发展的直接动力，这是 20 年最具有实质性的基本经验。这个基本经验最具根本性、长远性、全局性。

没有改革开放，就没有 20 年来我国经济社会的巨大变化。这是一个无可争辩的、铁的事实。创办经济特区是我国改革开放战略的重大举措。海南是我国最大的经济特区，我们纪念十一届三中全会召开 20 周年，更需要充分认识扩大对外开放是强国富国之路；更需要明确经济特区应当在我国的对外开放中继续做出新的贡献。

实行对外开放 20 年来，我国的进出口贸易总额已从 206 亿美元增加到 3250 亿美元，在世界贸易排序中从原来的第 32 位跃居到第 10 位；外汇储备由 2 亿美元增加到 1400 多亿美元，提高了 700 多倍；实际利用外资额，从零跃到 1999 年 10 月的 2577 亿美元。从海南看，20 年来，进出口总值由 0.10 亿美元增加到 19.5 亿美元，增长 194 倍；实际利用外资 10 年累计 76.41 亿美元，增长 79 倍，在全国各省、自治区、直辖市排名第 10 位，人均利用外资额仅次于上海，排名第 2 位。由此可见，没有开放，就

---

* 在"'99 海南省理论研讨会"上的发言，1999 年 8 月 15 日。

没有我国经济的大发展,也没有海南经济的大飞跃。

当前,无论从对外开放面临的新形势来看,还是从我国对外开放的全局来看,都迫切需要对经济特区扩大对外开放的再认识。

一、学习邓小平创办经济特区的战略思想,对经济特区在我国对外开放中的特殊作用的再认识

1. 对邓小平创办经济特区战略思想的理解

邓小平创办经济特区的战略思想,内容很丰富,涉及到一系列重大问题。其中,最具根本性意义的有三条:

(1)经济特区在对外开放中要起到前沿、窗口的作用。经济特区率先走向国际市场,与国际经济接轨,对我国的对外开放起到了重大的推动作用。邓小平特别强调,经济特区总的指导思想是要放,不是收。他鼓励经济特区在对外开放方面,要大胆地干,大胆地闯。经济特区能否发展,首先要看能否在对外开放中有所作为,有新的贡献。

(2)在实行"一国两制"、祖国和平统一进程中发挥特殊作用。我国的经济特区主要选择在沿海地区,这同我国有港、澳、台的特殊国情密不可分。邓小平寄希望于经济特区的建立发展能够为实现"一国两制"、祖国和平统一做出特殊贡献。例如,邓小平几次谈到海南岛时,都谈到了台湾的情况。正是由此,邓小平提出,海南岛好好发展起来,是一件很了不起的事情。经济特区的"了不起",就是因为它在港、澳、台的联系与合作中能够扮演重要角色,发挥特殊作用。香港回归祖国,成功地实行"一国两制",经济特区起到了重要的促进作用。今后一个时期,经济特区的重要作用,就是要为促进香港的繁荣稳定,为用"一国两制"原则实现祖国平统一继续发挥特殊作用。

(3)在改革方面经济特区要敢闯、敢试,真正起到先行试验的作用。邓小平从一开始,就鼓励经济特区在改革中要敢于"杀出一条血路",在改革中要"敢冒"、"敢闯",并对经济特区的改革试验给予坚决支持。目前,我国的改革正处在攻坚阶段,某些重大改革问题仍然需要经济特区先行试验。按照邓小平"敢冒"、"敢闯"的要求,经济特区的改革应迈开更大步子。

中共十五大对经济特区提出了增创新优势的要求。经济特区如何增创新优势,从根本来说,是要以邓小平创办经济特区的战略思想为指导,研究经济特区的进一步发展问题。

2. 经济特区要进一步发挥在实行"一国两制"、祖国和平统一中的特殊作用

（1）我国在沿海设立经济特区的目标有其特殊性。各国设立经济特区的目标大体有三种：促进地区发展；促进整个国家经济增长；作为宏观经济政策工具。大部分国家设立经济特区是以促进本地区经济发展为基本目标。而我国经济特区的目标与其他国家有很大不同，我们面临着港澳台问题。港澳台问题，是中国对外开放战略的重要组成部分。这是因为：第一，港澳台与内地的经济发展有着十分密切的联系，例如，我国对外贸易的60%、直接投资的80%、劳务承包的65%都来自港澳台。第二，港澳台问题在中国对外开放中极具特殊性。中国行使对香港、澳门的主权，并长期保持繁荣稳定，是中国对外开放的重大成功。同时，香港、澳门又长期保持原来的制度不变，有利于中国通过香港、澳门进一步密切同国际经济的联系。第三，香港顺利实施"一国两制"，表明中国对外开放的巨大成功。"一国两制"是中国对外开放中的伟大创举，它的顺利实施又会为中国的对外开放树立形象，大大提高中国的国际地位。因此，能否通过经济特区加强同港澳台的经济合作，这是我国经济走向国际市场的重要条件。

当前，经济特区充分发挥在"一国两制"、祖国和平统一中的特殊作用具有重要意义。首先，香港在东亚金融危机的影响下，未来一两年能否保持稳定的发展，对于中国在世界上的影响是至关重要的。因此，深圳经济特区发挥特殊作用的一个基本出发点就是要千方百计地为稳定香港做出自己的贡献。这一点，会远远超出特区自身发展。其次，香港的繁荣和稳定又会对内陆地区的发展起到重要的促进作用。这无论是对于拉动出口，还是吸引外来投资，都是非常重要的。我们应当从国家经济发展的全局认识香港繁荣稳定的特殊性。由此，经济特区要更自觉、更积极地为顺利实施"一国两制"做出贡献。此外，在亚洲金融危机中保持香港的稳定发展，会给国内外一个重大的信息，中国的对外开放取得了巨大成功，由此会大大提高国内外对于中国改革开放的信心；反过来，这对于中国的稳定发展会产生重要的影响作用。

无论从哪一个方面来说，为顺利实施"一国两制"、祖国和平统一，已成为经济特区当前乃至今后一个很长时期的重要任务。经济特区要自觉服务于这个大局，并且在发挥自己这个特殊作用的过程中，进一步加强同港澳台的经济合作，由此再创经济特区发展的新优势。

（2）我国经济特区分三步走的战略目标。我国经济特区发展目标的多重性，决定其分步走的发展战略。几年前，我在研究中提出经济特区在发展目标上分三步走

的建议：

第一步，发挥作为改革开放的窗口、试验田作用。从总体上说，这个目标已经初步实现。当然，这并不是说经济特区在我国改革开放中的先行试验作用已结束，因为我国向市场经济过渡还要经历一个很长的过程，随着改革的深入，深层次的利益关系和矛盾更加复杂，更需要经济特区在先行一步的改革试验中提供更成熟的经验。

第二步，在实行"一国两制"、祖国和平统一中充分发挥特殊作用。当前，经济特区已面临着发挥这个特殊作用的关键时刻。深圳、珠海经济特区应当率先与香港、澳门实行经济对接，提供一切必要的条件，促进香港、澳门的繁荣稳定。在这个过程中，再逐步创造条件，实现区域经济一体化战略，形成以香港为龙头的国际性城市群和国际金融经济中心。海南、厦门经济特区经过努力能够成为台湾与内地经济联系的结合区，在两岸经济协作中发挥桥梁作用。当前，有关方面应当提出大的政策决策，推动经济特区在新的形势下充分发挥自己的特殊作用。

第三步，随着亚太地区贸易投资自由化进程的加快，经济特区按国际惯例发展成为国际公认的自由港、自由贸易区、出口加工区、高科技工业园区等。亚太地区至迟在 2020 年全面实行贸易、投资自由化，现在某些部门已开始实施投资贸易自由化，今后也有可能在国家与国家的某些地区间实行投资贸易自由化。经济特区很有可能率先与其他亚太经合组织成员国或某个地区实行贸易投资自由化。

目前，当务之急是实现经济特区发展的第二个目标。因此，我们就海南特区实现第二个目标提出了"琼台农业项下自由贸易"和"建设三亚国际化旅游城市"的建议。鉴于台湾是中国的一部分，实行琼台农业项下的自由贸易，可视为一种特殊的贸易形式，并可由中央政府宣布，因此，它有很强的可操作性。实行琼台农业项下自由贸易十分有利于促进祖国和平统一进程，十分有利于发挥海南在祖国和平统一进程中的特殊作用。

（3）经济特区要主动地为"一国两制"、祖国和平统一做出贡献。首先，这是经济特区的历史责任。我国创办经济特区，很重要的目的是为实行"一国两制"、祖国和平统一服务。特别在当前，更具迫切性。经济特区应当有责任在发挥这个"特殊作用"中多做工作，做好工作。其次，要树立服务意识，特区要自觉地为"一国两制"、祖国和平统一服务，在服务上多出办法。例如，为了繁荣稳定香港，有关方面决定简化内地游客赴港手续，仅这一措施每天就为香港增加 200 多万元港币的收入。应当说，特区在服务上是大有作为的。最后，要抓住机遇，敢于负责地提出自己的建议。在这个问题上，机遇最重要。在机遇面前，需要的是胆识和魄力。

二、把握经济全球化和亚洲金融危机的大背景,对经济特区继续扩大对外开放、增创新优势的再认识

1. 适应全球经济一体化的大趋势,经济特区要进一步扩大开放

经济特区是我国对外开放的产物,服务于我国对外开放的全局。应从国际经济的大环境、大趋势来研究经济特区的发展问题,现在经济特区面临的形势与前几年大不相同,有些情况发生了重大变化。

全球经济一体化是个大趋势,而且发展势头很猛。这个趋势重点表现在四个方面:

(1)信息产业的快速发展,大大提高了技术对经济的贡献率。20世纪初,技术对经济的贡献率为5%～20%,而70年代到90年代已达到60%～70%,预计到2000年信息高速公路联网后至少要达到80%,甚至90%。这个大趋势对我们的压力是相当大的,我国目前技术对经济的贡献率为30%左右。我国经济结构、产业结构的调整就是在这样的背景下进行的。所以不提高技术水平,我国的经济就缺少竞争力。当然,我们也应注意从自己的实际出发,在发展高新产业的同时,注意不同产业在不同时期、不同地区发展的特殊性。如"三来一补",在一定时期、一定地区仍有其生命力。但主要矛盾已发生变化,技术对经济发展的促进是影响经济竞争力的决定性因素。因此,大力调整经济结构、产业结构,提高经济的整体竞争力,是十分紧迫的问题。

(2)投资贸易自由化的进程要加快。按照前几年亚太区域首脑商定的时间表,最迟不超过2020年亚太区域将完全实现投资贸易自由化。从现在的发展形势看,实际的进程可能要快于这个时间表。因为,最近几年发达国家产业结构调整的步伐大大加快,并把世界作为自己进行产业结构调整的舞台。20世纪80年代以后,大量劳动密集型产业从发达国家向发展中国家转移,海外投资在80年代有95%还在发达国家中进行,进入90年代以后,有30%～36%的投资转移到发展中国家。这种转移的速度大大推动了世界投资贸易自由化的进程。这种全球性的产业结构调整速度越快,代价越小,对全球经济的贡献就越大。这是全球经济一体化的主要动力。同时,也快速推动了全球经济一体化的进程。

(3)随着经济全球化的发展,跨国公司的作用和影响越来越大。全球有4.4万个跨国公司及28万个在国外的附属企业,目前,全世界有1/3的生产总量、70%的对外直接投资、2/3的世界贸易、75%以上的专利和技术转让来自跨国公司。有人称

"90 年代是跨国公司的时代"。在这种形势下,特区能否增强自身的竞争力,取决于如何与跨国公司打交道,能否把跨国公司引进来,从而提高自己,发展自己。

（4）金融、电信等服务领域的开放不可避免。既然发达国家的产业结构调整是在世界舞台上进行的,跨国公司要实现全球化的经营,那么以金融、电信为主的服务领域的开放是一定会加快的,否则经济全球化则缺少最重要的条件。去年,江主席访美做了一个重要宣布,中国决定参加世界贸易组织的信息产品协定,其内容之一是集成电路、电讯设备、计算机等 270 多个产品到了 2000 年全部实行零关税。前不久,国家发布的引进外来投资的 4 项决定中最主要的一条是"有步骤、有控制地开放金融和通讯等领域的试点"。这是为适应全球经济一体化大趋势而做出的重要决定。

2. 亚洲金融危机爆发后,经济全球化呈现加快的趋势

亚洲金融危机引起人们对开放的再认识。这里,有三个问题值得认真、深入地讨论:

（1）开放与危机。亚洲金融危机爆发后,有人认为开放风险太大,韩国、泰国、印度尼西亚就是开放度太大了,引来了危机,因此提出中国应放慢开放的速度。我认为这是一个误解。开放会带来风险,但主要矛盾不在于开放带来的风险,而在于一个国家的经济结构、金融体制是否同经济全球化的过程相适应。这次危机使人们达成一个共识,就是要在更大的国际范围内,加强相互合作,形成进一步统一的国际规则,以有效地防范金融风险。为防范类似亚洲金融危机再度发生,联合国建议成立世界金融组织,发生亚洲金融危机后的一年多时间,国际间的经济开放大大加快了。无论是日本、韩国,还是泰国,都提出了加快金融自由化改革的一系列行动计划。开放有风险,不开放的风险更大。在经济全球化的大趋势下,不是主动开放,就是被动开放。主动开放,并且使经济结构、金融体制适应开放的要求,就会增强抵御风险的能力。出了问题被动开放,带来的损害要更大。发展中国家,尤其是经济转轨国家,在与国际经济对接的过程中,由于过去封闭所形成的结构性、体制性弊端会逐步暴露出来,因此会不断发生各种各样的矛盾、问题,以至于各种经济震荡,并由此付出沉重的代价。因此,要加快经济改革,以适应对外开放的大形势。在开放过程中,改革越快,越有利。如果为了避免矛盾和问题,拖延开放进程,反倒会由于失去机遇而带来长远性的矛盾和问题,带来更大的痛苦。

（2）开放与经济安全。这里也有两个问题需要做出回答:一是在经济全球化的大背景下,一个国家经济安全的前提是什么? 经济全球化使得世界成为一个经济的大舞台,随着国际性经济结构调整的加快,国家间经济相互联系和相互依存度日益提高。这样,一个国家经济的安全与不安全,在很大程度上是通过世界市场规律的强制

作用表现出来的。并且,随着经济、科技全球化的加快,应当首先将一国的经济安全置于全球经济一体化的进程中通盘考虑。这是一个大前提。二是金融、电信等服务领域的开放还能不能拖下去？国际间经济结构的大调整,必须要求金融、电信等服务领域要开放。一个国家要吸引投资,要引进跨国公司,要走向国际市场,就必须在金融、电信等服务领域按国际规则办事。金融、电讯等服务领域的改革要服务和服从于开放的大形势,加大改革力度。改革得越快,体制越完善,管理的越科学,就越能更好地服务于我国的对外开放。

(3)开放与国内市场。有人说,中国本身就是个大市场,老百姓的存款率又很高,因此自身经济的回旋余地很大,不必急于开放国内市场。中国的确是个大市场,而且是对外来投资者有极大吸引力的大市场,这是中国对外开放的一大优势。另外,无论是投资还是消费,中国市场的潜力都大得很。但这个不能成为放缓开放的理由,正相反,它是中国扩大开放的有利条件:有利于吸引外来直接投资;有利于吸引外来技术;有利于促进出口。无论是从吸引外来投资加快发展,引进技术加快结构调整,还是通过三资企业推动和扩大出口,都应当逐步开放国内市场。并且,经过20年的改革开放,中国市场已逐步与国际市场相联系、相渗透。实践证明,开放市场,吸引外资,是中国经济持续快速增长的一个重要条件。

3. 经济特区要把加大吸引外来投资继续作为扩大对外开放的重点

目前,我国的经济发展正处在关键时期,加大投资,扩大出口,都需要积极引进外来投资。特区能否在新形势下成为吸引外来投资的主力军,这对于特区发展及整个国家的经济发展有重要影响。目前,受亚洲金融危机的影响,吸引外来投资尤其是直接投资的数量会有所减少。此外,为摆脱危机,东亚各国纷纷出台一些提高自身产品竞争力的政策,这使我国出口面临很大的压力。目前特区出口总值的40%是由三资企业拉动的,在引进外资的同时就能拉动出口。

适应新形势,经济特区吸引外来投资应在两方面下工夫:

(1)千方百计出台有竞争力的措施,增强对外来投资的吸引力。例如:第一,在放开外来投资的领域方面,特区应先行一步。我国最近决定在服务、商业贸易、法律、会计等领域加大吸引外资的步伐。下一步,如果允许外资银行经营人民币业务的试点由深圳特区扩大到其他特区的话,这会增强特区在吸引外来金融资本方面的竞争力。第二,在出口方面要采取一些特殊政策。例如,应当在特区实行出口100%退税,再过渡到实行出口零关税。第三,特区应成为跨国公司来中国投资的重要地区。现在跨国公司的投资有两个特点:"本地化"和"前厂后店"。抓住一个大跨国公司就等于抓住一个大市场。特区有条件在这方面做得更好。第四,鼓励特区企业到海外投资。发达国家吸引外资与向海外投资的比例是1：1.1，而我国的这个比例仅为1：0.038。

（2）在吸引外资的同时，特区最重要的是遵守国际规则。现在外商投资关心良好的投资环境，尤其是政府的廉洁高效，胜过关心某些具体的优惠政策，特区应当在改善投资环境方面下大的工夫。

4. 适应扩大对外开放要求，经济特区要加大改革力度

经济特区应率先成为按国际规则办事的地区，这取决于能否在市场化改革方面走得更快，比内陆的省份做得更好。开放是经济特区的出发点，改革一定要服从于开放的需要。

（1）按照中共十五大精神，要确立放手、放胆发展非公有制经济的改革思路。中共十五大报告在所有制改革方面有重大突破，有四个相当重要的观点：第一，以公有制为主体，多种经济成分共同发展是社会主义初级阶段的一项基本经济制度。中共十五大之前，没有提过这是一项基本经济制度。经济特区应当在这个问题上有更深刻的理解。第二，公有制不仅包括国家所有制、集体所有制，而且更重要的是包括各种混合所有制中的国有、集体成分。有些地方，有些产业不需要强调公有制占多大比例。第三，国有经济的主导作用，主要体现在控制力上，而主要不是占多大比例。第四，公有制的实现形式可以而且应当多样化。怎么样能够适合当时的生产力水平，就采取什么样的所有制形式。所有制形式是生产力发展的依托和手段，它应当服务和服从于生产力的发展水平和发展需要。对于特区，最根本的就是要充分认识发展非公有制经济在特区中的作用，发挥三资企业等外来企业的作用。

（2）大胆进行分配领域方面的改革。在所有制关系基本解决后，最重要的是要解决财产关系。邓小平提出要逐步实现共同富裕。实现共同富裕，还要通过分配制度的改革在解决财产关系方面找到一套有效的办法。在这方面，我们还有一些思想顾虑，比如认为是不是私有化，会不会造成国有资产流失等。目前，在解决基本的财产关系方面有两个问题：第一，在农村"耕者有其田"，实现农民对土地使用权的长期化。农民只有拥有土地的长期使用权，包括具有占有、交换、转让的权利，才能解决农村的基本财产关系，奠定农村长期稳定的基础；第二，"劳动者有其股"。中共十五大的一个重要理论就是允许按生产要素参与分配。劳动力作为最重要的生产要素，有没有参与企业剩余产品分配的权利，或者说有没有剩余产品索取权呢？我曾提出劳动力产权这个重要概念。所谓劳动力产权，就是劳动者不仅应获得工资收入，而且应在一定程度上享受产权收益。把企业利润收入的一部分作为企业职工在本企业的股

份,其所得份额由其工作时间、工作岗位、工作贡献等因素决定。通过劳动力产权获取的股份具有特殊性,它不可转让,不可交易。现代股份制有两大趋势,股权的分散化和股权泛化。随着这一趋势的出现,西方发达国家不得不实行职工持股。我认为我国的职工持股到了该解决的时候了,一些企业采取了过渡办法,实行有偿购买和无偿分配相结合;同时,职工持股会以社团法人的形式出现。这在朝职工持股方面迈了一大步。我认为以劳动力产权为基础确立职工持股将是一件很大的事情,经济特区应当在分配关系改革方面做一些大胆探索。

(3)经济特区应在投融资体制改革方面走在全国的前头。我国未来几年将在基础领域投资7500亿美元,政府的投资是重要的,但主要靠吸引外资,吸引社会投资。为此,投融资体制改革将成为今后国有经济战略重组的重要组成部分。可以看到,航空、铁路、公路、电讯、水利等国有公共部门在现代市场经济条件下发生了三大变化:第一,作用变了。如电讯业,它不仅是一般的服务领域,现代信息已成为重要的商品。第二,发展速度大大加快。第三,组织形式变了。由过去的单一的国有制逐步股份化。这是全世界的一个大趋势。随着经济全球化,我国启动国内市场,加大基础领域投资必然要实现投资主体多元化,用股份化、公共基金、各类债券的办法拉动基础领域的投资。特区如果能加快投融资体制改革,就能较大地吸引外来投资、社会投资,进而把投资环境搞得更好。

(4)政府改革再上新台阶。经济特区这些年实行"小政府、大社会",为全国的政府机构改革提供了重要经验。政府机构改革包括:第一,政企分开。即政府与企业分开,企业真正的发展最终取决于政府的改革。如果相应的人才选拔制度、企业家市场等建立不起来,政企分开是实现不了的。第二,政事分开。即政府与事业机构分开。第三,政群分开,即政府与群众团体分开。只有政府改革到位,市场经济才能极大发展,政府改革是各项改革的重要条件,在这个问题上应下大工夫。

三、总结经济特区发展的实践经验,对确立"以开放促改革,以改革开放促发展"方针的再认识

经济特区发展的实践证明,扩大对外开放是特区的成长之路、发展之路。开放是经济特区的主旋律,是经济特区谋求发展的基本道路,没有对外开放,就没有经济特区的今天。因此,确立并实行"以开放促改革,以改革开放促发展"的方针,是符合经济特区实际的正确方针。总结特区的实践经验,联系当前的实际,对这个方针进一步再认识是十分重要的。

1. 正确认识开放与发展的关系,只有开放的突破,才能实现发展的突破,这是特区发展的重要经验。对此需要再认识

世界经济发展的规律说明,随着经济国际化的发展,发展中国家或落后地区实行对外开放战略和政策,是加快发展的重要选择。我国经济特区的实践一再证明:开放是吸引投资的重要条件,内外资金的引入,都依赖开放的力度,依赖开放的政策;开放是引进项目、开发项目的前提,特区投资上项目的主体是海内外企业,有了开放,就能够引进项目,就能创造项目所需要的大环境,从而使项目产生充分的效益;开放是产业升级、产业结构调整的拉动因素。资源优势转化为市场优势,资源结构转化为有效的经济结构取决于市场,取决于投资。越是开放,就越是能够引进投资,从而越是有利于产业升级和结构调整;开放是引进人才的关键因素,特区发展需要引进大量的各类专业技术管理人才,而人才的引进与开放的相关度最高。人力资本已成为知识经济时代经济竞争的重要因素。因此,无论从哪一个方面说,开放都是牵动和驾驭特区经济社会发展全局的关键。

从海南特区的情况看,今天我们面临着最实际、最迫切的一个问题是:如何能够比较好地实现中央关于海南建省办经济特区的发展目标。中央要求海南在改革开放的推动下,分步实现建省办特区的发展目标:

第一步,用3~5年时间赶上全国平均经济发展水平。海南建省办经济特区之初,在人均国内生产总值只相当于全国80%左右的基础上,用不到5年的时间,通过改革开放赶上了全国平均经济发展水平,实现了中央对海南第一步发展目标的要求。

第二步,即在本世纪末赶上全国发达地区的经济发展水平。现在离实现这个目标只有一年多的时间,实际情况如何呢? 海南同广东、北京、上海等发达地区相比,到1997年年底,人均国内生产总值相差1到5倍之间。这一方面反映了这几年海南同发达地区的经济发展水平差距有所扩大,另一方面看出要在2000年前实现第二步战略目标是十分困难的。由于多种因素的影响,海南特区在实现第二步发展目标时遇到严重困难。但是,这一步目标实现不了,就直接关系到第三步发展目标的实现问题,即能否在2000年以后再用10年左右时间赶上东南亚地区的发展水平。面对这样一个严峻的课题,需要我们认真思考。

大开放才能带动大发展,海南的实践充分证明了这一点。海南特区能不能在下个世纪初的头几年,推迟几年实现第二步发展目标,这取决于海南特区在近期能否实现对外开放的突破,这是一个最关键的问题,实现了开放的突破,才由此能够带动发展的突破。如何实现开放的突破,从海南的实际情况和我国对外开放的全局来看,比较现实的出路是:以产业开放的突破来实现经济发展的突破。例如,扩大农业的开

放,以争取实现琼台农业项下的自由贸易为主题来实现海南农业对外开放的突破。再如,扩大旅游业的开放,以努力把三亚市建成国际化旅游城市为主线,实现全省旅游开放的突破。海南发展的情况越来越使人们看到由于自身特殊情况的制约,常规的发展是没有出路的,是走不出最大经济特区发展的新路子的。实现超常规的发展,才是海南的出路。经济要超常规发展,对外开放就要有新的举措。我们已错过全岛大开放的良好机遇。今天,能不能适应新形势的要求,在热带农业和旅游业等产业的开放上有所突破,是未来几年最关键的问题。

2. 正确认识开放与改革的关系,以开放促改革,才能大大加快市场化改革进程。对此需要再认识

开放与改革是统一的整体,相互依赖、相互促进。没有改革就没有开放,没有开放也谈不上改革。这是从改革与开放的一般关系而讲的。由于特区以利用外来投资为主,因此,在改革与开放的关系上,有更高、更特殊的要求。由于开放是特区工作的主题,因此开放是促进改革、加快改革的一个重要动力。特区按照开放的要求,形成了市场化改革的自身特点:

(1)改革的起点高。适应对外投资的要求,并与国际市场相对接,必须要按国际惯例改革现行的经济体制和运行机制,即建立高度开放型的现代市场经济体制。

(2)改革速度要快。为了大量吸引外来投资,建立良好的投资环境,必须要大大加快市场化改革进程。这就逼迫我们尽快大胆改革一切不符合国际惯例的管理体制和运行机制。

(3)改革的要求不一样。由于改革的目的是符合现代市场经济、按国际惯例办事。为此,就要求尽快使各项改革的措施法律化。只有法律化才有高的透明度,才适应外来投资者的要求。因此,要求加快改革的同时,抓紧立法,并用法律严格约束执法者的行为。

从海南的实际出发,十分有必要搞清楚为什么要以开放促改革,为了开放的需要,改革应当做哪些事情。把这个问题搞清楚了,才会有改革的新举措、新行动。否则,今天脱离开放搞“改革”,可能实践的结果是真正的改革也难以进行。搞不好,有些改革还有复归的可能。

3. 正确认识开放与投资环境的关系,开放是最重要的投资环境。对此需要再认识

经济特区的经验说明,形成良好的投资环境,对吸引外来投资至关重要。投资环境有硬环境和软环境,开放政策是投资硬件、软件环境建设中的首要的因素。开放政策的营造本身就是投资环境的重要内容。好的开放环境能引入外来资金,对硬环境进行投资,促进硬环境的建设。海南特区的实践说明:在注重硬环境建设的同时,尤其要注重保持开放的大环境。为什么在建省初期硬环境比较差的条件下,吸引外资的情况比后几年情况要好一些,而前几年硬环境相对好的情况下,吸引外资却有所下降呢?这其中有宏观形势变化的因素,但从实践看,最重要的是我们在实践中对扩大开放的认识发生了偏差,产生了疑虑。因而未能在可能的情况下,积极主动地营造开放的大环境。从海南近几年经济发展的情况看,投资环境的建设必须依靠开放。

有人认为,海南的开发主要靠国内投资。实际情况看,国内投资者关注的是,海南是不是比其他地区更开放,能否通过海南走向国际市场,能否在海南有与外资合作的投资机会。从这一点来说,没有对外开放就没有内资对海南的注入。什么时候忽视了吸引外来投资,什么时候就压制了内资。这个认识,是被海南实践验证了的。

提出开放是重要的投资环境,是因为几乎所有的发展中国家,所有落后地区的发展都证明了一条,即首要的因素是形成以开放政策为主的投资环境。靠吸引投资来加快增长,是落后地区发展的基本经验和规律。海南的情况也证实了这一点。这些年来,海南的整个投资环境、基础设施建设比起前些年有了很大的改善。但是由于开放环境发生了变化,使人们在一些问题上产生了疑虑,认为目前的发展不能再依靠开放的政策优势。这种疑虑必然使得我们在努力保持并尽可能创造以开放政策为主的投资环境方面的工作力度不够,甚至不去主动地做这方面的努力。由此产生另一个误区,我们主要不是依靠开放,而主要是靠自己和内地的支持来发展。

实践证明,特区开放环境的形成,首先依赖于特区干部的开放观念、开放作风、开放形象,这本身就是一个良好的开放环境的体现。开放环境的建设在很大程度上取决于领导、政府公务人员的工作形象、工作风貌、工作状况、工作精神是否与开放的环境相适应。这种开放的形象体现在政府机关的办事效率及具有透明度的法制化工作程序中。要急开放之所急,想开放之所想,做开放之所做,千方百计地吸引投资者,留住投资者,为克服当前经济发展面临的困难,而齐心协力地去创造开放的投资环境。

开放是全世界的大潮流,开放是我国的基本国策。面对经济全球化和亚洲金融危机的挑战,我们更需要实行积极稳妥的对外开放政策,更需要加快开放步伐,提高经济的国际化水平。为此,也更需要经济特区继续在扩大开放中做出新的贡献。我们要把握经济全球化的大趋势,认识开放,了解开放,从而丢掉各种不必要的疑虑,齐心协力塑造开放形象。在新形势下,如何以开放的突破带动发展的突破,这是一个大题目,值得每一个热爱海南、关心海南的人去思考,并为此做出自己的努力和贡献。

海南作为中国最大经济特区的作用何在*

（1994 年 4 月）

◆◆◆

海南建省办经济特区已经 6 年了。6 年来，海南的经济社会发展发生了巨大的变化。海南的实践证明，中央关于海南建省办中国最大经济特区的决策是完全正确的，是符合海南实际的。总结 6 年的基本实践，研究海南作为中国最大经济特区如何充分发挥它的作用是一个很大的问题。

海南建省办经济特区之初，经济总量只占全国经济总量的 5‰，经过 6 年的努力，已经达到了 6.8‰。但是从经济的角度来看，即使海南今后仍然以高速度发展，其在全国的经济总量中所占有的比重仍是很小的，甚至可以说是微不足道的。同时，在 6 年的经济发展中，在城乡的收入水平都有所提高的前提下，城乡收入差距有逐步扩大的趋势。这就提出一个问题，怎样才能把特区的优势逐步辐射到全岛。

海南办中国最大经济特区，作用到底何在？如果仅仅是从经济发展的一般角度来看，就很难说海南在中国整个经济发展中的重要地位。总结 6 年的实践，按照海南建省办中国最大经济特区的战略意图，海南办中国最大经济特区的作用主要体现在三个方面：

---

　* 载《特区与开发区经济》1994 年第 5 期。

一、海南的战略地位十分重要,建立海南经济特区,是我国进一步扩大对外开放的重要措施,对我国的对外开放有着深远的意义。这是海南经济特区在中国最重要的、最具有根本性的作用

海南地处中国与东南亚的前沿,是南中国海的最大岛屿,战略地位十分重要。在海南建立中国的最大经济特区,就是由此使海南岛成为中国大陆连接东南亚的桥梁,成为中国进一步对外开放的一个重要窗口,成为促进南中国海和平合作的重要基地。如果海南岛能够在这些方面起到它的应有作用,它就会在中国的对外开放的总格局中有不可取代的、举足轻重的重要作用。

海南要在中国对外开放中起到这种重要作用,在实践中有三个最重要的问题需要解决。一是海南必须实行有别于内地的对外开放政策,使海南在开发建设各个方面运用国际上一切成功的经验,采取一切更加开放的手段,达到吸引资金、加速海南开发的目的;二是海南要逐步实现以利用外资为主,加快开发建设;三是要利用岛内资源逐步实行外向型经济发展战略。实践证明,如果仅仅依靠某些方面的特区优惠政策,是可以在一时或一个阶段取得重要作用,但是有几个问题解决不了。首先,政策和体制方面的矛盾解决不了,某些具体政策的执行过程中,就会经常发生来自体制方面的障碍,使得这些政策在实际的执行过程中受到这样或那样的一些影响。可以说,关于海南的一些具体的特殊政策,有的至今还未能执行;另外,如果这些特殊政策都能够在海南实行的话,也会对全局有某些不利影响。如何在不影响全局情况下来实现更加开放的政策,这是一个进退两难的矛盾。其次,随着我国加快向市场经济过渡,特别是随着我国即将恢复关贸总协定缔约国地位,这些具体的特区政策,已经失去了其存在的客观环境。实际上,海南现在实行的一些政策,在其他地方也能实行,海南经济特区面临着一个不"特"的新情况。

要解决上述问题,就是要探索在海南走出一条对外开放的新路子,形成一个对外开放的新格局。前几年,海南上下一直在热烈地议论这个问题,即如何按照邓小平提出的再造社会主义香港的构想,在海南建立特别关税区。实践证明,这种研究是有意义的,符合海南的实际。海南要真正大开放,要真正在中国的对外开放总格局中发挥重要作用,产生重要影响,根本的出路就是建立社会主义制度下的自由贸易区,这既符合海南的实际情况,又符合国际惯例。海南尽快走上这条道路,才能够发挥作为中国最大经济特区的重要作用。

二、海南作为中国最大的经济特区,就是以扩大对外开放为出发点,改革有更大的灵活性,切实在建立社会主义市场经济体制中走出一条新路子

实践证明,海南过去某些方面的有些政策很难执行,根本的问题在于体制。体制理不顺,就是给了好政策,也要在实践中打折扣,也很难在实践中完全落实。那么,要建立对外开放的新格局,走出一条造社会主义香港的路子,根本的问题是在改革中建立符合海南实际的市场经济体制,以服从和服务于海南的对外开放。这个体制就是同一般市场经济模式不同的开放型的市场经济模式。它最重要的特点,一是高度开放性,二是经济活动的自主性。

中央在决定海南建省办经济特区的同时就赋予了海南充分的经济活动自主权,这主要包括除公安、边防、税务、金融、外事等中央统一管理的事项,由中央制定专项管理办法外,海南省政府都可以结合当地的情况自主灵活地处理各项事务;中央各部门下达的文件、规定与中央赋予海南的经济管理权限发生矛盾的时候,要报中央核准。此外,全国人民代表大会还赋予了海南省很大的立法权,海南省人大及其人大常委会可以根据具体情况,遵循国家有关法律及其行政法规的原则来制定符合海南实际的法规。

6年来的实践证明,海南要落实中央的精神,在建立市场经济模式中走出新路子,就要切实解决三个方面的问题。

(1)海南要充分运用经济活动自主权,自主地开展各项经济活动,只有这样,海南才能够提出和实行一系列对外开放政策。

(2)充分运用全国人大赋予的立法权,争取把各项经济活动自主权和各项政策加以法制化。现在应当着手研究起草《海南经济特区基本条例》,作为海南特区经济活动的大法。

(3)海南在各项改革中应当起到全国改革的先行示范作用。由于海南的特殊情况和中央的规定,有一些改革完全可以在海南快走一步,先走一步,甚至走的步子大一些。海南建省办特区6年来的实践,主要的优势就是在加快向市场经济的过渡中打了时间差。今后,有一些重大的改革海南应当积极地走在前面,并且积极地为全国提供经验。例如,产权制度改革、社会保障制度改革、政府管理体制改革以及其他各个方面的改革,包括农村的改革、土地使用制度的改革等等。如果海南能够从扩大开放的角度,建立起一套适应对外开放的、具有充分自主权的经济管理新体制,那么海南就会在改革中起到示范作用,就会由此为推动海南的对外开放提供体制上的保证。

实际上,提出建立社会主义制度下的自由贸易区,就是建立这样一种开放型的市场经济模式,建立这样一种具有充分自主权的经济管理新体制。

三、作为我国两个最大的宝岛之一,海南建省办中国 最大经济特区,就是要在祖国统一大业中发挥 重要作用

海南岛和台湾岛的资源状况、人文状况有很多相似之处,与台湾相比,海南在资源上还有很多优势。海南建省办经济特区以后,对吸引台湾资金投入起到了重要的作用。既然海南岛与台湾岛的情况很相似,那么海南的迅速发展对于加强台湾与海南的经济合作,对于促进台湾同中国大陆的经济联系,从而促进祖国统一大业,将起到其他地区所起不到的作用。更重要的是,海南岛具有重要的战略地位和丰富的资源优势,可以在很大程度上吸引外资。如果在海南的开发中,通过采取更加开放的体制和政策来加大吸引台资,吸引更多的台湾企业来海南投资办实业,使台资在海南的投资中能够占很大的比例,那么,这对加强中国大陆同台湾的经济合作、促进祖国的统一将起到重要的桥梁作用。事实也证明,台湾各方对来海南投资有很大的热情,只要海南真正形成一个对外开放的优势,真正形成一个长期稳定的政策环境,那么台资的大量投入是可能的。

如果海南能够在中国的对外开放格局中扮演重要的角色,能够在改革中走出一条新路子,能够在祖国统一大业中发挥重要的作用,那么,就真正实现了邓小平指出的"海南好好发展起来,是很了不起的,是一个很大的胜利"的战略构想。海南作为中国最大的经济特区,它的作用,也就在这里。海南将在中国的改革开放中,真正发挥它应有的作用。

我国经济特区面临转型*

（2000 年 10 月）

◇◇

2000 年是我国办经济特区 20 周年。在充分肯定经济特区作用与贡献的同时，更要思考的问题是，经济特区进入 21 世纪的发展方向。

2000 年 3 月，应世界银行的邀请，我到河内参加了世行与越南政府召开的一个关于越南建立经济特区的高层咨询会。越南计划近期建立 1 ~ 2 个经济特区。在这次咨询会上，越南的高层人士高度评价中国经济特区的经验，并不断向我提出各种问题。很显然，越南在筹建经济特区时十分注意研究和借鉴中国经济特区的经验。在前两年我院与联合国开发计划署举办的转轨国家部长级论坛上，吉尔吉斯斯坦、乌克兰、哈萨克斯坦以及朝鲜等国，都派出高级官员参会，并对中国经济特区的经验表现出了浓厚兴趣。可见我国经济特区的国际影响越来越大。

如果说，我们过去创办经济特区的经验，对正处在改革开放初级阶段的转轨国家有着重要的借鉴意义，那么，我国经济特区下一步如何发展，对我们来说，则更具有十分重要的现实意义。

我国的经济特区是改革开放政策的产物，它为中国的改革开放起到了重要的试验和示范的作用。进入 20 世纪 90 年代中期后，随着市场经济在全国的确立，政策性经济特区的生命力受到了怀疑，在 1995 年还引发了一场"经济特区是否还有必要存在"的大讨论。今天，面对中国即将加入 WTO，面对经济全球化，中国经济特区如何"争创新优势，更上一层楼"，真正完成第二次创业，成为一个需要做出认真回答的重

---

* 载《海南日报》2000 年 10 月 18 日。

大问题。

经济全球化是个大趋势。中国加入 WTO,说到底是中国适应经济全球化的重大开放战略。以往的开放,主要的特点是政策推动,建立经济特区就是地区开放政策的体现。我国加入 WTO,由政策性开放转向全面的体制开放,是开放战略的重大转变。在这个大背景下,要继续发挥经济特区的作用,前提是经济特区也要转型,由政策性经济特区转向制度性经济特区,即符合国际通用规则的经济特区。当然这有一个过程,但过渡的时间是很有限的。

1. 在中国实现全面的体制性开放的过渡阶段,即在 2～3 年内,经济特区要由区域开放向产业开放转换,以产业的开放带动产业的升级,这是近期经济特区的转型目标

加入 WTO,标志着中国更高层次和更大意义上的第二次开放。由于中国加入 WTO 后还有 3～5 年的过渡期,在经济体制和产业结构上具有先发优势的经济特区,在最近的 2～3 年最有条件实现产业上的更大开放,特别是在高科技产业、电信业、旅游业、金融服务业和咨询服务业等行业率先全面放开。这一方面对经济特区的再创业有着重大的推动作用,另一方面也对全国在 21 世纪初期的开放,也具有重要的示范意义。

2. 在"一国两制"实现祖国的和平统一的进程中,经济特区要利用自己的优势,发挥特殊的作用

中国建立经济特区有一个十分特殊的情况,5 个经济特区都在东南沿海,与港澳台紧密相连。从建立经济特区的那一天起,经济特区对祖国的和平统一都具有其他地方不可替代的作用。这方面已在香港、澳门的回归中得到了充分的体现。在港澳回归后,无论是港澳的繁荣稳定,还是海峡两岸的和平统一,经济特区仍具有重要的意义,其作用远未发挥殆尽。具体来说,深圳、珠海就是要为港澳的繁荣和稳定服务,汕头就是要在联系世界华人中发挥重要作用,而海南和厦门,就是要为海峡两岸的统一服务。厦门特殊的地理位置注定它将成为连结海峡两岸的桥梁和纽带,与台湾的自然资源、地理环境相类似的海南,也对两岸统一有着邓小平所说的"了不起"的特殊作用。台湾作为中国的一个特别关税区加入 WTO,将面临产业的升级和产业结构调整的现实问题。如果抓住机遇,厦门、海南等地区可进一步加强与台湾的经济合作,以形成经济上的双赢局面。我曾建议实行琼台农业项下的自由贸易,使海南岛成为台湾农业转移的重要基地。目前,能否择机单方宣布厦门和海南与台湾率先实现"三通",对两岸经贸合作有特别的作用。

3. 从长远来看,经济特区应尽快实现制度的转变,由改革开放试验田转变为符合国际惯例的经济特区

从全球经济发展的角度来看,自由港、高科技园区、出口加工区、自由贸易区等形式的世界级经济特区已有近5个世纪的历史,它不仅不与WTO的原则矛盾,而且随着贸易自由化和区域经济一体化的趋势的日益明显,各国的经济特区正在增加,这种以境内关外为主要特点的经济自由区,对贸易、金融、投资和人员流动实行自由政策,除少量违禁商品外,大部分商品可以自由进出,对吸引外资与先进技术有很大的优势,在各国的经济发展中具有独特的作用。中国加入WTO,经济体制必须尽快与国际规则相适应。在过去发挥了重大作用的政策性经济特区已失去政策支持,因此,经济特区要尽快与国际惯例接轨,即由政策性特区向符合国际惯例的经济特区转型。这个转型是必不可免的,同时也是具备条件的。应当让我们的经济特区更多地体现经济示范和产业引导的作用。也只有这样,才能更好地使经济特区在中国的第二次开放中发挥作用。从这个意义讲,经济特区的作用只会增大,而不会削弱。这个思路,应该在我们今后5~10年的发展规划中得到体现,而且现在就应着手进行相关的准备工作,对现有经济特区,应该本着成熟一个推出一个的原则,陆续进行转型。这对中国的高度开放和经济的对外合作,都将具有十分特殊的作用。

总体来说,在进入21世纪特别是在中国加入WTO的大背景下,我国经济特区面临转型的任务,这个转型有两个层面的含义:一是近期使经济特区加快产业开放以拉动产业升级,以进一步发挥作用;再一个就是要立足全面体制开放的现实,建立符合国际标准的新特区,这是中国经济特区长远的发展方向。只有这样,我国经济特区才可以继续发挥特区的作用,并不断充满生机和活力,才有再造辉煌的希望。

转轨时期中国经济特区的发展[*]

（1995 年 4 月）

　　中国经济特区从设立、开发到逐步壮大，已经走过了 15 个年头。经过 15 年艰苦的探索与奋斗，经济特区取得了巨大的成功，为推进中国的经济体制改革、对外开放和经济发展做出了重大贡献，充分发挥了"窗口"、"试验田"、"排头兵"的作用。实践证明，邓小平和党中央做出的兴办经济特区的决策是英明正确的。

　　由于国内和国际形势的发展，中国经济特区目前正处于发展的关键时期。不久前，江泽民总书记对经济特区的发展提出新的要求：经济特区要为加快建立全国的社会主义市场经济体制，继续积极探索和创造更好的经验；经济特区要通过深化改革和扩大开放，保持经济又快又好地向前发展；经济特区要继续发展外引内联，为带动和促进全国其他地区的共同发展、共同繁荣做出新的贡献；经济特区尤其是深圳、珠海特区要继续为国家对香港、澳门恢复行使主权和保持香港、澳门的长期繁荣做出更大的贡献。经济特区如何适应国际国内发展的新形势，从现实出发，再创新优势；如何按照国际惯例确立新的发展目标，寻求新的发展模式或战略，开创新的发展阶段，这是事关中国改革开放全局的重大问题。

一、如何判断经济特区在我国今后改革开放总格局中的地位和作用

　　平等竞争是社会主义市场经济的一个基本原则。在我国加快向市场经济过渡

---

[*] 在"中国经济特区发展国际研讨会"上的演讲，海口，1995 年 4 月 13 日。

中,各地区的改革都有重大进展和突破,全国范围内平等竞争的市场环境正在形成。在这种背景下,要不要继续保留经济特区的各项基本政策? 经济特区在我国今后改革开放的总格局中地位和作用何在? 这是我们面临的一个十分现实、十分重大的问题。

我国经济特区实行特殊政策的根本点,是允许在改革开放方面有更大的灵活性和在经济管理方面有更大的自主权。实行这个特殊政策,使经济特区肩负全国改革试验区的重大使命,起到全国改革的试验和示范作用。目前的问题在于,全国加快向市场经济过渡,经济特区在改革试验方面的责任和任务是重了还是轻了,甚至经济特区有没有存在的必要。这里有两点是可以肯定的:第一,我国向市场经济过渡是一个很长的过程,随着改革的深入,深层次的利益关系和矛盾将更加复杂,更需要经济特区在先行一步的改革试验中提供更成熟的经验;第二,经济特区目前和今后继续深入进行的经济改革、社会改革、行政改革,以及民主法制建设,更具深刻性和复杂性,对全国的改革能够继续起到示范作用,对我国的体制转轨提供全面的经验。由此看来,全国加快向市场经济过渡,赋予经济特区在改革试验方面的责任更重,任务更为艰巨。保持经济特区在改革方面更大的灵活性和经济管理方面更大自主权的基本政策不变,就显得十分必要。

经济特区实行某些特殊的优惠政策的出发点,是让经济特区率先面向国际市场,参与国际间的平等竞争。我国对外开放在 80 年代的主要目标,是提高贸易依存度,即提高进出口贸易占国民生产总值的比重。进入 90 年代,我国对外开放的目标已开始逐步向参与国际分工转化。适应我国扩大开放的新形势,经济特区要从发挥对外开放的"窗口"作用,转变成为我国积极参与国际分工合作和竞争的"排头兵"。

在全球经济贸易自由化和区域经济一体化的大趋势中,国际经济分工中的合作机遇增多,但竞争也更加激烈。中国经济特区由于它独特的区位优势,已有的体制优势和基础环境,已经形成的外向型经济结构,以及与内地经济的密切联系和合作,它在参与国际分工合作中,比中国其他地区更具有潜在的优势和竞争力。经济特区在参与国际经济合作和竞争中应当担负更多的责任和义务,并带动国内其他地区更好地参与国际竞争。

以香港、珠江三角洲为中心的华南地区是当今亚太区域经济发展最有生命力的增长带。保持这一地区的发展势头,有利于我国在亚太区域经济格局中占据有利的竞争位置。经济特区在带动和促进华南地区经济快速增长中发挥了巨大作用。经济特区的进一步发展仍然是华南经济持续增长的重要因素。同时,经济特区的发展对于稳定和促进港澳地区的长期繁荣有着特殊的作用。应当从我国在亚太区域经济合作的总体要求出发,确立经济特区发展的新目标,推动经济特区的进一步发展。

经济特区要率先与香港、澳门实现经济一体化,与台湾结成更紧密的经济联系,在促进内地与港澳台的经济协作和协调发展中,扮演更重要的角色。

香港是亚太地区世界级的经济中心,1997年香港回归后,为了使香港在国际经济特别是亚太经济中的地位更加巩固,并带动国内各地区更好地参与国际经济合作与竞争,深圳、珠海以及其他经济特区应率先与香港、澳门实行经济对接,逐步实现区域经济一体化战略,形成以香港为龙头的国际性城市群和国际经济中心。

积极推进内地同台湾的经济联系与合作,对于提高我国在亚太区域经济中的地位十分重要。厦门、海南等经济特区,经过努力能够成为台湾与内地经济联系的结合区,在两岸经济协作关系中可以发挥更大的作用。

中国恢复关贸总协定缔约国地位,加入世界贸易组织,与经济特区的存在和发展是不矛盾的。我国经济特区已从某些特殊的政策照顾转而实行更加开放的政策和体制,这与关贸总协定的宗旨是一致的。加入关贸总协定的国家和地区,另外开辟更加自由的经济特区,这是世界普遍做法,也是一种国际惯例。

中国的"复关",必然面临着国内市场打开后的冲击和压力。这一方面需要通过壮大国内企业的实力,迅速提高竞争力,来稳住国内市场;另一方面要积极打出去,更多地占领国际市场。经济特区在引进外资,加强资本实力,运用国际先进技术、设备和管理经验方面,已经具备较好的基础。到1994年年底,5个经济特区实际引进外资达168亿美元,约占全国实际利用外资总额的18.4%。外商投资企业在经济特区工业产值中的比重已超过50%。1994年深圳高新技术产品产值达130亿元,占全市工业总产值的20%。在经济特区出口产品中,自产产品已超过60%,工业制成品的出口率也达到60%左右。因此,十分有必要在此基础上,利用经济特区的优势条件,积极支持经济特区企业提高实力,增强经济特区企业"外引内联"功能,走"实业化、集团化、国际化"的道路,不断提高自身竞争能力和市场占有率,以应付外部集团竞争的挑战。

当前整个世界出现了开放的新格局,贸易自由化和区域经济一体化的趋势更加明显。1994年亚太经合组织的《茂物宣言》宣布:"不迟于2020年在亚太地区实现自由、开放的贸易和投资这一目标。"欧洲共同市场的建立,美、加、墨自由贸易区的形成,华南地区与港澳台经济协作区的逐步形成以及经济一体化的发展趋势,都显示了这一世界目标的实现进程。我国经济特区作为一种更高程度开放的模式,在引导中国走向世界统一大市场、参与国际经济循环中,将起到重要的沟通、桥梁和示范作用。我们应当把经济特区的发展,放在整个世界开放的大格局中来考虑。世界经济形势的发展逼迫我们必须按照国际惯例,提出经济特区发展的更高目标,真正让经济特区率先参与世界范围内更高层次的平等竞争。这是中国坚定地实行市场经济原则,加快走向国际市场的正确选择。

因此,我们讨论的中心问题,既不是经济特区要不要"特"下去,要不要市场经济的平等竞争原则的问题,也不是经济特区要不要存在下去的问题。我们面对的问题更具长远性、深刻性,即在国际国内形势新发展的背景下,怎样从我国改革开放的总格局中来考虑经济特区的地位和作用,寻求经济特区在市场经济原则基础上,按照国际惯例向更高目标迈进的战略方针和政策措施。

二、如何判断经济特区在我国宏观经济 稳定中的影响和作用

我国要顺利实现向市场经济的过渡,必须保持宏观经济的稳定。经济特区率先进行以市场化为目标的经济改革,对全国的经济形势和统一的宏观调控都有某些重要影响。因此,在着眼于全国宏观经济稳定的前提下,客观地分析判断经济特区在我国宏观经济稳定中的影响和作用,是关系经济特区发展的重大问题。

1. 如何分析经济特区在全国物价上涨中的影响

总的来说,经济特区并不是拉动内陆价格上涨的因素。我国创办经济特区已有十几年,我国发生通货膨胀、物价大幅上涨并不是随着经济特区的出现而出现的。我国的通货膨胀是有规律性的,而且每次发生的原因也是不同的,经济特区的物价对全国物价的影响很小。1994年全国的物价上涨,突出的是粮食价格上涨幅度较大。粮食价格上涨的原因是多方面的。在这个问题上,经济特区的"贡献"份额是很小的。一是经济特区和沿海开放地区率先进行的粮食购销体制改革,不但没有引起全国的粮价上涨,而且推动了全国的粮食购销体制改革。早在1990年,海南就进行了粮价改革,放开了粮食市场,粮价却稳中有降。二是广东等沿海开放地区近年来水稻种植面积有所减少,这对全国稻谷价格的上涨有些影响,但这个影响是十分有限的,不要看不到这些有限的影响,但也不要夸大。从短时期来讲,要求沿海和经济特区加大粮食尤其是水稻种植面积,有利于弥补供给短缺,保持粮食市场的稳定。但从长远来看,应当让经济特区、沿海和内地按照市场经济规律,选择各自资源优势和产业优势,实现优势互补。如果实行地区封锁,反而会造成粮价上涨。同时,应当允许沿海和经济特区适当进口粮食,以平衡市场价格,这对全国市场的稳定同样是十分重要的。

2. 如何分析经济特区引进外资对通货膨胀的影响

引进外资对经济特区的发展十分重要,经济特区的快速发展有赖于外资的大量投入。近年来,相对于世界经济的不景气,中国经济的持续高速增长为吸引外资提供

了极好机遇,外资流入量大幅度增加。国际资本的大量流入引起本币和外币的供应量相对增加,对通货膨胀有一定的影响。但应当看到,外资投入在全社会总投资中的比例很小,由国家直接投资占据了社会总投资额的60%～70%。到1994年年底,经济特区实际引进外资额只占全国实际利用外资总额的18.4%,通货膨胀的影响更是微乎其微。对外资流入进行宏观调控,关键是要对外资进入投机性领域进行必要的限制,以免引起经济大幅波动。对外资直接投入生产领域不但不应进行限制,而且要鼓励支持出口导向型的外商直接投资。因此,经济特区目前的主要矛盾仍然在于通过采取各种有效措施,加快和加大吸引外资。这对目前全国宏观经济形势的稳定与发展都是十分重要的。

3. 如何在经济特区实施有效的宏观调控

市场经济的发展,需要进行宏观调控,经济特区也不例外。因为统一而有力的宏观调控是保持全国宏观经济稳定的重要条件。问题在于,宏观调控的力度是以经济发展的程度为主要衡量标准的,在统一的宏观调控下,允许各地采取符合实际的有效措施是十分必要的。就是说,对经济特区市场经济实行必要的宏观调控,要能促进特区经济的快速发展,这是问题的关键所在。对经济特区的宏观调控,应当着眼于经济特区怎样做才更有利于为全国的宏观调控做贡献。比如,通过发挥经济特区的优势加快特区经济的更快发展,为中央财政做出贡献;通过经济特区与内地的优势互补,更多地带动内地的经济发展,促进全国宏观经济的稳定;通过经济特区的改革试验,建立更加有效的宏观调控体系等。为此,对经济特区的宏观调控措施,应当有更大的灵活性,要有利于经济特区的更大发展,有利于中央宏观调控目标的实现。经济特区的各项基本政策不应当收,也不应当变。某些具体政策的必要调整,也应当有个过渡,避免突然收缩引起过大的冲击,产生不良效应。

三、如何判断经济特区在我国由不平衡发展向均衡发展过渡中的作用

目前,我国正处在区域经济发展不平衡向区域经济均衡发展过渡的起步阶段。不平衡发展仍是一个客观现实。我国区域经济发展的不平衡及其引发的矛盾和问题,越来越引起各方面的高度重视。由此也引起人们对经济特区作用的重新判断。

1. 经济特区在我国经济不平衡发展中究竟扮演了什么角色

中国经济转型过程中,不平衡发展在某种程度上是区域经济发展中效率优先原

则和经济增长极理论的体现,即把有限的资源在空间上实行最优配置,优先发展优势地区,实现国民经济总体效益的最大化,同时通过经济增长点实力的强化,通过市场经济机制中的传导媒介力量引导周围区域经济的发展。中国在改革过程中,首先通过倾斜政策,在沿海和经济特区形成了一系列经济增长带,这些地区的经济快速发展,对外具有带动和扩散作用,有力地推动其他地区的发展。邓小平指出:"一部分地区有条件先发展起来,一部分地区发展慢点,先发展起来的地区带动后发展地区,最终达到共同富裕。"经济特区作为先发展起来的地区,已经具有带动内地发展的重要作用,这种带动作用将越来越大。它有利于经济特区的进一步发展;有利于实现"效率优先,兼顾公平"的原则;有利于解决中国经济不平衡发展所带来的矛盾。这是最本质的内容,分析判断经济特区在全国经济不平衡发展中的作用,应当紧紧把握住这个本质点。

改革开放前,经济特区所在的华南地区,经济增长率长期低于全国平均水平,1978年,华南四省区GDP仅占全国的10%,人均国民收入也低于全国平均水平。经过十几年的发展,在经济特区发展的带动下,华南地区经济赶上并超过了全国平均水平,1993年华南四省区的总体经济实力和人均GDP已与长江三角洲相当。中国沿海地区人口占全国总人口的50%,这一地区经济发展水平的迅速提高和发展差距如此快地缩小,是一个相当了不起的成就。应当说,经济特区从总体上促进了我国宏观经济的平衡和稳定发展。

经济特区的发展已经在很大程度上带动和促进了内地的发展,如特区对内地的直接投资和间接投资,特区企业向内地的转移,特区与内地形成的优势互补关系,特区的发展为内地提供了广泛的就业机会等等。今后,经济特区在广泛参与国际经济合作和竞争中,离不开与内地的经济联系和协作,它需要依靠内地的资源、技术、人才等多方面的广泛支持,需要与内地有更密切的经济联合,以增强国际竞争力。在建立全国统一大市场的过程中,经济特区与内地的资源、要素和产业发展的各自优势互补性越来越强。特区在与内地所形成的更紧密的经济联系中,将会有力地带动和促进我国经济由不平衡发展向均衡发展的过渡。经济特区在进一步发展过程中可以逐步提高上缴中央财政的比例,以财政转移支持内地的建设,通过与内地的对口支持和直接援助,帮助内地的经济发展。

2. 经济特区在建立全国统一大市场中究竟起到什么作用

中国经济由不平衡发展向均衡发展的过渡,重要的是打破地区封锁,逐步建立全国统一的大市场,在建立全国统一大市场的过程中,加强区域间的经济联系与合作。统一的大市场使产品和要素能够自由流动,从而实现资源的优化配置,发挥各地的比较优势。从资源配置和产业发展的优势互补来讲,经济特区的产业发展到一定程度后,需要进行产业结构调整,进行产业的升级换代,或者将产业转移到成本低、资源多的地方。在统一大市场建立的过程中,特区与内地正好形成了这种资源和产业互补的优势,这对内地是十分有利的,一批资金从特区引进到内地,一批特区企业转移到内地,一批管理人才倒流向内地,内地与特区逐步形成紧密合作关系,共同面向国际市场。由此可见,经济特区与广大内地在建立统一大市场过程中的互补性越来越强。随着统一大市场的建立,特区经济越发展,对西部资源和市场的需求越大,内地经济发展也迫切需要沿海和特区的资金、技术、管理经验和国际市场信息。因此,在建立统一的大市场过程中,经济特区与内地并不构成不平等竞争的矛盾基础。相反,经济特区与内地的经济联系会日益加强。

四、如何按照国际惯例确定我国经济特区进一步发展的新目标,并迈向更高的发展阶段

1. 经济特区进一步发展的目标:境内关外的经济特区

我国经济特区的进一步发展,必须要符合国际惯例。世界各国的经济特区,又称为自由经济区,通常都是海关监督下的单独关税区。中国"复关"以后,全国对外开放的程度会加大。在这个大背景下,为了保持和发展经济特区的功能和作用,应当按照国际惯例来明确它的发展目标:即境内关外的经济特区。至于何时把经济特区提升为单独关税区,则是另外的问题。

我国从自己的基本国情出发设立经济特区,规定经济特区在我国的改革开放和经济发展中发挥"窗口"、"试验田"和"排头兵"的作用,强调经济特区作为宏观政策工具的作用。我国在经济特区目标设定上,同世界上许多经济特区都有重大区别。各国设立经济特区的政策目标是多种多样的,大致可以归纳为三种:一是经济增长政策目标;二是地区发展政策目标;三是经济转型政策目标。大部分经济特区的设定都是以促进地方发展为主要政策目标。

1993 年,中国5 个经济特区的总面积仅占全国的0.35%,居住人口仅占全国总人口的0.8%,国内生产总值仅占全国的3.16%。虽然特区的经济增长速度很快,但它在全国经济增长中的比例是很小的。因此,中国经济特区的创设并不是全国经济增长的直接手段,但是经济特区的发展对全国经济的带动和促进作用却是很大的。中国经济特区从一开始也不是仅仅作为地区发展目标提出来的。中国经济特区最大的功能和作用,是作为对外开放的"窗口",作为经济转型的"试验田"和"排头兵",

并在十几年的探索中,获得了巨大成功。

中国经济特区原定的"窗口"和"试验田"目标,在很大程度上已经实现。今后经济特区的发展,要更加突出宏观经济政策工具的作用,即它在迎接国际经济竞争的挑战,积极参与国际分工,率先与国际经济接轨,实施有效的宏观经济调节方面,扮演更重要的角色。经济特区的经济转型政策目标,比过去更加突出,更具有实质性。

(1)经济特区要进一步增强吸引外资的能力,继续充当我国吸引外资的主力军。经济特区由于它所具有的基础条件和优势,在引进外资上具有比其他地区更多的吸引力。1994年年底,5个经济特区累计吸引外资接近全国的1/5,它所批准的外商直接投资项目3万多项,约占全国的1/7。由于国际和国内形势的发展变化,工业国家过去投资于发展中国家的资金开始有所回流。中国自1994年以来,外来直接投资有明显减少。1994年美国接受外来直接投资金额达到410亿美元,超过中国大陆,成为世界首要的外来直接投资地。1993~1994年,印度接受外来投资40亿美元。远远超出其1990~1991年间的1.65亿美元。越南1995年首季核准的外来投资达14.8亿美元,比1994年同期增长1倍。印度尼西亚1995年仅头2个月核准的外来投资高达104亿美元,较1994年同期的18亿美元有巨幅增长,已超越1993年全年80亿美元的外来投资额,几乎达到1994年全年核准投资额237亿美元的一半。由此可见,中国吸引和利用外资的形势是十分严峻的,迫切需要通过经济特区作为吸引外资的重要渠道来进一步加强对外资的吸引力,进一步增强中国在吸引外资中的竞争地位。

(2)经济特区要在积极参与国际交换和竞争中,大力发展对外贸易,扩大出口创汇。我国经济特区具有毗邻港澳、信息灵通、运输方便、体制政策灵活等优势,发展对外贸易有较好的基础和条件。1994年,5个经济特区外贸出口总额达263亿美元,比上年增长34.2%,占到全国外贸出口总额的21.7%。目前世界上经济特区已经超过1000个,比20世纪70年代增长2倍多,经济特区的贸易额已占世界贸易的20%~30%左右,特区在世界经济中的地位不断上升。今后,中国经济特区要充分利用已有的优势,进一步发展对外贸易,扩大出口创汇,在积极参与国际交换与竞争中发挥更大的作用。

2. 建立境内关外经济特区的政策体制需求

随着经济特区发展目标和功能的转化,经济特区不可能也不应当再依赖于特殊优惠政策,它需要依靠经济体制的率先转轨和国家宏观政策的引导。经济特区起步阶段的快速发展,在很大程度上得益于优惠政策。今后经济特区的发展,从依靠具体的优惠政策转向体制与制度的进一步创新,这就需要国家在宏观政策上的支持,保证经济特区再造新优势。国家宏观政策的支持,主要是国家在政策上允许和在立法上保障特区经济体制率先与世界经济体制接轨,以使经济特区进一步参与国际分工、合作与竞争。

(1)国家要真正赋予经济特区自主的经济管理权限。国家曾赋予经济特区一定的经济管理权限,从执行的情况来看,它存在三个方面的问题:一是由于国家没有制定一部经济特区法,特区自主权缺乏统一的国家立法保障;二是由于"条块分割"的体制原因,经济特区自主权难以落实,或落实不到位;三是经济特区自主权依据的是国家有关政策,由于国家宏观经济形势发生变化,特区自主权容易处于波动状态中。

经济特区今后要真正参与到国际分工合作和竞争中去,需要长期稳定、自主灵活的管理权限。为此建议:第一,要在现有的基础上,赋予经济特区更大的经济管理自主权,包括地方特别立法权、行政审批权和经济调控权;第二,要制定国家统一的《经济特区法》或《经济特区条例》,从立法上将经济特区在新形势下的地位、作用和自主管理权限确定下来,并保障其得以实施;第三,在赋予经济特区自主权的同时,要从体制上解决经济特区与国家各主管部门的条块矛盾,保证经济特区自主权的实际落实。

(2)要保障经济特区有在符合国家法律法规基本原则下的地方特别立法权。目前,海南省已有全国人大授予的特别立法权,在立法实践中也取得了很大成效。深圳和厦门也取得了全国人大授予的地方立法权。适应经济特区进一步发展的需要,今后应当更多地授予或统一授予经济特区有地方特别立法权,即只要符合国家法律法规的基本原则,经济特区完全可以结合当地的情况和需要,制定经济特区特有的法规,特别是符合国际惯例的法规。

(3)要赋予经济特区在体制改革上有更大的灵活性,保障特区体制率先与世界现代市场经济体制接轨。目前经济特区在体制改革上有一定的优势,但特区经济体制与现代市场经济体制还有不小的差距,还不能完全适应与国际市场经济接轨的要求。改革是特区的生命,没有经济体制的率先改革和彻底改革,经济特区就不可能实现下一步的发展目标。

经济特区今后的改革任务还十分繁重和复杂,一方面要加快建立符合国际惯例的市场经济体制,加快企业产权制度改革,建立现代企业制度,加快培育和发展市场体系,彻底转变政府职能;与此相适应,另一方面要加快行政体制改革,加强民主法制建设,大胆推进各项社会改革。

(4)按照国际惯例,改革经济特区现行的对外经济贸易管理体制。我国经济特区的对外经济贸易管理体制,与国际惯例还有很大差距。尤其是目前国家加快了特区与非特区之间的政策、体制统一化进程,对特区外贸商品价格、信贷、出口退税、进口减税等方面的政策配套兼顾不够。在通货膨胀和资金紧缺、出口退税指标压缩与换汇成本高居不下等矛盾的交互作用下,特区外贸企业陷入困境。因此,要从加速改革特区现行对外经济贸易体制上,缩小与世界经济体制的差距,解决特区外贸面临的困难和问题:第一,在特区外贸体制上,要在信贷规模、出口退税、许可证分配、配额切块等方面给予倾斜政策指导,并逐步过渡到按照国际惯例放弃配额与许可证管理;第二,在引进外来投资上,要逐步实行货物、资本、人员的自由进出,保证企业自主经营。特区过去沿用的外汇留成、投资限制、外销比例、利润汇回等规定,都必须相应改革;第三,适应上述需要,在口岸管理体制上也要进行相应改革,保障特区尽快与国际经济对接。

(5)对经济特区的外资企业,率先实行国民待遇。国民待遇是关贸总协定的一项基本原则,它要求对外资企业要与国内企业同等待遇,给予同样的保护,不得有任何歧视和限制。我国"复关"以后,必须遵循这一原则。目前,可以在经济特区率先实行对外资企业的"国民待遇",以逐步过渡到内地。

(6)对经济特区实行产业政策引导,促进特区产业结构优化以及产业升级换代。目前,各经济特区之间,产业差距相当明显。我国经济特区与世界发达国家和地区相比,产业结构差距更大。在区域经济增长与国际市场区域出口生产体系和国际分工交换之间,尚没有形成一种积极的、稳定的依赖关系,而且各经济特区普遍存在着工业发展水平不高的问题。今后,经济特区要积极广泛地参与国际分工和竞争,必须大力实行产业结构的优化和相应的产业升级换代。要通过国家产业政策引导,进一步发展和调整特区已经形成的外向型产业结构,形成特区在外向型经济发展中,利用国际资源和占领市场方面领先一步的动态优势。

(7)要将经济特区现有的保税区范围适当扩大,更多地用足用好保税政策。在逐步向自由经济贸易发展的过程中,经济特区可以把现有的保税政策用足用好。从发展保税工厂、保税仓库、保税市场、保税运输、保税区开始,扩大对外开放度,增强对外经济联系的吸引力。可考虑把经济特区现行的保税区范围适当扩大,并采用更多的保税方式。

3. 海南具有建立境内关外经济特区的优势条件

世界各国的经济特区,又称自由经济区,通常都是境内关外的经济特区,即海关监督下的单独关税区。中国经济特区既要有自己的特色,又不排除在中国"复关"以后,根据自身的不同情况而发展不同的模式。从国际经贸关系和全国经济发展战略上考虑,除海南以外的其他4个经济特区由于多种情况的制约,今后一个时期应当继续执行宏观政策工具的功能。只有海南经济特区由于独特的地理位置和资源状况,以及目前的经济发展水平,可把地区发展政策作为基本目标,创造条件,尽快建设境内关外经济特区,率先实现与亚太地区的经济一体化和国际贸易自由化的对接。

我国经济特区下一步发展的战略目标[*]

（1997 年 2 月）

♦♦♦♦♦♦♦♦♦♦♦♦♦♦♦♦♦♦♦♦♦♦♦

　　我国经济特区经过十几年的奋斗和探索，为推进全国的改革开放和经济发展，发挥了巨大的作用，做出了重大贡献。经济特区的成功实践，是我国渐进式改革最宝贵的经验之一。

　　目前，在我国处于全面实行社会主义市场经济和全方位对外开放的新形势下，经济特区正处于发展的关键时期。新形势下，经济特区的地位作用何在？它在我国改革开放和经济社会发展的全局中，扮演何种角色？怎样在把握我国改革开放的总格局和经济发展的大趋势中，进一步确定经济特区发展的战略目标？对此，提出如下建议：

一、我国经济特区的发展应确立分三步走的战略目标。目前，第一步战略目标已基本实现，当务之急是明确第二步发展的战略目标

　　1. 服务于我国改革开放的全局，应确立经济特区发展分三步走的战略目标

　　在我国改革开放的长期历史过程中，经济特区应当始终扮演重要的角色。经济

---

* 在"'97 海南省理论研讨会"上的发言，海口，1997 年 2 月 1 日。

特区要继续"特"下去,并且长期"特"下去,这是我国改革开放大局对经济特区提出的历史要求。为此,我们要善于把握我国改革开放的总体进程和大趋势,提出和确定经济特区分步走的战略目标。

第一步战略目标——经济特区作为我国对外开放的"窗口"和改革"试验田",扮演经济转型政策工具的角色。

第二步战略目标——经济特区和港澳台有紧密的经济合作关系,应当在实现"一国两制"中发挥特殊作用。

第三步战略目标——经济特区按国际惯例发展成为国际公认的自由港、自由贸易区、出口加工区、高科技工业园区等。

2. 确立经济特区分三步走的战略目标,是从我国的基本国情出发,充分发挥经济特区作用的重要选择

中国从传统的计划经济体制向社会主义市场经济体制过渡,必将要经历一个试验阶段。从这个大局出发,经济特区充当改革开放的"试验田"和"窗口",就是要率先进行市场经济改革的试验,成为从传统计划经济体制向社会主义市场经济体制过渡的典范。事实证明,经济特区市场化改革的成功实践,对在我国全面实行社会主义市场经济具有决定性的影响作用。

在当前和今后很长一段时期内,中国在加快改革开放进程中最具有影响的是,如何按"一国两制"的原则,促进与港澳台紧密的经济合作关系。经济特区由于多种优势,使它与港澳台有直接的、密切的经济联系,它完全有可能在推进"一国两制"中扮演相当重要的角色,起到其他地区难以发挥的特殊作用。如果把这件事做好了,对推进我国的改革开放将起到重大作用。

经济特区在我国加入和推动亚太地区贸易和投资自由化中具有相当重要的分量。从我国对外开放的总体部署和大局出发,并充分考虑到21世纪亚太经济合作的新格局,应当及早采取实际步骤,使经济特区率先实现同亚太区域的投资贸易自由化,这必将对我国的对外开放产生极大的影响。

经济特区分三步走的战略目标,是服从和服务于我国改革开放的全局和大趋势。由此看来,经济特区长期"特"下去,不仅是十分必要的,而且其担负的历史责任更重。

3. 我国经济特区发展的第一步战略目标基本实现,对我国向社会主义市场经济过渡做出了巨大贡献,在国际上是成功的创举

我国采取了一条符合自己国情的渐进式改革道路,其中的一条重要经验,是首先

选择几个地方开辟为经济特区,进行经济转型的政策试验。经济特区发展之初实行的一系列特殊政策,对经济特区自身的起步发展是十分重要的。但从总体上来说,经济特区率先进行的社会主义市场经济体制的试验,对全局的影响和示范作用更具有根本性、实质性。从这点看,没有经济特区改革的成功实践,就很难在全国实行全面的社会主义市场经济。可以自豪地说,我国从自己的基本国情出发,成功地使经济特区充当了经济转型政策工具,这给国际上其他经济转型国家提供了有益的借鉴,也是世界范围内经济特区发展的一个新创举。我们应当十分珍惜自己的这一宝贵经验。目前,从总体上说,经济特区在改革开放中的"试验田"和"窗口"作用已基本实现。在全国全面实行社会主义市场经济和全方位对外开放的新形势下,经济特区为推进全国的改革开放仍然要担负某些局部的试验作用,仍然要作为先行者、探路者。但是,从我国改革开放的大局出发,应当对经济特区提出更新、更高的要求,要确立新的发展战略目标。

4. 明确经济特区发展的第二步战略目标是当务之急

目前,经济特区下一步如何发展的目标还不十分明确。我们建议,要充分考虑到香港即将回归后稳定繁荣的需要,充分考虑到加强与台湾经济合作的巨大意义,充分考虑到以香港、珠江三角洲为中心的华南地区在我国对外开放总格局中的地位作用,及时确立经济特区发展第二步战略目标是十分必要、十分迫切的。如果经济特区很快能按第二步战略目标——实现"一国两制"并在连接与港澳台经济合作中发挥特殊作用,这将给经济特区注入新的生命力,由此大大加快我国对外开放和祖国统一的步伐。

二、按照第二步战略目标,充分发挥经济特区在实质性推进"一国两制"中的特殊作用

5. 尽快明确经济特区发展的第二步战略目标,对现阶段乃至今后很长时期内我国对外开放和经济发展都会产生不可估量的作用

我们建议把经济特区发展的第二步战略目标定位于在推进"一国两制"中的特殊作用上,是基于这样两个判断:

(1)经济特区如果能顺利按"一国两制"的原则加强同港澳台的经济合作,会对我国改革开放和经济发展产生极其深刻的影响作用。由此可以大大发挥我国在亚太地区经济合作中的地位和作用,从而显著提高我国国际竞争能力;由此可以极大地吸引以港澳台为主的外来投资,加快内地的经济发展;由此可以在加快与港澳台紧密的经济合作中,使"一国两制"在实践中取得突破性推进;由此可以保持港澳回归后的

稳定与繁荣,并促进台湾的早日回归。这对我国改革开放和经济社会发展全局将起到不可估量的巨大作用。

(2)经济特区实现第二步战略目标的时机和条件都已成熟。经济特区的区位优势、现有的体制优势和基础设施优势,使它能够在实现"一国两制"中发挥自身的特殊作用。目前,随着香港、澳门先后回归,深圳与香港、珠海与澳门经济一体化已成为一种广泛的舆论,越来越引起国内外的关注。台湾同祖国内陆经济合作关系越来越广泛,实现"三通"的步伐也在加快。在这种情况下,厦门等经济特区同台湾的经济合作将会首先展开。尤其是我国即将加入世界贸易组织,香港、澳门、台湾都将作为我国的单独关税区。利用这个契机,采取实际性步骤,它会大大密切经济特区与港澳台的经济合作关系,这也必定会极大地提高我国的对外开放形象。

基于这样两个判断,建议及早采取实际性步骤,推进经济特区实现第二步战略目标。

6. 采取过渡性措施逐步推进深圳与香港、珠海与澳门的经济一体化进程

与香港衔接并稳定香港应是深圳今后发展的主要目标。随着香港回归的临近,需要有一个过渡带进行平稳对接。鉴于香港与内地经济的依存性和互补性,需要在产业、技术、信息、人才、交通、农贸产品供应等领域有一个对应发展的就近区域来提供实际支撑,深圳在客观上必须承担这一职能。

在特区与港澳的合作上,要改变"大香港、小澳门"的看法,把澳门问题提高到应有的高度来认识。澳门同样是中国与世界经济联系的桥梁和纽带,珠海在澳门回归和经济发展中可发挥重要作用。澳门经济是一个具有多重优势、参与国际分工、前景广阔的小规模外向型经济。从长远来看,澳门的产业结构有待优化。1999 年之后,珠海经济特区在与澳门的经济合作中,要实现产业优化与互补。对此,目前应及早进行相关方面的准备。

7. 创造条件尽快实现厦门与台湾直接"三通",形成更紧密的经济协作体

由于厦门经济特区的独特区位优势,特别是创办经济特区以来已同台商形成的比较密切的经济合作关系,下一步,应当采取必要的措施使厦门经济特区能够在平等竞争的基础上,形成同台湾的经济协作体。目前的关键是,如何创造条件尽快实现台湾与厦门的直接"三通",并在此前提下,实行某些特殊政策,积极鼓励和支持台商在厦门的投资,并逐步形成厦门同台湾的产业对接、市场对接、技术对接,使厦门经济特

区成为同台湾经济发展的连结点和"一国两制"的连结点。

8. 实现经济特区第二步战略目标至关重要,应当采取有效的政策措施

鼓励支持经济特区采取过渡性措施实现第二步战略目标。要实现深圳与香港、珠海与澳门经济发展一体化,应制定分步骤实施方案。例如,允许双边人员的自由来往与交流,适当放宽口岸管理,对某些产业可率先实现双边自由贸易,并允许货币在指定的银行兑换,也可以考虑对某些特定的生产资料采取保税措施,等等。

政策扶持要与第二步战略目标相结合,主要是特殊政策与地缘优势的结合,特殊政策与优势产业的结合,特殊政策与资源优势的结合。按照这个总的原则,应当抓紧提出与制定鼓励经济特区加快实现第二步战略目标的特殊政策。

9. 为实现第二步战略目标,国家要真正赋予经济特区自主的经济管理权限

国家曾赋予经济特区一定的经济管理权限,从执行的情况来看,它存在三个方面的问题:一是由于国家没有制定经济特区法,特区自主权缺乏统一的国家立法保障;二是由于"条块分割"的体制原因,特区自主权难以落实,或落实不到位;三是特区自主权依据的是国家有关政策,这样在执行中经常处于波动状态之中。

为实现第二步战略目标,经济特区今后需要长期稳定、自主灵活的管理权限。为此建议:(1)要在现有的基础上,赋予经济特区更大的经济管理自主权,包括地方特别立法权、行政审批权和经济调控权;(2)要制定国家统一的《经济特区法》或《经济特区条例》,从立法上将经济特区在新形势下的地位、作用和自主管理权限确定下来,并保障其得以实施;(3)在赋予经济特区自主权的同时,要从体制上解决经济特区与国家各有关部门的条块矛盾,保证经济特区自主权的实际落实。

三、海南经济特区由于独特的地理位置、资源状况和经济发展现状,应尽快向单独关税区的目标过渡

10. 我国现有的经济特区,只有海南经济特区具有独特的地理位置和资源状况,以目前的经济发展水平,应尽快建设成为单独关税区,率先实现与亚太地区的经济一体化和国际贸易自由化

世界各国的经济特区,又称为自由经济区,通常都是境内关外经济特区,即海关

监督下的单独关税区。中国经济特区应当既有自己的特色,又不排除在中国加入世界贸易组织以后,根据自身的不同情况而发展不同的模式。从国际经贸关系和全国经济发展的战略上考虑,海南经济特区加快向单独关税区的经济特区目标模式过渡,加大开放力度,在参与国际经济合作与竞争中尽快把本地区的经济快速发展上去,是完全有可能的。

11. 在中国加入世界贸易组织后,宣布海南为单独关税区,将会对我国对外开放产生重大影响

我国加入世界贸易组织后,香港、澳门、台湾都将成为我国的单独关税区,这是由历史原因形成的。在我国改革开放进程中,如果我们能把海南宣布为我国的单独关税区,必将使我国的改革开放在国际上产生巨大的影响。海南单独关税区与香港、澳门、台湾三个单独关税区不同,它是社会主义制度下的单独关税区,因此,更具有特别的重大意义。此外,宣布海南为单独关税区,十分有利于促进"一国两制"的实现,特别是有利于海南与台湾形成两岛间的优势互补,有利于使海南平等地与香港、澳门、台湾三个单独关税区进行经济合作。

海南同其他经济特区相比,由于起步晚,原有基础比较落后,至今仍然还是一个不太发达的地区,还有几十万人口尚未脱贫。宣布海南为单独关税区,必将会大大加速海南地区的经济发展。海南经过一段时期的努力,完全有条件加快现代化进程,成为用特殊手段加快地区发展的典范。

12. 海南经济特区向单独关税区过渡,具有优势条件

海南具有优越的地理位置,它处于拥有世界半数人口、发展前景最被看好的亚太地区的中心位置,极富国际发展潜力。

(1)海南经济特区是一个与内陆隔离的海岛,易于封闭,建立单独关税区成本低。

(2)海南已经具备较好的投资硬环境。

(3)海南建省办特区以来,在建立与国际惯例相符的市场经济体制方面,已经迈出较大步伐。

(4)更重要的是,海南本身具有丰富的资源优势。大规模投资开发,引进国际资本,发展对外贸易,参与国际合作与竞争,有相当优越的自然条件。

13. 海南经济特区在全国经济的比重很小,建立单独关税区,不会形成对全国经济的冲击。相反,它对带动全国经济更好地参与国际分工,对于稳定与开发南中国海,对于密切与台湾的经济联系和协作,促进祖国和平统一大业,却有着非常重要的意义和作用

14. 海南经济特区要积极创造条件,向新的目标过渡

(1)洋浦应当率先按照"自由港"模式运作,担当先行试验的功能。

(2)扩大琼台经济合作,形成两岛经济合作的互补关系。

——要争取实现琼台农业项下的自由贸易,并由此带动两岛间农业合作的全面突破。

——要积极推进琼台金融合作。

——要争取率先实现两岛"三通"。

——加强两岛对南中国海资源开发的合作。

(3)利用资源优势,积极进行资源产业的开发。

——以更加开放的政策,加大旅游开发的力度。

——发展和扩大农业开发区,大力发展现代农业。

——加快海洋产业开发,建设海洋大省。

——利用资源优势,积极发展以农产品为主的加工业,可以同时发展劳动密集型、资金和技术密集型产业。

大特区的社会主义

大特区的社会主义，是能极大地发展生产力的社会主义，是能逐步实现共同富裕的社会主义，是能发展民主政治的社会主义。这三个大的基本原则，是一个互为联系的整体，而其中以发展生产力为标准的多元所有制经济结构则是问题的关键所在。促进生产力发展的主要动力来自于每一个社会成员的主动性和创造性，而发展多种所有制经济则是这种主动性和创造性的制度性保障。

海南建省办大特区，其最根本的意义，在于寻求在一个经济文化落后地区进行社会主义建设的道路。大特区的社会主义的最大优越性，在于它能够采用一切促进生产力发展的制度和办法，以任何社会都不可能有的经济发展速度发展，在尽可能短的时间内，建设一个富裕的社会主义。

——1988 年

大特区的社会主义[*]

（1988 年 8 月）

◆◇◆◇◆◇◆◇◆◇◆◇◆◇◆◇◆◇◆◇◆◇◆◇◆◇◆◇◆◇◆◇

　　在我国,经济特区的实践已有近十年的历史了。历史证明,特区的实验是成功的,它为社会主义增添了光彩,为如何建设富裕,而不是贫穷的社会主义闯出了一条新路。

　　但是,直至今日,当海南大特区开始创建之时,还出现了许多凭借传统的条条框框,不顾历史事实的抽象议论。特区到底姓"资"还是"社",就是这些议论的中心和焦点。它像幽灵一样困扰着人们放开手脚建设特区,放开胆量发展社会生产力。为了大特区建设的顺利进行,我们必须彻底甩掉这个思想包袱。

　　什么是社会主义? 马克思所构想的社会主义,是建立在发达的资本主义基础之上的更高的社会形态。但是,迄今为止的社会主义都不是马克思所设想的那种完全的社会主义。苏联不是,中国更不是。无论是苏联的社会主义,还是中国的社会主义,都离马克思所设想的社会主义相距甚远。既然如此,在经济文化相当落后的基础上所建立的社会主义,是否也要以马克思所设想的社会主义标准为绝对标准呢? 公有制和按劳分配能否作为衡量现存社会主义的两个普遍的、绝对的标志,特别是中国社会主义的标志?

　　事实上,十一届三中全会以后,我们党和国家在总结自己搞社会主义的历史教训基础上,为此作了近十年的探索。中共十三大提出的社会主义初级阶段理论,就是这一探索的结晶。中共十三大报告指出:"在所有制和分配上,社会主义社会并不要求

---

[*] 载《海南日报》1988 年 12 月 6 日。

纯而又纯,绝对平均。初级阶段,尤其要在以公有制为主体的前提下发展多种经济成分,在以按劳分配为主体的前提下实行多种分配形式,在共同富裕的目标下鼓励一部分人通过诚实劳动和合法经营先富起来。"这个阐述,表明我们在认识社会主义上前进了一大步。中国正处在社会主义初级阶段,这个基本国情决定了中国不能采取单一的公有制形式和按劳分配方式。任何所有制形式和分配形式都取决于、服从于生产力的发展水平。从根本上说,社会主义之所以有生命力,有优越性,正在于它的所有制形式和分配形式始终地、自觉地服从于生产力发展的需要。因此,必须把是否有利于生产力的发展,作为考虑一切问题的出发点和检验一切工作的标准,不能离开生产力的标准,纠缠于姓"资"还是姓"社"的抽象议论。由此出发,我们所理解的大特区的社会主义具有以下三个基本理论和实践原则。

1. 以发展生产力为标准的多元所有制形式

社会主义的根本任务和根本标志,就是大力发展生产力,极大地增加生产力的总量,使生产力以最快的速度向前发展,不断满足人民群众日益增长的物质生活和文化生活的需要。正如邓小平所说:"社会主义要消灭贫穷。贫穷不是社会主义,更不是共产主义。社会主义的优越性就是要逐步发展生产力。""十一届三中全会以后,我们探索了中国怎么搞社会主义。归根到底,就是要发展生产力,逐步发展中国经济。"如果说是"社会主义",但经济发展速度却长期搞不上去,人民的生活不能富裕,这种社会主义有什么价值呢? 人们不会喜欢这样的社会主义,也无须为这样的社会主义而努力。如果我们实行的社会主义,虽然是建立在比较落后基础上的,但它的经济发展速度高于资本主义,而且经过人们的努力奋斗可以在一定时期内超过资本主义,这样的社会主义才有吸引力,才是人们所喜欢的社会主义。其实,这是马克思的思想。《共产党宣言》就十分明确地提出,无产阶级夺取政权以后,必须极大地增加生产力总量。可惜,这个重要思想并没有引起人们的重视。由于忽略了它,离开了它,来谈论社会主义,评价社会主义,结果造成了极大的悲剧,使社会主义的形象受到了严重破坏。如果我们能够运用一切可以促进生产力发展的具体制度和管理办法,包括资本主义的成功办法,来大大发展生产力,那么,社会主义就可以优越于资本主义。按照这样一个思想,社会主义的所有制形式必须服从服务于生产力的发展。就全国的生产力水平来讲,可以实行以公有制经济为主体的所有制结构。但是,一些落后地区从生产力发展水平出发,就没有必要非要坚持强调以公有制为主体。海南特区提出不人为强调以公有制为主体,固然有吸引外来投资的原因,但最根本的是由于海南的生产力水平很低,如果片面强调公有制,海南的生产力发展就有可能受到阻碍。在这种情况下,能把海南特区目前这种实事求是的做法说成搞资本主义吗? 不能！海南特区正在建设的是富裕的社会主义。

2. 以全体人民共同富裕为最终目标的多元分配方式

社会主义必须逐步实现共同富裕。社会主义要极大地发展生产力的目的，是使广大人民群众尽快富裕起来。如果离开生产力发展这一根本前提，所谓的"共同富裕"就是平均贫困，这样的"大锅饭"绝不是社会主义的特征。事实证明，平均主义不能带来共同富裕。作为社会主义重要特征的共同富裕，是通过一部分人先富起来从而逐步实现全社会的共同富裕。我们既然承认各种所有制结构，因而一部分人的先行富裕，不仅通过按劳分配，而且也可以通过其他合法收入来取得。我们不仅要允许一部分人先富起来，而且应该采取各种措施大力鼓励一部分人先富起来，因为它可以带动全社会的共同富裕。

3. 以大众参政为中心的民主政治

社会主义必须建设民主政治，没有民主的社会绝不是社会主义。大力建设同经济文化发展相适应的民主政治，使上层建筑最大可能地适应和保证生产力的发展，是社会主义的另一重要的特征。

总之，我们所理解的大特区的社会主义，是能极大地发展生产力的社会主义，是能逐步实现共同富裕的社会主义，是能发展民主政治的社会主义。这三个大特区的社会主义的基本原则，是一个互为联系的整体，而其中以发展生产力为最高标准的多元所有制经济结构则是问题的关键所在。促进生产力发展的主要动力来自于每一个社会成员的主动性和创造性，而发展多种所有制经济则是这种主动性和创造性的制度性保障。有了这一点，海南的富裕社会主义目标才有实现的可能。

应该指出，海南建省办大特区，其最根本的意义，在于寻求在一个经济文化落后地区进行社会主义建设的道路。大特区的社会主义的最大优越性，在于它能够采用一切促进生产力发展的制度和办法，以任何社会都不可能有的经济发展速度发展，在尽可能短的时间内，建设一个富裕的社会主义。显然，要达到这样一个目标，首先需要我们去重新理解和认识什么是社会主义，什么是大特区的社会主义。我们在这里提出这个问题，丝毫不是否认马克思的社会主义是一个伟大的、科学的设想，而是试图探究，在经济基础不尽相同的基础上建立起来的社会主义，其基本特征是否应该有所不同。希望这个问题能得到更多读者的关心和讨论，希望我们的理论能为建设富裕的社会主义服务，为放开胆量、放开手脚建设大特区服务。

第二篇

走向大开放

　　海南作为全国最大的经济特区和综合改革试验区,要争取较大的发展,唯一的选择就是加快改革开放的步伐,坚定不移地实行"大开放"的方针。

　　"大开放"就是在对外开放的程度、范围、方式等方面都要有新的突破、有大的动作。

　　实行"大开放"的方针,符合邓小平和党中央、国务院建设海南特区、扩大对外开放的战略意图;是从海南实际出发的战略决策;是经济生活国际化趋势的客观要求;是海南在国际经济环境之下的对应之策;也是国内对外开放格局调整后海南必须采取的相应对策。

1991 年

大开放——海南的希望与出路

把海南岛的经济好好发展起来，唯一的出路是实行"大开放"的方针。"大开放"不是一般意义上的对外开放，它是能够完全按照国际惯例办事的全方位开放；是实行特殊优惠政策大力吸引外来投资和真正形成有利于各类企业平等竞争局面的深层次开放。

海南实行"大开放"方针，需要提出与海南省情相适应的对外开放思路和相应的政策设计，在实行更加开放的政策方面有新的突破和新的动作。

——1991 年

海南岛:向世界开放的岛[*]

(1992 年 9 月)

❖❖❖❖❖❖❖❖❖❖❖❖❖❖❖❖❖❖❖❖❖❖❖❖❖❖❖❖❖❖❖❖❖❖❖❖❖❖

中国改革开放带有明显地区推进的特点,即首先选择一些具有特殊条件的地区进行试验,总结其正反两方面的经验教训,并将其成功经验推广至其他地区,以此推进全国范围内的改革开放事业,并通过某些区域的经济发展来带动全国经济的发展。海南岛就是这样一个地区。海南岛四面环海,具有相对独立的经济地理环境,又兼有广大落后的农村和相对发展的城市这样两种经济,具备全方位对外开放的条件和进行全面的体制改革试验的意义。因此,作为 20 世纪 80 年代中国对外开放的一个总结,也为 90 年代中国改革开放探索经验,1988 年,海南建省并办中国最大经济特区。

一、海南建省办经济特区四年多,坚持"以改革开放促岛内开发"的建设方针,不断深化改革,扩大对外开放,经济开发建设取得明显成效

海南建省办经济特区,根据本地资本不足和岛内市场狭小的岛屿经济特征,确立了以大规模吸引外资发展以国际市场为主导的外向型经济发展战略,并根据发展外向型经济的需要,大胆改革经济体制中一切不适应对外开放和参与国际经济交流的部分,在省一级实行了"小政府、大社会"的新体制,转变政府职能,逐步建立以间接管理为主的宏观调控体系,严格规范政府行为,减少对企业经营活动的直接干预,同

---

[*] 在"发展中的中国经济区域 北京国际商务研讨会"上的演讲,北京,1992 年 9 月 15 日。

时配合以社会保障制度改革,为搞活企业,促进企业经营机制转换创造条件。所有这些改革,都有力地促进了特区市场经济运行机制的发育。目前海南经济运行中的市场调节范围正在扩大,价格形成机制的市场化逐步实现,各类生产要素市场已有相当程度的发育。现在,海南的生产资料和生活资料基本上由市场调节;资金市场活跃,建省4年外汇调剂量达20亿美元,国内资金拆进拆出累计达400多亿元。技术市场、劳务市场等也都有了很大发展,初步形成了各类企业平等竞争、竞相发展的局面。

在对外开放方面,海南建省办特区,充分利用特区优惠政策,致力改善投资的硬软环境,努力做好引进外资的服务工作。4年来,海南共批准外商投资企业1200多家,协议利用外资额13亿美元,实际利用外资7亿美元。1992年3月,国务院正式批准了海南建省以来最大的利用外资项目——洋浦经济开发区项目;8月,海南省政府和熊谷组(香港)有限公司在北京正式签订了洋浦经济开发区30平方公里国有土地使用权转让合同。根据合同规定,熊谷组(香港)有限公司将在15年内投资180亿港元用于洋浦开发区的基础设施建设,并在70年的土地使用权期限内,将洋浦建设成为以技术先进工业为主导,第三产业相应发展的外向型综合工业区。洋浦的开发必将极大地带动海南的改革开放,加快海南开发建设。

改革开放已经给海南带来了巨大的发展和变化。1988～1991年海南年均经济增长率保持在10%左右,1991年国民生产总值(GNP)达到109亿元人民币,比1987年翻了一番,外贸进出口总值13.5亿美元,比1987年增长458%。人均国民收入1314元,比1987年增长79.5%,基本达到全国平均水平。现在一幢幢风格不一的高楼大厦在海口、三亚拔地而起,特区开发建设呈现一片繁荣景象。

二、海南进一步改革开放的重要目标是建立
特别关税区,加快经济开发建设

随着20世纪90年代世界经济区域集团化趋势加强,东南亚国家利用外资规模的扩大,中国经济特区吸引外商投资面临更加激烈的竞争。为了实现90年代海南经济发展目标,加快利用外资发展外向型经济的步伐,我们提出进一步对外开放的设想——建立海南特别关税区,其核心内容,就是根据海南独特的岛屿经济地理条件,并借鉴世界上岛屿经济成长经验,在海南实行"一线放开、二线管住"的特别关税管理体制和世界上最开放的自由港经济政策,建立一整套适应国际经营活动的自由贸易、自由外汇、自由经营企业的经济法律制度,全面实现资金、货物、人员进出自由,建立健全市场经济运行机制,从而在海南创造一个有利于全方位吸引国际资本的宏观经济环境,大大提高海南经济的整体开放度,大规模吸引外资,加快海南开发建设。

海南岛四面环海,便于实行隔离管理,其经济原本同国际市场的联系就很密切(1991 年海南社会商品零售总额 45 亿元,而进口总值即达 6.79 亿美元),岛内原有工业数量少,参与国内产业分工程度很低。建立海南特别关税区,进一步开放海岛,不会产生大的经济和社会问题;相反,将会有力地促进海南经济的发展。世界上岛屿经济成长经验,特别是亚洲"四小龙"发展外向型经济的成功经验表明,开放与经济增长有着积极的联系。经济开放,在参与国际分工的基础上,使本国或本地区经济迅速加入世界经济循环,一方面为利用外资创造了条件,另一方面在内部建立有利于市场经济发展的竞争机制,而这反过来又促进国内资本流动,推动经济发展。建立海南特别关税区,比照世界自由港模式,在海南建立一种原则上完全放开的自由贸易制度,并通过放松乃至取消外汇管制来实现货币的自由兑换,建立适应国际经济交流的市场经济新体制,进一步改善各类企业平等竞争、竞相发展的条件,必须将在海南营造一个有利于全方位吸引外资的宏观经济环境,由此真正开创一个外资大规模进入的局面,加快海南经济发展。

海南的改革开放已经为全国的改革开放提供了经验。如果说:"小政府、大社会"体制和成片开发模式代表了过去 4 年海南为全国改革开放提供的最具价值的经验,那么可以肯定地说,建立海南特别关税区,进一步开放海南岛,加快海南开发建设,将为 90 年代中国改革开放提供更加全面、更有价值的经验。

三、海南拥有丰富的自然资源,建省办特区四年多的开发建设为进一步的发展奠定了良好的基础。建立海南特别关税区,必将使 90 年代海南的经济发展再上一个台阶

海南岛地处南中国海,热带农业资源和旅游资源非常丰富,所属海洋渔业资源和油气矿产资源也很丰富,具有大规模利用外资发展旅游业、出口加工业以及国际金融贸易业的广阔前景。特别是热带旅游资源非常突出,是外商看好的投资领域。海南岛地处亚洲热带地区,年平均气温在 22℃ ~26℃之间。在环岛 530 公里的海岸线上,沙质海岸占 50% ~60%,多数地方风平浪静、海水澄澈,沙白如絮、清洁柔软;岸边生态保护良好,空气清新,没有工业废气污染,海水温度一般为 18℃ ~30℃,海边阳光充足,一年中多数时候均可进行海水浴和日光浴。当今国际游客向往的"回归大自然",享受阳光、海水、沙滩、绿色、空气,这 5 大要素海南岛环岛沿岸比比皆是,有"东方夏威夷"的美称。建立海南特别关税区,除烟、酒等少数商品外,进出口货物基本免征关税,必将使海南成为世界上又一个购物中心,从而极大地带动海南旅游业

的发展,为特区现代农业和出口加工工业的发展提供可观的外汇支持。

海南建省办特区四年多,固定资产投资超过 150 亿元,已经在电力、交通、通讯等多方面建起了相当规模的基础设施,已经具备了大规模投入资金进行开发建设的条件。建立海南特别关税区,全面削减关税,解除外汇管制,进一步完善市场经济运行机制,必将首先带动海南旅游业的发展,并使 90 年代海南逐渐发展成为以旅游业为先导,第三产业以及出口加工工业相应发展的新兴经济区。

海南岛是中国仅次于台湾的第二大岛,毗邻港澳地区,把这里的经济尽快发展起来,对于实现社会主义现代化,推动中国统一,都有着深远的意义。海南还是中国连接东南亚国家的前沿地区,把海南的经济发展起来,对于加紧开发南海海洋资源,加强中国同东南亚国家经济合作关系,也有着特别重要的意义。中国和东南亚国家都处在一个迅速发展的时期,在世界经济其他地区集团化倾向日益明显的今天,加强中国同东南亚国家的经济合作,显得更为重要了。海南作为中国最大经济特区,既有邻近东南亚国家的地理优势,历史上又同东南亚国家有着非常密切的经济、人文关系。建立海南特别关税区,加快海南发展,海南一定能够借助其同东南亚国家亲近的人文地理条件,同东南亚各国建立起更加密切的经济合作关系,并通过这种关系,在日益蓬勃兴起的中国与东南亚国家经济合作中发挥重要的中介作用,从而为中国经济发展和亚太经济的进一步整合做出贡献。

今天的世界是开放的世界,海南岛是向世界开放的岛。她正以全方位开放的姿态,欢迎各国朋友前去旅游、考察、投资、合作!

海南要实行"大开放"方针[*]

（1991 年 11 月）

一、实行"大开放"的方针是海南的必然选择

海南作为全国最大的经济特区和综合改革试验区,在 20 世纪 90 年代要争取一个较大的发展,唯一的选择就是加快改革开放的步伐,坚定不移地实行"大开放"的方针。什么是"大开放"？"大开放"就是在对外开放的程度、范围、方式等方面都要有新的突破、有大的动作。根据中央建设大特区的要求,在海南实行比其他特区更特殊的政策和体制。

1. 实行"大开放"的方针,符合邓小平和党中央、国务院建设海南特区、扩大对外开放的战略意图

海南建省办经济特区,通过在海南实行更加开放的政策,在经济体制方面进行创新,使之与国际经济惯例相适应,与国际市场对接,从而创造出一个在社会主义制度基础上的经济起飞模式,这是邓小平关于在中国建设几个香港的战略构想的具体组成部分。邓小平说,海南岛经济特区好好发展起来,是很了不起的,是很大的胜利。通过实行"大开放"方针,促进海南岛的开发建设,可以向世界证明,在社会主义制度下,完全可以实现经济高速发展的奇迹。

---

[*] 在"中改院成立大会暨海南对外开放战略研讨会"的论文,海口,1991 年 11 月 1 日。

2. 实行"大开放"的方针,是从海南实际出发的战略决策

海南岛拥有十分丰富的自然资源和优越的地理条件,但经济基础十分薄弱,经济发展起步晚,没有深圳等经济特区的"先发优势"。因此,海南的真正优势在于开放。要使自然优势和政策优势转变为现实的生产力,必须实行更大的开放,通过"大开放"求得大发展。

3. 实行"大开放"的方针,是经济生活国际化趋势的客观要求

"二战"后,特别是进入 20 世纪 80 年代以后,世界经济发展最引人注目的现象就是愈来愈强的经济生活国际化趋势,所有国家的经济都通过世界市场的纽带相互联系。90 年代,经济生活国际化的趋势将进一步发展。开放是经济国际化的前提,经济一体化、国际化的程度越高,相应地要求开放度也越高。海南经济要适应愈来愈强的经济生活国际化的趋势,客观上要求实行更加开放的经济政策。通过大开放更大程度地参与世界市场竞争,从而促进海南经济的迅速发展。

4. 实行"大开放"的方针,是海南在当前国际经济环境之下的对应之策

从当前的世界经济政治格局来看,我们面临着一个国际风云变幻的大环境,但90 年代国际经济秩序的主题将依然是和平建设和经济竞争。海南毗邻东南亚各国,不仅有亚洲"四小龙"经济发展的强大压力,而且泰国、马来亚西、印度尼西亚等国也酝酿着新的经济起飞。印度支那问题解决以后,与海南最为邻近的越南也开始实行较大程度的开放政策。在周边国家和地区相继实行大开放、大发展的国际环境下,海南的应对之策,就是相应地实行更大开放的方针,积极主动地参与国际市场竞争,否则就将再次痛失发展时机。

5. 实行"大开放"的方针,也是国内对外开放格局调整后海南必须采取的相应对策

近年来,较早设立经济特区的南方省份,受到了来自上海、烟台、青岛、天津、大连等北方港口城市深度开放的压力与挑战。目前,开放城市和经济特区都在争取对外开放方面的优惠政策。海南本来经济基础差,起步晚,发展更大程度地依赖于政策优惠。如果海南不尽快在扩大对外开放上寻求新的路子,政策优势的级差将很快丧失殆尽。因此,海南在对外开放方面必须要有新的突破,有大的动作。

二、海南实行"大开放"的方针,就必须提出与海南省情相适应的对外开放新思路和相应的政策设计,在实行更加开放的政策方面有新的突破和新的动作

1. 政策基础

全面落实《国务院批转〈关于海南岛进一步对外开放加快经济开发建设的座谈会纪要〉的通知》(国发[1988]24 号文件)和《国务院关于鼓励投资开发建设海南岛的规定》(国发[1988]26 号文件),由于这两个文件的许多条文都没有落实,目前在 3 年治理整顿的基本任务已经完成的情况下实行更加开放的方针,其政策依据就是全面逐项落实国务院 24、26 号文件。

2. 体制创新

海南现行体制并没有充分体现一个"特区省"所应该具有的地位,从而成为全面落实国务院 24、26 号文件不可逾越的体制性障碍。在海南现行体制下,由于受条条管理限制,24、26 号文件中的许多条款在实行过程中必然与中央职能部门发生矛盾和摩擦,从而很难全面落实。要使中央给予海南的各项优惠政策能够真正得到落实,就必须进行体制创新,实行中央对海南一个口子领导,因而要设立海南特别关税区。

3. 总体构想

设立海南特别关税区的总体构想是:在国家海关总署的指导下,实行"一线放开,二线管住"的特别关税区制度。海南与内地的经济联系受海关管制,视同进出口。海南在中央统一领导和监督之下,具有相对独立的经济地位、更大的经济活动自主权和更全面的省内事务管理权。与此同时,要在海关体制、金融体制、货币制度、财政税务体制、外贸管理体制、物资管理体制、基本建设体制等方面进行与特别关税区制度相适应的制度创新。

4. 基本条件

海南具有设立特别关税区的基本条件。首先,海南四面环海,与大陆有琼州海峡相隔的天然屏障。实行"一线放开,二线管住"的特别关税区制度,其封闭成本低,同时具有较大的可操作性。其次,海南经济水平低,占全国经济总盘子的份额小,实行

特别关税区制度所产生的震荡对经济的整体影响不大,从而降低了进行整体性改革的难度和协调成本。再次,海南是一个贫困落后的、农业人口占绝大多数的地区,又是我国最大的经济特区。如果利用其可控性较强的特性,通过封关进行对外开放的典型试验,对全国的改革开放具有其他特区所无法比拟的示范效应。

5. 具体步骤

海南要扩大对外开放,设立海南特别关税区只是一个时间问题。但是,特别关税区是一个牵涉面广、政策性强的重大措施。原则上应采取逐步过渡,分步到位。具体说,作为过渡,近期应以洋浦开发为基本模式的成片开发作为海南扩大开放的主要路子。这种模式通过一段时间的试验之后,再逐步推广到全岛,即在全省建立特别关税区。

在海南进行成片开发或设置保税区、加工区等,即实行大特区套中、小特区的方式是必要的,即使今后全岛开放也还需要有小特区。但是,这种方式不能作为海南扩大对外开放、发展外向型经济的目标模式。因为:第一,只开几个小口子,靠几个小特区是很难把整个海南岛的开发建设带动起来的。第二,如果只顾海南搞几个"一线放开,二线管住"的出口加工区或保税区,其封闭成本很高,封闭效果不一定好,而且还容易出现资源的错误配置。第三,在目前基础上搞几个出口加工区、开发区或保税区的"小特区",并不能从根本上解决实行"大开放"与现行体制的矛盾。第四,现在全国许多开放城市都在搞保税区或出口加工区,海南作为一个基础差、起步晚的最大特区,要保持自己的独特优势,就必须跳出这种模式去探索更大开放的新路子,现在就应着手实施建立特别关税区的方案。

实施特别关税区方案可能遇到各种风险和困难。第一,海南实行特别关税区制度,风险是有的,然而是可以承受的,对全国来说也影响不大。第二,海南建立特别关税区,困难是有的,但基本条件是具备的,而且主要的困难,例如资金问题、财力问题等,只能通过"大开放",在实行特别关税区制度的过程中来解决。至于"一线放开,二线管住"则属于技术性的、管理方面的问题;即使不搞大开放,客观上也存在着海关管理问题。

设立海南特别关税区必须克服一个认识的障碍,即在海南实行特别关税区制度是整个经济体制改革的组成部分,属于经济管理体制改革范畴,而不是政治制度概念。因此,不要把实行特别关税区同国家主权、同"四项基本原则"对立起来。

三、海南实行"大开放"方针,必须把经济体制、
政治体制的改革结合起来

海南作为全国最大的经济特区,其优势在于开放。海南的改革必须紧紧地把握住是

否有利于开放这个主题,坚持"以改革促开放、改革为开放服务"的方针,大胆地推进各项改革,为海南建立有利于对外开放的新体制创造条件。这个新体制是既适应海南的实际情况,又能按照国际惯例办事的、有利于逐步向外向型经济发展的管理体制和运行机制。

1. 完善以市场协调为基础的经济运行机制

海南作为全国最大的经济特区,要实行"大开放"的方针,大力发展外向型经济,就必须按照中央提出的"要在国家宏观计划指导下,建立有利于商品经济发展,主要是市场调节的新体制框架"的要求,实行更加灵活的改革措施,逐步建立符合国际惯例的运行机制和管理体制。

海南实施"大开放"战略,应该明确提出搞社会主义的市场经济。商品与市场,商品经济与市场经济是同一问题的两个方面,在理论上说二者具有同等的含义,为什么不可以提出多搞一点市场经济?可以有资本主义市场经济,也可以有社会主义市场经济。当然,重要的不在于名词之争,而在于在实践中去探索计划与市场结合的具体形式,探索社会主义市场经济的发展模式。

海南实行"大开放"战略,发展外向型经济,最基本的前提是要有一个健全开放的市场体系。因此,要按照扩大开放的要求,建立和健全各种市场,同时要尽快理顺价格关系,为各种企业进行平等的竞争创造条件。

2. 深化企业改革,使企业真正成为市场活动的主体,真正成为独立的商品生产者和经营者

在海南深化企业改革,主要包括两方面的任务:首先,是要按照政企分开的原则,深化国有企业改革,转换企业经营机制,把企业推向市场,同时要重点地实行股份制以及拍卖、兼并、破产等深层次的改革措施。其次,实行多种经济成分的平等竞争,既要发展和壮大公有制经济,又要为私营经济、"三资"企业的发展创造条件,真正做到各种经济成分的企业在市场上一律平等竞争,政策上一视同仁。

3. 尽快推进以社会保障制度综合改革为主的相互配套改革

在全面推行社会保障制度改革的同时,积极推进劳动人事制度、工资制度、住房制度等方面的改革。

4. 进一步完善"小政府、大社会"的政治体制,强化以间接管理为主的"小政府"宏观调控体系

"小政府、大社会"的体制是海南的一个大创造,是实行"大开放"战略的政治体

制保证。要逐步完善这一体制,使"小政府"小而有效,"大社会"大而完善。

海南的"小政府"体制受到来自各方面的压力,目前,中央政府有69个部委和总署总局,海南却只有26个厅。在海南向中央对口部门要求财力支持时,凡是没有与中央对口设厅的部门立即受到设厅的压力,要通过体制改革来解决上述矛盾,比如中央政府把各口对海南的财政支持集中起来,切块下达。设立海南特别关税区,是根本解决这些矛盾的体制创新。

5. 抓好县级综合改革

海南是全国最大的经济特区,下辖19个市、县。海南实行全方位的对外开放,在全岛发展外向型经济,这就要求全省的各个县市都要通过改革,走上商品化、市场化的经济发展轨道。县级经济问题不解决,将极大地制约海南经济特区对外开放的速度、范围和纵深度。因此,加强县级综合改革应纳入海南扩大对外开放的总体战略之中,予以重视。

四、海南经济的结构调整和技术引进问题

海南经济结构调整和技术引进方面应注意以下几个问题:

1. 海南的经济发展不仅要求有量的增长,同时要求有结构变化,要改变有增长无发展的状况。要加速农业劳动力转移和城市化水平提高的进程

2. 海南农业发展要发挥独特的自然条件优势,依据国内外市场需要,尽可能多生产一些热带作物和反季节产品,以发挥自己的比较优势,满足市场对热带产品的需要,而不要片面强调粮食自给

从全国来讲,强调粮食自给是为了在政治上不受制于人,而海南作为一个省,作为一个对外开放的特殊省,在这方面应与全国有所差别。

3. 海南对外开放不仅要着眼于高技术产品的引入,也要引进适合本岛生产的初级产品

只着眼于高技术而不接受初级产品和适用技术是不全面的。要两条腿走路,高技术的引入和一般技术的引入,高技术产品的引入和初级产品的引入同时并举。

扩大对外开放是海南的希望[*]

（1998 年 5 月）

◇·◇

　　海南建省办经济特区的 10 年，是快步前进的 10 年。今后 5 年，海南的发展处在既严峻又关键的时期。如何深刻总结 10 年的经验，抓住根本性矛盾，正确确立跨世纪发展的主题，是至关重要的大事。

　　由于多种原因，从 1995 年以来，海南的经济增长大大低于全国的平均增长水平。为了改变这一状况，省政府工作报告提出今后几年要确保 8% 的经济增长速度。目前，由于我省宏观经济环境尚未有很大的改变，加上前三年低速增长的基础，今年要确保 8% 是很不容易的，需要付出相当大的努力。即使实现 8% 的增长，又是一个什么概念呢？据估计，我国沿海地区今后 5 年的增长水平要高于全国三至五个百分点。就是说，海南达到 8% 的全国平均增长水平，同自己前几年比，是一个很大的进步，但同沿海地区相比，仍是增长速度最慢的地区之一。

　　这里提出一个问题，海南跨世纪的发展，是赶上或超过全国的平均经济增长水平，还是争取赶上或超过沿海地区的平均经济增长速度。从海南目前的现状出发，要达到后一个发展目标是很困难的。这就有一个拓宽思路，创造性地开创海南发展新局面的问题。

　　中央决定海南建省办经济特区，就是让海南实行与内地不同的经济政策，促进经济的高速增长。这个不同的政策，我理解就是不同在对外开放的程度和水平上。10 年的经验证明，对外开放是海南的真正优势。什么时候能够形成和保持对外开放的

───────────

　　[*] 载《海南日报》1998 年 5 月 21 日。

大环境,经济就能高速增长。为此,在讨论海南跨世纪发展目标时,应当把认识统一到邓小平关于创办海南经济特区的思想上来,统一到中央关于建省办经济特区的战略意图上来。

一、海南经济发展的关键在于创造对外开放的大环境

海南由于经济基础薄弱,经济结构不合理,能够支撑经济高成长的相关因素很有限,这个基本省情决定了经济的快速增长在很大程度上依赖于以扩大开放为主题的大环境。就是说,创造和保持对外开放的大环境,是海南跨世纪发展的关键因素。我们要从海南的实际出发,真正搞清楚对外开放与经济发展的关系。

1. 如何以项目带动发展

上项目,引进项目,对海南的发展十分重要。以项目带动发展,取决于两个重要因素。首先是投资,海南的省情说明,开放的大环境直接决定投资的增长,没有大量的内外投资,项目是启动不了的。其次是市场,市场反映消费和需求,它直接影响项目的效益。海南市场的形成与扩大,紧紧依赖于开放,没有开放,就形成不了大市场。我们如果按常规办事,恐怕很难引进项目,即使上了有限的项目,由于投资和市场的限制,也很难起到以项目带动发展的目的。创造对外开放的大环境,不仅有利于引进内外投资和项目,还会为所上项目创造市场环境、经济环境,使其能够充分产生效益。积极地创造对外开放的大环境,是争取项目,发挥项目效益的首要工作,我们应当在这方面下大工夫。

2. 关于引进内资和引进外资的关系

海南的发展需要内资,也应当充分利用国内的大市场。实践证明,内资能不能够大量进入海南,海南的产品在内陆市场能不能具有竞争力,关键取决于海南对外开放的大环境。内资是伴随着海南开放进来的,海南产品的竞争力是由于开放引进了技术和管理形成的。海南越开放,不仅外资能够逐步进入,而且也会不断地吸引内资的进入。在处理内资和外资的关系上,应当面对现实,抓住主要矛盾,解决主要矛盾。

3. 关于产业结构调整问题

针对前些年经济发展中的问题,进行产业结构调整是十分必要的。这里,有两个问题值得研究。一是资源优势不等于产业优势。要实现资源优势向产业优势的转化,关键是市场的拉动;二是正确发挥政府在调整产业结构中的作用。政府的责任,

不在于规定哪个产业可以发展,哪个产业不可以发展,重要的是从实际出发,为产业的发展提供最佳的环境。经验证明,政府在调整产业结构中的作用是很有限的。海南产业结构调整的两大拉动因素是投资和市场,只有在创造对外开放的大环境中,才能够形成以投资和市场拉动产业结构调整的格局。

4. 关于吸引人才的问题

海南的发展需要各类专业技术和管理方面的人才,而人才的引进,与开放大环境的相关度最高。据统计,近两年海南引进专业人才的数量只相当于前些年的 1/8 左右,而流出的人才又有所加大。人力资本已成为跨世纪经济竞争的主要因素,通过创造对外开放的大环境,带动各类人才的引进,是海南发展中的一个重要问题。

国内外的实践都证明,在当今开放的时代,经济比较落后的地区要加快发展,最重要的是要实行有利于吸引外来投资的各项优惠政策。海南在经济基础仍然比较薄弱,经济结构很不合理的情况下,要保持较高的增长速度,坚定地办好经济特区,应当做好开放这篇大文章。走向大开放,是海南跨世纪发展的主题,它也是摆脱困境、加快发展的根本出路。

二、力争在扩大对外开放中有新突破

海南创造对外开放的大环境可以从两个方面考虑:一是要千方百计地把中央赋予的各项优惠政策进一步具体化,并且从实际出发,制定一些更优惠的投资政策;二是在对外开放方面形成一些新的思路,特别是利用产业的优势,积极争取中央在产业方面给予更特殊的开放政策,实现扩大对外开放方面的新突破。

1. 千方百计,力争尽快实行琼台农业项下的自由贸易

全球经济一体化的大趋势将推动区域投资、贸易自由化的进程。在亚太区域经济一体化进程中,中国大陆同香港、台湾、澳门的经济联系与合作将有重大发展。这给海南的对外开放提供了重要机遇,即按照邓小平创办海南经济特区的战略思想,采取实质性步骤,进一步加强同台湾的经济联系与合作。

鉴于台湾是中国的一部分,实行琼台农业项下的自由贸易,可视为一种特殊的贸易形式,并可由中央政府宣布。因此,它有很强的可操作性。实行琼台农业项下自由贸易十分有利于促进祖国和平统一进程,十分有利于发挥海南在祖国和平统一进程中的特殊作用。

目前,实行琼台农业项下自由贸易的时机已逐步趋于成熟,特别是台湾今后不得

不放开部分农产品市场后,农业发展将面临十分严峻的形势。适时宣布实行琼台农业项下自由贸易,将为处于困境的台湾农业提供一条新的出路,会受到台湾投资者和农户的欢迎。

2. 创造条件,尽快把三亚宣布为国际化旅游城市

现代交通运输业和通讯业的快速发展,世界经济一体化进程的加快,逐步形成了统一、开放的世界旅游体系。因此,开放是旅游的生命。开放带来了知名度,开放引进了游客。尤其是在旅游业竞争日趋激烈,并且海南周边国家和地区旅游具有很大优势的情况下,要加快发展海南的旅游业,必须在开放方面做文章,找出路。正如钱其琛副总理最近指出的,"海南在旅游业的开放方面,可以进行一些积极的探索"。

所谓"国际化旅游城市",它最重要的特征是:高度开放,旅游开发与经营国际化;在国际旅游市场上知名度高,有竞争力强的旅游产品和独具魅力的旅游特色;具有高质量的旅游环境,能为游客提供符合国际标准的旅游服务;具有开拓国际客源市场的能力和条件。目前,三亚虽然已经初步具备建设国际化旅游城市的某些基本条件,但距国际化旅游城市还有相当大的差距。除了一些旅游设施的建设与完善外,最关键的是开放度远远不够,它是制约和限制三亚旅游业发展的主要因素。

海南是我国热带旅游资源最丰富、生态环境最好的地区,发展热带旅游,是海南旅游业的基本优势。三亚是热带旅游资源最丰富、环境质量最好的地方。经过努力,三亚可以成为我国主要的热带观光、度假旅游的目的地,成为我国举办国际会议旅游、大型文化体育旅游的最佳场所。为此,我们建议要积极争取,尽快把三亚宣布为国际化旅游城市,在大开放中寻求旅游发展的新路子。

3. 建议尽快把洋浦经济开发区定位为出口加工区

近十年来,海南一直把洋浦作为对外开放的"重中之重"。由于种种原因,特别是洋浦开发区至今尚未定位,使洋浦开发陷入困境,成为海南开发建设的大难题,有人说,它是海南的"难中之难"。洋浦的这种"不死不活"的局面再拖延下去,会严重损害海南的对外开放形象,并对海南的跨世纪发展带来一定的消极影响。我们建议,当务之急是确立洋浦开发区的发展目标,给洋浦开发区定位。

关于洋浦的定位问题,我们经过比较和分析,建议把洋浦定位于出口加工区。出口加工区是在特定的区域内,运用免除关税的特殊政策吸引外资,引进先进技术,发展国际市场上有竞争力的加工工业。它同自由港、自由贸易区、高科技工业园区等统称为国际自由经济区模式。但它具有自己的特点,以加工工业为主,允许生产用机器设备、原料及中间产品自由进出,以促进区内出口加工业的发展,而自由港、自由贸易

区则以转口贸易为主。

把洋浦开发区定位于出口加工区,符合 1992 年国务院 22 号文件规定:洋浦经济开发区应定位于建成以技术先进工业为主导,第三产业相应发展的外向型工业区。此外,按照国际惯例,出口加工区可以在某些工业产品方面实行进口替代。洋浦开发区建成出口加工区,可以利用进口替代政策,更好地为周围地区的重化工项目提供进口替代,起到区内区外的互补。

三、创造对外开放的大环境,必须进一步解放思想

1. 扩大对外开放,关键在于抓住机遇

过去的一个重要教训,就是未能及时抓住机遇,奠定海南对外开放的大格局。目前,全球经济一体化的进程大大加快,区域投资贸易自由化的发展速度会超出原有的时间表。可以判断,对外开放是一个跨世纪的大趋势,海南面临一个对外开放的良好机遇。能不能抓住这个机遇,创造条件,争取在对外开放方面实现一两项重大突破,对海南特区跨世纪发展尤为重要。要抓住机遇,重视机遇,必须在对外开放方面有新的思路,有大的动作和具体的突破。海南目前的现状,迫切需要在这方面有点胆略,有点气魄。

2. 服从和服务于对外开放的需要,加大市场化改革的力度

一是以资本社会化为目标,放胆发展各种类型的非公有制经济。要尽快把各种中小型国有企业改造成股份合作制企业,支持和鼓励职工持股。二是进一步完善"小政府、大社会"体制,真正按照第一届党代会的三个目标,加快这方面的改革。三是加大农村改革的力度,特别是在土地使用权长期化方面进行积极大胆的探索。从扩大对外开放的要求看,海南在改革方面还要面临一系列新的课题,比如说在经济立法方面,如何大胆地借鉴香港和台湾的经验。改革以扩大开放为出发点,坚持以开放促改革,以改革开放促发展的方针是符合海南实际的。有些管理方法方面的改革和探索是重要的,但制度性、体制性的改革更重要,我们应在这方面大胆探索。

3. 解放思想的关键是要创造性地开展工作

我们是在一个相当落后的基础上建设全国最大经济特区的,如果不能够大胆地干、放胆地干,就很难开创经济特区的新局面。海南刚一建省办特区时就十分明确地提出以放胆发展生产力为根本任务,破除一切思想上、政策上、体制上的障碍。海南

目前更需要这样一种状态,不能够长期地将没去做的事情作为做不到的理由;不能够把没去争的事情作为争不到的理由;不能够把没有提出的问题作为不能提的理由;不能够把由于某些情况变化而暂时不能实行的事情作为永远不能实行的事情,甚至加以指责。要真正实现邓小平创办海南经济特区的战略思想和中央的战略意图,需要解放思想,大胆地试、大胆地闯,在对外开放方面有新的突破。有的事情,要鼓励人们去想、去说,多提建议。有的事情,要鼓励试验,在试验的过程中再逐步地立规矩。当前,重要的是进一步解放思想,振奋精神,提高办特区的信心,调动各方面的积极性,以形成海南改革开放的新局面,齐心协力,把海南经济特区搞上去。

海南必须确立外向型经济战略[*]

（1990 年 1 月）

◇◇

一、海南要不要实施外向型经济战略

有一种观点认为,海南经济基础落后,实行外向型经济战略有很大困难,需要经历一个由内向型经济向外向型经济转变的过程,或者外向型经济和内向型经济并存。但两年多的实践证明,这种观点在实践中很难行得通。

1. 海南需要大量的资金和先进技术开发资源优势,改变经济落后的局面,增强经济实力

两年多来,海南力图利用内地的资金和技术进行开发建设,共利用内地资金 15 亿元,对海南的开发建设起了一定作用。但是远远满足不了开发建设的需要,而且随着国内情况变化,内地资金投入量越来越少,引进资金的难度愈来愈大。现在看来,这条路子很难继续走下去。出路在于:必须尽快把海南推向市场,充分吸引国际资金。在这方面潜力很大,机遇很多。问题的关键在于,海南能否坚定地实行外向型经济战略,并创造实行外向型经济战略的重要政策、体制条件和良好的投资环境。

---

[*] 载《新东方》1990 年第 2 期。

2. 外向型经济的效益远远高于内向型经济,内向型经济由于市场狭窄,缺乏竞争能力,效益较低

海南建省办经济特区,就是要以较快的发展速度改变经济落后的局面,过于依赖内向型经济,即使得到某些保护条件,也很难创造出具有竞争能力的较高经济效益。这样,海南经济落后状况就将长期存在。海南经济落后是一个严峻的现实,实践证明,实行由内向型经济向外向型经济转化或内向型经济与外向型经济并存的发展道路,都很难实现海南办全国最大经济特区的目的。海南实行外向型经济战略,需要大规模吸引投资,利用国际投资和一切先进的技术、管理办法,提高生产能力,扩大出口,刺激经济发展,改变原有的经济指标,依靠出口导向实现外向型经济发展,逐步提高在国际市场的竞争能力。

3. 海南实行外向型经济战略,有困难的一面,但是由此可以充分发挥海南优势

(1)利用海南的地理优势,扩大对外贸易,以对外贸易的增长促进岛内经济的增长,通过对外贸易加强同内地的经济联系。

(2)利用海南的人力和土地资源优势,适合国际资本的要求,积极开办各类出口加工区,使出口加工区成为海南联系国际市场的重要渠道。

(3)利用海南的各种资源优势,吸引外资开发资源,发展资源加工业,把资源优势转变为现实的经济优势。

二、海南推进外向型经济战略的机遇如何

进入 20 世纪 90 年代,国际市场的竞争日益激烈,投资进一步向国际化发展。在这种激烈的竞争环境中,需要认真分析海南实现外向型经济战略的现实可能性。

1. 20 世纪 90 年代初,国际市场的竞争为海南实现外向型经济战略提供了良好的机遇

这些机遇主要表现在:

(1)劳动密集型产业正急速向不发达地区转移,海南处于对外贸易的有利位置,劳动力和土地资源的优势十分有利于发展劳动密集型产业。目前需要的是利用政策和体制的优势,吸引和促进劳动密集型产业向海南转移,在这方面,海南具有极大的潜力。

（2）90年代初,世界经济的区域联合成为一种趋势,日本、中国香港、中国台湾、韩国等新兴工业化地区和新加坡、泰国、印度尼西亚等东盟国家正在展开大规模的贸易。亚太经济圈正在形成,海南处于亚太腹地,是中国市场连接亚太经济圈的桥梁,只要海南坚定地实施外向型经济战略,有极大可能尽快加入亚太经济圈,发挥自己的作用。

（3）进入90年代,台湾资本开始向内地流入,海南同台湾在很多方面有共同点,对台资有很大吸引力。实行外向型经济战略,建立有效的市场机制,就会形成吸引台资的良好环境,海南和台湾的经济合作是大有可能的。

（4）进入90年代,苏联经济和东欧经济的国际化趋势十分明显。海南可以利用这一新开辟的国际市场,为利用自己的优势与其进行互补贸易提供了极大的可能性。由此看来,国际市场的变化,为海南实施外向型经济战略,走向国际市场提供了很好的机遇。善于抓住这个机遇,实施外向型经济战略就极有可能。

2. 吸引国际资本面临的竞争加剧

海南实施外向型经济也面临严峻的挑战,进入90年代后,随着经济区域联合的出现和贸易保护主义抬头,以及国际市场的变化,国际资本的供给量偏紧,吸引国际资本的竞争加剧。特别是海南面对东南亚各国竞争对手,搞不好国际资本的投入将十分有限。此外,海南也面临同国内其他特区、开发区在吸引国际资本上的竞争,在海南的经济条件和投资环境相对落后的条件下,没有政策优势和有效的工作,吸引投资将处于极为不利的地位。

90年代,国际经济形势对海南实施外向型经济战略既提供了机会,也提出了挑战,不失时机地抓住机遇,海南发展外向型经济就大有希望。犹豫不决,抓不住时机,海南经济特区的发展将会更加困难,再搞起来的困难就会更大。

三、海南确立外向型经济战略的重大意义何在

海南在起步伊始坚定实施外向型经济战略,虽然可能要经过一个时期的阵痛,但是会走出自己发展的新路子,加快开发建设的步伐。就是说,从发展外向型经济战略出发,设立特别关税区,实行更优惠的政策,建立以市场调节为基础的新体制,将极大地加速海南开发建设的进程,就会形成具有自己特点的发展模式和发展道路。

海南走自己发展的新路子,会在我国进一步开放中发挥主要作用,可逐步变成我国联系国际市场,特别是亚太经济圈的桥梁和纽带;可以通过加快开发建设的进程,尽快改革经济落后的局面,减轻国家负担,并对国家做出很大的贡献;可以为我国进

一步深化改革,扩大开放提供经验;可以对一国两制的实现和祖国统一产生积极影响。就是说,把海南推向国际市场,不仅会加快经济建设的步伐,而且会对我国的改革开放产生更大影响。

海南推进外向型经济战略必须
实行放开经营的外贸政策[*]

（1990 年 10 月）

❖◇❖◇❖◇❖◇❖◇❖◇❖◇❖◇❖◇❖◇❖◇❖◇❖◇❖◇❖◇❖◇❖◇❖◇❖◇❖

海南对外贸易能否发展以及在多大程度上发展,将决定海南外向型经济战略能否真正取得成功。因此,外贸政策是发展海南外向型经济的最重要的政策保证。

一、放开经营的外贸政策在海南外向型
经济战略中的决定意义

对外贸易和引进外资是衡量外向型经济程度的重要指标。但从社会再生产和最终产品的角度看,不是资本的流入流出,而是商品(含劳务)的生产及输出决定外向型经济发展的真实水平。从这个意义上讲,对外贸易比引进外资更为重要,没有适度增长的外贸出超而简单地引进外资是缺乏根基的,甚至可能外债累累。因此,外向型经济(尤其在初期)的一种涵义是:以对外贸易为依托,以引进外资为手段,以国际市场的需求和价格为导向的经济成长模式。

一些国家和地区发展外向型经济的成功经验已为我们提供了充分可行的依据。其中最典型的是中国香港和日本,它们在资源和地理条件上同海南相当接近。香港所以能发展成为今天这样一个国际贸易和国际金融中心,同它长期奉行自由贸易岛

---

[*] 载《新世纪》1990 年第 11 期。

的"中立的贸易政策"有直接的关系,中立的贸易政策的重点就是政府对贸易、外汇以及货币兑换等几乎不加任何管制,由此极大地刺激和推动了香港直接贸易和转口贸易的发展。日本在第二次世界大战后经济几近崩溃,在人口密度大,资源严重不足的条件下,日本政府坚持以"贸易立国"为基本国策,加速发展"外需型"产业。与此同时,逐步制定出一系列鼓励贸易自由的政策,分期、分批、有计划地逐步推动贸易自由的进程,使贸易自由率从 20 世纪 50 年代末的 40% 上升到 70 年代后期的 97%,由此带动了日本各产业迅速、高效地发展。在出口方面,也从初级产品型、劳动密集型、工业加工型发展为高技术产品型,在短短 40 年中一跃而为世界第二经济大国。从某种意义上讲,发展海南经济的超常规途径就是确立"贸易兴岛"的战略思想,并以此来规划各产业的发展方向和步骤,唯有如此,才能充分发挥地理、资源优势,大规模引进外资,扩大市场,更新产品,增加外汇,从而加强国际市场的联系。为此,实施外向型经济战略的首要政策是:取消一切不必要的外贸管制,实行放开经营的外贸政策。

二、建省以来海南在发展对外贸易方面遇到的困难和问题

海南特区在进出口贸易方面有些比较优惠的政策,主要的有:属于被动配额和销往港澳地区实行配额许可证下的限制出口商品适当减少品种;属于国家配额许可证下的限制出口商品适当给予支持;非配额许可证管理的其他商品由海南放开经营。岛内企业有权进口本企业生产、生活必需的生产资料和生活资料以及供岛内市场销售的货物。此外,外贸创汇全留及可以保留现汇等。这些政策在原有的外贸管制上开了一个口子,较其他经济特区更为优越,促进了海南外贸的发展。

但从两年来海南发展对外贸易的实际情况看,整个说来仍然是困难不少,问题很多,执行不易,步履艰难,主要的问题可以归结为两个方面:

(1)虽然中央给了一些比较优惠的政策,但由于受现行外贸管理体制的束缚,加之情况发生了一些变化(如 1988 年 7 月国家重新制定有关出口许可证条例),外贸主管部门在政策解释上也有相当弹性,因此,在实际执行过程中难度很大,并使很大一部分政策落不到实处。发生这些问题是由于这样一种双重原因造成的:一是原有条块之间存在的旧的矛盾,二是现行外贸体制与海南特殊政策所发生的新的摩擦。可见,如没有更大范围的改革,孤立地解决这个问题是很不容易的。

(2)更为重要的是,即使能比较充分地实行这些政策(而前面已证明在目前情况下这几乎是不可能的),无论从近期的现状或远期的发展来看,海南出口商品的需求都大于外贸主管部门可能提供的配额,出口商品计划始终无法满足海南商品出口的需求,并且缺口会越来越大,成为阻碍海南外贸发展的一个瓶颈。另外,正是由于这

种不尽合理的外贸管制,以及由于在旧体制与特殊的优惠政策间存在的空隙即"政策空间",在外贸活动中发生了一种不正常的现象。一部分企业利用价差进行配额交易,这不仅扭曲了企业行为,并且使特殊的优惠政策未能产生预期的良好效益。在很多方面,其结果不是带动了出口导向,反而是刺激了进口替代,并且其中很大一部分是不合理的进口替代。

从困难中暴露出来的问题的症结在于:海南以外贸为依托发展外向型经济是一条新路子,并且是在基础很差而范围很大(省级)的情况下推行的,用传统的常规办法显然解决不了问题,即使用给予某些优惠政策的保护性措施也无法解决根本问题。由于海南确立的外向型经济模式,在发展方向、发展途径、经济结构等方面都明显地不同于内地,因此包括外贸政策在内都不宜采取"一律"的政策,而特殊的保护措施仅仅是一种权宜之计,不可能从分配上解决问题并会滋生新的摩擦。因此,这里应当转变思路,跳出常规的框框来思考问题。

三、取消对海南的外贸限制,实行放开经营的外贸政策

无论从经济理论或者从国际贸易发展的历史过程看,要发展本国的优势产业和增加外汇收入,采取配额制的外贸管制方法都是不适宜和没有充分根据的。大量经验证明,试图以配额制方面限制出口,借以维持某些产品在国际市场上的垄断地位和价格的做法往往是失败的,并导致出相反的结果。反之,取消外贸管制并放开经营,会真正发展本国的优势产业并有效地增加外汇收入。从亚太地区看,亚洲"四小龙"的经验已证明了上述两方面的问题,东盟国家的演变过程也正在证明这一问题。

考虑到多种因素仍需要在全国保持外贸管制,那么,在海南取消外贸管制则是必须的,并且是紧迫的。由于仅仅是在一个较小的省区试行这种放开经营的政策,尤其是在特别关税区"一线放开,二线管住"的原则下,放开经营不会影响全局,是充分可行的。在海南实行放开经营的外贸政策的涵义是:除来自于国外的即被动限制以外,一切主动的外贸限制都予取消,在海南特别关税区有关部门的宏观指导和协调下,让企业在一种有规范的公平竞争的条件下,完全自主地放开经营全部对外贸易,政府不以任何直接行政干预和配额来限制企业合法的外贸活动。

在海南特别关税区取消外贸管制,放开经营的外贸政策将发生极大的政策效应。在短期内,放开经营的外贸政策将消除阻碍海南外贸增长的"瓶颈",可以刺激岛内的生产,尤其是经营外贸的企业和三资企业,释放出因受"瓶颈"制约的很大一部分生产力。因此,海南既有地方产品(含内联加工)的出口可望在相对短的时间内有一个明显的增长,同时,也将吸收内外资金来海南办企业,并主要是出口创汇企业,由此

将促进海南外需型产业的发展,而产业的发展又将进一步推动对外贸易的发展,由此在一个不太长的时间内,形成"外需产业—对外贸易"相互促进的良性循环。除此之外,这种简明的政策便于实施,从根本上解决了一般的管理体制与特殊的优惠政策之间的矛盾和摩擦,极大地减少了现实操作的难度,并可在公平竞争条件下克服企业的扭曲行为。长期在海南实行放开经营的外贸政策,对我国整个对外经济关系的发展都会发生良好的政策效益。通过特别关税区下各项政策的实施,海南很有希望在本世纪末或下世纪初建成亚太地区的一个贸易中心,即由对外贸易的一个窗口变成一个重要的基地,这对发展我国整个对外贸易和对外经济关系将发挥战略作用。比较1997年后的香港,由于在制度等方面海南与香港有根本的区别,把海南建成我国另一个重要的外贸基地,它的很多积极意义是香港不可替代的。另外,从外贸体制以及整个经济体制改革的前景看,在海南实行放开经营的外贸政策可以为我国的改革开放积累宝贵的经验,有助于实现我国经济改革和经济增长的总体目标。

以开放促开发,推进外向型经济发展[*]

(1990 年 2 月)

◇·

一、海南外向型经济战略目标的确立

关于海南经济发展战略,首先是从分析海南经济特区两年的实践经验中,探讨海南经济特区外向型经济战略。海南要发展外向型经济,是办全国最大经济特区的初衷。两年来的实践证明,必须重新确立发展外向型经济的战略目标,不失时机地推进外向型经济战略目标的实现。

1. 实行外向型经济战略是加速海南开发建设的正确选择

中共中央、国务院在海南筹备建省的通知中明确指出:"海南的开发建设,必须立足于海南的资源优势,充分挖掘内部潜力,同时大力吸引外资,特别要注意引进港澳的资金,逐步建立起具有海南特色的外向型经济结构。"1987 年年底,经国务院同意召开了关于海南岛开放和开发建设座谈会,就海南建省办经济特区的方针政策提出建议,后经国务院批转执行。座谈会纪要更加明确地指出,海南省发展经济必须"面向国际市场,扩大出口创汇,朝着参加国际经济大循环的目标,有计划有步骤地发展外向型经济"。随后,于 1988 年 5 月 4 日正式发布了《国务院关于鼓励投资开发建设海南岛的规定》。由此可见,建立海南省办全国最大的经济特区的初衷,就是要

---

* 载《对外开放经济发展战略比较研究》,中共中央党校出版社 1990 年 8 月版,与李伟合写。

在海南发展外向型经济,而国家为海南提供的这些政策规定,就成为确立海南外向型经济战略最基本的政策依据。

海南必须发展外向型经济,也有现实情况的依据,主要是:①海南岛及其周围海域包括南海在内,有着丰富的资源,尚未得到很好的开发利用;②作为中国第二大岛屿,海南处于中国的南大门,具有独特的地理位置,便于发展对外经济关系;③经过建国之后几十年的建设,取得了一定的成绩,但仍处于落后全国平均经济水平的状态,经济发展的基础条件比较差,必须通过超常规的路子加快经济发展速度,尽快改变落后面貌。

确立海南的外向型经济战略,也有某些其他国家和地区的经验可资参照。第二次世界大战后与海南各方面条件相似的韩国、中国台湾、中国香港以及20世纪80年代的泰国、马来西亚,都先后选择了发展外向型经济的工业化战略,结果用比较短的时间,使人均国民生产总值达到了中等收入国家的水平。海南要加快经济发展速度,充分开发利用丰富的资源,就必须学习并参照这些国家和地区成功的经验,选择外向型的经济发展战略。

2. 海南发展外向型经济的现状与问题

建省办经济特区两年多来,海南在发展外向型经济方面做了较大的努力,取得了一定的成绩。从筹备建省到1989年年底,海南的外商直接投资和其他利用外资的签约项目达872项,协议投资额7.3亿美元,实际投资额2.88亿美元,外商投资企业的工业产值已占全省工业总产值10%左右,出口创汇额已占全省出口创汇总额的7%;对外贸易也有很大发展,1989年外贸商品出口总额3.6082亿美元,比建省前的1987年增长2.5倍,1990年1~6月份,外贸商品出口(不含三资企业)创汇2.09亿美元,比1989年同期增长54%。目前,全省共有三资企业1200多家,内联企业3000多家,利用外资的成片开发也有初步进展,除洋浦开发区外,还有8个不同类型的开发区正在建设。可见,海南发展外向型经济两年多来,已经形成了一种良好的势头。

尽管海南外向型经济发展出现了良好的势头,但是,在发展过程中也存在一些问题,阻碍了外向型经济的发展。这些问题主要是:

(1)某些政策不落实。国家给予海南的许多优惠政策对于发展外向型经济有很大的促进作用,但是,其中一些政策在执行过程中由于各种原因,尤其是进出口贸易、外汇留成、自产品内销等政策落实不了,极大地影响了引进外资和发展对外贸易。一个实际的例子就是,两年多来外商协议投资额高达7.3亿美元,而实际投入额仅2.88亿美元,特别是1990年1~6月份,外商投资签约数、外商投资和实际利用外资额均大幅度下降,遇到了很大的困难。这与两年多来某些政策不落实有很大关系。

（2）管理体制的某些方面尚未理顺。某些政策不落实的重要原因之一，就是管理体制还不顺，体制与政策的矛盾比较突出。这主要表现在国家赋予海南省的经济活动自主权、审批权的大多数，因中央有关部门实行条条管理而受到限制。例如，成片开发的土地审批权，海南与全国一样，只有荒地 2000 亩、耕地 1000 亩以下的审批权限，这对于吸引大量外资搞土地成片开发造成不利影响。

（3）外部环境发生变化，使海南发展外向型经济受到影响。海南建省后不久，全国就开始了治理整顿，实行"双紧"政策，致使中央各部门要继续给予海南支持的某些方面，如财政支持、开发性外汇贷款、重点项目和进行优惠贷款的安排，等等，都遇到程度不同的困难。这对于海南改善投资环境、改变基础条件差以吸引内外投资，造成了许多不利的影响。

（4）内部社会管理的某些方面，工作还有差距。这主要表现在，流通领域不正规的贸易行为比较多，社会治安时好时差，少数干部以权谋私不廉政，政府的权威和效率受到一定影响。这些问题的存在，也对发展外向型经济起了一定的阻碍作用。

3. 重新确立发展外向型经济的战略目标

由于上述问题的存在，海南发展外向型经济举步艰难。由此，一部分人对海南办经济特区的初衷发生怀疑。有一种观点认为，海南经济基础落后，实行外向型经济战略有很大困难，需要经历一个由内向型经济逐步向外向型经济转变的过程。然而，两年多的实践证明，尽管发展外向型经济存在许多问题，有困难的一面，但这些困难并非是无法克服的，而否定海南外向型经济战略的观点则在实践中很难行得通。

（1）海南需要大量的资金和先进技术开发资源优势，改变经济落后的局面，增强经济实力。两年多来，海南也力图利用内地的资金和技术进行开发建设，共利用内地资金 15 亿元，对海南的开发建设起了一定的作用。但这远远满足不了开发建设的需要，而且随着国内情况变化，内地资金投入量越来越少，引进内地资金的难度越来越大。现在看来，继续走这条路子困难也是很大的。

（2）如果过于依赖国内投入，很难从体制上理顺和内地的关系。海南实行一系列对外开放不能不由此受到很大的影响，实践结果也是这样。迄今为止，由于和内地原有经济联系尚未改变，原有的体制状况还在很大程度上加以保留。因此，海南并没有走出一条与其他经济特区不同的新路子，在政策和体制上没有真正形成自己的优势，这就不能不使开发建设常陷于各种困难之中而得不到发展。

（3）经验证明，外向型经济的效益远远高于内向型经济，内向型经济由于市场狭窄，缺乏竞争力，效益较低。海南建省办经济特区，就是要以较快的发展速度改变经济落后的局面，过于依赖内向型经济，即使得到某些保护条件，也很难创造出具有能力的较高经济效益。

海南经济落后是一个严峻的现实。实践证明,实行由内向型经济向外向型经济的逐步转化的发展战略,很难实现海南办全国最大经济特区的目的。由此看来,必须坚定地实施外向型经济战略,重新确立和牢牢把握发展外向型经济的战略目标。

海南外向型经济的战略目标,包括四个相互联系的内容:①迅速发展对外贸易,沟通与国际市场的联系;②大量引进外商投资,打通走向国际资本市场的道路;③加快改革步伐,在海南经济特区内试验计划经济与市场调节相结合、以市场调节为主的新体制;④用不太长的时间(20年内)实现经济飞,达到中等收入国家或地区的经济发展水平,完成海南的工业化进程。

二、把改善投资环境作为推进海南外向型经济的战略任务

要在20世纪90年代的机会和挑战面前坚定不移地推进外向型经济战略,把海南的经济发展同国际市场联系起来,需要按照出口导向的要求来明确发展外向型经济的战略任务。这个战略任务就是,在今后若干时期内,都必须把改善投资环境作为一切经济工作的重点和中心。

1. 确立以改善投资环境为重心的必要性

海南外向型经济战略目标的一项基本内容,是要迅速提高海南的经济发展水平,用不太长的时间,赶上中等收入国家或地区的经济水平。只有加快经济的增长速度,才能实现这一目标。按照经济增长理论,经济增长速度的高低取决于投资水平。由于海南的经济基础条件较差,自身积累的能力在目前很有限,只有走大量吸引内外投资的路子,才有可能达到加快发展速度所需要的投资水平。但是,吸引大量内外投资的先决条件,是要创造一个良好的投资环境,改善适应投资的基础性条件。

如果我们不是把着眼点放在创造良好的投资环境上,而是急于将有限的剩余资金全部投资于加工制造业项目,那么,基础条件差的状况就不可能得到较快的改变,由此带来的后果将是内外投资受阻。

由此决定,在我们的全部经济工作中,必须把着眼点放在改善投资环境上,作为今后5到10年内都必须紧紧抓住的一项中心工作。为此,政府投资的重点布局必须放在这里,扎扎实实地打基础。

把改善投资环境作为全部经济工作的中心,从经济发展速度上看,好像放慢了速度,实际上是一条加快发展的新路子。这是有其他国家或地区发展经验可以用来证明的。与海南在各方面自然条件比较接近的中国台湾、韩国,战后的经济发展过程,

就经历了一个大力改善投资环境为主的时期。其结果吸引了大量的外资,加快了经济发展速度,在 20 世纪 70 年代一跃而成为中等收入国家和地区。这说明,在一个比较落后的地区发展外向型经济,吸引外资的多少,是决定这一发展战略能否成功的关键。因此,政府的全部经济工作必须在以改善投资环境为中心,尽快创造出能够大量吸引内外投资的基础性条件。

2. 基础设施建设适度超前

改善投资环境的一个基本内容,就是要搞好基础设施建设。基础设施是投资硬环境的主要部分。基础设施状况的好坏,在很大程度上成为外商决策是否投资的主要考虑之一。对于海南这样一个基础条件差的经济特区来说改善投资环境,首先要着力抓好基础设施建设。

许多实行市场经济制度的国家,包括亚洲"四小龙"在内,其政府干预经济的主要活动之一,就是通过公共支出对社会基础设施进行投资。目前海南的财政收不抵支,缺口太大,如果完全靠政府承担海南全部基础设施的投资,困难很大,其建设速度也将是很缓慢的。就是许多市场经济国家,政府也不可能承担全部社会基础设施投资。因此,必须将基础设施投资来源多样化,引进外资搞国际合作开发建设。

有一点可以确定,海南的基础设施建设的组织工作、规划工作,必须由政府来承担。这是政府在资金短缺的情况下,也是可以办得到,而规划、组织工作做得好,就有可能通过基础设施投资资金来源多样化,弥补政府投资资金的不足,中央给予海南省的政策已经注意到了基础设施建设方面政府资金的不足,并相应地制定了鼓励投资者投资于基础设施的免减税收和综合补偿政策。但是,仅仅是税收免减和综合补偿的政策规定,还不足以对基础设施这类长期性投资建立起长期的政策信任感。由此看来,还必须制定更加稳定的长期性政策,从制度上保证基础设施投资者的利益,由政府出面进行规划、组织和担保,才可能在吸引外资搞基础设施建设上有大的突破。

建省两年来,政府从各方面筹集资金,利用中央政策规定的开发性低息贷款,对海南基础设施的瓶颈,如电力、交通等作为重点项目进行了一定量的投资,使基础设施某些方面的紧张状况有所改善。例如,在电力方面,新建、扩建发电能力 40 万千瓦,年发电量达 15 亿度,比建省前增加了 2 倍多;在交通方面,1989 年新建、改建公路 195 公里,全长 272 公里的环岛东干线半辐高速公路第一期工程从 1989 年下半年开始动工,进展顺利;洋浦港第一期两个 2 万吨泊位码头已经建成并于 1990 年 6 月下旬开港运营,还新建、扩建了海口、三亚、八所、清澜、乌场等 5 个港口;新开辟空中航线 20 多条,每周已有 81 个航班起降;在通讯方面,新增海口 5000 门程控电话,到 1990 年年底以前还将有 2.7 万门程控电话交付使用,等等。

　　但是,海南建省两年来在基础设施投资方面还存在很多问题,主要是:(1)基础设施投资不配套,造成连带投资的效果不明显;(2)基础设施投资缺乏总体的全盘规划,投资总量多少和投资分布是否合理缺乏既定目标下的经济分析;(3)投资资金不足,延缓或拉长了某些重要项目的投资周期。从整体上看,目前海南的基础设施状况尚未有根本的好转,依然很不适应发展外向型经济的需要。为此,应当把基础设施建设适度超前,作为经济工作的重要指导思想。

　　按照基础设施建设适度超前的要求,政府对基础设施建设要做的工作主要是:(1)制定吸引外资的长期性优惠政策,扩大资金来源;(2)制定基础设施投资的总体规划,其要点包括测算到2000年每年基础设施投资需要量,按全岛性、区域性、开发区对基础设施进行分类,以建成国际贸易中心、国际金融中心和国际旅游中心的目标来确定每年基础设施投资重点的合理分布,估算每项基础设施投资的连带投资效果,等等。

　　基础设施建设的另一个重大问题,是莺歌海天然气能源利用。这个问题不解决,不仅使洋浦搞重化工业变成无米之炊,而且也影响到八所工业区的规划与投资,甚至对整个海南解决能源问题有重大影响。海南用电价格高于全国平均水平,主要原因是用煤发电运输成本高。如果不能用天然气和南海石油替代煤来发展海南能源工业,不仅会给投资者提高能源使用成本,而且也会使消费者用不起海南的电,甚至对海南的环境保护有重大影响。数以百万计的农村的人口对薪炭资源的破坏性利用,导致原始森林覆盖率降低,应当引起人们的重视。所以,天然气上岛,为海南的发展提供稳定低价的能源,不能不是一个必须解决的重大问题。

3. 五大经济区综合规划,利用外资成片开发

　　改善投资环境另一个相当重要的方面,就是要向投资者提供投资的空间(地点和场所)。说到底,可供投资的空间就是土地。要想改善投资环境,就必须把可用于各类投资的土地进行全面、综合的规划,以吸引内外投资者搞"项目带土地"的成片开发。

　　吸引外资搞土地成片开发的构想,是一种新型投资方式。土地成片开发的投资方式,符合海南土地面积大、资金短缺、基础条件差的实际情况。与其他几个经济特区比较,海南最有条件搞土地成片开发。大面积未开发土地的存在,为成片开发的投资提供了可能;设计出优惠低价的土地政策,是把成片开发的可能转变为现实的关键。这种投资方式,对于克服资金不足、基础条件差的缺陷,具有十分重的意义。

　　就综合规划而言,是包括已开发土地的全面发展规划。以前搞的几个战略、规划,比较倾向于海南在空间上划分为五大经济区(片),并确定了各经济区(片)的发

展重点。这种综合规划对于海南的全面发展固然十分重要,但是,要在这个基础上,把北、东、南、西南、西北五大经济区(片)内可以利用的未开发土地明确地划出来,按照土地的不同类型将这些土地划分成若干开发区,哪些土地在哪里,有多大面积,是否连片集中,适合于搞工业投资,还是适合于搞农业开发,等等,从一开始就要做出全面的明确的规划和说明,使人看了一目了然。只有这样,才会有较大的操作性。

把海南所有的土地按照常规开发和超常规引进外资成片开发划分开来,对于海南发展外向型经济具有相当重要的意义和实际好处。第一,便于与双重开发的领导体制相对接,提供了实行双重开发体制的现实基础。第二,可以防止传统小生产方式对土地资源的侵蚀,降低从农民集体手中转移土地用于超常规开发的成本,实现用土地替代资金进行大规模开发,加速发展外向型经济。第三,超常规开发的土地利用规划能够因此而明确化和集中化,便于向国际资本市场公开,使外商投资者做出明智而正确的选择,可望产生较大的资金吸引力,从而改善成片开发的投资环境。

在最近三五年内,除了做好上述全面综合规划的工作之外,必须把成片开发的工作重点集中在搞几个出口加工区。洋浦开发区是成片开发的突破口,其规划工作早已完成,现在最大的问题是尽快动工。清澜出口加工区应尽快做出明确的规划,可以将它设计为台商投资区,鼓励台湾中小企业投资。八所港腹地可以规划为重化工业开发区,引进外资,开发利用附近的矿产资源。

利用外资成片开发在近几年的另一个工作重点,是办好海南农业综合开发试验区。海南的热带种植业养殖业产品至少在国内市场有很大优势。农业综合开发试验区立足于这一优势,通过超常规的办法,引进国外农业资本,尤其是农业跨国公司的资本、技术和市场,利用成片未开发的宜农土地,进行一系列制度创新的试验,从热带农产品加工入手,应用高科技提高土地产出率和加工制造的劳动生产率,降低成本,打开国内和国际市场,逐步建立起农工商一体化、产供销一条龙的外向型创汇农业为示范区,以带动海南整个农业的发展。

4. 充分发挥海口、三亚对改善投资环境的窗口辐射作用

海口市目前是大多数内外投资者进入海南经济特区的第一站。作为省会城市,海口的基础条件相对要好一些,国际机场、码头等交通基础设施已经有所改善,与岛内其他地区以及同岛外的通讯联系也比较方便。因此,建省两年多来,内外投资的大多数集中在这里。从改善投资环境的角度看,充分发挥海口作为中心城市的窗口辐射作用,把海口市引进外资的工作,尤其是几个小开发区的工作做好,是十分重要的。三亚市是未来的国际旅游中心城市,也是外资投资者可以办理"落地签证"的重要口岸,一部分投资者是从三亚进入海南的。随着三亚朝国际旅游城市的方向发展,将会

有越来越多的外国游客和外商到三亚来。从改善投资环境的角度观察,作为海南人员出入境的两口岸之一,同样也有与海口一样的问题,必须十分重视发挥它的窗口辐射作用,加快其基础设施条件的改善,特别是三亚国际机场的建设应尽快上马,做好引进外资和吸引国外游客的工作。

三、以开放促进开发,推进外向型经济协调发展

为了实现海南外向型经济的战略目标,必须确立以市场为导向,贸工农旅协调发展的战略方针,逐步把海南的经济发展同国际市场联系起来,大力拓展对外贸易,扩大海南产品的市场,以出口贸易促进工业化,促进农业现代化,协调并带动国际旅游业的发展,以此来进行经济布局,制定经济发展规划,全方位地推进外向型经济的发展。

1. 海南外向型经济发展的关键在于拓展贸易,扩大市场

(1)对发展贸易、扩大市场的重要性必须有足够的认识。发展经济学表明,经济发展的本质并非总量的经济增长,而是传统社会的经济结构向现代社会的经济结构的逐步变迁。传统经济结构的基本特点是自给自足、没有市场,一个独立生活单元与外界的交换仅仅是调剂内部生产余缺;现代经济结构的特点正与此相反,内部生产结构的形成和变动完全取决于外部市场需求的变化。发展,绝不是在传统社会复制某一时点"现代"水平的生产结构——且不谈这种复制要多么巨大的资本投入,仅假定它被复制出来,也早已落后于新时点水平上的现代结构。没有市场需求的拉动,就不会有真正意义上的经济发展,传统经济转变为现代经济的关键正在于此。

海南建省办经济特区两年多来,经济发展各个方面的问题,都可以归结到一个关键点上:规模贸易没有形成势头,海南产品的市场狭小,某些非正规的贸易又干扰了贸易的正常进行。海南岛内市场容量很小,无发展余地;国内市场没有真正打进去;国际市场则更难以进入,几亿美元的出口在全球贸易总量上微不足道,其中大多数实际上是内地产品。

海南的农业潜力很大,热带农产品是一个很大的优势。但是,在两年多的实践中我们却看到:缺粮食卖粮难,一方面粮食供应不足,自给率很低,另一方面岛内产粮区粮库严重积压,出现"仓容危机";粮食问题如果有它的特殊性,那么,热带种养业产品又如何呢?菠萝没有销路而烂在地里,养虾没有打开贸易渠道而无法发展,就是两个现实的例子。

工业的情况也是如此,许多产品生产出来,销不出去,挤占资金,造成亏损,因为

没有打开市场销路,从而形成恶性循环。

发展贸易,扩大市场是海南经济发展的关键问题,必须引起高度重视。这个问题不解决,海南的许多优势很可能在发展中变为劣势,发展外向型经济就是一句空话。

(2)两个市场并存,逐步走向以国际市场为主。海南经济发展的要害在于必须拓展贸易、扩大市场,从海南的实际情况出发,在近中期拓展国际贸易的同时把一部分可以为国家节省外汇的农副产品打入国内市场。

海南的热带农、林、水产养殖业的产品,在国内市场具有很大的优势,国内对这类产品的需求量很大,如果海南热带农产品不去占领国内市场,国内就势必要从国外进口同类产品,花费宝贵的外汇,这对国家是不利的。因此,海南热带农产品对国内市场的替代进口作用,不仅对海南有利,也对国家有好处。这在客观上要求,中央政府应采取措施,对海南农产品进入国内市场网开一面,给予必要的支持。事实上,当今世界各国政府,包括发达国家在内,都对本国农业采取保护的政策,通过农产品价格补贴扶持农业的发展。对于中国唯一大面积热带土地的海南省,应当有充足的理由保护其农业的发展,帮助打开一部分国内市场。

海南外向型经济发展,要扩大国际市场,以国际市场为主,把自身的生产结构从国内市场的替代进口转变为扩大国际市场份额的出口导向。这是一个艰巨而有意义的任务。要想扩大海南产品的国际市场,就必须降低成本,参与国际市场上的价格竞争。降低成本的方法无非是三条:抓技术,提高劳动生产率;抓管理,杜绝浪费;抓市场,在扩大销路的同时减少交易费用。

(3)政府应当有意识地为打开产品销路的同时减少交易费用。在传统社会向现代社会急剧转变的过程中,政府有着巨大的作用,不论是阻碍作用还是促进作用,政府的干预都将是举足轻重的。

针对海南发展经济的关键问题,政府应当有意识地为扩大海南产品的销路而建立市场。建立市场不能单纯的理解为省内市场,更重要的是打开国内国际市场销路而组织市场。

政府可以在组织市场方面做许多工作。第一,提供政策、法规、维护市场机制的正常运转,保护产权以发育市场组织,保护公平竞争以扩大交易范围,从而保证市场交易能够健康、有序地发展;第二,端正政府行为,改变政府机构直接参与市场交易活动的做法,将政府传统计划体制中的大部分经济职能,诸如生产性资本投资、企业亏损补贴、调拨计划物质或供给计划物质指标等配置资源的职能,交给市场去完成,依靠市场机制把资源分配给那些有市场需求的企业,而政府在市场交易活动中应扮演的角色,主要是信息沟通、交易监督和规划、秩序的维护等市场交易活动裁判员的角色。

2. 近中期以"贸工农"方针协调海南工业的发展

国务院的有关文件明确规定了海南产品出口导向的"贸工农"方针。这一方针就是要通过发展内外贸易，扩大市场，来带动海南的农业和农产品加工业的发展，进而为大规模的工业化进程打下基础。实践证明，"贸工农"发展方针是海南发展外向型经济的正确方针，不能因为某些方面出现的问题而轻易否定这一方针。按照这一方针，我们应当选择能够推进外向型经济发展的工业化道路：立足于本地资源优势，以国际市场为导向，在"贸工农"方针的协调下，从投资少、见效快、有市场需求优势的农产品加工制造起步，引进内外投资，发展劳动密集型工业，逐步过渡到以资金、技术密集型的油气矿产资源加工业为主体，用不太长的时间扩大第二次产业对国内生产总值的贡献，完成海南的工业化进程。

这条新的工业化道路，有四个相互联系的特点：①引进外资；②开发资源；③市场导向；④带动现代农业的发展。因此，在近中期，根据海南的实际情况，重点发展农产品加工制造业，就是一个非常现实的选择。

目前，海南的农产品加工制造业处于停滞不前的萎缩状态。数据表明，轻工业中以农产品为原料的产值占轻工业总产值的比重呈下降趋势。农产品加工业停滞不前的原因，一是企业规模小，无规模经济效益；二是技术落后，劳动生产率低，大多数农产品加工制造业净值率低于30%。加上近几年零售物价上涨过猛，拉动劳动成本上升，许多企业净产值所剩税利寥寥无几，半数以上的企业亏损。加工制造的成本如此之高，使本来在国内市场很有优势的热带种养业加工产品却销不出去，没有市场。因此，必须降低成本，扩大市场。

海南工业的未来发展，是要从劳动密集型转向资金、技术密集型，大规模地开发利用经济价值很高的油气矿产资源，建立以海南资源为基础、以国际市场为导向的重化工业，以完成工业化的过程。

从近中期看，政府要在发展劳动密集型工业的同时，注重为未来重化工业的大推进做好准备。准备工作主要应抓好两个方面：一是做好全面的调研、规划、论证工作，尤其是对国际市场变化的长期趋势要有科学的判断、分析和研究；二是做好洋浦、八所两个重化工业开发区的工作，尤其是为大量引进国际资本进行开发而改善或创造有利于投资的软硬环境。

3. 海南农业的根本问题是传统农业如何转向现代农业

（1）海南农业停滞不前的主要原因是传统农业生产方式。农业是海南经济结构中地位十分重要的产业。以农业为主的第一次产业对海南国内生产总值的贡献高达

50%以上,农业部门就业人数占全社会劳动力70%以上,出口总值中农产品和以农产品为原料的加工产品也占70%左右。正因为如此,农业的发展,对于海南加快发展外向型经济有重要作用。充分发挥海南热带农业的优势,可以替代国内热带农产品进口,为国家节省大量外汇;可以为对外贸易提供充足的货源大量出口创汇;可以为国际旅游业的发展,提供稳定正常的供给;可以为海南发展农产品加工业提供充足的原材料,促进工业发展;等等。海南发展外向型经济,绝不是以牺牲农业为代价的单纯的工业化战略,而是在经济发展中不断协调二者的关系,促使农业和工业都得到发展。尤其是在近期内,要把农业开发作为外向型经济战略的重点。

但是,建省两年多来,海南农业并没有充分发挥出它的优势,对外向型经济的发展没有起到它应有的作用。尽管出口总值的70%左右与农业有关,但主要是初级产品出口,附加价值太低,谈不上大量创汇,甚至换汇成本高于国内市场价格。不仅如此,海南这两年的农业发展处于停滞不前的萎缩状态。1987～1989年人均农业总产值徘徊在425～428元之间;尽管农作物播种面扩大,复种指数提高,劳动投入更多,但对国民生产总值的贡献却呈下降状态。农业发展停滞不前主要原因就是囿于传统的农业生产方式,无法摆脱已经形成的生产格局,农业生产与流通严重脱节,缺乏产前产后服务的组织体系,停留在独家独户生产销售的狭小范围内,不能适应市场的变化,其结果只能是市场不断缩小,生产不断萎缩。

改变传统的生产方式和生产格局,唯一的办法就是扩大市场。扩大市场的具体做法有两条,一是发展独立于政府与家庭农户之外的中间组织,通过这种组织把分散的小农与大规模的市场需求联系起来;二是发展有市场需求的农副产品加工业,把农业生产与产品加工、市场销售联系起来,只有通过市场,才能打破传统的生产格局,把传统农业逐步转向现代商品农业。

(2)充分发挥热带农业资源优势,逐步向外向型农业发展。海南是全国两块热带地区中最大的一块,热带种植业和养殖业的发展有很大的优势,成为海南农业开发的重点。但是,海南热带种养业的发展同样遇到了市场销路问题。1989年海南全省有民营橡胶6000吨、胡椒2000吨、咖啡干豆200吨、荔枝1000吨、香茅油300吨、糖70000吨和木茨干200吨等大宗热带经济作物销售不出去,没有市场。主要原因是,采取常规的办法搞热带农业,致使生产成本比较高,同时加工技术又跟不上。由此,国内的市场需求转向从国外市场获得供给。

要想充分发挥海南热带种养业的潜在优势,只能靠扩大市场。如果囿于常规方法,热带种养业就不可能有真正的发展。农业综合开发试验区的构想与规划,就是要通过超常规的办法,引进国外农业资本,利用成片未开发的土地,进行制度创新的试验,从热带农产品加工入手,应用科技提高劳动生产率,降低成本,打开国内国际市场,逐步向外向型创汇农业发展。这很可能是解决海南热带大农业发展问题的重要出路。

(3)解决粮食自给是一个重要的战略问题。尽管海南有70%以上的劳动力在农业部门就业,有充足的光热资源和淡水资源可以使水稻一年三熟,有600多万亩耕地和800多万亩未开垦的宜农地。但是,海南的粮食自给率仅78%,每年要调入和购进8亿斤左右大米(其中计划内调入55000万斤),造成每年财政倒挂补贴3亿多元,不仅给交通运输带来很大的的压力,也使脆弱的地方财政难以支撑,成为海南放手发展外向型经济的一大制约因素。因此,必须立足于海南自身来解决这一问题,提高粮食自给率。

解决粮食自给问题的根本办法,是放开粮食市场,运用市场的力量,提高农民种粮的比较利益。放开粮食市场,可以先从粮食保护价开始,政府储备粮食达到一定数量后,就取消粮食价格的任何限制,由市场供求力量来调整价格,价格机制的作用将会在不太长的时间内(3年左右),把海南粮食的生产供给提高到与市场需求大体一致的稳定状态。这个过程中的"承受力"问题往往是人们的事前猜测,其结果必然卸掉海南省发展外向型经济的粮食"包袱"。

4. 海南"绿色道路"的确立

(1)绿色环境是海南经济发展的重大优势。20世纪50年代以来,随着全球工业化进程的加快,整个世界的生态环境日益恶化。全球生态平衡遭到如此严重的毁坏,与许多发达国家和发展中国家的工业化直接相关。当人们回过头来花费或打算花费巨资治理环境时,才意识到经济增长应当同生态环境保持协调的重要性。

海南岛位于北回归线以南,在全球热带地区像海南岛这样尚未大规模工业化开发的岛屿已是屈指可数。许多人十分惊奇地发现并赞叹,它是蓝色海洋中的一块绿洲。海南岛的生态环境依然保存着古朴的自然美与和谐。这里有大面积的热带原始森林,也有经过数十年精心培植的大片橡胶林,沿海13个市县的农田郁郁葱葱,分布全岛的热带作物把海南点缀得四季常青。新鲜的空气,明媚的阳光,蓝色的海水,细白的沙滩,茂密的山林组合在一起,使海南成为当今世界上一块少有的绿色宝岛。

我们选择外向型经济的发展战略,必须弄清楚国际社会如何看待海南的发展优势。不言而喻,绿色生态环境的存在,在全球生态环境不断恶化的条件下,其本身就是富有魅力的一大优势。这种自然的优势在经济发展过程中转变为经济优势是很有可能的。第一,无污染的"绿色食品"是国际市场上的抢手货,具有很高的经济价值,发展"绿色食品"就有可能带动海南的热带种植业和食品加工业的发展;第二,大面积的热带绿色山林和无污染的海岸线,又是迅速发展国际旅游业的自然基础。

（2）经济开发与生态平衡的一体化发展战略。尽管目前海南的整体生态环境尚未恶化，但是，一方面，新中国成立后近40年的开发建设，已经使局部环境受到比较严重的破坏。数据表明，海南岛的原始热带雨林覆盖率从1952年占全岛面积的30%下降到1988年的仅占8.8%。另一方面，热带农林种植业也因为市场这一种根本问题没有得到很好的解决，处于难以向现代精细农业和创汇商品性农林业转换的境地。更令人忧虑的是，随着海南大规模经济开发的到来，如果这些问题得不到解决，就有可能从整体上恶化海南的生态环境。

面对这种绿色的忧虑，我们只能在加速发展外向型经济的目标下，确立海南特有的经济发展"绿色道路"，即经济开发与生态平衡协调发展的一体化战略：把海南的绿色环境优势转变为经济发展的优势，通过引进内外投资保护环境和发展经济，重视热带大农业和热带旅游业的综合开发，在加快外向型经济的发展中使绿色环境也随之创新和扩展。

一体化协调发展战略首先要求保护海南的绿色生存空间。我们主张，通过国际社会和国家的支持，加上海南自身的努力，一是在5～10年内逐步把原始森林覆盖率恢复到50年代初期的水平；二是在海南的淡水面（江、河、湖、水库）周围大规模植树造林，保护并增加淡水资源储存量；三是对现有热带农林业发展的问题和症结摸清楚，对症下药，下大气力解决存在的问题。

停留在"维护"的层次，不能实现一体化协调发展的目标，绿色道路的生命在于绿色的创新。一是注重热带种植业农林产品的加工、保鲜、储运和打开国际、国内两个市场，走农业工业化发展路线；二是发展热带旅游业，把海南逐步建成以度假、避寒、游乐、观光和参与式为特点的国际旅游中心。

以市场为导向的农业工业化，必须解决的关键问题有三点：①对无污染农产品的高附加价值要有新的认识；②在寻求国际市场销路的同时，大力推进国内市场的销路；③大量引进国外农业资本进行土地成片开发，挤入国际农产品跨国集团的销售市场。

创新的目的在于发展。一体化协调发展战略就是要使绿色环境随着大规模工业化进程而扩展。这里包括三个相互联系的内容：一是通过农林产品逐步走向并占领国内国际市场，不仅为热带大农业的发展提供资金，而且也为大规模工业化提供一定的自身积累和配套资金；二是做好工业发展与环境保护的协调规划，把大规模的工业化集中在有限的空间范围内，如集中在洋浦和八所；三是必须有效利用莺歌海天然气资源，作为薪炭燃料和煤的主要替代能源，减少燃煤污染和逐步制止乱砍滥伐林木资源。

（3）海南的环境保护必须国际化。保护海南的绿色环境必须走国际合作的路子,主要理由是:第一,海南的绿色环境不仅是属于中国的,而且也是全人类的宝贵财富;第二,环境保护是全球性的问题,环境恶化和破坏所造成的影响与后果早已超出国界,需要国际社会的一致行动,才会有较好的效果;第三,中国是个资金贫乏的国家,海南省更是基础条件差、起点低,在大规模开发的初期,几乎拿不出资金、人力和设备来改善环境,治理污染的技术几乎还是空白。

从近中期看,争取国际社会对海南环境保护的支持,主要是加强在组建海南环境问题国际咨询机构和建立海南国际环境保护基金的基础上的后续行动,动员国际社会更多的资金投入到海南的环境保护事业中来;同时,要与联合国国际环境保护组织等国际机构建立稳定、持久的联系,对海南环境保护的技术指导、人员培训和信息交流等方面给予支持。

5. 从陆地开发走向海洋开发

(1)海洋是海南的一个基本优势。海南省的海洋面积广阔,是"陆地小省、海洋大省"。海南省管辖的范围除本岛十九个市县外,还包括南海的西沙、中沙、南沙群岛的岛礁及其海域。以琼州海峡为中心与广东省划界,划入海南省的海洋面积在地图标出的断续国界弧线,估算有 140 万平方公里的海域,是属于海南省的海洋国土。海南省的陆地国土仅 3.4 万平方公里,而海洋国土是它的 41 倍多,从总量上看,全国尚无一省比海南省管辖的海洋面积大。从人均海洋面积看更是如此,全国人均海洋面积 2700 平方米,海南是它的 86 倍。如此广阔的海洋面积,不仅可以为我中华民族提供未来生存与活动的场所,也是海南发展外向型经济的雄厚资本。

海南的海洋油气资源储量之大,世界罕见。据估计,整个南中国海的石油潜在储量约 787 亿吨,莺歌海的天然气已探明的可采储量约为 700 亿立方米,仅油气资源两项就超过 10 万亿美元的经济价值。

生物物种繁多的热带渔场,在我国独一无二。南海地处热带,气候温和,雨量充沛,是热带鱼类栖息、繁衍的优良海域,水产资源十分丰富,仅北部湾、三亚、清澜和西沙四大渔场,鱼类多达 600 多种,年均鱼捕捞量估算可达 500 万吨以上。

此外,海南省有海滩面积 38.5 万亩可用于人工海水养殖,68 处大小港湾是发展海上航运的有利条件,还有莺歌海、东方、榆亚三大盐场,盐田面积约 37.5 平方公里,原盐年总产量可达 30 万吨。

(2)从陆地开发逐步转向海洋开发。到目前为止,全世界已有 36% 的海域约 1.05 亿平方公里被各围圈完毕,宣布为沿海各国的内水、领海、专属经济区和大陆架。这种大规模围圈海洋的根本原因是,陆地资源有限,未来必须从海洋摄取资源和寻求生存空间,21 世纪将是海洋的"新世纪"。在这一背景下,我们必须极大地转变传统的"大陆意识",为走向海洋开发而增强海洋意识。

对于海南来说,增强海洋意识,走向海洋开发,具有更大必要性。首先,海南省陆地面积相对狭小,海域面积十分广阔,如果把发展外向型经济的眼光仅仅盯在3.4万平方公里的陆地上,就等于放弃海南发展的一大基本优势;其次,南海资源储量仅油气一项的经济价值就远远超过岛上所有资源的总和,如果把经济开发仅仅限制在岛上,就等于丢掉了经济现代化的一大物质基础。因此,增强海洋意识,走向海洋开发,将是海南经济发展中的一个刻不容缓的艰巨任务。

海南从陆地开发走向海洋开发将会有一个逐步发展的过程。从海南目前的条件出发,近期内应主要抓好三件事:第一,在海南干部和群众当中普遍宣传和教育增强海洋意识的重要性,为随后的大规模海洋开发做好思想准备;第二,理顺海洋开发和管理体制,解决好海洋开发和管理中的实现问题,实行军政民一体化的开发方式,为海洋开发做好制度上的准备;第三,在海洋功能区划的同时,搞好中长期的海洋开发规划,把可能出现的矛盾和问题尽量地解决在实际开发之前的规划时期。

(3)海洋开发主要靠引进外资,走国际合作开发的新路子。海洋开发的意义十分重大,但是,在一个相当长的时期内,要靠海南自身的力量,再加上国家的投资,仍不足以大规模地开发南海资源。因为,大规模的海洋开发是一种技术和资金密集型的经济活动,需要有吨位高、规模大的远洋船队,有技术先进,抗风能力强的重型海上钻井设备,还要有良好的深水港口设施条件,等等。这是要花费巨额投资的,海南目前不具备这样的能力。

海洋开发又是海南发展外向型经济的紧迫任务之一。消极地等待直到自身积累能力提高后再开发,就不仅可能失去海洋开发的有利时机和宝贵资源,而且还可能丧失大片海洋国土的主权。因此,在加速发展外向型经济的目标下,从现在起就要积极地大量地引进外资,从事南海资源的开发性投资。主要靠引进外资开发海洋资源,必须采取新型的国际合作方式,走海洋资源资本化的开发道路:第一,制定海洋功能区成片开发的优惠政策,把土地成片开发的政策更加灵活地引申到海洋开发中来,以鼓励外商投资者成片承包开发;第二,通过估算一定海域的资源价值,作为我方投资资本,与外商投资者合股进行成片海域开发,所开发的经济资源主要采取分成制的办法进行分配。

6. 国际旅游业是海南发展外向型经济的战略产业

海南旅游资源十分丰富。海南外向型经济战略的重大目标之一是,要把海南建设成为亚太地区的国际旅游中心。

发展国际旅游业对海南外向型经济的发展具有巨大的推进作用。随着国际旅游业的发展,游客的增加,能够为热带农产品和加工制造产品提供很大的市场,推动国际贸易的发展。同时,作为一种"无烟工业",旅游业的发展又可以给海南带来很大一笔外汇收入,平衡国际收支的差额。泰国旅游资源不如海南,但最高年旅游外汇收入达50亿美元,这不能不引起我们的深思。因此,必须把大力发展国际旅游业当做外向型经济的一大战略产业。

在整体规划上,海南国际旅游业的开发重点依次是三亚、通什和海口。应根据这三处不同的旅游资源特点进行规划。

(1)三亚旅游区主要包括三亚市及附近沿海的陵水和万宁县。开发目标是热带海滩,主要建立以避寒、冬泳、度假为内容的热带海洋旅游系统。

(2)通什旅游区包括整个五指山区域。开发目标是热带森林、动植物、少数民族乡土风情和自然景观等。主要建立以观光、避暑、参与式旅游为内容的热带山区旅游系统。

(3)海口旅游区主要包括海口市、文昌、琼海、琼山县。这一区域的典型特点是全省经济、政治、文化中心和著名的侨乡,主要开发以商务、探亲、购物为内容的综合性旅游系统。

海南国际旅游业在外向型经济中有重要的战略地位,是海南具有创汇能力的一大战略产业。为此,政府必须从这一高度加强对旅游事业的指导,要建立健全强有力的旅游领导机构,统一规划,统一领导,特别是依靠法律、行政手段,保护宝贵的旅游资源不受人为的破坏。政府还要协调旅游业和其他产业、行业的关系,逐步地把海南建成多功能、综合性的国际旅游中心。

四、深化改革、扩大开放是推进海南外向型经济的战略措施

1. 进一步扩大对外开放,设立海南特别关税区

海南经济特区发展外向型经济,已经遇到并且将会继续遇到许多矛盾、困难和问题,解决的办法绝不是从对外开放的道路上退回去,而是要进一步扩大对外开放。设立海南特别关税区,是扩大对外开放,大力发展外向型经济的根本出路和战略措施。

(1)设立海南特别关税区是最好的选择。海南特别关税区的基本涵义是:利用有利的地理位置,把海南从国家的海关和统一的关税体制中划出来,单独实行特别关税制度,按照"一线放开,二线管住"的政策,使海南在与国内保持一定程度的控制贸易的同时,能够通过资金、人员、货物的自由进出,走入国际市场,扩大与国际市场的自由贸易。

海南特别关税区的建立,可以较彻底地解决海南推行外向型经济战略所必须解决的重大问题:能够实行系列适合外向型经济发展要求的更特殊政策;可以形成良好的投资环境,吸引大量外资来海南开发建设;为海南实行以市场调节为基础的新体制提供了保证。

(2)设立海南特别关税区宜早不宜迟。问题在于,海南是否具备马上设立特别关税区的条件。有人主张,设立海南特别关税区,需要有一些条件,应当用几年时间创造必要的条件后再设立。但是,错过几年时间之后,投资者可能对海南产生失望,国际市场竞争的形势也可能发生大的变化,再来设立海南特别关税区的作用将远远比不上今天。海南两年多的实践越来越说明,不尽早设立特别关税区,海南就没有希望,内部外部的摩擦、矛盾和问题就很难解决,甚至有可能失去进入国际市场、发展外向型经济的良好机遇。

(3)设立特别关税区可能出现的问题是可以解决的。由于海南条件比较差,设立特别关税区可能会出现许多新困难和问题。有些困难问题需要国家继续给予支持,有些困难问题需要海南通过采取有效的对策来加以解决。①管理方面的问题,通过制定各种必要的、严格的制度、法规,加强管理工作,加强宏观调控,加紧管理人才的培训和引进;②财政方面的困难,必须加强税收管理,紧缩财政开支,树立过几年紧日子的观念,要求国家继续给予必要的支持;③物价方面的困难,要继续保持同内地原有的小商品流通渠道,增加农副产品有效供给,基本稳定生活必需品的价格;④思想文化方面的问题,必须在放开经济的同时,严加管理思想文化领域,加强社会主义精神文明建设。

2. 实施推进外向型经济战略的特殊经济政策

设立海南特别关税区,迅速推进外向型经济的发展,必须在对外贸易、货币、财政、土地和人才等方面实施更加灵活、开放的特殊经济政策。

(1)放开经营的外贸政策。基本含义是:除来自于国外的被动限制以外,一切主动的外贸限制都予以取消,在海南特别关税区有关部门的宏观指导和协调下,让企业在一种有规范的公平竞争条件下,完全自主地放开经营全部对外贸易,政府不以任何直接行政干预和配额来限制企业合法的外贸活动。

(2)以自由兑换货币为重心的金融政策。在海南特别关税区范围内,实行可自由兑换的货币制度,克服发展外向型经济与货币不可自由兑换的尖锐矛盾,解决人民币汇率高估、导致换汇成本高于实际成本的错位现象,鼓励企业发展出口贸易,杜绝以汇率差价牟利的行为,降低外商因人民币不可自由兑换成硬通货而带来的投资风险,吸引更多的外资。近中期内,海南特别关税区发行的可自由兑换货币,比较而言,以现有的人民币外汇兑换券取代人民币作为流通和支付手段,具有较大的可行性。与此相关联的其他金融政策,包括近中期内信贷资金的切块管理;强化区内中央银行的金融宏观调控职能;发展各类金融机构,完善金融市场;逐步放松直至取消外汇管制;建立健全涉外金融法规;等等。

(3)"小政府"的公共财政政策。包括三个相互关联的内容:在收入方面,实行简单、明了、方便的低税制,降低税收成本,增强纳税人的纳税自觉性和可能性;在支出方面,改变支出结构,缩减政府开支,使政府财政支出只限于整个社会中同公共事业相关的一些开支;在近中期,以"集合资金"的下拨方式,理顺中央财政与海南地方财政的关系。

(4)以低价推进加速开发的土地政策。其政策要点主要是:对土地使用权实行低价的有偿出让政策;可以将土地使用权出让地价款分期缴纳或在土地开发收益后缓期缴纳;可以将土地使用权折价为资本股份与投资者合资、合作经营,发行土地资本股票,设立土地银行;获得土地使用权的投资者可以将土地使用权转让、出租或抵押,实行土地流转制度;特殊地块的土地经政府批准可以无偿出让其使用权。

(5)不拘一格的人才政策。需要解决的问题是,改变现有不合理的人事管理制度和部门所有制,按照发展外向型经济战略的需要,来创造使人才能够真正发挥作用的政策环境。包括:建立开放型的人才市场,大胆提拔使用干部,按照公开、平等、竞争的原则实行人才聘用制度,运用收入杠杆自动调节人才结构和人才分布,等等。

3. 深化改革,实行以市场调节为基础的新体制

设立海南特别关税区,推进外向型经济的迅速发展,不仅要有一套能够大力吸引外资的经济政策,而且还必须有一个能使外商投资有效运行的经济机制。

(1)建立各种所有制平等竞争、竞相发展的机制。海南办经济特区,大规模地吸引外资,就应当鼓励建立各种所有制形式的企业,特别是积极发展"三资"企业,所有企业都应当视为海南的企业,享有同样的权利和义务。海南不应人为地规定所有制的比例,鼓励和保护多种所有制经济成分竞相发展。竞相发展的首要条件是平等竞争,只要是在海南注册的企业,都应当享有同样的政策,都应当在平等竞争的环境中得到发展,实现优胜劣汰。为此,政府必须按照平等竞争的原则规范自己的行为。一方面积极地鼓励中小企业的发展,不人为地建立或扶持所谓的大企业;另一方面,对政府控制的经济活动在选择企业实施时,必须保证按照招标投标的办法来进行。为了提高现有国营企业的竞争能力,必须深化企业改革,大胆地把国营企业推向市场,参与平等竞争。可以对不同企业采取不同的改革措施,股份化、拍卖、组建企业集团以及破产等都可以推广实行。深化企业改革,还要按照政企分开的原则,解决政府对

国有资产的管理问题,改变国有资产无人负责甚至被侵吞的现象。

（2）逐步放开价格,培育市场。价格是市场机制的中枢,价格决定的市场化是市场形成的基本条件,放开价格是形成竞争性市场体系的关键所在。海南也存在价格"双轨制",严重扭曲了市场的相对价格,导致市场信号系统紊乱,使非理性的市场行为有可乘之机。只有放开价格,才能解决市场相对价格反映真实成本的问题,使市场机制发挥正常的作用。

（3）建立新型的社会保障制度。建立一个新型的有效的同外向型经济发展相适应的社会保障制度,是海南特别关税区经济发展、社会稳定、市场机制得以顺利运转的重要保证。需要着力解决的问题主要是改变由国家、企业统包统管的传统福利制度,建立兼顾国家、企业、个人三者利益的社会保障体系;所有企业都要按照同一要求实行社会保障,以适应企业平等竞争、劳动者合理流动的需要。从海南的实际出发,社会保障制度的改革要配套进行,分步实施,逐步趋于完善。

（4）实行小政府体制,强化小政府在实现外向型经济战略中的功能。在由传统体制向现代体制、内向型经济战略向外向型经济战略的转变中,政府的作用十分重要。在推进外向型经济战略中,小政府的主要职能是采取有效手段,组织发育市场,促进海南市场与国际市场的对接;建立自我约束机制,保证小政府的精简和廉洁;还必须从海南的实际出发,建立市(县)与开发区并存的双重开发领导体制。

实现海南产业开放的新突破[*]

（2002 年 4 月）

◆◆

实现海南的优势产业战略,最关键的是产业开放,在产业开放方面及时、大胆地采取一些措施,这是海南发展面临的重大课题。

一、我国加入 WTO 与海南产业开放战略的确立

1. 可供选择的两条路径

海南从 1988 年 4 月 13 日建省到现在 14 个年头中,发生了多方面的重大变化。但是,由于诸种因素的制约,海南在实现建省办经济特区的战略目标方面还有着较大的差距。在现实的情况下,海南的发展有两条路径可供选择。

（1）建设和发展一个常规省。海南人口不多,自然资源比较好,且经济总量不大,按照全国的平均发展速度或略高一点的发展速度,即以解决生存和一般发展为目标的发展路子,是完全有可能的。近几年的实践证明,也是可以做得到的。问题在于,由于历史的起点低,经济总量小,按照这个路径发展,海南与沿海地区和国内发达地区会逐步拉大发展差距。

（2）走出一条全面开放和经济社会快速发展之路。海南实现快速发展具有现实可能性:第一,海南直到今天仍是全国最大的经济特区,这始终给海南一种快速发展

---

* 载《海南经济》2002 年第 5 期。

的可能性,把可能性变成现实性,需要艰苦的探索和努力;第二,中国改革开放的大趋势是不会变的,再加上中国加入 WTO,开放的速度大大加快,由此会促使我国的改革在某些方面实现新的突破。这样一个大趋势,就使得海南经济特区有可能在全国总的改革开放的大格局当中发挥自身优势,闯出一条有海南特色的发展路子;第三,海南经过了 14 年的基础建设,具备了加快发展的多方面的基本条件。若海南能够抓住机遇,形成全面开放的局面,未来的 10 年左右实现两位数的增长,可能性极大。

2. 两种优势的比较

(1)自然资源的禀赋优势。海南的资源状况在某些方面是全国之最,这是海南的比较优势。从整个世界发展的规律看,构成一个经济体成长的贡献分布里,自然资源优势逐渐显现出边际效益递减的趋势。其原因是:第一,贸易自由化的不断扩大与升级。自然资源好和自然资源不具备甚至比较恶劣的地方,通过贸易自由化的不断扩大与升级实现资源的互补;第二,资本全球化配置障碍的逐步消退。随着经济全球化的发展,资本在全球流动的障碍逐渐被打破,而且速度发展很快;第三;技术因素和制度变迁的加快。技术进步和制度变迁成为经济发展的一个主动力。浙江的资源并不比江苏好,但浙江近几年的发展比江苏快,深圳的资源没有海南的资源好,但深圳远超过了海南的发展水平。

(2)动态比较优势。通过动态比较优势,提升资源利用效率以及加快资源转化。动态比较优势已成为一个地区经济社会发展的先导要素,甚至具有"决定性"作用。从现实的实践分析,动态比较优势主要是体制和政策潜力的开发。以体制创新和政策开发为核心内容的动态比较优势得以发挥,一个地区的快速发展才有了基础和条件。什么时候忽略了动态比较优势,过分强调自己的资源优势,不但资源优势难以全面地释放为现实的经济能量,而且有时还会事与愿违。

3. 两种战略的内在联系

海南省四次党代会提出了"优势产业发展战略",海南省"十五"规划确立了"产业开放战略"。从海南的实际情况看,优势产业发展战略与产业开放战略有内在的一致性:第一,实行产业开放战略是实现优势产业战略的前提。根据两种比较优势的理论,在 WTO 的背景下,实现优势产业发展战略决定于产业开放的突破;第二,实行产业开放战略是实现优势产业发展的一个基本途径;第三,实行产业开放战略是实现优势产业升级的一个主要条件。由此得出的结论是,应当同时实行这两种发展战略,并且高度重视产业开放在实现优势产业发展中的关键性作用。因为,产业开放是一种以产业的国际合作为主导的对外开放模式,是选择基础条件好的优势产业领域,在市场准入条件方面率先实行国际通行规则,开展对外经贸合作活动。产业开放是以自身的优势资源与国际先进技术管理经验和市场条件相交换的合作方式,它以实质性的产业分工和结构调整推动自身的产业升级。海南的产业开放是通过对优势产业即农业、旅游业以及与优势产业关联度大的服务业,实行贸易投资自由化的各项政策,发展产业相对优势,拓展产业发展空间,增强产业竞争能力,以加快拉动产业升级。

4. 对外开放的两种重要趋势

(1)外来投资的加大。由于世界经济近两年的发展状况,外来直接投资的总体规模和流动速度在逐步下降,全球经济发展速度放缓。我国的情况有所不同,加入WTO后出现了一个好的趋势,即吸引外来投资在加快。今年实际利用外资会突破前5年徘徊在500亿美元内的局面,估计未来5~10年,我国年均吸引外资的规模可以保持在700亿美元左右。这个趋势告诉我们,加大改革开放符合的发展趋势,具有现实可能性。

(2)对外开放将以区域为重点向以产业开放为主转变。按照WTO的国民待遇原则,我国逐步转向全面的制度性开放。在这样的背景下,开放的重点是以区域推动为主转向以产业开放推动为主。产业开放是一种大趋势,区域性的开放应以产业开放为前提,才能够取得全面开放的突破。

二、海南实现产业开放突破的建议

海南实现产业开放的突破,可以在多方面做文章,目前比较现实的是建立海南国际旅游岛。

1. 基本内容与主要政策

国际旅游岛是在特定的岛屿区域内,限定在旅游产业领域的范围中,对外实行免签证、零关税为主要特征的投资贸易自由化政策,有步骤地加快推进旅游服务自由化进程。旅游服务自由化是WTO的一个用语,用WTO框架来加快推进全球旅游自由化进程。

2. 建立国际旅游岛对未来的5~10年海南经济社会发展的作用分析

(1)旅游业对国民经济的影响。旅游在海南GDP的比重目前不到16%,如果国际游客的数量每年以15%的速度增长,国内游客以10%左右的速度增长,5年以后,旅游在全省 GDP 的分量就会由现在的 15% 提升到 39% 左右,旅游业就会成为海南主要的支柱产业。

(2)旅游业对海南的房地产业的影响。海南是一个休闲度假胜地,休闲度假式的旅游可以在三个方面拉动房地产业:第一是对酒店建设的拉动;第二,加快以分时度假和享受分时产权酒店业的发展;第三,随着海南成为休闲度假地,可以带动国内一批中高收入层到海南来购房作为居住或养老之地。

(3)旅游业对就业的影响。旅游业可以说是劳动密集型行业,对劳动力具有较强的吸纳作用。按照上述发展计划,估计海南未来 5 年从事旅游服务的就业人数将超过 40 万,旅游业将成为海南就业的一个主渠道。

国际旅游岛的建立对海南相关产业的发展会带来多方面的影响。现在要做的关键是:第一,善于把握机遇。海南在对外开放方面失去过很多机遇。国际旅游岛的建立时间紧迫,因为到 2005 年以后,国内旅游业将全面放开。所以,现在能不能抓住这个机遇,对海南来说相当重要。第二,统一认识,制定详尽的行动方案。第三,在旅游的管理和相关服务方面提高自己的形象。

除旅游业开放外,海南农业产业化、海洋产业以及加工服务业的开放都具备一定的优势。应当善于抓住我国加入 WTO 的机遇,实行产业性开放的某些突破,这对实现海南的优势产业发展战略,加快经济增长速度,有着重大的作用。

三、创造有利于产业开放的经济社会环境

1. 改革和政策优势的问题

加入 WTO,我国特区原有的政策优势受到挑战。但是,很多的政策潜力、政策的开发在我国特定的转轨时期是和改革连一起的。如广州在公路建设上采取了一系列的改革办法,每年从社会、民间吸收几十亿的资金,形成了新的政策优势。有没有政策优势,一方面可以积极争取,但是,在一些具体的政策或属于政策潜力开发方面是和改革直接连在一起的,改革到位,政策就到位,改革不到位,政策也很难到位。在 WTO 的背景下,通过改革形成新的政策潜力源,形成新的政策优势,是需要研究的重要问题。

2. 改革和民营经济的发展

哪个地方民营经济发展得快,哪个地方的改革走在了前面,哪个地方的发展就好。海南这些年在发展民营经济上缺乏活力,同改革的滞后有很大的相关性。在这

方面,海南应当迅速"补课"。

3. 改革和人才环境

海南在我国形成第一次人才高峰是 10 万人才下海南。今天,从海南的实际出发,应该在改革上下工夫,创造吸引人才的环境"高地"。

(1)承认并实现创业型企业家价值。如果能够对企业家,特别是创业型企业家给予一定的股权奖励,将更有利于他们在企业的发展中与企业紧密联系,更有利于他们和企业形成利益共同体,更有利于他们长期、稳定地发挥作用。

(2)采取相应措施,吸引曾在海南工作过的各类人才以多种形式来海南第二次创业。在这方面,尽可能发挥感情连接的办法,给离去的人一些"温暖",可能会形成一批"浪子回头"。

(3)明确规定私营经济产权的法律保护,就会吸引更多的民私营企业家到海南来。在改革上下工夫,形成一个好的制度环境,海南就会再次形成吸引人才的优势。

4. 改革和政府作用

有关调查资料表明,海南市场分配资源程度不高,地方财政支出占 GDP 的比重相对偏高。此外,企业的交易成本居高不下。这类问题与政府自身状态、改革状态直接相关。在特定的转轨时期,改革的状态直接反映在政府的工作效率和工作状态上,政府的工作效率、工作作风或工作状态就是改革的第一反映。政府的工作人员有了一种改革的状态,而且处在一个不断改革自身的状态下,才会产生效率,产生为企业为社会服务的动力。

在扩大开放中增创特区新优势[*]

（1996 年 1 月）

◇◇◇

中共十四届五中全会明确指出,经济特区的基本政策不变,要把经济特区和浦东新区办得更好。前不久,江泽民总书记在深圳特区视察时再次强调,经济特区要增创新优势,更上一层楼,并要求经济特区在新形势下,更好地发挥四个作用,即对外开放的"窗口"作用,经济体制改革的"试验场"作用,对内地的示范、辐射和带动作用,对保持香港繁荣稳定的促进作用。最近,江泽民同志在汕头经济特区考察时又一次重申,中央对发展经济特区的决心不变;中央对经济特区的基本政策不变;经济特区在全国改革开放和现代化建设中的历史地位和作用不变。他还希望经济特区提高对外开放水平,更好地为我国经济发展服务;加快改革步伐,优化投资环境;积极调整经济结构,努力发展先进技术和高新技术产业;坚持先富帮后富,实现共同富裕的目标,坚持不懈抓好社会主义精神文明建设,推动社会全面进步。这些重要的指示精神,为特区进一步发展指明了方向,提出了更高要求。

扩大对外开放,是经济特区生存和发展的重要举措。建立和发展经济特区,是我国新时期对外开放的突破,是邓小平对外开放战略思想的重要组成部分。没有开放就没有经济特区,没有经济特区就不可能形成我国全方位对外开放的新格局。海南自建省办经济特区以来,在以改革开放促开发建设的正确方针指导下,就如何实行更大的开放,办好经济特区,进行了大胆的实践和积极有效的探索,海南特区近八年来的实践充分证明,扩大对外开放,建立和实行开放型市场经济模式,是充分发挥海南

---

[*] 载《海南日报》1996 年 1 月 19 日。

优势,加快经济发展的根本的出路。

一、在扩大对外开放中,尽快形成大量利用外资的新格局

海南建省办经济特区之初,中央就对海南提出逐步实现以利用外资为主加快开发建设的要求。建省近八年来,海南利用外资已取得显著成效,仅"八五"期间,实际利用外资额就超过45亿美元,是建省前9年总和的近55倍,这对加速海南的开发建设起到了重要的作用,为适应当前国际国内发展的新形势,海南要更清醒、更坚定地把大量利用外资作为加速开发建设的主要任务和重要措施,努力在扩大对外开放中,尽快形成大量利用外资,加快经济发展的新格局。这对海南在新形势下增创新优势是十分重要的。

1. 千方百计扩大重点项目利用外资的比重

从海南目前的实际出发,在这方面,要力争实现两个突破:一是争取多上几个以外资为主的大项目。海南的工业基础薄弱,资金又十分困难,多上几个以外资为主的工业大型项目,对推动海南发展是至关重要的。特别是那些"两头在外"的大型工业项目,更有可能得到国家的支持。海南地理位置十分重要,海上交通又很便利,再加上投资环境得到了很大改善,争取多上几个大的以利用外资为主的工业项目是很有可能的。二是适当扩大外资在重点基础设施建设中的投资比重。机场、航空、铁路、电力等重点基础设施建设项目,都应当尽可能扩大利用外资的比重,有的项目应当允许、鼓励以外资为主投资和管理。这对于吸引外资,加快海南基础设施建设尤为迫切。

2. 积极开拓利用外资的新渠道

要适应国际国内形势的变化,开拓新的外资渠道、外资方式和对外经济技术合作领域。目前国际上外来投资已逐步由直接投资为主转向直接投资与间接投资相结合,并且间接投资的比重增长速度很快。为适应这种新情况,要适当地采取多种办法和措施,广泛、积极地拓展利用外资的新途径、新渠道。例如,可以更多地采用国际上通行的 BOT 融资方式,积极探索发行境外海南发展基金的路子,争取有一批企业在境外上市。同时,要采取一切必要措施,扩大利用国际金融组织贷款、外国政府贷款、国际商业银行贷款的比重。国际资本市场是很大的,关键取决于我们的措施、办法。我们应在这方面想主意,下工夫。

3. 尽快把洋浦作为海南大量引进外资的突破口,使其起到带动和促进全岛利用外资的作用

经过7年的探索和准备,洋浦大规模开发的时机和条件都已基本具备。早日让洋浦真正实行封关运作,保证各项政策的落实和到位已成为当务之急。在洋浦启动初期,要积极鼓励内资进入,吸引稳住外资,同时放宽金融政策,允许洋浦区内中外金融机构、企业按自借自还的原则进行融资。洋浦应当参照国际上自由贸易加工区或自由港的通行做法,加大开放力度,担当起为海南扩大开放先行试验的任务。

海南在当前形势下,要大规模吸引外来投资,还需要在多个方面加紧工作。例如,继续加快投资环境的改善,尤其要按照国际惯例加快立法步伐,大力加强社会治安,创造吸引外资的软环境。

二、在扩大对外开放中,加速海南支柱产业的发展

钱其琛副总理最近在我省考察时指出,要充分利用海南的资源优势,努力发展先进技术和高新技术的现代大工业,积极发展热带高效农业,加快发展旅游业。这是对海南发展优势产业的充分肯定。近几年来,海南资源产业发展迅速,但还没有真正形成支柱产业,必须进一步扩大开放,加速这些产业的发展。

1. 海南大规模资源开发,必须利用外来投资

(1)海南的一大优势是资源。海南具有丰富的热作资源、矿产资源、海洋资源及旅游资源等自然资源,具有热带、亚热带特色的农业经济作物,有海洋面积近200万平方公里,有丰富的矿产。这些自然资源及区位上的优势是海南特有的优势。在立足于体制创新的条件下,要把这些固有的优势条件变成现实生产力,把资源优势变成经济优势。海南的自然资源能够充分地开发利用起来,不仅会促进海南经济特区的发展,而且会对全国的经济发展起到巨大的支持和促进作用。

(2)发挥海南资源优势的关键是抓住资源开发这个突破口。具有全局意义的热带农业和热带旅游的资源等开发这一突破口的作用突出表现在:第一,它能把海南的改革再推进一步;第二,它能把内外资金吸收进来;第三,它能把海南的对外开放再推进一步;第四,它能把海南的企业再推进一步。如果农业不开发,农产品加工业就搞不起来,对外贸易就缺乏物质基础,因为海南的加工业和对外贸易的基础在农业;如果旅游资源不开发,不仅资源优势发挥不出来,而且原来投入的基础设施的效益也发挥不出来,而农业和旅游资源的开发可以带动其他产业的全面发展,海南只有通过资

源的开发才能更好地争取自己的政策优势,创造对外开放和经济体制的优势。

(3)扩大利用外资才能使海南的资源开发尽快走出市场化、现代化路子。海南农业、旅游业及海洋资源的开发需要大量资金,因此多方利用外资是十分必要的。因为外资的进入不仅带来现代管理和技术(如农产品的现代加工和包装),而且有助于开辟国际市场,有益于走出资源开发市场化、现代化的路子,进而形成海南的支柱产业。为适应亚太区域经济一体化的要求,海南只有"借船出海",才能更快更好地开拓国际市场,广泛地参与国际分工与合作,争取把自己的拳头产品、名牌产品打进国际市场,增加出口的商品的附加值,加大开放中对外贸易的分量,尽快使海南特区经济发展与国际市场接轨。

2. 海南优势产业尚处在起步阶段,需要相关政策的扶持

(1)扩大农业开发区,大力发展出口导向型农业。要发挥海南的农业资源优势,关键在于进一步对外开放,提高利用外资比重。应当发展更多的农业开发区,采用"成片开发、连片作业、倾斜投入、综合开发"的模式。在现代农业开发的起步阶段,力争取得某些政策性照顾。例如,对农产品的出口放开经营,对现代农业开发引资、筹资和融资上给予更多的支持,可以引进外资嫁接改造海南现有农场,并使之拥有出口经营权,直接参与国际竞争等,这有利于吸引更多的外资开发农业。同时,还应当从农业发展政策上运用金融等经济调节手段,引导、鼓励和适当扶持农业的综合开发。如对于农产品市场建设、发展高科技无公害农业,要给予必要的政策扶持。

(2)采取更开放的政策,促进海南旅游项目的开发和旅游设施的建设。通过引进大客商大财团参与旅游大项目和旅游基础设施建设,利用外资建立类似美国迪斯尼乐园那样的标新立异的大型娱乐设施,并通过引进外资跨越海南旅游业同国际旅游业的落差,使之有更大的吸引力。通过建立和推广饭店连锁集团模式,兴办中外合资旅行社、外商独资旅行社等,以结束海南接待国际游客徘徊不前的局面。此外,在吸引外国资本参与建设时需灵活变通,政策创新,如城市综合开发费等可采取开发商获益后再交的灵活政策。

(3)在利用外资中加速海洋开发。从陆地走向海洋,促进海洋产业现代化,逐步把海南建成海洋大省,是海南扩大开放的战略性措施,也是海南尽快实现富裕的希望之所在。海南省海域石油天然气储量丰富,应当争取地方更大的开采权,并允许地方引进和利用外资共同开发。要加强与台商合作,促进海洋开发。这样不仅有利于海南经济建设,而且对于我国行使领土主权、捍卫海洋权益意义十分重大。要继续大力发展海洋交通运输业,以港口促开发、促开放。

3. 积极创造条件,寻求支柱产业的新突破

(1)以更加开放的政策将三亚建成国际旅游区。三亚凤凰国际机场的通航,为开发国际旅游市场提供了机遇。应加快建立以三亚为中心的热带滨海旅游区,充分发挥三亚旅游区在海南经济特区发展中的独特功能和作用。要把三亚尽快建成国际旅游区,需要逐步实行相应的开放政策。例如,要简化出入境手续,丰富旅游娱乐。有些国家对某些国家或对某些客源国的旅客实行特别简化的手续,海南可以借鉴。同时,适应国际旅游业的需要,相应发展免税商品业,千方百计吸引国际旅客,延长游客停留时间,增加游客购物娱乐消费。

(2)加快琼台农业合作的步伐。琼台合作最有利、最具条件的是农业合作,琼台农业合作是两岛优势互补和经济发展的需要。应全力推进琼台农业合作,争取台商对海南农业在资金、良种、技术方面的援助,采用和推广台湾的现代农业科学技术。要采取土地低价政策,鼓励台商参与海南农业开发区的开发,加强琼台农产品工业和海洋捕捞业的合作,并在密切交流中求得互惠互利,共同繁荣。

三、在扩大对外开放中,加快建立和完善以全面实行国民待遇为重点的开放型市场经济体制

海南经济特区一建立,就在体制创新上进行大胆的探索。近八年来,海南已率先建立了以企业平等竞争、自主发展、放开价格、实现各类要素市场化、高度社会化和统一管理的社会保障模式,以及以间接管理为主、规范化、法制化的"小政府、大社会"为特点的行政管理体制等为基本内容的市场经济体制的基本框架,这为海南创造自由宽松的经济环境,促进经济快速发展奠定了坚实基础。在新的形势下,要进一步充分发挥体制优势,关键的问题,是在更高层次上创造境内外各类企业完全的公平竞争的市场环境,从体制上保证对外来投资者实行全面国民待遇。由此看来,海南下一步必须按照扩大开放的要求建立更高层次的开放型市场经济体制。

按照国际惯例,逐步放开外来投资领域,按照全面实行国民待遇的要求,加快改革金融管理体制、对外贸易管理体制和口岸管理体制等。特别是在当前,在外来投资各项优惠政策逐步弱化的情况下,尤为迫切的需要在放宽外来投资领域方面有新的突破。海南是我国最大的经济特区,要在全面实行国民待遇方面先行一步,以在新形势下保持自身体制的更大优势和吸引力。当前最为迫切的是加快改革金融体制,扩大金融开放度,创造条件大力吸引外资举办外资(合资)银行、财务公司和保险机构,争取进行外资金融机构经营人民币业务试点和外汇自由兑换试点;加快改革对外贸

易体制,创造条件使所有企业都享有贸易进出口权;加快改革口岸管理体制,简化手续,早日实行国际通行的验放管理体制管理办法。与此同时,还应当按照国际惯例加快和完善经济立法,逐步从法律上保证全面实行国民待遇。这是海南扩大对外开放的目标对加快经济转轨提出的更高要求。

中国加入世界贸易组织和实现亚太区域经济一体化是一个必然的大趋势。海南地处亚太腹地,是我国连接亚太地区的重要桥梁,应当在实现中国经济与国际市场接轨中发挥更大的作用,真正起到我国对外开放的"大窗口"作用。为此,应当继续大胆探索建立高度开放型市场经济模式的途径和办法,逐步创条件,力争率先实现与亚太经济一体化和国际贸易一体化的对接,使海南真正走向大开放,走向国际市场。

以开放促改革促发展*

（2003 年 4 月）

◇◇◇◇◇◇◇◇◇◇◇◇◇◇◇◇◇◇◇◇◇◇◇◇◇◇◇◇◇◇◇◇◇◇◇◇◇◇◇

中共十六大报告提出的"以开放促改革促发展"重要思想,对经济特区下一步的发展具有特别的指导意义。我国加入 WTO,对外开放进入了新阶段。新阶段的对外开放将呈现出新趋势、新特点,即从一般的政策性开放走向全面的制度性开放;由局部的开放走向全方位的开放;由一般竞争性领域的开放走向以金融保险为重点的服务业及基础领域的全面产业开放。在此形势下,海南经济特区的对外开放应有新的思路,这就是在实现全面的产业开放方面走在全国的前面;在祖国大陆同港澳(包括在未来条件成熟下的台湾)实现区域贸易自由化的进程中发挥自己的特殊作用;在推进我国与东盟贸易自由化的进程中发挥自己的独特作用。而海南的改革也应从一般政策调整转向制度创新,改革应在更高的层面上展开,建立与国际多边贸易体制相衔接、与国际管理相适应的市场经济体制。

开放是海南的出路所在,希望所在。海南得天独厚的地理优势,为开放提供了其他地方所不具备的独特优势。中央在海南建省办特区之初就确立了海南的出路在于开放的大原则。邓小平关于创办海南经济特区的战略思想,中心也是讲开放。15 年实践的一条基本经验,就是海南的发展同开放直接相联系。什么时候把开放这篇大文章做好了,什么时候的发展就快一些;反之,发展的速度就会慢下来。

15 年来海南的开放所经历的 4 个阶段及其经验教训,反复证明了开放对海南的极端重要性。

---

* 为纪念海南建省办经济特区 15 周年而写,2003 年 4 月。

第一阶段,从1988年到1992年海南的发展有邓小平创办海南特区的战略思想指导,有中央的支持,还有海南当时的环境条件。这是很好的机遇,但因基础设施还比较落后、干部队伍的不适应以及内部思想认识不统一,海南错过了大开放的机遇。

第二阶段,从1993年到1998年5年,开放的速度明显放慢。当时的主导思想很清楚,就是海南的发展出路主要靠内资。在这段时间里,海南吸引外资的水平急剧下降。有两个数字很能说明问题:一是"九五"时期全国吸引外资增长了80%,而同期海南仅仅增长了2.2%,相差近40倍。另一个例子是建省最初几年,海南外来投资企业8400家左右,到"九五"后期,大概只剩下900余家,大部分外来投资企业走了。内资也很少。不但内资来得少,大半都离去了,走了一批,死了一批,不死不活的留了一批,少数企业虽然发展比较好,但也很艰难。

第三阶段,是近三年提出产业开放的阶段。在我国加入WTO的背景下,在海南的现实状况下,中改院提出了以产业开放拉动产业升级的建议。省委在决策中采纳了这个建议。但如何在产业方面实行开放?如何在产业方面实现开放的突破?迄今为止,并没有采取实质性的措施和步骤。

第四阶段,是从现在到未来几年,是海南产业开放寻求实质性突破的阶段。在我国加入WTO和中国—东盟自由贸易区"10+1"即将成为现实的大背景下,海南必须在产业开放方面实现新的突破。这是新形势下对外开放的又一次新机遇。

在"10+1"以及两岸四地的经贸合作中,海南是祖国大陆联系东南亚的桥梁,在地理位置上有利;在资源条件上也有利,海南的旅游业、农业与油气资源的开采、开发有资源优势;海南的对外开放有一些比较优势,建省办中国最大的经济特区有15年的历史,积累了对外开放的经验,也在一定程度上尝到了开放不够的苦头,这是海南进一步开放的宝贵财富。同时,经过15年办特区,已在硬件环境方面奠定了进一步扩大对外开放的必要条件。为此提出以下几点建议:

1. 建立海南国际旅游岛实现旅游产业的全面开放

国际旅游岛是在特定的岛屿区域内,限定在旅游产业领域的范围中,对外实行以免签证、零关税为主要特征的投资贸易自由化政策,有步骤地加快推进旅游服务自由化进程。主要内容:一是实行免签。二是允许外国旅行社经营相关的旅游业务。外国旅行社进不来,大量的外国游客就进不来,外国的航空也进不来。所以,建立国际旅游岛的主要政策要点是对游客全面放开,对旅行社全面放开。三是扩大旅游相关产业的开放,主要是旅游餐饮业、旅游景点、旅游汽车、旅游零售业等的开放。四是实行旅游零关税。与旅游酒店建筑相关的主要设备,与旅游最直接相关的交通工具(可不包括小轿车)、相关的其他设备和零部件等随着我国关税水平的逐步降低,给予海南旅游主要产品零关税的政策。五是引进外资参股凤凰国际机场,将其扩建成为国际航空自由港。

2. 抓住中国—东盟"10 + 1"建立自由贸易区先行启动农业合作的机遇,加快海南热带农业的开放步伐

(1)请求国家把海南列入中国—东盟自由贸易区试验区范围。中国—东盟第三次高官会议确定,双方在农业、信息技术、人力资源开发、投资和湄公河开发等五个领域开展合作活动。海南与东盟各国隔海为邻,在东盟各国有大量琼籍华人,主动积极参与东盟各国的经济合作,应成为我们实施对外开放的重要内容。建立以农业、旅游、人力资源开发三大领域为重点,与东盟各国开展产业合作。深化农产品加工业以及农业科技的开发研究。农业领域合作,重点不在种植业、养殖业,而在加工业和农业科技开发,以合作发展热带农产品和渔产品加工为重点,以双方富有实力的企业为主体,鼓励企业"走出去"、"引进来",运用新技术,合资、合作发展食品业、饮料业、保健品业等,研制开发生产优质产品加工基地。

(2)加快 WTO 框架下琼台农业合作的步伐。面对加入 WTO 的挑战,台湾可以借助海南热带高效农业已有的良好基础及其丰富的资源和发展潜力,海南可以借助台湾先进的农业技术和经营管理经验以及资金,以合作求发展。海南将发展成为中国热带高效农业的生产基地,成为中国热带高质农产品及其加工品的出口基地。对台湾而言,台商在海南生产的高质农产品及其加工品,可以返销台湾,成为台湾农产品进口替代基地;也可以直接进入大陆市场和国际市场,成为台湾农产品出口替代基地。这是面对加入 WTO 挑战,两地农业发展战略的转变,这对两地农业产业的发展有着重要的影响。

(3)通过开放、合作开发,在"10 + 1"自由贸易区最初的竞争中,全面提升海南农业科技和农产品加工水平。在中国—东盟农业全面开放中,海南特有的热带资源,可能成为东南亚与中国农业合作的基地,争取把海南建成为东南亚和我国的热带农业科技开发和农产品加工的合作基地。通过琼台农业合作建立农产品的种养基地。

3. 加快海南油气综合开发利用

加快海南油气综合开发利用,发展油气产业,是海南省实现经济结构战略性调整的重要环节。从建设海洋强国的战略目标出发,在实施我国"十五"规划之际,以海南油气的综合开发利用为切入口,把海南岛建成我国天然气综合开发基地,带动海南特区经济的持续快速增长,为我国加快挺进南海,实施南海油气资源开发战略做出贡献。

4. 充分开发博鳌品牌,使之成为海南特区对外开放的新动力

以博鳌亚洲论坛,带动海南旅游业的开放与发展,与海南国际旅游岛结合,培育和发展博鳌亚洲论坛的成果。积极创造条件,以博鳌品牌带动发展国际会议产业,使海南发展成为亚洲地区重要的国际会议中心。以向博鳌亚洲论坛提供最优良的符合国际惯例要求的服务为目标,推进政府改革,建立起高效高质的行政服务系统和社会服务系统。与发展国际旅游业和会议产业相配套,尽快申请建立免税商店,方便国际游客旅游购物。

5. 重新定位,建立洋浦出口加工区

适应世界制造业向中国转移的趋势,在洋浦开发区基础上,向中央申报在海南建立以油气、能源加工制造业为主的出口加工区,以此推动海南工业的发展。洋浦出口加工区实行现行洋浦政策,享有比现有的 17 个出口加工区更宽的政策,主要是允许区内入住有适量的居民和经营第三产业。

6. 改善投资软环境,提高工作效率,创造以开放促改革促发展的良好环境

(1)通过改革,吸引人才、留住人才、用好人才,创造一个相对宽松的创业环境和发展环境。以法律保障为民私营企业发展提供最好的环境,以此吸引一批民私营企业和企业家落户海南,承认并实现创业型企业家价值。深化分配体制改革,逐步实现分配公正化,为企业发展创造一个好的机制,为企业家队伍形成创造好条件,为经济发展创造好的社会环境。采取措施,吸引曾在海南工作过的各类人才以多种形式来海南第二次创业或多种方式参与海南相关的建设项目。

(2)认真解决政府工作效率和工作状态问题。规范政府行为,促进政府及其部门严格执法、依法行政。转变政府职能,减少行政审批,使政府由全能政府向有限政府转变,由权力政府向责任政府转变。实行政务公开,实行办事承诺制,提高政府透明度和"亲民度"。

(3)充分利用海南立法权,推动制度创新。参考港台经验,尊重国际惯例,从省情出发,用符合国际规范的方式,加强产业开放和涉外经济立法。围绕扩大开放填补重大立法空白,对产业开放和外商投资企业法制条例中不完善的地方应及时修订,使各项法制和政策进一步地配套完善。

以产业开放拉动产业升级，
实现经济发展的突破[*]

（2001 年 2 月）

◆◇◆◇◆◇◆◇◆◇◆◇◆◇◆◇◆◇◆◇◆◇◆◇◆◇◆◇◆◇◆◇◆◇◆◇◆

海南提出"十五"经济发展目标：国内生产总值年均增长 9% 左右，到 2005 年，人均国内生产总值突破 1 万元。在 1995 年至 1997 年连续 3 年低速发展后，1998 年至 2000 年连续 3 年国内生产总值增幅高于全国平均水平。未来 5 年，又在 2000 年基础上，继续以高于全国平均水平持续发展，这表明海南经济进入一个持续增长时期。

海南未来的发展仍面临来自两个方面的压力：一是来自全国尤其是沿海地区发展的压力；二是来自海南 1988 年建省时中央确立的经济发展分三步走目标的压力。原定用 3 ～ 5 年时间赶上全国平均经济发展水平的第一步目标至 2000 年才基本实现。这说明 GDP 增长速度不能达到略高于先进地区的水平，难以缩小与全国发达地区经济发展的差距。我院课题组经过研究提出，海南在未来 5 ～ 10 年，若能保持 11% 左右的经济发展速度，就有可能跨入全国发达地区行列，实现原定的第二步战略发展目标。

一、海南"十五"时期实现快速发展的空间和潜力

经济发展的基础和前提在于，要充分把握发展的空间，挖掘发展的潜力。粗略地

---

[*] 在"2001 年海南省理论研讨会"上的演讲，2001 年 2 月 19 日。

分析说明,"十五"时期海南快速发展的空间和潜力都很大。仅以三个方面的情况为例进行说明。

1. 农业

海南农业"七五"时期年均增长率为7.3%,"八五"时期年均增长率为10.8%,"九五"年均增长率为8.4%。1999年,农业总产值为142.37亿元,按可比价格计算,是1987年的2.5倍左右。建省以来,海南经济呈现过波动式的发展势态,1997年前后,经济增长呈走低趋势,但农业却一直保持良好的增长状态。近两年,海南农业实现了两位数的增长,对经济发展做出了重要贡献。

表1 海南农业对经济发展的拉动情况   （单位:%）

项　目	1996 年	1997 年	1998 年	1999 年	2000 年
GDP 发展速度	4.8	6.7	8.3	8.6	8.8
第一产业发展速度	5.4	7.6	8.3	10.8	10.2

数据来源:相关年份《海南统计年鉴》。

"十五"时期,海南的农业发展仍然有较大的发展空间和潜力。与台湾相比,1997年,台湾的农业人口是海南的69%,而农业GNP产值是海南的4.23倍,农业人口人均农业GNP产值是海南的6.15倍,农产品及加工品出口值是海南的26.6倍,农业人口人均农产品出口值是海南的38.5倍。

表2 1997 年琼台两岛有关农业基本情况及农产品产量比较

项　目	台　湾	海　南	台湾与海南比较
面积(平方公里)	3.6	3.4	1.05 倍
农业人口(万人)	374	543.1	69%
农业 GNP 总值(亿美元)	77.36	18.27	4.23 倍
农业人口人均农业 GNP 总值(美元)	2068.4	336.4	6.15 倍
农产品及加工品出口额(万美元)	255100	9590	26.6 倍
农业人口人均农产品出口值(美元)	682.1	17.7	38.5 倍
农产品(万吨)			
稻谷	166.3	181.53	92%
大豆	0.5	1.21	41%
茶叶	2.4	0.31	7.74 倍
甘蔗	390.2	347.84	1.12 倍
烟叶	1.0	0.01(1998 年)	100 倍
杧果	21.0	6.75	3.11 倍
香蕉	20.5	26.55	77%

项　目	台　湾	海　南	台湾与海南比较
菠萝	30.1	11.35	2.65 倍
柑橘	49.5	0.92	53.8 倍
牛奶	33.0	0.02	1650 倍
水产品	130.8	52.27	2.5 倍

数据来源:《1998 年中国统计年鉴》、《1998 年海南统计年鉴》。

海南的农业资源与农业发展潜力,总体上说不亚于台湾,某些方面比台湾还要好一些。在近两年农业快速增长的情况下,进一步提高技术水平,稳定和扩大市场份额,农业的发展速度和发展规模还会有明显提高。

2. 旅游业

海南是旅游资源十分丰富的省份,2000 年海南的旅游业在整顿和规范市场秩序的同时,首次实现了千万人大关,这为海南旅游在"十五"时期的快速发展奠定了重要基础。"十五"时期旅游发展的空间和潜力十分突出。2000 年,海南的旅游与北京、上海相比,主要是效率太低,其中海外游客的人均消费更低。2000 年年底,国际游客的外汇收入仅有 1 亿美元左右。

表3　2000 年海南及北京、上海的旅游业情况

项　目	北　京	上　海	海　南
旅游总收入(亿元)	721.76	906.46	78.56
比上年增长(%)			8.4
旅游人数(万人次)	10482.1	8029.5	1007.57
比上年增长(%)			8.4
人均消费(元)	689	1129	780
国际游客外汇收入(亿美元)	27.7	16.13	1.09
比上年增长(%)	10.8	18.3	3.6
海外游客人数(万人次)	282.1	181.4	48.68
比上年增长(%)	11.8	9.5	7
海外游客人均消费(元)	8003	7247	1859
海外游客人均消费(美元)	982	889	224
国内旅游收入(亿元)	496	775	69.51
比上年增长(%)	10	7.7	8.9
国内游客人数(万人次)	10200	7848.1	958.89
比上年增长(%)	10	4.7	8.5
国内游客人均消费(元)	486	988	725

数据来源:《2002 年中国旅游统计年鉴》。

3. 城市化

按经济学家的模型分析,人口规模在 100 万~400 万人之间的城市其成本收益最合理,低于 30 万人口的城市其基础设施投入产出比不合理,而 25 万人口是城市成本最低点,即一座城市能依靠自身力量发展最低的人口规模是 25 万。

海南目前城市化的现状是城市化总体水平低。1998 年,世界平均城市化率为 46%,我国平均城市化率为 30.4%,而海南只有 27%,低于全国 3.4 个百分点,低于世界平均水平 19 个百分点。

海南城市数量小,规模小。1998 年,只有海口的人口规模超过了 50 万,三亚、琼山、儋州三市县的人口规模都在 20 万以下,其他 5 个县市平均更是只有 5 万多人。海口、三亚两个中心城市的规模过小,难以起到中心城市的辐射作用。

二、以产业开放拉动产业升级,为加快经济快速增长提供重要条件

海南"十五"时期经济快速发展的空间和潜力都很大,关键条件是开放。实践证明,善于把握开放的有利时机,实施有效的开放政策,对海南的快速发展至关重要。

进入新世纪,面对经济全球化和我国加入 WTO,区域性开放将转为全面性开放,政策性开放将转为体制性开放。在这个背景下,海南在"十五"时期从自身的优势出发,寻求产业开放的新路子,对经济的快速增长将起到重要作用。

1. 实现加入 WTO 后琼台农业合作的实质性突破,带动热带高效农业全面开放与升级,保持我省农业持续快速增长

据台湾经济研究院的专题分析,加入 WTO 后,台湾的农业将受到较大冲击,给台湾农业发展带来较大挑战,主要表现在:

(1)台湾农业属小农经济形态,产销成本偏高,缺乏竞争力,加入 WTO 后将造成相当冲击;台湾为渔业出口地,在国际上仍具竞争力,加入 WTO 后所受冲击有限;

(2)加入 WTO 后台湾将放宽农产品管制,降低进口关税,减少农业补贴,遵守非科学化的动植物检疫标准协定和相关规范,预期农产品进口量将增加,价格下跌,部分农产品将减少产量;

(3)加入 WTO 后台湾将减少稻米生产面积,采取限量进口方式;对花生、鸡、肉等 22 项重要农产品采取关税配额措施;农业因进口增加而遭受严重损害时,将采取特别防卫措施。

本着互补互动实现"双赢"的原则,琼台农业合作若在两点上实现实质性重大突破,海南农业将出现新的结构优化与升级,并进入国际市场。

(1)适应台湾扩大进口的需求,充分运用台湾的资金、技术和销售渠道,合资共建农业及其加工业出口基地,培育部分具有国际竞争力的农产品,进入台湾农产品市场。

(2)争取签订《琼台渔业合作技术协议》,合资共建海洋远洋船队,引进资金以及深海渔业和远洋渔业的捕捞技术与设备,向中深海进军,借助台湾渔业国际销售网络,使海南渔业产品进入国际市场。

未来1~2年,将是台湾农业及其加工业进行调整与转移的关键时期。推进琼台农业项下贸易投资自由化,一要抓住机遇,二要抓住重点项目,坚持不懈地努力,以求实质性突破。

2. 以产业开放拉动天然气的开发与利用,使海洋产业发展有重大突破

(1)海南近海天然气能否进入大规模开发,决定于天然气的利用,未来5~10年天然气利用展示了十分广阔的前景。

第一,我国制定的天然气行业发展目标提出:至2010年天然气在能源消费结构中的比重从现在的2%提高到6%,至2010年我国天然气产量供需缺口达400亿立方米。

第二,据广东方面信息,未来5~10年广东电力严重短缺,"十五"期间广东共需增加电源容量1208万千瓦,国家电力公司提出"十五"期间向广东送电1000万千瓦的计划,贵州、云南、广西均向广东售电也未能满足广东的需求。

第三,海南若把送气改为送电,以天然气发电向广东送电200万千瓦,用气量约30亿立方米,若加上化肥生产用量13亿立方米,以及省内供电和生活用气,至2010年海南天然气消费量可达约50亿立方米,而2000年海南天然气消费为5.24亿立方米。

(2)以电力产业的开放为突破,以海南海洋油气资源优势参与华南经济区的能源建设,把海南经济纳入经济发达的华南经济区,带动海南油气的大规模开发与综合利用,推进海洋产业化进程,预计可以带动重大项目的建设。

"十五"时期,海南电力行业的大型项目主要有:跨越琼州海峡海底电网工程;新建200万千瓦天然气发电厂;"油改气"发电工程;油气化工基地;乐东15-1,乐东22-1气田开采;天然气输气管道工程;等等。

(3)实现以海南为主体,大规模地开发利用南海天然气,重要条件是开放。一是寻求与海外大公司的合作,利用天然气发电。二是寻求与新加坡等方面的合作,开发

以洋浦为重点的天然气基地。"十五"后期把这件事做成了,对海南今后的快速增长有巨大意义。

3. 以旅游产业的大开放,实现海南旅游业高水平、高质量、高效益的大突破

(1)以提高旅游经济效益为中心,根本扭转海南旅游人均消费水平低的局面,是实现"十五"期间旅游快速增长,成为主要支柱产业的关键所在。若"十五"时期,国内游客增长率为10%,国际游客增长率为15%,预计2005年,旅游占GDP的比重就会由现在的15%左右上升到35%,使旅游真正成为海南的支柱产业。

表4　海南旅游业占GDP的比重预测

项　　目	1998年	2000年	2005年		
旅游总人数(万人)	856	1007.57			1668
GDP(亿元)	438.9	518.48			900
国内游客人均消费(元)	724	725	800	1000	1500
国际游客人均消费(美元)	244	224	250	500	1000
旅游总收入(亿元)	67	78.6	125.5	197.8	317.4
占GDP比重(%)	15.26	15.16	14	21.97	35.2

注:①预计国内游客增长率10%,国际游客增长率15%;②广东1998年国内游客人均消费水平为1800元,亚洲主要国家1994年国际游客的人均消费水平为1000美元。

(2)拓展国际旅游市场,加大国际游客比重,按国际化标准全面提高旅游业的质量与水平,这是实现省政府提出的把海南建成中国乃至世界一流的海岛休闲度假旅游胜地的关键所在。如果国际游客在游客总人数中所占比重提高到5%或10%,预计到2005年,国际旅游收入将占到旅游总收入的35%左右,那将对海南旅游业的发展起着关键性作用。

三、以改革为动力,形成海南"十五"时期快速发展的大环境

实践证明,经济发展、产业开放取决于改革,在中国加入WTO背景下,改革对海南有着特别的意义。

1. 坚持"小政府、大社会"的改革方向,实现政府改革的实质性突破

建省办特区之初,海南进行"小政府、大社会"的改革取得显著成效,并在全国产

生重要影响。近些年,尽管在某些方面进行了改革,但从总体上说,"小政府、大社会"的改革进展不大,某些方面还有"回归"现象。为此,下一步的政府改革应加大力度:一是政府以提供有效的社会公共产品为目标,实现职能转变的突破,加快政府改革的进程;二是强化政府公共管理职能,提供稳定的社会保障,确保社会稳定;三是按照 WTO 规则要求,强化法制建设,实现政府管理法制化。

2. 所有制结构形成以非国有经济为主的经济发展主体

海南 1988 年一建省就明确宣布,允许各类所有制企业不受比例限制竞相发展。因此,民私营经济发展得很快。近几年,由于多种因素影响,海南民私营经济发展缓慢,远落后于浙江、广东等省。

为此,要采取积极措施,加快发展民私营经济。一是大力发展非国有经济,使之成为国民经济发展的投资主体、竞争主体和对外合作主体。二是加快国有经济的改革与重组,实现对我省大中型企业股份制改造和民营化经营,对国有小企业实行非国有化改造。三是为非国有经济和民营经济的发展创造良好的制度环境。采取相应政策,打破垄断,放宽准入,为非国有经济的直接融资创造方便条件。

表5　海南与有关省份非公经济的作用　　　　　　　　　　　（单位:%）

项　目	浙　江	福　建	广　东	江　苏	海　南
非国有经济产值占国内生产总值比重	89	85	81	40	80

数据来源:王为璐:"对我省公有制经济发展的几点思考"。

3. 收入分配制度有实质性突破

分配是一种生产关系,但好的分配制度却可以解放和发展生产力。海南要吸引人才,要加快发展民私营经济,收入分配制度改革十分重要。

需要采取的措施包括:一是承认劳动力产权,实现资本、劳动、管理、技术要素参与分配,并提供明确的法律制度保障。二是采用有偿购买与无偿配送相结合的办法,解决职工持股问题,实现劳者有其股。三是在赋予农民长期而有保障的土地使用权基础上,创造条件实现农民土地使用权资本化,真正做到"耕者有其田"。四是巩固海南社会保障制度改革的成果,完善全社会统一的社会保障制度。

4. 实现农垦体制改革的实质性突破

农垦是海南经济发展的一支重要力量,曾有海南的"三分天下有其一"之称。但是,由于农垦体制改革滞后,近些年农垦在海南发展中的分量大大下降,下一步的农垦改革对拉动海南的经济增长将产生积极影响。

表6　农垦在海南经济中作用变化情况　　　　　　　　（单位:%）

项　目	1979 年	1982 年	1987 年	1995 年	1998 年	1999 年
农垦占全省GDP 比重(%)	32.7	31.6	28.1	15.7	7.08	7.06

数据来源:相关年份《海南统计年鉴》。1979、1982、1987 年为工农业总产值数。

一要加快农垦的股份制改革:建立 1~2 家以橡胶和热作为主的股份制企业集团公司,并吸收外部资金,争取成为上市公司,为海南农垦走出困境、健康发展奠定基础。

二要大力发展民营经济:大部分农场逐步实行民营。把现有的农垦企业按民营方向改造,建立和完善现代企业制度。

三要实行属地管理:农垦原来承担的社会职能尽可能快地回归社会。场部社区建设与全省的小城镇建设统一规划、统一建设,建设资金合理分担。

实行本岛开发与海洋开发并举的战略方针*

（1991 年 7 月）

◇◇

　　海南是我国陆地面积最小的省份，又是海洋面积最大的省份。全国人大授权海南省管辖南中国海西沙群岛、南沙群岛、中沙群岛的岛礁及其海域。

　　南中国海区位优越，具有极其重要的战略地位，是连接太平洋与印度洋的国际通道，是我国通往东南亚、印度洋、澳大利亚和欧洲、非洲的重要航道。南中国海的资源极为丰富，特别是油气资源世界罕见，被称为"第二个中东"。

　　海南经济特区地处中国南部疆域的突出位置，在围绕南中国海的斗争中，海南将发挥重要作用。过去的几十年，海南长期发挥了"国防前哨"的作用。海南建省办全国最大经济特区，使海南的作用发生重大变化，海南的主要任务是通过加速经济建设，使之成为中国连结国际市场特别是东南亚的纽带和桥梁，促进这一地区和平稳定和发展。由此可见，海南的战略地位和作用比以往更加突出、更加重要。

　　当前在维护国家主权和海洋权益的前提下，采取和平方式，共同开发南中国海，是解决南中国海问题的正确方针。由此，海南在南中国海的开发中将担负重要角色。从陆地开发走向海洋开发，把本岛开发与海洋开发紧密结合起来，是海南经济特区义不容辞的重要任务。唯有如此，才有可能充分发挥海南经济特区的优势，真正起到我国连接国际，特别是东南亚地区的纽带和桥梁的作用。

---

　　* 在"海南省南海研究会成立暨首届学术讨论会"上的论文，1991 年 7 月。

一、本岛开发与海洋开发并举,全方位发挥海南 经济特区对外开放的优势

对外开放是海南的基本优势。只有把本岛开发与海洋开发紧密结合起来,才能 在更高的层次和更广泛的领域全方位发挥海南经济特区对外开放的优势。

1. 海南对外开放的优势在于本岛与海洋的结合

海南是我国仅次于台湾的第二个大宝岛。海南省管辖的海洋面积相当于本岛的 几十倍,人均海洋面积是全国的 86 倍,人均海岸线(不包括海南岛的岛礁)是全国的 16 倍,海南是一个海洋大省。海南同国内其他地区以及其他经济特区相比较,基本 的优势是海洋。如果失去了海洋,就失去了海南的基本优势,失去了海南在我国对外 开放总格局的战略地位和战略作用。

我国在对外开放中实施沿海发展战略,就是走向海洋,走向世界的重要决策。在 实施这一战略计划中,海南由于自身所拥有的巨大海洋优势,负有重大的责任和义 务。为此,必须从我国对外开放的总格局了解和发展海南海洋优势的全局意义。从 目前的情况看,海南所拥有的海洋优势基本上属于潜在的优势。但是,无论是从我国 对外开放的战略需要出发,还是从发挥海南优势这一要求出发,都十分清楚地说明, 海南经济特区的开发建设要尽快从本岛走向海洋,把本岛开发与海洋开发紧密结合 起来,统一规划,分步实施,把海南的综合优势充分地发挥出来,建设一个具有热带海 洋特色的最大经济特区。只有这样,海南最大经济特区的特殊作用才会真正地体现 出来。

2. 海南对外开放的优势在于独特的地理位置

海南是中国的南大门,它不仅拥有我国连接欧洲、非洲、澳大利亚和亚洲南部国 家最近的海上航线,而且作为我国位置最南端的交汇点,是航空线、航海线、陆路交通 线的潜在枢纽,具有沟通我国与外部世界经济联系的巨大优势。越来越多的学者指 出:谁控制了南中国海,谁将在东半球的军事和经济斗争中处于战略优势地位。

海南作为我国面向东南亚的战略突出部,其战略环境要比我国其他的所有经济 特区和濒海省份都要复杂和严峻得多。全球战略形势进一步趋于缓和,而南中国海 周边战略环境却趋于紧张,面临着复合的威胁与多元挑战。海南特区的开发建设在 相当长的时期内,都要在严重的海洋权益争端的背景下开发和发展。在这种严峻的 区域形势下,海南必须按着和平解决南中国海的方针,利用可能利用的条件,积极主

动地走向海洋,采取经济合作共同开发的方式,扩大海南特区经济活动的海洋范围。

海南不仅处于我国沿海经济开放区的前缘,与华南、华东经济区联系密切,而且通过北部湾港口与西南经济区关系紧密。从更广泛的领域看,海南地处亚太腹地,是联系我国大陆经济与东南亚诸国和大洋洲各国的纽带。我们要充分利用海南在经济地理和战略位置上的优势,实行本岛开发海洋开发并举的战略方针,把海南建设成我国内引外联,对外开放的重要基地。

二、本岛开发与海洋开发并举,是区域形势发展对海南特区提出的紧迫任务

1. 从本岛开发直向海洋开发,是吸引外资的迫切需要

海洋开发最具有吸引外资的优势,这是由南中国海丰富的资源所决定的。据资料表明,海南拥有丰富的海洋资源。

(1)海底油气资源十分丰富。南中国海位于世界两大巨型油气聚集带的交汇处,现已探明石油储量高达 787 亿吨,相当于石油富国沙特阿拉伯 20 世纪 80 年代初探明贮量的三倍半。还有规模巨大的天然气资源,北部湾及其邻近海域内,已发现两个富含油气的沉积盆地,即北部湾和莺歌海盆地,面积近 4 万平方公里,总油量可达 132 亿吨,大部分在争议区内。

(2)矿藏资源十分丰富。据全国和世界矿产储量统计,海南的钛铁砂矿、镉英石矿和石英砂矿的储量分别占全国的 52%、62% 和 54%,绝大部分分布在滨海地区,且含量高、质量优、埋层浅、易采易选;另外,海底锰、铁等矿产资源也很丰富。

(3)渔业资源相当可观。南中国海是我国唯一的热带海域,是鱼类、贝类和其他海洋生物的良好繁衍地。主要经济鱼类 40 余种,年合理捕捞量可达 500 万吨以上。除此之外,南中国海还有突出的海洋交通资源和海洋旅游资源。

南中国海的斗争实质是争夺资源的斗争。正是由于南中国海蕴藏丰富的资源,因此已经成为沿岸各国吸引外资激烈竞争的重要场所。自 20 世纪 60 代开始,就先后有 60 多家外国石油公司到南中国海开发海上油气。特别值得重视的是,90 年代东南亚地区经济合作和地区经济集团化将出现实质性进展,在南中国海资源开发上,沿岸几国有共同对付我国的趋向。由此看来,海南特区必须采取更加优惠的政策,大量吸引内外资金加速海洋资源开发,建设海洋开发区,把特区建设从本岛扩大到海洋,这是国家利益的需要,是区域经济政治形势发展的迫切要求。

2. 本岛开发的初步发展向海洋开发提出了要求

随着本岛大规模成片开发的展开,以及工业化程度的迅速提高,对天然气、海洋运输、渔业水产的发展提出愈来愈迫切的要求。特别是对"工业的血液"——石油的要求将急剧增加。因此,无论是在石油天然气,还是在渔业、海上运输业等多方面都有赖于海洋的开发,以海洋开发支援本岛的建设,两者相辅相成,相互补充。

三、实行海洋开发与本岛开发并举方针的现实的可能性

1. 海洋开发与本岛开发相互依赖,具有互存性

(1)各种资源的开发具有互存性。例如:海洋水产资源的开发不仅依赖于陆地工业的发展,而且依赖于海洋交通资源的开发;而海洋水产资源的开发又会反过来促进陆地水产加工业,港口建设及海运业的发展。海洋油气、矿产资源的大规模开发利用必须依靠陆地矿产资源,主要是铁矿的开发利用,建造大型船队和海上钻井平台依赖于陆上港口和基地的开发,同时,海底油气矿产资源的开发又可促进陆地石油化工、天然气化工等现代化工业的发展;海洋旅游资源和本岛陆地旅游资源也可以相互依赖,形成具有海洋特色的、互补性的旅游业。

(2)交通运输与陆地开发的互存性。南海海上交通运输线是我国连接欧、非、中东、南亚和澳洲的主要通道。海上交通运输的发展,不仅依赖于港口建设、造船工业等一系列相关产业,而且反过来能够促进陆地各个产业的发展,在与国际市场的联系、原材料和产品的运输、商品信息的传递等各方面为陆地产业的发展提供便利。

(3)防务与并举开发的互存性。越是加强了本岛与海洋的并举开发,防务的安全系数就越大,同样,开发又以防务为后盾,防务越好,开发建设越有保证。在当今世界经济一体化和区域集团化大趋势下,一个地区的投资国越多,投资额越大,其经济效益和安全系数也越大。

2. 海洋开发与本岛开发并举已经具备了许多有利的条件

(1)中央赋予海南特殊的优惠政策。中央决定将海南办成全国最大的综合性的经济特区,在这个综合性的大特区里实行比其他特区更加特殊的优惠政策,并将约占全国海洋总面积2/3的海域划归海南省管辖,使海南省成为全国的陆地小省、海洋大省。这是我们进行海洋与本岛并举开发的基本条件和基本前提。

(2)海南建省办经济特区3年来,在经济发展和社会发展方面有了较大的进展,

投资环境有较大的改善,能源、交通、通讯等方面的建设取得明显成绩。这就为海南实行本岛与海洋的并举开发奠定了良好基础。

(3)可靠的防务保障。可靠的防务保障是实行本岛与海洋并举开发的基本条件。在这方面,我们有经过几十年努力建设起来的防务体系,提供了本岛开发与海洋开发的安全保证。

四、实行海洋开发与本岛开发并举方针的关键
在于海南要进一步对外开放

实行本岛开发与海洋开发,是海南发展全方位外向型经济的根本性战略。要实现这一战略,必须依靠进一步对外开放,不仅包括本岛还要包括海洋。要通过进一步对外开放,尽快走出一条吸引外资加速海洋开发的路子,这是海南特区开发建设的要求,也是动用和平方式解决南中国海问题的迫切需要。如果采取慢慢来的做法,等待海南自身积累充分的能力后再开发海洋,就不仅可能失去开发海洋的有利时机和海洋的宝贵资源,而且还可能对维护海洋国土的主权产生某些不利影响,同时也会限制本岛的开发。

要吸引外资开发海洋,就在制定和实行比本岛开发更加优惠的投资政策,使海洋开发能尽快大规模地展开。要做到这一点,出路也在于进一步对外开放。

由此看来,必须从本岛开发和海洋开发并举的需要出发,认真研究和探讨海南进一步对外开放的途径和办法,以推进海南特区的多渠道、全方位的对外开放,真正把海南建设成全国最大的经济特区,使海南特区在当今中国对外开放的总格局中真正发挥重要作用。

建立海南特别关税区

　　设立海南特别关税区的总体构想是：在国家海关总署的指导下，实行"一线放开，二线管住"的特别关税区制度。海南与内地的经济联系受海关管制，视同进出口。海南在中央统一领导和监督之下，具有相对独立的经济地位、更大的经济活动自主权和更全面的省内事务管理权。与此同时，在海关体制、金融体制、货币制度、财政税务体制、外贸管理体制、物资管理体制、基本建设体制等方面进行与特别关税区制度相适应的制度创新。

　　海南具有设立特别关税区的基本条件。首先，海南四面环海，与大陆有琼州海峡相隔的天然屏障。实行"一线放开，二线管住"的特别关税区制度，其封闭成本低，同时具有较大的可操作性。其次，海南经济水平低，占全国经济总盘子的份额小，实行特别关税区制度所产生的震荡对经济的整体影响不大，从而降低了进行整体性改革的难度和协调成本。再次，海南是一个贫困落后的、农业人口占绝大多数的地区，又是我国最大的经济特区。如果利用其可控性较强的特性，通过封关进行对外开放的典型试验，对全国的改革开放具有其他特区所无法比拟的示范效应。

——1992 年

海南特别关税区：
希望与出路的选择[*]
（1992 年 5 月）

把海南岛的经济好好发展起来，唯一的出路是实行"大开放"的方针。"大开放"不是一般意义的对外开放，它是能够完全按照国际惯例办事的全方位开放；是实行特殊优惠政策大力吸引外来投资和真正形成有利于各类企业平等竞争局面的深层次开放。海南建省办经济特区 4 年来，经济社会发展取得比较明显的成效。但是，距离"大开放"的要求还尚有相当差距。当前，我们学习落实邓小平的重要谈话，最主要的任务是积极大胆地提出海南"大开放"的根本性措施，充分发挥海南对外开放的总体优势，这个根本性措施，就是全省上下议论 4 年之久的建立海南特别关税区。

一、海南特别关税区的基本含义及提出过程

1. 海南特别关税区的基本含义

简单地说，就是把海南从国家统一的关税体制中划出来，实行"一线放开，二线管住"的特别关税制度。

建立海南特别关税区，海南省在中央的统一领导和监督下，有更大的经济活动自

---

* 载《海南日报》1992 年 5 月 7 日。

主权。除军事、外交、边防和少数最必要的事务外,其他凡是涉及海南经济发展模式、经济体制和经济政策等问题,由海南省自行决定,报中央备案。

世界上建立特别关税区管理制度的国家和地区,大多是利用本国或本地区优越的港口条件实行国际通用的自由港关税体制。建立海南特别关税区,说到底,就是利用海南优越的地理条件和港口条件,再造社会主义的"香港"。

一般说来,特别关税区有4个重要功能:①利用自由口岸的功能大大发展贸易特别是中转贸易,并通过中转贸易极大地拉动工业、农业等相关产业的发展。②利用生产资料进口和产品出口免征关税的有利条件,极大地发展免税出口加工业。③利用基本免除商品进口关税的优惠条件,加速形成低廉的购物中心,并由此带动旅游业和第三产业的大发展。④充分利用基本放开外汇管制、货币可自由兑换的条件,加速形成和发展国际金融业,并由此促进和带动外向型经济的高速发展。

由此可见,特别关税区是迄今为止国际上公认的,对外开放程度最高的经济特区,它所实行的投资政策比一般经济特区更特。世界上有关国家和地区的实践证明,它是建立外向型经济结构,实现经济高速增长和社会全面发展的最成功的发展模式。建立海南特别关税区,目的是使海南经济特区走出一条比其他经济特区更特的新路子,由此真正实现早在1987年邓小平就提出的,在海南岛搞一个更大的特区,把海南岛的经济好好发展起来的战略意图。

2. 设立海南特别关税区的提出过程

从1987年下半年中央正式决定在海南办全国最大经济特区至今为止,提出和议论设立海南特别关税区问题已有四年多的时间,这个过程大体说来,可以划分为四个阶段。

第一阶段,从1987年10月中央十几个部委领导会集海口讨论研究海南建省办全国最大经济特区的基本政策到1988年1月中央召开高级会议决策海南特区的重大方针政策。当时,根据邓小平提出搞一个更大特区的战略意图,中央曾经提出,为实现以利用外资为主加速海南的开发建设,把海南推向国际市场,要在海南岛的周围设关,把海南从全国统一的关税区体制中划出来,建立"一线放开,二线管住"的第二关税区(即以后所称的特别关税区)。由于当时海南处于筹备建省办特区之初,对如何办全国最大经济特区缺乏经验,担心一下子设立第二关税区外资能不能很快进来,内资进来会不会受影响,岛内物价飞涨怎么办等问题。鉴于这些考虑,向中央建议,等海南经过一两年准备以后再正式设立第二关税区。

第二阶段,从1988年8月底海南省第一次党代会到1989年1月,海南省委、省政府正式向中央请求在海南设立特别关税区。从1988年4月正式建省办经济特区到当年 8 月的很短时间内,海南上下普遍认识到,要使海南特区比其他特区更特,仅仅靠某些具体的优惠政策还不够,必须要创造更加开放的投资环境,在这个背景下,产生了省第一次党代会上全体代表的呼吁:海南特区更特的标志是彻底实现人员、资金、物资进出的"三个自由",而实现这"三个自由"的根本出路在于设立特别关税区,海南要尽快创造条件设立特别关税区。这个呼吁,写进了中共海南省第一届党代会报告。在此之后,由于开始了全国治理整顿,海南特区的许多优惠政策得不到落实。根据中央领导和中央有关部门负责人的意见,从 1988 年 11 月至 12 月,海南省委、省政府利用了一个多月的时间,集中讨论了建立特别关税区问题,并且组织了专门的研讨小组。最后,省委、省政府形成了一致意见:向中央正式请求建立海南特别关税区。1989 年 1 月底,海南向中央正式提出了设立特别关税区的请求。

第三阶段,从 1989 年年底到 1991 年年底,由于某些情况的变化,建立特别关税区的问题处于一般性研究和议论阶段。但是,两年间对这个问题的研究和议论始终没有停止。1989 年年底,海南提出了海南特区发展的上、中、下三种方案,其中把建立海南特别关税区作为上案提出来。这个阶段,有关部门和专家学者,就建立海南特别关税区提出了研究报告、方案建议和学术论文,也有人对建立海南特别关税区提出了许多疑虑,或者持反对意见。

第四阶段,从发表邓小平 1992 年年初视察南方重要谈话至今,海南上下形成建立海南特别关税区的研究、议论热潮,建立海南特别关税区,在海南再造社会主义"香港"成为街头巷尾、茶余饭后人们普遍讨论的热点问题。尤其是 4 月 8 日由研究单位、学术界和企业界联合举办的"建立海南特别关税区研讨会",在社会各方面引起强烈反响。省委、省政府把研究海南特别关税区问题重新提上重要的议事日程。

二、建立海南特别关税区是海南现实的选择

目前,关于海南的发展出路的选择大体有三种主张:

第一种主张,认为海南基础条件和管理条件都比较差,办大特区的条件不具备,要按广东、福建等沿海开放地区的政策来考虑海南的长期发展问题。

这种主张如果仅仅从海南自身经济发展的条件来说不是没有一点道理。但是,如果从全国改革开放的大局和从海南的长远发展考虑问题,就会清楚地看到实行这种主张会造成两个后果:①改变一个现实,即海南岛不再是个经济特区,更不是更特、更大的经济特区;②形成一个事实,即海南省的经济社会发展长期落后于广东、福建等沿海地区。这是因为,在海南基础条件还落后于广东、福建等沿海地区的条件下,海南又实行同广东、福建等沿海地区同样的开放政策,海南的经济社会发展不仅长期

赶不上广东、福建等沿海地区,而且还会逐渐拉大现实已存在的差距。这样做,直接影响中国改革开放的大局,又有损于海南 600 多万老百姓的意愿。海南为什么就要长期落后于广东、福建呢?海南为什么不能在改革开放中充分发挥自己的优势,尽快赶上去呢?海南的老百姓不会理解,所有关心海南改革开放的人们也不会理解。

因此,无论从哪一个方面来说,这种主张都是不可取的。但是,我们必须清醒地看到一种现实,即目前海南特区的政策同广东、福建所实行的开放的政策之间的差距已越来越小。当初给予海南的某些特殊政策,如今在广东、福建都可以实行。这是一个严峻的现实。如果海南不进一步扩大开放,开放度比广东、福建等沿海地区大一些,海南要实现本世纪末赶上国内发达地区水平的目标是十分困难的。

第二种主张,认为海南办大特区的条件不成熟,只能先搞一两个类似洋浦的"小特区",即"大特区中套小特区"。

从成片开发的效益来说,这种主张有一定的道理,但必须明确"小特区"同大特区的关系:①如果"小特区"执行的优惠政策没有突破,仍然是原来给予大特区的政策,那么就会造成这样的事实,大特区已不复存在。海南只是几个几十平方公里的"小特区",大特区变成了事实上的"小特区"。②如果"小特区"在政策的某些方面比大特区有突破,但没有全面突破,"小特区"也不可能起到带动大特区发展的作用。③如果像洋浦实行封闭条件下的免税区政策,也有几个问题:第一,"小特区"的优势有了,大特区的优势怎么发挥却难以很好解决。第二,"小特区"的封闭成本高,并且"小特区"周围区域开发的成本相对提高,这不利于整个海南特区的开发建设。第三,由于"小特区"的一些重要决策权仍旧归中央有关部委,这样,"小特区"就会遇到大特区开发建设中难以解决的矛盾和困难。

事实上,只有在海南特区实行大开放的条件下,类似洋浦的成片开发才能从体制和政策上得到保证。如果没有这样一个前提条件,成片开发是难以进行的。因此,在洋浦开发正式上马时提出建立海南特别关税区十分必要。我们不能等洋浦模式若干年被证明成功以后再推广到全岛,那只会延误大特区的发展。当然,我们在强调建立海南特别关税区全局性意义的同时,也要十分重视洋浦成片开发对于建立海南特别关税区的推动作用。洋浦的成片开发拉开了海南大开放的序幕,是建立海南特别关税区的一个缩影,我们一定要抓紧时间,加快洋浦成片开发的步伐,使洋浦开发模式尽快推广到全岛,为建立海南特别关税区走出一条成功的道路。

第三种主张,尽快建立海南特别关税区。

这种主张认为,海南建省办特区 4 年来的一大矛盾是现行体制与特殊政策不配套。虽然中央给予海南一些特殊政策,但是由于受现行体制束缚,海南特区缺乏经济决策自主权,一些重要的政策事实上很难执行。例如一些重要的经济政策、重要项目的审批,都要请示中央有关部委。中央有关部委不可能事事对海南特殊,事事对海南单独下文,如果遇到类似治理整顿的情况,实行全国"一刀切",海南就更难办了,不得不"跑步前进"。所以,必须在理顺体制方面下工夫。建立海南特别关税区,就是从根本上理顺海南和中央部门的关系,在中央的统一领导下,把经济活动自主权下放给海南省。这样,使政策的执行能够得到体制的保证,从而高效率地推动海南的开发建设。

三种主张实质上严肃地提出一个问题:面对现实,海南特区是"进"还是"退"。前两种主张在某种意义上是"退",后一种主张是"进"。目前,在全国改革开放的大好形势下,"退"是没有出路的。严峻的现实是,不进则退。在目前的情况下,不尽快抓好洋浦的成片开发,尽快设立海南特别关税区,海南对外开放的总体优势不能全面发挥,大特区是特不起来的。这已不仅仅是我们的主观愿望,而是一个严峻的、迫切的客观现实。在现实面前我们应当做出选择。

三、海南具备建立特别关税区的基本条件

1. 海南具有建立特别关税区的独特地理条件和资源优势

(1)海南四面环海,具有天然屏障,便于实行"一线放开,二线管住"的特别关税区制度,使特别关税区的建立具有较大的可操作性,中国目前的实践证明,经济特区不隔离不行,没有隔离就特不起来,不隔离就不便于给特殊优惠的政策。从这一点来说,海南岛的天然优势最具有隔离条件,一不需要投资,二不需要时间准备。

(2)海南岛地处亚太腹地,战略地位十分重要,具有沟通我国与外部世界经济联系的有利条件。东南亚、中国香港、中国台湾和日本等国家和地区的很多外商对海南有极大的兴趣,设立海南特别关税区,通过大量吸引外资,开发和利用海南的自然资源与地理优势,有助我国与外部世界的经济沟通。

(3)海南地上,地下和海洋资源都很丰富。这些潜在资源优势为设立海南特别关税区,实行更加开放的政策,大量吸引外资,大规模开发利用提供了客观、现实的物质条件。

2. 经过近四年建省办经济特区的实践,基本具备了建立特别关税区的基础设施条件和体制、管理条件

(1)建省近四年来,全省社会固定资产投资130亿元,相当于海南1952~1987年投资总和的149.2%。

——全省电力装机容量已由1987年的38.8万千瓦增加到80万千瓦,年发电量近14亿度,成为电力富裕省。

——港口已建成20个,泊位60多个,其中洋浦、马村等万吨级泊位9个,现年吞吐能力达1130万吨。目前,已与世界上20多个国家和地区开展了通航贸易往来,公路四通八达,公路密度和通车密度均居全国前列。

——空中航线由建省前的4条发展到21条,每周90多个航班,把海南同国内东北、华北、西北、中南、西南等5大经济区连接起来,并开通了海口至香港、曼谷、新加坡的国际航班,海口机场已成为全国10大机场之一。可以起落大型客机的三亚凤凰国际机场已破土动工,1994年可建成通航。

——长途电话线路和全省市话交换机容量大幅度增加,通讯条件有了明显改善,可直拨全国大中型城市和世界上大多数国家(地区)。

(2)在省一级实行了"小政府、大社会"的新体制,初步建立了以市场调节为基础、以间接管理为主的宏观调控体系。这十分有利于海南经济同世界经济的对接。市场调节范围逐步扩大,市场价格机制正在逐步形成,各类生产要素市场也有较快发育。目前,海南生产资料的市场调节量已超过85%。生活资料基本上由市场调节。资金市场、技术市场、劳务市场等各类要素市场十分活跃,以市场调节为主的新体制正发挥着越来越大的作用。

(3)有日益完善和健全的法规条例和管理制度,健全法制、严格依法办事是经济特区的必要条件和管理经济特区的主要形式。4年来,共颁布地方法规、行政规章145项,使海南的经济和社会建设开始走上法制化、制度化的轨道。

(4)有素质日益提高的干部队伍。4年来,引进了4000多名各类人才,其中绝大部分具有中、高级专业技术职称。此外,通过改革干部人事制度,引入竞争机制和各种有效的监督机制,并加强干部培训,使广大干部的管理水平和管理能力都有一定提高。

(5)社会主义精神文明建设进一步加强,教育、科技、文化、艺术等事业发展较快,人民安居乐业。

四、建立海南特别关税区是实现经济高速发展的必由之路

建立海南特别关税区的根本目的,是极大地加快海南开发建设的速度,实现一个较长时期内经济的高速增长,使海南岛最终成为高度富裕、高度文明的宝岛,成为亚太地区新兴的经济中心。这也是中央关于海南建省办全国最大经济特区的战略目的。

我们认为只有在建立特别关税区的前提下,海南经济的高速发展才有可能,这是因为建立特别关税区从根本上解决了海南经济高速发展的三大问题。

1. 经济发展的道路问题

要实现海南经济的快速发展,首先要选择发展的道路。我们知道,亚洲"四小龙"自20世纪60年代根据本地资源(包括资本)不足,内部市场狭小的岛屿经济特征,转而采取出口导向的外向型经济发展道路,经济迅速起飞,在1966年至1986年的20年间,人均国民生产总值增加10倍,中国台湾、韩国增加20倍,在亚太经济乃至世界经济中的地位迅速上升。亚洲"四小龙"在经济高度开放的前提下走出了经济起飞的成功道路,这对海南有特别重要的借鉴意义。地处南中国海的海南岛,原有工业基础非常薄弱,参与国内产业分工的程度很低,建省办特区,中央又明确主要给政策。海南要实现经济的高速发展,唯一出路就是大量利用外资,发展外向型企业,发展外向型经济包括两个方面,一是进口替代,一是出口导向。海南由于缺少重要的科技力量,运输成本和劳动成本同内地其他省份特别是发达地区相比,不具有明显的竞争优势,海南要发展以竞争国内市场为目标的进口替代工业和加工业是没有前途的。前途在于大力吸引内外资金,引进国内外先进技术和管理经验,并借助它们已有的市场渠道,参与国际国内市场竞争,发展以国际市场为导向的出口加工工业,并由此拉动金融、旅游、现代工业等产业的全面发展,走以出口增长带动经济全面发展的道路。走出外向型经济迅速发展道路,首先取决于全面实现外来资金、外来物资、外来人员的进出口自由,即放开"一线",大大提高经济的整体开放度。这是建立海南特别关税区的内在要求。

2. 大量引进资金问题

当前,加速海南开发建设的主要困难是资金的严重缺乏,在国家不可能直接大量投入资金的前提下,出路在于吸引内外资金,特别是大量引进外来资金。海南能否大量吸引外国资本,主要取决于两方面因素:一是当今国际资本流向给予海南多大的机会;二是海南的开放程度对外国资本有多大的吸引力。根据当前国际经济发展的大趋势和国际资本流动趋势,海南要大量吸引外国资本关键取决于第二方面的因素。当前,国际资本市场日益发展,国际投资规模不断扩大。1960年,世界各国对外直接投资总额不超过580亿美元,到1989年已突破1万亿美元。据有关资料统计,至1987年年底,国际资本市场拥有的资金总额毛值达4万亿美元。虽然国际资本的主要流向是发达国家之间的相互投资。但由于一部分发展中国家和地区在劳动成本、地理位置、资源条件等方面的竞争优势,20世纪90年代仍将有相当一部分国际资本投向发展中国家和地区。此外,亚太地区积聚着大量货币资本。有统计资料显示,亚洲发展中国家和地区的外汇储备总额占全世界发展中国家外汇储备总额的1/2。特别是随着世界经济区域化、集团化趋势发展和亚太国家和地区关系的发展,亚洲的主要资本输出国(或地区)将逐渐增加对亚洲国家和地区的投资。由此可以肯定地说,只要中国不改变开放政策,吸引外来资金的规模会逐步扩大。但是,必须十分清醒地看到,亚太地区在吸引外资方面存在着激烈竞争。海南要在这个竞争中占有优势,关键取决于在对外开放方面比其他国家和地区有多大的吸引力。因此,只有尽快建立海南特别关税区,极大地提高海南的对外开放度,海南才具有大量吸引外来投资的优势,由此解决资金严重短缺的困难,加速外向型经济发展。

3. 广大群众特别是 500 万农民参加特区建设的问题

海南特区与其他几个特区不同的地方是农村所占的比重大。因此,海南特区能不能"大"起来,在很大程度上取决于广大农民能否参加特区建设。如果是仅仅搞几个"小特区",必然会长期地把广大农村地区排除在特区建设之外,广大农民就会丧失越来越好的机会。海南办全国最大的特区,就是要尽快地把农村带动起来,走出一条与深圳等特区不同的道路。搞一两个洋浦作为试验是可以的,但作为一个大特区,不可能长期把广大农村排除在特区建设之外。从这一点来说,只有建立海南特别关税区,才能逐步地、真正地把广大农村包括在特区建设之中,充分发挥 500 万农民在大特区建设中的作用,只有这样,海南的大特区才能"大"起来,造出一条不同于其他地区的新路子。

五、解放思想,抓住时机,尽快建立海南特别关税区

建立特别关税区是海南实行大开放的必然选择,是海南加速开放建设的必由之路。当前的关键是,要进一步解放思想,紧紧抓住有利时机,积极主动地做争取工作,创造条件,尽快建立海南特别关税区。

1. 建立海南特别关税区是一个经济管理权限的概念,而不是政治制度概念

海南作为一个独立的地理单元,不仅有得天独厚的封闭条件,而且有条件成为亚太经济圈的桥梁和纽带,这是内地和其他地区无法取代的。因此,设立海南特别关税区,实行有别于内地的关税制度,目的是落实邓小平建立更大经济特区的战略意图,进一步加快海南开发建设步伐。

2. 设立海南特别关税区是海南特区更加开放的战略决策,它会极大地吸引外资进一步促进海南的发展

当然,设立海南特别关税区有一个分步推进、逐步完善的问题,也有一个以重点地区的开发带动落后地区的开发问题。但是,要解决这一问题,关键是在设立特别关税区的前提下,通过对重点地区的开发,进而带动全岛的开发建设。如果没有这个前提条件,仅仅是搞一两块封闭的地方,就很难带动全岛的开发建设。搞不好,还会把中央赋予海南特区的优惠政策倾斜在一两块地方。如果造成这样一个格局,海南大特区就有可能徒有虚名。

3. 设立海南特别关税区,有利于海南和内地经济的共同发展

设立特别关税区,可以创造一个适合国际资本进入海南的经济环境,既有利于海南特区更多、更快、更高层次地引进国外资金、技术、人才,又有利于内地通过海南参与国际经济的循环,沟通与国际市场的联系,促进内地经济的发展和海南的繁荣。

4. 设立海南特别关税区,只要管理跟得上,是不会出大问题的

首先,经过4年来建省办特区的实践,干部素质已有了较大的提高,各方面的管理条件大体具备;其次,设立海南特别关税区是一个逐步的过渡、分步到位的过程,可以在管理体制、干部素质等方面逐步创造条件,从而为全面实行特别关税区做好各方面的准备;再次,即使出现一些小的乱子,只要相应的管理工作跟得上,就会使其得到迅速治理,把消极影响减少到最低程度。

5. 设立海南特别关税区,不会影响其他特区的发展

海南地理位置特殊,面积大,经济基础薄弱,这与深圳、珠海、汕头、厦门以及上海浦东开发的情况有很大的不同。所以,在海南办经济特区之初,中央根据海南的情况提出对海南实行比其他特区更特的优惠政策。设立海南特别关税区,正是这些特殊政策能够得以真正落实的保证。可以说,设立海南特别关税区,不仅不会影响其他特区的正常发展,而且会形成海南与其他地区的优势互补,由此会使我国出现新的对外开放格局。邓小平在1987年就指出:"海南岛好好发展起来,是很了不起的。"按照邓小平的战略意图,建立海南特别关税区,把海南好好发展起来,再造一个"香港",无论从哪一方面来说,都的确是一件相当了不起的事情。对此,海南广大干部群众认识愈加深刻,要求愈加强烈。海南建立特别关税区的条件已经具备,现在是下定决心、抓住时机、拿出胆魄的时候了。

建立海南特别关税区意义重大[*]

（1992 年 7 月）

根据国际上岛屿型经济的发展经验，依托海南独特的地理位置、资源条件和发展基础，建立特别关税港区是海南目前最佳的选择，这不仅是加快海南发展的根本举措，同时也对全国的改革开放全局产生重要影响。

一、建立海南特别关税区是中国改革开放的重大突破，将对全国改革开放的全局产生重要影响

建立海南特别关税区，实行世界通行的"自由港"政策，在经济体制上创新，与国际市场相衔接，完全有可能在探索建设有中国特色的社会主义实践中创造一个"海南模式"，走出一条比其他经济特区更特的新路子。因此，建立海南特别关税区不仅仅是海南实施"大开放"战略方针的一件大事，而且是中国改革开放的一项重大突破，对全国极有意义。

建立海南特别关税区，进行建立社会主义市场经济运行机制先行试验，可以为全国发展社会主义市场经济提供经验。

建立海南特别关税区，实行货币自由兑换、自由贸易政策，进行股份制改革、社会保障制度改革等，其探索的改革经验对于全国的改革开放具有借鉴作用。

海南地处亚太地区中心，四面环海，实行"自由港"关税制度后，可以成为我国除

---

* 载《新世纪》1992 年第 7 期。

香港之外的又一个供资金、物资出入的新通道,成为连接内地走向世界的桥梁,成为中国加强同东南亚经济联系的重要基地。

可以理直气壮地说,建立海南特别关税区,不只是海南的事也是全国的事,对全国有重大影响。20世纪80年代的改革开放看深圳,90年代的改革开放看海南。

二、建立海南特别关税区完全符合中央关于海南建省办全国最大经济特区的战略意图,现在已经到了全面贯彻落实的时候了,不能延误,再失良机

海南要求建立特别关税区,已是"亡羊补牢",不是新倡议。邓小平几年前就提出在内地"再造几个香港",中央财经领导小组早在海南建省办经济特区之前,即1988年年初就提出了这一战略意图。当时,由于海南方面认识上的原因,这一构想没有实现,海南错失一次大开放的良机。海南建省办经济特区的4年实践,充分证明中央关于建立海南特别关税区的战略意图是完全正确的。只有这样,海南才有可能摆脱现行体制与政策不相配套的困扰,走向国际市场,高速或超高速发展经济,成为能在全国对外开放中发挥更大作用的最大经济特区。

邓小平南方重要谈话发表后,全国各地掀起改革开放新的浪潮,改革开放的大好时机已经到来。海南经过4年打基础,以水、电、交通为主的投资条件,以市场经济为基础的经济社会条件,以"小政府"为重点的行政管理条件,以及改革开放方面的经验已比较成熟。现在海南已经到了完全有条件贯彻落实中央当初关于海南建省办全国最大经济特区战略意图的时候了。

目前,国际形势发展很快,东南亚,尤其是与海南相邻的泰国、马来西亚、越南等国经济迅速崛起。作为地处亚太地区中心位置、南中国海前沿阵地的海南,若不尽快建立特别关税区,就不可能有经济发展的高速度,就会落后甚至大大落后于周边国家和地区。这将对整个中国的改革开放、经济建设以及在国际社会中的地位带来不利的影响。

海南建省办经济特区的4年实践充分说明,要解决海南现行体制与实行中央给予的优惠政策不相配套的矛盾和解决建设资金严重不足等困难,最好的出路是建立海南特别关税区。建立特别关税区后,海南省拥有较大的经济活动自主权,在中央统一领导下,实行更加开放、更加优惠的"自由港"政策,能够开创一个大规模吸引外资的新格局,促使海南特区经济高速发展。

三、建立海南特别关税区,不仅不会影响洋浦开发, 相反将会有力地促进洋浦开发

洋浦的成片开发有赖于海南大开放环境的建立。洋浦只有30平方公里,如洋浦周围之外的广大地区不实行更加开放的政策,不创建能够按国际惯例发展经济、管理经济的大环境,洋浦的开发就会受到种种制约而影响其发展速度。建立特别关税区,与国际市场对接,按国际惯例办事,就能形成一个有利于洋浦开发的大环境。同时,海南整个经济发展了,对洋浦开发也是一个支持。比如,能在食品、原料供应和提供市场等方面给予支持。

建立特别关税区,海南省有经济管理自主权,能够自行决定有利于发展外向型经济的经济管理体制、市场运行机制和经济政策,这就可以从体制和政策方面为洋浦开发提供可靠保证。比如,在洋浦项目审批上会更加方便,大大缩短时间。

海南建立特别关税区,会在全岛形成一种竞争机制,从而给洋浦开发带来一定压力,但这种压力是有益的。靠人为保护来维持洋浦开发不是好办法,也不利于市场经济发展,而外商是希望并且能够适应这种竞争机制的。

中央批准洋浦开发,是海南大开放、大开发、大建设战略的一个重要突破,也是建立海南特别关税区的一个先行试验。海南应抓紧洋浦的开发,并尽快把洋浦开发模式推广到全岛,为建立海南特别关税区走出一条成功的道路。

四、建立海南特别关税区是当前需要决策的紧迫问题

邓小平南方重要谈话要求改革开放步子再快一些,胆子再大一些。在这种关键时刻,海南特别关税区的建立,极有可能成为中国进一步对外开放的重要标志。

建立海南特别关税区提出已有几年,其间做了许多论证。目前,中国(海南)改革发展研究院已经拿出了比较系统、比较成熟的建立海南特别关税区的可行性研究报告,这为申报建立海南特别关税区做了一个很好的基础性工作。

中共十四大就要召开,海南应当抓住不可多得的历史机会,抓紧建立特别关税区的各项准备工作,促使海南特别关税区早日建立。

建立海南特别关税区，
大胆进行社会主义市场经济的先行试验[*]

（1992 年 10 月）

◆◇

中共十四大正式确立建立和完善社会主义市场经济体制是我国经济体制改革的基本目标，并要求有条件的地方发展市场经济的速度可以快一些，这为建立海南特别关税区提供了强大的武器，大大增强了我们的信心。因此，我想结合贯彻中共十四大精神，就如何加快建立海南特别关税区谈几点认识。

目前，建立海南特别关税区已成为全省上下关注的一个大问题，成为广大投资者关注海南发展前途的关键性问题。1992 年 8 月 8 日，省委、省政府正式向党中央、国务院提出了建立海南特别关税区的请示。近一段时间，大家都在关心特别关税区能不能批下来。看待这个问题，要从大的方面看，看它是否符合海南的实际情况，在操作中有多大的可能性。现在，更要特别搞清楚建立海南特别关税区，是否符合中共十四大精神，是不是海南特区贯彻中共十四大精神的重要目标。如果是这样，那么只要经过我们的努力，特别关税区不仅有可批性的重要依据，而且也应当成为我们贯彻中共十四大精神的实际行动。

中共十四大报告明确提出，要实行多层次、多渠道、全方位的对外开放，加速广东、福建、海南、环渤海湾地区的开发和开放，使广东及其他有条件的地方先行实现现代化。中共十四大报告突出地把加速海南等地区的开发和开放提出来，对我们是很

---

* 在"海南省直党员干部大会"上的发言，1992 年 10 月 16 日。

大的鼓舞。海南如何落实中共十四大精神,加速实现现代化呢? 现在看来,建立海南特别关税区,是一个最好的选择。海南要全方位对外开放,出路和选择是建立特别关税区。

中共十四大报告在实践和理论上的一个重大突破,是提出发展社会主义市场经济,建立社会主义市场经济新体制。这是对科学社会主义理论的重大发展和重大贡献。按照中共十四大的要求,发展社会主义市场经济、完善社会主义市场经济新体制不仅是特区要做的, 而且是全国各地都要做的。海南目前所面临的形势已经同1988年建省办特区时的形势有很大的不同。在这个形势下, 如果我们没有大的动作, 或者盲目地固守政策"优势",我们将很难实现中共十四大对海南的要求。

建立海南特别关税区, 说到底, 就是在海南进行社会主义市场经济的先行试验, 以符合中共十四大精神。也就是说, 建立海南特别关税区就是落实中共十四大精神,把中共十四大精神贯彻到海南改革开放的基本实践中来的具体举措。因此,我们要以中共十四大精神为依据, 一方面更加积极主动地向中央要求建立特别关税区;另一方面要敢于把建立特别关税区逐步变成全省上下落实中共十四大精神的实践行动。

一、建立海南特别关税区就是进行社会主义市场经济新体制的大胆实验

海南岛是中国最大的经济特区,中央要求我们要以利用外资为主加速开发建设。海南发展市场经济,其基本前提是要与国际市场相对接,建立开放型市场经济新体制,把海南尽快推向国际市场,在参与国际市场竞争中走出一条发展自己的新路子。建立海南特别关税区,就是大胆进行开放型市场经济的先行试验。

1. 特别关税区方案的中心内容是建立开放型市场经济新体制

世界上实行特别关税制度的自由港或自由贸易区,是迄今为止国际上公认的、对外开放程度最高的经济特区,是开放型市场最成功的模式。海南建立特别关税区,就是采用这种模式。例如,海南省于1992年8月8日向中央呈报的文件中对特别关税区的基本涵义是这样表述的:"建立海南特别关税区就是充分利用海南独特的地理条件和资源优势,实行'一线放开,二线管住'的特别关税制度,并相应采取世界上通用的自由港经济政策,建立社会主义市场经济新体制,大量吸引外来资金,以高投入带动高增长,推动海南经济全面高速发展,实现中央把海南建成全国最大经济特区的战略意图。"这段话表述的核心,是建立同国际市场相对接的、能够真正按照国际惯

例办事并采用国际上通行的自由港经济政策的开放型市场经济新体制。

海南特别关税区的基本方案都是开放型市场经济新体制的具体表述,例如:

(1)在一个特定区域进行开放型市场经济的试验,前提条件是区域政府要有充分的经济管理权限。海南特别关税区基本方案的第一个问题,是关于海南省经济活动自主权的请求。具体内容是:海南建立特别关税区以后,在中央统一领导下,享有充分的经济活动自主权,省内属于中央统一管理的外事、海关、司法、边防等方面的事务,建议由国家有关部门根据海南的特殊情况,制定专项管理办法,其他凡涉及海南经济发展、经济政策和经济体制方面的问题由海南省根据实际自主决定并报中央备案。在国家宏观指导下,海南的改革开放要有更大的灵活性,真正按照国际贯彻办事。

(2)开放型市场经济是以贸易制度的市场化为前提的,并直接依赖于贸易制度的开放程度。因此,衡量开放型市场经济的一个重要标志,是在外贸方面自由进入统一经营。也就是说,开放型的市场经济允许和鼓励所有的企业都有外贸权,并且对其经营范围不加以管制(特殊商品例外)。海南特别关税区的方案提出了大胆进行外贸体制改革,实行放开经营的外贸制度。具体有 5 个方面的内容:

——海南自产产品,包括用内地的原材料、半成品加工增值20%以上的产品,除国际被动配额商品外,其余商品出口,放开经营,免证免税出口;

——允许各类企业自主经营对外贸易;

——鉴于海南外贸额很小,年出口创汇额不足全国出口总额的1%,建议在建立海南特别关税区的前五年内,海南的外贸创汇全留,五年后视海南外贸发展情况向中央上交外汇;

——海南特别关税区与内地贸易管理。从海南运往内地的进口货物,凡属国家限制进口的商品必须凭证补税后进入内地;海南自产产品进入内地,除了对所含进口料件补征关税外,其余产品在海关监管下保留与内地传统意义上的正常往来;内地运入海南属于国家配额许可证管理又直接用于出口的商品,视同出口,按现行规定办理;

——外商在海南设立企业,由海南省按照国家的有关规定和国际上通用的办法进行审批和管理。

海南特别关税区外贸制度的设计,在强调放开对外贸易的同时,注意到了岛内市场与内地市场的联系问题,鉴于目前的情况,提出了过渡性措施。应当说,这是可行的,又十分有利于加强岛内市场与内地市场的联系,对带动内地企业来海南投资会产生重大影响。

(3)在开放型市场经济条件下,货币是可以自由兑换的,这样有利于参与国际市场竞争。如果货币不可自由兑换,资本流动的自由程度就会比较低,就会在很大程度上限制包括外资在内地企业间的平等竞争,更不利参与国际经济合作。海南特别关税区方案提出了货币自由兑换的两种选择方案,一是将人民币作为区内有限制的可兑换货币,率先进行人民币自由兑换的改革试验;二是将人民币外汇兑换券作为可兑换货币。这种方案是美国兰德公司1989年在海南发展战略研究中提出的一条建议,得到北京很多方面专家的认可,即在内地保留人民币兑换券的前提下,把人民币兑换券拿到海南作为区内货币。这样比搞特区货币简单得多,毕竟一个国家实行多种货币不是一个主权国家的好办法。

随着我国对外开放的加快,有关方面领导人向外界一再宣布人民币同外币的自由兑换只是一个时间的问题。现在看来,全国货币自由兑换很可能在短时期内会实行。如果这样的话,那么海南率先进行货币自由兑换,既是一个现实的问题,又可以为全国的货币改革提供经验。

(4)开放型市场经济的顺利发展,在很大程度上取决于建立一个完善的市场经济体制,也就是实行类似自由港的管理体制。这样,开放型市场经济的发展既有了保证,又有了促进其发展的强大动力。海南特别关税区方案在多方面提出了若干措施。

一是实行同放开经营的外贸制度相关的"一线放开,二线管住"的海关管理制度。"一线放开",就是海南特别关税区与境外的进出口商品除属国际被动配额和极少数国家限制进口的商品外,基本放开。"二线管住"就是国家禁止出入境的物品,海关实行严格的管制,有效地制止"二线"走私。有人对"二线"走私很担忧,其实,由于全国都实行全方位对外开放,走私的情况同对外开放前发生了很大变化。利用海南岛进行海上大规模走私的风险很大,能从陆地走绝不从海上走。这是个很现实的情况,不应把海上走私估计得过于严重。事实上只要加强海上缉私力量,大规模走私就会得到制止。

二是实行自由企业制度,鼓励多种所有制企业平等发展,逐步形成自由办企业的制度。任何投资者都可经过最简单的审批程度登记注册企业。同时,允许各类企业在平等竞争的条件下放开经营。

三是实行人员进出比较自由的管理制度。境外人员进入海南继续实行"落地签证"的管理制度,对海南岛内常住人员出境从事经济、科技、文化交流活动予以放宽,并简化手续。

四是实行"小政府、大社会"的管理体制。按照开放型市场经济的要求,要严格实行以政企分开为前提,以间接管理为主的"小政府"管理体制。政府要实行公共财政体制和简单的低税制,要建立新型的社会保障制度,要使国有资产管理市场化,要建立强有力的市场监督体系,等等。

由此可见,海南特别关税区方案的核心内容,就是开放型市场经济的基本内容。从这个意义上说,我们请求建立海南特别关税区,就是请示进行社会主义市场经济的先行试验。也可以归结为一句话:海南特别关税区的方案,就是建立与国际市场相对接、开放型的社会主义市场经济的方案。

2. 提出建立海南特别关税区的过程是对社会主义市场经济认识的过程

从1987年年底中央决定海南建省办全国最大经济特区迄今为止,提出和议论建立海南特别关税区已有4年的时间。在这个过程中,人们对建立海南特别关税区的认识,在很大程度上反映了对建立社会主义市场经济新体制的认识。

近几年来,海南得到一定程度的发展,有了明显的变化。同其他地方比,发展速度相对较快。主要原因在哪里?这就在于海南这几年按《国务院批转〈关于海南岛进一步对外开放加快经济开发建设的座谈会纪要〉的通知》(国发[1988]24号文件)的精神,建立了以市场调节为基础的新体制框架,这一步迈得很大。在其他政策没有到位的情况下,海南在搞活市场上下了工夫。比如,在价格改革上,该放的就放;在办企业问题上,只要有钱投资,就允许办。对政府来说,管不了管不好的事情尽可能少管,为社会创造了一个比较宽松的市场环境和比较宽松的社会环境,得以引来各种资金。从1988年年底到1990年年初,海南省固定资产投资是130亿,等于过去37年的总和。投资增加了,经济增长才有了基础。在一定时期内高速发展经济,这是我们发展市场经济的经验总结。另外,以现实情况来看,只有发展市场经济,才能走出一条建设特区的新路子。如今,中国的情况和十一届三中全会后大不一样,也同海南刚建省情况大不一样。全国都在进行改革开放,现在政策是鼓励各地在发展市场经济中追求高速发展,而不是给某个特区某项政策的倾斜创造这个区域的发展。向中央要特殊政策来发展的路子走不通了。

通过实践,我们应该清楚认识到体制和政策的关系。给了政策,如没有体制做保证,政策是很难落实的。相反,在市场经济新体制下,如何形成一个长期稳定可靠的政策十分重要。在当前的形势下,市场经济发展得越快,政策出笼得就越快,政策的产生是和市场经济体制的建立联系在一起的。因此,得出一个结论,在全国都发展市场经济、政策又不可能倾斜的情况下,海南应当打建立市场经济新体制的时间差。只需发展市场经济快,建立市场经济新体制快,获得的优势就多经济就发展得快。现在,建立特别关税区就是打市场经济的时间差,先把区域的市场经济完善起来,就有了市场经济的优势,政策优势也就随之有了。

二、海南初步形成的市场经济新体制基本框架，
为建立海南特别关税区奠定了可靠基础

从现实情况来看,海南在基础设施、资源状况、社会管理等方面已具备了搞特别关税区的基本条件。但是,落实中共十四大精神,看海南有没有条件,除了看它的基础设施及社会管理条件以外,最根本最主要的是看海南有没有发展市场经济的条件,有没有建立市场经济新体制的条件。从这方面看,主要表现在以下几点:

1. 价格和市场

到目前为止,海南生产资料、生活资料已基本放开。生产资料只有三种还在计划管理,即煤炭、石油、化肥,但这三种生产资料的改革已在抓紧推进。海南将率先在全国完成生产资料市场的放开,包括粮食在内的生活资料实际上已经放开,城镇居民吃的粮食55%以上是从市场解决的。价格放开以后,市场规模不大,但市场相当活跃。集市贸易市场有520多个,生产资料市场仅海口市就有两百多个。建立特别关税区首先就是要建立一个比较活跃的开放型市场体系,在这方面海南要走在全国前列。

2. 企业和市场

海南现在已初步形成了各类企业平等竞争、竞争发展的基本格局。这是适应市场经济发展的。这个格局体现在哪里? 第一,海南一建省就和其他特区不一样,其他特区一建立的时候就是三资企业占15%的税率、内联企业占25%的税率。而海南是把所有的企业都实行15%的税率,而且能够公开招标的尽可能公开招标。第二,海南一直坚持各种所有制不受比例限制,竞相发展。因此,至今除一大批国营企业以外,发展了6000多家内联企业,2800~2900多家私营企业。1990年全国私营企业下降21%,而海南却上升20%左右。海南有10万多家个体商户。到今年年底,200多亿的投入中,有80%是内引外联来的,国家直接投入不到20%。第三,在完善国营企业承包经营责任制前提下,海南开始进行股份制试点。要发展市场经济,市场化改革的重点是企业。从海南的实际情况看,市场经济改革重点是企业股份制改革。海南过去的国营企业都是规模很小的,在市场竞争中都面临竞争能力问题。市场环境已形成,中小企业要在市场经济发展中联合起来形成一定规模的有竞争力的企业。这就要靠股份制改革。只有进行股份制改革,才能有一批企业有能力开发大项目。所以,认准股份制是当前的需要。尽管股份制改革没有经验,但海南人大常委会公布的《股份制条例》是全国地方立法的第一个股份制条例。有国家规定和这个条例,我们

就可以大胆、积极地把股份制推向前进,形成海南发展市场经济的基础。

3. 社会和市场

海南经过两年的准备,1992 年 1 月 1 日出台了社会保障制度。尽管社会制度在实践中还有很多不完善的地方,但总体上说,这个改革方案是同市场经济相适应的。方案要求所有在海南注册的企业,包括党政机关,包括实行企业化管理的事业单位和部分自筹资金的事业单位,都要参加统一的社会保险制度,而且标准都一样,这就为市场经济发展奠定了一个相当好的社会条件,一个平等的社会条件。劳动者用以在社会上自由流动的社会条件。从全国范围来说,社会保障制度改革海南是率先出台的。

4. 政府和市场的关系

建省之初,海南出台了"小政府、大社会"的新体制。这个体制与中共十四大精神相比,是有些倒退、有些反复,但"小政府、大社会"的基本实践是成功的。所以,对"小政府、大社会"的基本实践、基本方向要给予充分肯定。

从价格和市场、企业和市场、社会和市场、政府和市场四个方面来看,我们已初步形成了建立社会主义市场经济新体制框架的基础。有了这个框架基础,建立特别关税区就有了前提条件。

三、搞特别关税区关键在于要解放思想

解放思想是搞好特别关税区的关键,要实事求是,用辩证唯物主义的观点处理好以下几个关系:

1. 正确看待洋浦与海南特别关税区的关系

有人担心,建立海南特别关税区会妨碍洋浦的发展。

洋浦是海南发展的重中之重。洋浦的开始是很重要的,是整个海南开放的前奏曲,是特别关税区的小缩影,我们一定要抓紧时间把洋浦做好。我们要正确看待洋浦和特别关税区的关系,只有在特别关税区的条件下,进行类似洋浦的成片开发才有可能,这是因为:

(1)如果洋浦项目的审批权,不是在海南省政府,而是在中央各部委,洋浦的开发将很难顺利进行。只有搞了特别关税区,把项目审批权拿到海南省政府,海南省政府可以自行决定类似洋浦开发这种大项目,海南的建设速度才可能加快。

（2）洋浦还要搞第三产业,还要搞旅游。洋浦是我们以高科技工业为主导产业的开发区,海南建立了特别关税区,全省支持洋浦搞高科技。对洋浦开发是十分有利的。

（3）建立特别关税区以后,可以规划把高科技的项目都引入洋浦。甚至有些同志提出,报特别关税区是向中央施加压力,这更难理解。中共十四大就提出,要进行市场经济的先行实验。建立特别关税区,无非是在区域市场经济发展上先走一步,先和国际市场对接,是社会主义市场经济的先行试验。

2. 正确看待建立特别关税区带来的"附属品"

有人担心,搞了特别关税区,资产阶级自由化会泛滥,乱七八糟的事肯定很多,由此否认搞特别关税区。当然,一线放开以后,一些腐朽的东西肯定会带进来。但是,邓小平讲海南改革开放的标准是全岛富裕。一切要从这点出发,搞特别关税区就是为了符合这个标准。

3. 正确看待建立特别关税区与引进内资的关系

有的同志还担心,搞特别关税区以后,内地资金来不了海南。

其实不会这样。从我所了解的看,真正关心特别关税区的,多数是内地各省领导、各省驻海南办事处。内地的企业十分希望海南建立特别关税区,建立海南特别关税区的方案是有利于内地企业到海南投资,有利于内地企业通过海南,加强同国际市场的联系。

所以,我们的思想需要解放一点,把有些问题看清楚。这样,特别关税区才有可能成为大家自觉的行动。不是被动地等,而是积极地干、积极地争取,从而将特别关税区变成现实。现在,建立特别关税区的问题正处于征求各部委意见的阶段,为了把特别关税区这件事拿下来,一方面我们要努力做工作,争取中央尽早做出决策。另一方面,需要我们在做争取工作的同时敢干、快干。要适当进行宣传,使岛内外、国内外的投资者都了解到,海南是在中共十四大精神的鼓舞下,敢于解放思想,并且大胆地进行特别关税区等方面的实践。只有这样,在中共十四大以后,海南才能进一步掀起改革开放的高潮。

建设洋浦自由工业港区

洋浦经济开发区的设立是我国改革开放的重大战略步骤之一,也是海南省经济发展的重中之重。目前,洋浦经济开发区正面临着新的历史发展机遇,处于发展的关键时期。努力把洋浦建设成区位优势突出、具有国际竞争优势的现代自由工业港区,对于实现邓小平当年的战略设想具有重要意义。

建设洋浦自由工业港区,是指在洋浦经济开发区范围内,以油气综合开发为重点,以实行自由港区的发展模式为目标,把洋浦建成具有国际竞争优势的现代化的油气综合开发基地和新型工业基地,成为我国对外开放程度最高的自由工业港区。

从比较优势出发,洋浦产业定位的基本思路是:"一个基地、三个集群"。即把洋浦自由工业港区定位为中国南海油气综合开发基地,同时积极发展油气综合开发产业集群、现代物流产业集群和特色制造产业集群。

——2005 年

关于确定洋浦经济开发区
为出口加工区的建议[*]

(1998 年 5 月)

◇◇◇

一、建议尽快将洋浦开发区确定为出口加工区

自由经济区在世界上已存在 400 多年,至今方兴未艾。人们一般把自由经济区分为四类,即自由港、自由贸易区、出口加工区和科学工业园区。自由港和自由贸易区是一种商业贸易型的自由经济区,出口加工区和科学工业园区是一种工业型的自由经济区。出口加工区是在自由港、自由贸易区的基础上发展起来的。第二次世界大战之后,发展中国家为了求得经济上的独立,急需引进资金和技术,发展本国的工业。发达国家由于产业结构的调整,一些传统工业需要向工资、地价相对低廉的发展中国家转移,于是出口加工区于第二次世界大战后的 50 ~ 60 年代在许多发展中国家和地区蓬勃发展。

1. 出口加工区的主要特征

与自由港、自由贸易区相比较,出口加工区具有如下主要特征:

(1)出口加工区在提供一般关税优惠政策的同时,允许生产用机器、设备、原料

---

[*] 向海南省委提交的政策建议报告,1998 年 5 月。

和中间产品的自由进出,提供生产所需要的一切社会生产设施和比其他地区更为优越的投资环境。因此,出口加工区更便于吸引外资,吸收先进技术和管理经验,发展外向型工业和对外贸易。

(2)出口加工区的商品是在区内经过生产领域加工的产品,是增值了的商品。出口加工区的经济活动,以利用外资的直接投资为主,要求外商带来货币资本和生产资本,独立或合作经营并承担风险。因此,相对于自由港和自由贸易区,出口加工区在政策的界定和运用上,更优惠、更全面、更灵活。

(3)世界经济的波动不可避免地会对各种自由经济区产生冲击,一般而言,经济构成越高、功能越复杂的地区,其抗冲击的能力会越强。出口加工区要求按总体规划投入大量资金进行建设,使之具有较好的基础设施,为外资提供良好的投资环境。它与国内经济联系密切,可以借助国内经济力量共同抗击世界经济波动的冲击。它有一个统一高效的管理机构。所有这些使出口加工区较自由港、自由贸易区具有更强的抵抗冲击的能力。

(4)出口加工区上述特点,使它在吸引外资,促进国际资金的流入,扩大出口,增加外汇收入;直接和间接地扩大就业机会,以及通过内联和技术转移、人才扩散,与区外经济的后向联系,对所在国家和地区的经济发展和产业升级,均比自由港和自由贸易区具有更大的辐射和带动作用。

2. 自由经济区的发展趋势

在世界经济一体化,贸易自由化以及高新技术革命的影响下,各国的自由经济区都在进行自身的调整,以适应世界经济发展的趋势。世界各国,不论是发达国家或是发展中国家,仍然十分重视发挥本国自由经济区的特殊作用。当前世界自由经济区出现了三个重要的发展趋势:一是区内的经济结构向高层次发展,劳动密集型产业逐步采用新技术、新工艺促进升级换代;通过调整政策改变经营方式,吸引外资,建立资本和技术密集型产业;更加重视发展高新技术工业区或科学工业园区。二是区内功能结构向综合化发展。出口加工区从单一的加工与制造转向兼营贸易和服务业;自由贸易区发生结构性变化,功能趋向多样化,同新技术的结合更密切。三是实行更加优惠和灵活的政策以保持其生命活力。如实行灵活的内外销政策,对高新技术实行更优惠的政策,重视劳动力的培训,为外商提供高素质的人力资源,实行更廉价的土地政策和更自由的金融政策等。

世界各国的出口加工区,有成功的也有失败的,总结它们的经验教训,一个成功的出口加工区除了应具有其他自由经济区相同的条件外(如要有稳定的政治环境,国内政局稳定,中央政府给予的政策不随意改变,保持其连续性,区内法规齐全,给投资者以安全感;有统一高效的管理,能为投资者提供优质的服务等),一般还应具有以下条件:其一,相对合理的选址。力求选择自然条件好的区域,有天然的良港,交通方便,靠近中心城市,有足够的水源、电源等,这样可以降低开发成本,加快开发速度。同时,又要从本地区工业发展的总体布局出发,从长远和全局着想,有利于带动所在地区经济的发展;其二,科学的发展规划,要正确地确定办区目的、发展方向、建设目标,合理地规定区内产业结构及总体布局,制定基础设施建设计划等;其三,完善的基础设施。按照规划要求,保证资金投入,完成生产性设施和现代化生活服务设施建设;其四,全面优惠的政策。要从有利于发展外向型出口加工业,有利于吸引外商进行直接投资,有利于引进先进技术,有利于带动本地区工业的发展,在一些政策难点上,如区内产品的内销政策、区内企业产品的国产化、引进内资企业入区等方面,采取更为灵活的政策措施。

3. 洋浦出口加工区的特点

洋浦是国务院批准设立的开发区。《国务院关于海南省吸收外商投资开发洋浦地区的批复》(国函[1992]22号)中,明确规定:"洋浦经济开发区应建设成为以技术先进工业为主导,第三产业相应发展的外向型工业区。"确认洋浦为出口加工区,符合国务院设立洋浦经济开发区的基本要求。与世界各国出口加工区相比较,洋浦出口加工区由于特定的历史环境和地理位置,有着自身明显的特点。

(1)洋浦出口加工区充分地运用减免关税等各项优惠政策,吸引外资,吸引先进技术,发展在国际市场上有竞争力的出口加工业,以便扩大出口,增加就业,增加外汇收入,并带动海南经济的发展。因此,它能充分地体现世界出口加工区的主要特征。

(2)洋浦出口加工区有一个十分优良的对外开放的港口,占地30平方公里,比台湾的高雄出口加工区(占地69公顷)、楠梓出口加工区(占地90公顷)、台中出口加工区(占地23公顷)大30倍以上,区内不仅可从事工业和发展第三产业,还可从事码头经营、内外贸易,既有工业开发区的功能,又有保税区的功能和自由贸易区的功能。因此,它是一个多功能的出口加工区。

(3)洋浦出口加工区通过扩大内联和技术、人才的扩散,对海南经济的发展和产业升级,将起巨大的辐射和带动作用。因此,根据海南经济发展特别是西部工业发展的需要,可以采取更优惠的政策和特殊措施,吸引国内一些大的企业集团,在洋浦出口加工区上一些大项目。同时,应当允许部分产品有限度地进入国内市场。因此,洋浦出口加工区应成为全国特别是海南发展先进工业的龙头。

(4)洋浦出口加工区应肩负起实现海南特区功能目标的责任,在我国对外开放中发挥应有的作用。通过对外经济活动,以洋浦特有的优势,密切与香港、台湾的合作,为香港的经济繁荣发展,为推动两岸关系和琼台经济合作,做出特殊的贡献。因此,洋浦出口加工区好好发展起来,能充分发挥海南联系国际市场,连接香港、台湾的桥梁和纽带作用。

二、建议洋浦出口加工区实行的基本政策

确认洋浦为我国第一个综合性的出口加工区,首要的是进一步明确洋浦出口加工区的基本政策。

1. 洋浦出口加工区全面享受保税区政策

洋浦出口加工区执行《国务院关于海南省吸收外商投资开发洋浦地区的批复》(国函[1992]22号)中规定的"在实施有效的隔离监管措施后,洋浦经济开发区的进出口管理,以及进出口关税和代征产品税或增值税的征免管理,除区内进口供应市场的消费类物资外,实行保税区的政策"。同时,执行海关总署1992年7月27日颁布的《中华人民共和国海关对进出口海南省洋浦经济开发区货物、运输工具、个人携带物品和邮递物品的管理办法》及其《实施细则》。

(1)开发区基础设施建设所需进口的机器、设备和基建物资,免关税和增值税。

(2)区内企业进口自用的建筑和装修材料、生产和管理设备、生产及营业用的燃料,数量合理的生产用车辆、交通工具、办公用品,以及上述机器设备、车辆所需维修零配件,免关税和增值税。

(3)区内行政、事业单位进口自用的数量合理的交通工具、办公用品和管理设备,免关税和增值税。

(4)开发区经营交通、通讯、房地产、商业、饮食业等服务行业所需进口的物资,免关税和增值税。

(5)经批准设立的国营外币免税商场在规定的限额和品种内进口的商品免关税和增值税。

(6)区内企业进口专为生产出口产品所需要的原材料、零部件、元器件、包装物料,以及转口货物,予以保税。

(7)进口供区内市场的消费物资,按规定税率减半征税,进口烟、酒应照章征税。

(8)开发区生产的产品出口,免征出口关税。

2. 参照国际出口加工区的通用做法,洋浦出口加工区对区内的工业产品实行具有弹性的内销政策

(1)对高新技术产品,放宽内销比例。

(2)对国内需要的工业产品或进口替代产品,适当放宽内销比例。

(3)对启动洋浦项目进入有重大带动作用的产品,适当放宽内销比例。

3. 洋浦出口加工区实行封闭式隔离管理,海关管理采取"进口境内关外,出口境内关内"的管理方式

(1)非开发区货物进入洋浦出口加工区不视为出口。

(2)非开发区原材料进入洋浦出口加工区增值20%的产品视为洋浦产品。

4. 实行更为优惠的金融政策

(1)经中国人民银行批准,可在区内设立外资银行和其他金融机构。

(3)区内企业经批准可以在境内外发行债券、股票。

(3)可以用不动产向国外金融机构抵押贷款。

(4)外商投资企业资金进出自由,用汇自由,调剂外汇自由,企业税后利润汇出自由。中资企业外汇收入流程允许保留现汇周转使用,区内企业或个人可去银行、其他金融机构自由调剂外汇。

(5)区内企业不办理出口收汇和进口付税核销手续。

5. 区内企业可从事国际贸易、中转贸易、过境贸易以及代理进出口业务

(1)区内出口商品均免领出口许可证,进口供区内使用的物资免领进口许可证。

(2)国内供区内使用的生产资料和生活资料进入区内免领出口许可证。

(3)区内企业从事过境贸易和转口贸易的货物,由海关查验和监管,免领进出口许可证。

6. 制定对技术含量高的工业实行更为优惠的产业政策,以吸引技术先进的工业项目进入洋浦

(1)建议参照苏州工业园区的做法,对洋浦出口加工区工业发展规划中的项目,给予一揽子批准。

(2)对投资区内的高科技项目在利用国外原材料、半成品生产的高科技产品内

销时,于 2~3 年的限定时期内,给予减征关税待遇,以利于技术先进项目进入洋浦。

(3)大力支持洋浦与香港、台湾建立更密切的经济合作关系,把香港、台湾技术先进的工业项目引进洋浦。

7. 境外人员进入区内,凭合法证件、免予签证,来去自由,国内人员进入区内,应办理入区手续

三、建议采取有效措施,抓紧建立洋浦 出口加工区的准备工作

鉴于洋浦开发区目前存在的发展困难,以及东南亚经济危机后世界经济形势变化给洋浦开发区发展所造成的外部环境约束,我们认为,应当采取有效措施,积极推动洋浦出口加工区建立。

1. 建议国家正式对外宣布洋浦为出口加工区

过去,虽然国家给予洋浦开发区享受保税区的优惠政策,但是,由于政策本身没有明确、细化,加之有关部门在执行中对保税区政策的理解存在分歧和偏差,导致洋浦开发区的目标和政策缺乏明确性和稳定性。这对吸引内外投资者是很不利的。因此,国家正式对外宣布洋浦为出口加工区,将为洋浦树立鲜明的对外形象,大大增强对内外投资者的吸引力,从根本上消除制约洋浦对外招商引资的政策约束因素。

2. 建议按照出口加工区模式,修订洋浦出口加工区发展规划

在产业选择和发展方面,洋浦出口加工区应以加工业为主,相应地发展商业贸易、现代服务业和运输业,重点是以高新技术产业为主导的加工业。但是,鉴于洋浦目前产业发展基础薄弱,且发展条件有限,因此,建议从尽快启动洋浦产业发展的实际出发,由发展一般性加工业开始,培植产业发展氛围,逐步发展到一般加工业与高新技术产业发展并存,商业贸易、现代服务业和运输业同步发展,最终形成以高新技术产业为主导,加工业为主体,其他产业协调发展,相互促进的发展格局。

3. 建议国家推动和协助洋浦土地开发商进一步完善基础设施建设

目前,洋浦的基础设施大框架已初步形成,但原定的基础设施建设规划项目尚有一半没有完成,特别是供水、供电设施急需完善。因此,有关方面应采取措施,推动和协助洋浦土地开发商以联合其他有实力的投资者共同开发,优惠出让土地开发

权，组建新的股份制开发公司，或根据投资者需要，合作在洋浦开发范围内建立开发小区等多种形式，加快完善基础设施建设，为洋浦出口加工区创造良好的投资环境。

4. 采取灵活措施，尽快启动对洋浦出口加工区建设有带动或支撑作用的工业项目

由于洋浦目前大规模引进外资发展加工业和其他产业的时机尚未成熟，困难较多。建议在洋浦出口加工区建设初期，国家可参照对外资的优惠办法，按照出口加工区的运作要求，鼓励国内投资者在洋浦投资，以打开洋浦出口加工区的开发建设局面。特别重视利用国内投资或中外合资，尽快启动几个对洋浦出口加工区建设有带动或支撑作用的工业项目。然后，逐步走向以外资为主的发展道路。

5. 建议严格按照国家对外宣布的洋浦出口加工区政策，依据洋浦出口加工区发展规划，改革洋浦现有海关管理政策和方式，尽快对洋浦出口加工区进行封关运作，为洋浦吸引外来投资和加强管理，创造条件

6. 借鉴国外出口加工区的成功管理经验，改革和完善洋浦出口加工区的管理机构，创造符合洋浦实际情况、有利于出口加工区快速发展的管理模式

目前，需要解决的主要问题是，明确洋浦出口加工区的管理权限、职责及相应的机构设置；明确划分洋浦管理机构与土地开发商在开发规划、管理及招商引资等方面的责任和义务；按照有利于洋浦出口加工区统一管理的原则，明确界定洋浦出口加工区管理机构与海南省政府及相关职能部门、儋州市地方政府及相关职能部门的管理权限与职责。并以地方立法的形式，将这些方面的规定法制化，以增强约束力。

建设洋浦自由工业港区[*]

（2005 年 4 月）

◇◇◆◇◆◇◆◇◆◇◆◇◆◇◆◇◆◇◆◇◆◇◆◇◆◇◆◇◆◇◆◇◆◇◆◇◆◇◆

洋浦经济开发区的设立是我国改革开放的重大战略步骤之一，也是海南省经济发展的重中之重。目前，洋浦经济开发区正面临着新的历史发展机遇，处于发展的关键时期。努力把洋浦建设成区位优势突出、具有国际竞争优势的现代自由工业港区，对于实现邓小平当年的战略设想具有重要意义。

根据吴仪副总理前不久视察洋浦经济开发区的讲话精神，我们提出洋浦自由工业港区建设的总体设想的基本思路：

从经济全球化和区域经济一体化的大趋势出发，抓住中国与东盟建立自由贸易区的机遇，并根据洋浦区位优势及资源优势，提出洋浦的总体发展目标是：建设成符合国际惯例的、高度开放的、新型自由工业港区。

从比较优势出发，研究洋浦自由工业港区的总体规划与产业定位，培育能够突出自身优势的产业集群。据此，我们提出"一个基地、三个集群"的总体设想，即把洋浦自由工业港区定位为中国南海油气综合开发基地，同时积极发展油气综合开发产业集群、现代物流产业集群和特色制造产业集群。

本着"解放思想、开拓创新、实事求是、敢为人先"的精神，本报告提出，利用 3～5 年左右的时间分两步走，使洋浦成为我国第一个自由工业港区，并作为我国国家级经济技术开发区转型的先行示范。

---

* 载《港口经济》，与李昌邦、陈文合写，2005 年 4 月。

1. 洋浦自由工业港区的基本内涵

在洋浦经济开发区范围内,以油气综合开发为重点,以实行自由港区的发展模式为目标,把洋浦建成具有国际竞争优势的现代化的油气综合开发基地和新型工业基地,成为我国对外开放程度最高的自由工业港区。

2. 洋浦自由工业港区产业定位的总体设想

海南工业发展的关键在于洋浦,洋浦发展的关键在于正确而有效的产业定位。我们从洋浦的实际出发,提出以油气综合开发为重点的洋浦产业定位和产业总体发展目标。这是确定洋浦新发展模式与新管理模式的基础和前提。

关于洋浦的产业定位,基本的思路是:"一个基地、三个集群"。即把洋浦自由工业港区定位为中国南海油气综合开发基地,同时积极发展油气综合开发产业集群、现代物流产业集群和特色制造产业集群。

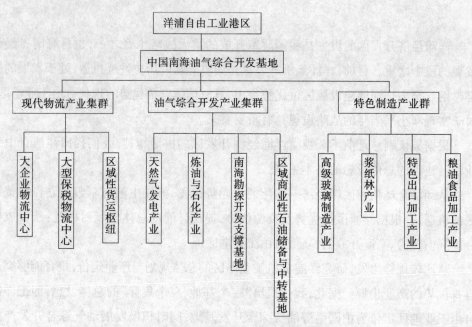

图　洋浦自由工业港区产业功能示意图

（1）立足海南资源优势,把洋浦建设成以油气综合开发为主的新型自由工业港区。随着我国经济总量的不断增长,对能源的需求也与日俱增。由于我国陆地开采能源的空间已经不大,我国石油开采的潜力已经转向海洋。因此,无论从资源储备、技术储备,还是从国家安全的角度考虑,在我国石油多元化战略中,开发海洋油气资源已成为重要一环。目前,南海油气开采正处于快速发展的起步阶段,技术、资金方面已无问题,各方面时机已基本成熟,只是缺乏必要的后勤保障和储运、加工基地,从这一点看,海南的洋浦港最有条件成为我国南海油气综合开发基地。

(2)从实际出发,发展具有洋浦自身特色的产业集群。通过产业集群发展经济是发达国家和地区发展经济的经验,也是现代工业发展的客观规律。洋浦要实现新型自由工业港区的发展目标,应当以自身的综合优势为基础,充分发挥产业集群的效应。

洋浦的产业发展,除了确定把油气综合开发作为主导产业外,还可根据其拥有的深水港口优势与海南本岛所拥有的各种优势资源,规划发展一些有特色的加工制造产业,从而构造洋浦其他特色加工产业集群。

一是充分利用南海油气资源,发展油气综合开发产业集群。天然气供应、天然气发电、油气综合开发和油气储备中转等构成洋浦油气综合开发产业集群,通过这些产业奠定洋浦以油气综合开发为主的重化工业基地地位。

二是利用洋浦区位和港口优势,发展现代物流业。包括发展为自由港提供配套服务的保税物流产业;充分利用大企业资源,发展大企业物流;利用油气开发的契机,发展区域性商业石油基地,形成石油储备、转港、易货等物流产业;利用港区内各种类型企业,发展出口加工物流产业。

三是充分利用海南各种资源,发展海南特色制造产业集群。包括充分利用天然气资源和海南当地林业资源,发展符合国际环保标准的造纸项目;充分利用海南优良的农业资源,发展包括水果深加工、粮食深加工等农产品深加工项目;充分利用国家开发南海的契机,发展为其服务的相关机械制造业,如启动并加快南海勘探支撑基地的建设;充分利用洋浦建设油气综合开发基地的契机,发展服务于油气综合开发的各种高科技产业。

3. 洋浦油气综合开发基地的基本布局

根据洋浦油气综合开发产业集群中主导产业的发展需要,把洋浦划分为天然气供应、天然气发电、油气综合开发、油气储备中转和南海勘探开发支撑基地五大功能区。

(1)天然气供应。世界各地尤其是南海天然气资源从洋浦上岸,不仅可以供洋浦自由工业港区内企业使用,而且可从洋浦转销国内乃至国际市场。

初步的建议规划是:在2006~2010年,建设150万吨/年的进口液化天然气接收站;在2011~2020年,建设液化天然气接收站二期项目,新增年进口150万吨液化天然气的能力,使洋浦进口液化天然气接收能力达到每年300万吨的规模。

(2)天然气发电。发电是天然气产业利用的一个主要方向,在发达国家的趋势是发电用量远超过化工用量。天然气发电应是洋浦自由工业港区近海天然气利用的主要方向,这与国际发展的趋势相一致。其目标有两方面:第一,随着工业的集中发展,洋浦本身也将很快成为一个越来越大的用电市场。第二,通过"气电北送",可以缓解华东与华南的能源短缺。

初步的规划建议是:在2006～2010年内,建设70万千瓦的天然气发电项目。在2011～2020年内,建设装机容量为2×35万千瓦的液化天然气发电二期项目(与天然气接收站二期工程相配套),使建成后洋浦电厂的装机容量可增至184万千瓦。

(3)油气综合开发。洋浦自由工业港区必须在已开工建设800万吨炼油项目的基础上,周密考虑油气综合开发化工产业的发展,科学布局油气综合开发基地。

初步的规划建议是:在2006～2010年内,启动芳烃及其后加工项目、乙烯及其后加工项目,建设60万吨/年对二甲苯(PX)和60万吨/年对苯二甲酸(PTA)项目;80～100万吨/年乙烯工程。在2011～2020年内,新增1200万吨/年的炼油能力,使洋浦地区的炼油总能力达2000万吨;新增100～120万吨/年的乙烯生产能力,使洋浦地区的乙烯生产总能力达200万吨;开辟油气综合深加工的新型化工区,把洋浦建设成为具有国际竞争力和影响力的现代化大型油气综合开发基地。

(4)油气储备与中转。初步的规划建议是:在5年之内建立目标总量为500万立方米的大型石油储备基地项目。这主要是与800万吨以及未来2000万吨炼油项目相配的区域性石油储备中转库,保证洋浦油气加工产业原料供给的连续性和稳定性,以及其他民用和商业中转。

(5)南海勘探开发支持基地。争取把洋浦作为国家南海油气勘探开发支持基地,在这里生产开发南海所需要的海上钻井平台及其相应的配套机械、海底油气管道支架等,同时把洋浦作为南海开发所需各类机构设备的备品备件的存储基地。

4. 洋浦自由工业港区管理体制的主要特点

在新形势下,从我国国家级经济技术开发区规范发展的大趋势和洋浦的实际情况出发,洋浦自由工业港区的管理体制应当具有如下主要特点:

(1)境内关外,一线放开,二线管住,高度开放。

(2)区港一体化,工业区与港口相互依存、共同发展。

(3)以油气综合开发为主体的产业集群。

(4)以南中国海油气资源共同开发为依托,以服务于中国—东盟自由贸易区为重要目标。

(5)目标明确,措施灵活。洋浦自由工业港区的发展目标可以一步到位,也可以分两步到位。第一步的目标是:实行服务于油气资源综合开发项下的自由贸易;实现

"港区联动"、"港区合作";完成必备的法制建设和制度建设。第二步的目标是:满足"港区一体化"的最终目标要求;实行"一线放开,二线管住"的海关监管;完成对港区新的政策体系设计并获中央批准;宣布正式设立洋浦自由工业港区。我们倾向于一步到位的发展目标。

(6)统一协调,高效管理。通过人大立法或政府条例,建立依法管理的体制;在微观管理层面上,建立政府主导、政企分开型的管理体制;在地方监管方面建立独立型直接监管体制;在管理机构设置上建立精干、高效、廉洁的管理机构。

5. 建设洋浦自由工业港区的相关建议

(1)建议把洋浦作为我国建立自由港区的先行试验。按照分两步走,并在 3～5 年左右把洋浦建成严格规范的自由港区的总体设想,当务之急是要明确自由港区作为洋浦未来发展的目标定位,这既是"打造新模式,创造新洋浦"的内在需求,又是经济全球化和区域经济一体化对洋浦经济开发区按照国际惯例规范发展面临的紧迫任务。

目前,国家级经济开发区发展模式转型越来越具迫切性,部分条件具备的开发区向自由港区或自由贸易区的发展模式过渡是大势所趋。实际上,目前我国在部分开发区实行的"区港联动"就代表了开发区转型的基本趋向,是开发区向自由港区或自由贸易区转型的过渡形式。在这个大背景下,洋浦作为我国最接近自由港区体制的经济开发区,具备许多有利条件成为我国开发区向自由港区转型的第一梯队。因此,建议国家尽快把洋浦列入第一批向自由港区过渡的国家级开发区。

(2)建议尽快组织力量,研究制定洋浦自由工业港区的产业发展规划。在产业目标定位的前提下,要尽快制定洋浦自由工业港区的产业发展规划,以便尽快对现行的产业发展做出调整,使产业发展布局趋向合理、科学。有利于选择和引进符合产业规划的项目,以尽快形成具有优势的产业集群;有利于按照国际标准严格控制有污染的项目准入,以便保护生态环境,维护海南生态优势;有利于加快吸引内外投资,吸引国外大企业入户洋浦,加快发展步伐。因此,建议尽快组织相关部门和专家,在已有的洋浦各种规划和论证材料的基础上,在总的发展目标认可的前提下,集思广益,统一思想,尽快制定和通过洋浦自由工业港区产业发展规划。

(3)制定洋浦自由工业港区的土地规划。洋浦自由工业港区的土地需求与产业发展规划,首先应规划和利用好现有的 30 平方公里;并从长计议,规划和设计产业发展所需的 100 平方公里预留地。在土地开发过程中要对土地实行严格控制的政策。预留地的规划有两种方案:第一,往东向洋浦的腹地扩展;第二往北,沿着海岸线扩展到洋浦和临高县交界的秀水湾,可充分利用深水良港的资源条件。

我院建议,制定洋浦土地规划时,国家一次性批准用地规划(含开发预留地)。

(4)建议按照洋浦发展目标的要求,构建洋浦自由工业港区的管理体制。洋浦作为我国建立自由贸易区的先行试验,必须创建新体制,造就新模式。洋浦经济开发区在创建初期,在管理体制上曾有过好的经验,但在发展过程中,由于目标管理不明确,已发生变化。现行的管理体制与自由港区的目标定位是不相适应的,需要进行切实的改造和创新。构建洋浦新的管理体制,需要总结和借鉴国内外开发区、特区的成功经验,特别是国际上成功的自由港区的经验。构建洋浦新管理体制务必要充分研究我国加入 WTO 后面临的新形势,要充分适应区域经济一体化发展的新要求。

经验证明,一个开发区的竞争力和基本优势,不仅在于政策的优惠,更重要的是创造自由、宽松的投资创业环境和优质高效的公共服务。洋浦开发区二次创业的实质是开发模式和管理体制的转换和创新。科学的构筑适应开发区发展需要的富有生机和活力的新型管理体制,应该是洋浦开发区抓住新的机遇,实现二次创业的根本任务。尽管我国很多开发区在管理体制上有很多先进的经验,但由于地域情况、产业布局、资源优势不同,洋浦开发区的管理体制不能照搬别的开发区的模式,而是必须结合自身的优势,建立一套适合洋浦开发区优势的新体制。

6. 建设洋浦自由工业港区具有独特的地位和作用

(1)在实施南海开发战略的背景下,洋浦自由工业港区的建立,将使海南岛成为我国挺进南海的后方基地,必定直接有力地推动南海开发的进程。开发南海,迫在眉睫,难在南沙。目前,周边国家在南沙的开发处在先动、主动的态势,我国处在十分被动的状态。海南岛应成为我国推进南海油气综合开发的后方战略基地,洋浦自由工业港区的建立,是这一后方基地建设的核心组成部分。洋浦不仅是南海油气综合加工基地,同时也是南海油气勘探开发的支撑基地。洋浦自由工业港区要生产开发南海所需要的海上钻井平台及相应的配套机械和海底油气管道的支架等,并成为南海开发所需各类机械设备的备品、备件的存储基地。

(2)在中国—东盟自由贸易区发展的背景下,洋浦自由工业港区的建立对推进"10+1"在海洋领域实行多边、双边的经济合作,有着不可替代的作用。未来 5～10 年,中国—东盟自由贸易区将迅速发展成为世界上极具影响的自由贸易区之一,区域经济合作会越来越广,其合作领域必定从陆地向海洋发展。海南岛地处中国—东盟自由贸易区的最前沿,是中国大陆面向东南亚的桥头堡,这些独特的优势为洋浦抓住中国—东盟自由贸易区的机遇创造了非常有利的条件。我国与东盟国家争议的海域面积有 150 余万平方公里,我国在南海断续线内的海域面积为 200 万平方公里,而越南、菲律宾、马来西亚、印尼、文莱 5 国要求的海域有 154 万平方公里(扣除重叠部分)进入我国断续线内,留给我国无争议的海域仅有 44 万平方公里,仅占 22%。目前,周边国家在南海的油气开发已经形成了相当大的生产能力,而我国在南海的开发范围还仅限于近海海域,距离南海有争议的海域还很远。按照我国政府提出"主权在我,搁置争议,共同开发"的基本主张,洋浦自由工业港区完全有可能在突破南海共同开发方面,做出自己的贡献。

(3)在能源战略从陆地走向海洋的背景下,洋浦自由工业港区的建立,对缓解国家面临的石油供求矛盾,维护国家的经济安全,有重要的作用。随着我国经济总量的不断增长,对能源的需求也与日俱增。尽管国内油气产量在逐年提高,但产量增幅远低于消费的增幅,供需缺口越来越大,成为制约国民经济发展的主要瓶颈之一。2003年起,我国已经取代日本成为世界石油第二大进口国和消费国,对进口石油依存度已达 36%。更令人担忧的是,我国能源供求远景不容乐观。据预测,我国原油需求量,2010 年约为 3.0 亿吨,2020 年约为 4.0 亿吨。而我国原油产量至 2020 年最多能达2.0 亿吨,预计在 2010 年和 2020 年,我国每年需要进口原油大约为 1.5 亿吨和 2.0亿吨,进口依存度高达 50%。而洋浦的油气资源优势和特殊地理优势,使洋浦自由工业港区成为解决我国能源问题的出路之一。

努力把海南建成我国南海开发战略基地

随着我国经济总量的不断增长，对能源的需求也与日俱增。随着陆地资源的日趋枯竭和海洋开发的深入，越来越多的国家已经把目光投向了海洋。南海的油气资源优势和特殊地理优势，使南海油气资源勘探、开发与利用成为我国开发海洋，建设海洋强国和治国兴邦的重大举措。

海南地理位置优越，距离南海油气资源距离较近，且建省办经济特区以来，经过多年的快速发展，基础设施已日趋完善，全省电力供应已跨入富余省行列，电信基础网络已全部实现数字化，城市电话普及率、省会城市电话普及率和信息技术应用均进入全国先进行列，海陆空主体交通体系已全部建成，全省经济发展已进入新的一轮快速增长期，奠定了把海南岛建成我国挺进南海后方战略基地的基础条件。

——2005 年

把海南建设成为我国南海开发战略基地[*]

（2005 年 6 月）

◇◇

1988 年 4 月 13 日,第七届全国人大一次会议通过关于海南建省办经济特区决议的同时,宣布授予海南省管辖周围的海域的权利。17 年过去了,这个"管辖权"落实得并不好,至少有三个问题:一是关于授予海南省管辖的南海海域权限,由于缺乏具体的规定,至今难以全面落实;二是 20 世纪 80 年代末,海南就提出从陆地走向海洋的开发战略,例如开发西沙旅游等,但由于多种原因,现在也没有实现;三是在南海开发中协调中央与地方、地方与军队等相关事项方面,由于缺乏协作与沟通机制,有些问题长期难以解决。根据这些情况,并从南海开发的实际需要出发,我院提出要采取措施把海南岛作为南海开发的战略基地。这里,我简要地提出四点建议。

一、把海南作为我国南海开发战略基地
既十分重要,又相当迫切

从实际出发,并着眼于战略目标,处理好主权与开发的关系,是加快南海开发的关键。我认为,在经济全球化的大背景下,只有加快开发才有利于解决主权问题。

1. 处理好外交上"稳定周边,共同开发"的关系

稳定周边是大局,务必维护。周边国家早已大张旗鼓地开发南海油气,我国虽然

---

* 在"经略海洋与国家安全研讨会"上的演讲,三亚,2005 年 6 月 16 日。

早已提出共同开发南海的主张,却只勘探不开发,这种被动局面应当迅速扭转。对此,我们要有所作为,以争取在共同开发中"稳定周边",在发展中"稳定周边"。

当前,我国必须尽快启动南海油气开采,着力推进共同开发。为了促成共同开发,我们可以在某些合作开发项目上牺牲某些短期权益,以追求长远权益。就是说,面对争议,不做主权让步,也不加剧争议矛盾,而是把争议暂时搁置,促进合作开发进程,以在开发中争取主动权。

2. 我国在南海争端上面临严峻局面

在南海海域,有两个现实问题绝不可忽视:一是周边国家在南海海域开采油气资源步子快、数量大,而我国至今在南海无一口油井,未产一桶原油;二是我国在南海断续线内的海域面积为 200 万平方公里,而越南、菲律宾、马来西亚、印尼、文莱 5 国要求的海域有 154 万平方公里(扣除重叠部分)进入我国断续线内,留给我国无争议的海域仅有 44 万平方公里,仅占22%。

联合国海洋法公约缔结以来,国际上海洋国土概念发生了重大变化。200 海里专属经济区的建立使海洋国土范围超出了近海海域范围。我们不能给侵占领土的国家以足够的时间制造既成事实,更不能让其以利用外资为名,使南海问题复杂化。

在对外开放的大背景下,开发的程度对解决主权问题有重要影响。因此,要把开发放在首位,在开发的过程中逐步解决主权问题。国家决定海南岛建省办特区,我理解,重要任务之一是要服从、服务于我国的南海开发战略。从这点来说,海南经济特区的历史任务远未完成。要从南海开发的大局出发,重新认识海南的特殊作用。

3. 加快南海油气资源开发是解决我国能源问题的重点出路之一

我国陆地能源资源的勘探与开发已经达到了一个历史性高度,无论从时机和多年来的资金、技术、人才的积累来说,还是从根本改变能源消费结构来看,都应该到了向海洋油气开发进军的时候。从长远能源战略出发,南海油气可以作为稳定的国内石油供给,成为战略石油储备的重要组成部分。南海的油气资源优势和特殊地理优势,使南海油气资源勘探、开发与利用,成为我国开发海洋、建设海洋的重要目标之一。

4. 南海是我国重要的海上能源通道

南海是太平洋通往印度洋的海上走廊,是沟通中国与世界各地的一条重要通道。控制这一通道,就将直接或间接控制从马六甲海峡到日本,从新加坡到中国香港,从广东至马尼拉,甚至从东亚到西亚、非洲和欧洲的大多数海上通道。目前,我国进出口贸易的80%是通过南海运输的。此外,控制南海战略通道,不仅涉及国家的经济利益,也涉及国家安全。所以说,南海这条战略通道十分重要,是我国的海洋生命之道。从以上分析可以看出,无论是南海油气的综合开发还是南海的战略通道,都突出了海南岛的战略地位。此外,有两个现实条件很重要:一是现在的大趋势很好,经济全球化、区域开发以及中国与东盟贸易投资自由化的进程可能比原来预计得还要快;二是海南经过17年的建设和发展,已经具备条件来配合国家的南海开发战略。在这个前提下,应当尽快采取相关措施,充分发挥海南岛在我国南海开发中的重要作用。

二、以建立洋浦自由工业港区为重点,推进我国南海开发战略基地建设

开发南海油气资源,建立南海油气资源的开发基地十分重要。从多方面的条件看,这个基地最好是放在海南的洋浦。最近,我院向海南省政府及国家的相关部门提出,把洋浦开发区转型为我国的"自由工业港区",其产业定位为"一个基地,三个集群",即把洋浦建设成为中国南海油气综合开发基地,同时积极发展油气综合开发产业集群、现代物流产业集群和特色制造产业集群。

为什么有这个建议呢?第一,从海南岛的综合条件尤其是洋浦的条件看,很适合成为区域性的油气综合开发储备基地。从战略通道进来的船,可以自由停泊,其船上的油气可以在这里加工、储存,包括香港、澳门的油气也可以储备在这里;第二,同南海周围的国家和地区相比,洋浦港口的条件最好。洋浦的地理位置、港口条件以及周围的土地,完全可以满足这种战略需求。

洋浦地处海南岛西部,位于北部湾中段,紧连我国华南、西南通向东南亚要冲,并与东盟国家隔海相望,具备大陆通往环太平洋诸国要道的区位条件。洋浦同时又是一个天然良港,可供建港的海岸线达6.6公里,可建成20个万吨级泊位,港口年吞吐量达2800万吨,2万吨级别的船泊不受潮汐影响直接自由出入。更重要的是,洋浦依托南海丰富的油气资源和重要的区位优势,正在成为重要的石油化工加工基地。洋浦最新落户年产800万吨炼油项目,使之具备开发石油天然气的产业依托。因此,在北部湾地区洋浦是建区域性油气储备基地的首选。目前,洋浦30平方公里的土地已基本用完,随着大规模开发的开始,以区域合作为特点,以石油储备天然气加工为重点,以建立洋浦自由港区为目标,把洋浦经济开发区从30平方公里扩大到100平方公里,十分重要。从南海的战略全局出发,洋浦自由工业港区的建设问题意义重大。

三、充分估计实行对外开放对建立海南战略基地的重要性

以开放为大前提考虑南海开发,首先要利用区域经济一体化、贸易投资一体化的机会,加快南海合作开发进程。与此同时,加快海南战略基地的建设。我认为,这是从我国的战略角度考虑应当走的一条路。

1. 以产业开放作为推动共同开发的基本政策

南海开发,一要坚持以我为主;二要实行大开放,以开放寻求合作。不论是发展海洋油气业、海洋渔业,还是海洋旅游业、海洋运输业和海洋服务业,均应实行产业开放政策。开发南海,应以开放带动开发,以开放带动合作。服从南海开发的战略需要,海南经济特区应当真正成为我国开放度最高的地区。

2. 以海洋旅游业为先导,开发西沙,带动前、中、后方基地建设

开发西沙,挺进南海,应以人为先,在西沙营造人多势众的气氛,为捍卫海岛主权造势。应首先使中国人的足迹频频踏入南海海域,使更多的中国人和外国人往返入住西沙群岛,让西沙群岛的人气旺盛起来。更多的人往返西沙,也必然会给西沙带来各种商机,给其他产业的发展带来机会。

热带海岛旅游资源是海南省独特的优势资源,开发西沙旅游应成为海南旅游产业发展的重要部分。鉴于海南岛拥有独特的资源优势、区位优势和生态优势,旅游业已取得迅猛发展,并形成自己的品牌,闻名于全国和世界。建议中央政府明确宣布把海南岛建成国际旅游岛和环保特区。

3. 以扩大国际科技合作作为挺进南海的先导

充分发挥我国在科技方面领先于周边国家的优势,在南海海域开展广泛的国际科技合作活动,特别是加强与欧盟国家如德、法的科技合作。率先开展海洋资源的科技勘探、考察的合作研究活动,开展以可燃冰为重点的新能源的合作考察研究活动,开展海洋观测、深海采矿、海洋生物与药物等新技术的合作研究活动。此外,还可开展科技旅游,让我国的海洋科研船队频频进入南海,让我国的科学家、科技人员会同国外的专家进入南海。以科技开发作为先头部队进入南海,既有现实意义,又具长远意义,是突破合作开发最为现实的途径。为此,海南岛应当成为我国南海科技合作的主要基地。国家相关的南海研究机构,应当落户海南岛。

四、国家应当采取措施，加快建设海南战略基地

1. 在中央统一领导下充分发挥地方的积极性

海南岛是南海开发的后方基地，在产业开放、产业开发、双边合作等一些经济活动领域，中央要给予海南省必要的授权，赋予海南更多的自主权，去从事一些不需中央出面而由海南省出面的活动。例如，现在琼海渔民到南海捕鱼的问题，常常涉及到外交问题。我建议，今后这类事情可以考虑授权海南省出面解决。这将大大减少外交争议。赋予地方一定的权限，有利于地方的合作开发进程，并有利于推动地区的开放。

南海开发需要中央的统一领导和协调。目前，有几个具体的问题，例如：第一，从国家的南海战略出发，能否将中海油的大本营放在海南岛；第二，把卫星发射基地放在海南。这件事，20世纪80年代末就有过讨论；第三，尽快开展西沙旅游，并建立与军队系统的协调机制。

2. 从国家的战略出发来考虑海南岛的发展规划

作为挺进南海的后方基地，海南省应成为我国开发南海、挺进南海的基地；海南省应成为我国南部油气化工生产基地和石油储备转运基地。为此，建议国家采取特殊措施加速西沙群岛的开发，按前沿基地的建设目标规划和定位西沙群岛的建设发展，尽快建设西沙作为中间基地或前方基地所必需的水、电、路、码头、机场等各项基础设施。与此同时，抓紧批准"洋浦自由工业港区"的发展规划。

3. 把海南岛作为我国南海问题研究的重要基地

南海问题错综复杂，又极其敏感。既有区域内多国矛盾的交错，又有区域外多国介入矛盾的交错；既涉及经济问题，又涉及政治问题、军事问题、法理问题。这就需要交流，需要讨论。既要有国内的研究交流，也要开展区域性、国际性的学术交流。由此，促进和形成我国在南海问题研究中的主动局面。这里，我有两点建议：一是充分发挥中国南海研究院的作用，使之成为我国南海问题研究的重要机构；二是以南海研究院为主，逐步形成国际、国内的学术交流网络，以积极活跃的学术方面的研究合作，推动区域合作，推动南海的共同开发进程。

4. 建议中央对海南经济特区给予新的定位

海南是我国最大的海洋省，管辖着200万平方公里的南海海域。面向海洋、面向

未来,面对极其复杂的南海诸多矛盾,海南省具有极其独特的地位和作用。为此,建议中央给予海南特区新的定位。例如,中央拟定海洋行政管理的相关法规,并授权海南省,使海南省拥有具体的南海海域管辖权;海南特区应成为我国面向东南亚的桥头堡,成为中国—东盟自由贸易区的重要口岸。在目前海南省作为一个省级管理体制的基础上,从南海开发、海洋资源保护以及中国与东盟合作的需求出发,给予海南经济特区新的定位,并在行政体制方面有所突破。

南海开发计划与海南战略基地建设[*]

（2005 年 5 月）

◇◆

一、实施南海开发计划，建设国家能源 战略基地的背景与作用

1. 我国的能源战略应当从陆地走向海洋。加快南海油气资源开发是 解决我国能源出路的重点之一

随着我国经济总量的不断增长，对能源的需求也与日俱增。2003 年，我国已经取代日本成为世界石油第二大进口国和消费国，对进口石油依存度已达 36%。一般国际上认为，当一国资源的对外依存度达到 20% ~ 30% 时，就面临着较高的风险。各方面预测表明，我国能源供求远景不乐观。我国原油需求量，2010 年约为 3.0 亿吨，2015 年约为 3.5 亿吨，2020 年约为 4.0 亿吨。纵观国际能源组织和国内十几家研究机构以及能源企业的中长期战略规划，我国原油产量至 2020 年最多能达 2.0 亿吨，预计在 2010 年和 2020 年，我国每年需要进口原油大约为 1.5 亿吨和 2.0 亿吨，进口依存度高达 50%（见表 1）。按国际通常标准，任何一个国家的石油进口超过 5000 万吨时，国际市场的行情将会直接影响该国的国民经济运行；当进口超过 1 亿吨时，就要考虑采取外交、经济、军事措施以保证石油供应安全。

---

* 载《经济研究参考》2005 年第 51 期，与李昌邦、陈文合写。

表 1 中国原油需求预测 　　　　　　　　　　　　　（单位:亿吨）

数据预测单位	2010 年	2015 年	2020 年
"西部可持续能源发展战略"（国家发改委宏观院能源所）	2.96		3.90
"中国后续能源发展战备研究"（科技部）	2.80		3.60
中石油	3.10	3.50	4.0
中石化	3.20	3.86	4.3

　　国际能源机构也在 2002 年的一份报告中预言,在 2030 年,中国的石油净进口量将从 2002 年的每天不足 200 万桶增加到 980 万桶。中国将在未来 5～10 年遭遇"资源安全"问题,在未来 10～20 年,中国的能源问题将变得更加严峻。

　　随着陆地资源的日趋枯竭和海洋开发的深入,越来越多的国家已经把目光投向了海洋。海洋不仅具有地缘和交通等传统意义,其所蕴藏的极其丰富的资源对一国经济实力有着深远的影响,我国陆地能源资源的勘探与开发已经达到了一个历史性高度,无论从时机和多年来的资金、技术、人才的积累来说,还是从根本改变能源消费结构来看,都应该到了向海洋油气开发进军的时候。从长远能源战略出发,南海油气可以作为稳定的国内石油供给,成为战略石油储备的一个重要组成部分。

　　实施海洋强国战略,不仅是世界强国发展的成功战略和地缘政治的选择,而且是中国所处战略环境的客观需要。南海的油气资源优势和特殊地理优势,使南海油气资源勘探、开发与利用成为我国开发海洋,建设海洋强国和治国兴邦的重大举措。

2. 南海是我国重要的海上能源通道,开发南海有助于保护我国海上能源大动脉,维护国家经济安全

　　南沙群岛不仅能源、渔业和旅游资源特别丰富,而且区位战略地位十分显要。

　　在战略上,南沙群岛地处太平洋与印度洋之间的咽喉,扼守两洋海运的要冲,是多条国际海运线和航空运输线的必经之地,也是扼守马六甲海峡的关键所在,是中国南方海防前哨,具有重要的战略地位。无论是中国、越南还是东盟别的国家,谁控制了南沙群岛,谁就将成为海上强国。

　　目前,南海的海上斗争正显现"多极化、南南化"的新特点:过去以美、苏两个海洋大国为主的海洋对峙,现在已演变为众多沿海国家竞相参与的海上争夺;过去美、苏以争夺具有战略意义的海区和战略通道为主,现在南海周边国家则以争夺岛屿、海域和海洋资源为主,斗争焦点集中在岛屿的归属上。

　　南沙群岛陆地面积虽小,但周围的海域面积巨大,约有 82 万平方公里,它紧扼太

平洋、印度洋间的交通咽喉,战略地位十分重要。日本80%以上的进口石油,都要通过南沙海域。太平岛距马六甲海峡东口的新加坡仅540海里,控制住它就可以很轻易地控制住两洋间的海上交通。

南海是太平洋通往印度洋的海上走廊,是沟通中国与世界各地的一条重要通道,控制这一通道,就将直接或间接控制了从马六甲海峡到日本,从新加坡到中国香港,从广东至马尼拉,甚至从东亚到西亚、非洲和欧洲的大多数海上通道。目前,我国进出口贸易的80%是通过南海运输的。我国原油进口来源,中东地区占60%,非洲地区占20%,亚太地区占14%,欧洲中亚地区占6%,据估计到2020年从中东地区进口所占比重将达80%,其中绝大部分进口是依赖海上运输的。可见,海上交通线的安全极其重要。

控制南海战略通道,不仅涉及国家的经济利益,也涉及国家安全,据有关专家分析,由于南海战略地位极其重要和南海局势的错综复杂,美国对南海争端的态度由过去的"不介入不表态"而过渡到"显示力量",若美国插手南沙,控制南海,并与美韩、美日同盟连成一线,将完成对中国的封堵,使我国的活动空间受到极大的限制,不仅南海问题变得更加棘手,台湾问题也将更难解决,国家安全将受到严重威胁。

3. 加快开发南海油气,对泛珠江三角洲区域经济的持续增长至关重要

南海蕴藏着丰富的油气资源,举世瞩目。因此,从国家经济、能源安全的全局考虑,南海地区应该成为我国油气资源开发的重要地区。

2004年最新地质调查表明,中国南海的石油地质储量约在230亿至300亿吨之间,约占中国总资源量的1/3。南海地区还发现了新型的替代能源"可燃冰",学名天然气水合物。据新近的勘测结果,仅南海北部的可燃冰储量就已达到我国陆地石油总量的一半左右。在西沙海槽已初步圈出可燃冰分布面积5242平方公里,其资源量估算达4.1万亿立方米,按成矿条件推测,整个南海的可燃冰的资源量相当于我国常规油气资源的一半,可燃冰是解决中国未来能源问题的最大希望所在。

开发南海油气有助于泛珠江三角洲的经济可持续增长。泛珠江三角洲是中国经济最活跃的地区之一,对能源的需求与日俱增,"9+2"的区域合作态势必然推动华南经济圈在中国经济格局中扮演更重要的角色。华南地区经济虽然增长迅速,但是自身也有难以克服的"硬伤",该地区常规能源十分缺乏,尤其石油天然气短缺的矛盾十分突出。因此,南海的油气开发具有明显的区位比较优势。可以说,南海的油气是地理上距离泛珠三角最近的能源原产地,从海南岛到珠江三角洲的距离仅为从新疆到上海距离的1%。开发南海油气对于支撑我国华南经济乃至全国经济的持续发

展具有巨大意义。

4. 我国在南海争端上面临严峻局面,未来20年周边国家对南海的争夺将更加激烈

目前,南沙群岛的现实不容乐观,我国南沙岛屿大部分被周边国家强占。自1970年起,菲律宾强占了马欢岛等8个岛屿,并开始单方面进行钻探开采石油。1977年,马来西亚紧随越南、菲律宾之后,也派兵侵占了南沙的几个岛屿。印度尼西亚则根据1969年10月与马来西亚片面签订的大陆架协定,侵占我南沙海域5万平方公里,1980年3月又单方面宣布建立200海里专属经济区,企图进一步公开、"合法"地侵占我国南沙的石油等海洋资源。此外,文莱也在我国南沙海域开采石油和天然气资源。目前南沙的岛屿实际控制情况是:中国台湾1个、菲律宾9个、马来西亚9个、越南28个、印度尼西亚2个、文莱1个。中国大陆只是控制了一些礁盘。我国在南沙面临的形势极其严峻,问题极其复杂,解决难度也极其巨大。中国在南沙的政策一直非常友好,除在关于民族尊严和国家根本利益的主权归属问题上毫不让步外,中国一直采取非常克制容忍的政策。在坚持和平外交政策和考虑南沙群岛的现实状况下,我国政府提出"搁置争议,共同开发"的原则。

现实情况是,有关国家为维护在南沙的既得利益,继续在南海"主权"问题上向中国展开政治、军事、外交和岛礁海域开发的攻势,除强化对已占岛礁和海域的军事管控之外,还加快了对南海资源的开发和掠夺的步伐。与此同时,美国、日本、印度等大国加强了向南海的军事渗透。南海问题继续朝着复杂化和国际化的方向发展。

在南海海域,有两个现实问题绝不可忽视,一是周边国家在南海海域开采油气资源步子快、数量大,而我国至今在南海无一口油井,未产一桶原油。据美国能源信息署2002年5月的资料,南海地区每天产出石油200万桶,每年产出天然气2.5亿立方英尺,其中文莱、马来西亚、菲律宾、越南、印尼5国每天产出石油合计152.5万桶,每年产出天然气1.8亿立方英尺,分别占76.2%和72%(见表2)。如果照此速度开采,那么南海的油气约有20年就采掘殆尽,必须引起我们的警示。

表2　南海周边5国油气开采情况

国　家	石油产出/天(万桶)	天然气产出/年(亿立方英尺)
文莱	1.95	3340
马来西亚	75.00	14370
菲律宾	0.9460	10
越南	35.60	190

续表

国　家	石油产出/天（万桶）	天然气产出/年（亿立方英尺）
印度尼西亚	21.50	120
合计	152.546	18030

第二个值得注意的是：我国与东盟国家争议的海域面积有 150 余万平方公里。我国在南海断续线内的海域面积为 200 万平方公里，而越南、菲律宾、马来西亚、印尼、文莱 5 国要求的海域有 154 万平方公里（扣除重叠部分）进入我国断续线内，留给我国无争议的海域仅有 44 万平方公里，仅占 22%。

联合国海洋法公约缔结以来，国际上海洋国土概念发生了重大变化。200 海里专属经济区的建立使海洋国土范围超出了近海海域范围。我们不能给侵占领土的国家以足够的时间制造既成事实，我们更不能让其他国家以利用外资为名把西方势力卷入南海，使南海主权问题更加复杂化。

5. 海峡两岸在南海问题上有共同利益，应求同存异，共同解决南海问题

在南沙问题上，海峡两岸的立场应该是而且实际上也基本是一致的。两岸的中国人都坚持南沙是中国的领土，这是双方合作的基础。现在，台湾军队驻守着南沙面积最大、自然条件最好的岛屿——太平岛。太平岛是开发南沙的最佳的前线阵地，台湾也存在能源短缺的严重问题。所以，在南沙问题上台湾和祖国大陆的根本利益是一致的，有着联合开发南沙的基础。通过联合开发南沙，有利于促进祖国统一。两岸在南海问题上合作的展开，将明显加强中国在南沙问题上的实力。

二、全面实施南海开发计划，建设海南战略基地的主要条件

6. 我国已完全具备处理复杂的南海局面和扭转在南海开发利用方面由被动转为主动的能力

南海周边国家在南海海域开采油气资源步子快、数量大，而我国至今在南海无一口油井，未产一桶原油，这是一个与国力不相匹配的严峻现实。

共同开发，首要的是自己参与开发。我国提出共同开发的方针，但是唯独自己不参与开发，这种现状务必尽快改变。有效地实施共同开发南海的计划，首先必须清醒认识我们在南海区域的优势与劣势。与南海区域周边国家相比较，我们的劣势有 2

个,优势也有 2 个。

劣势之一,开发南海着眼南沙,而周边国家距南沙近在咫尺,我国距南沙远在千里,实施开发计划所必需的各种条件、各项支援和保障措施,均是鞭长乏力。

劣势之二,周边国家早在 20 世纪 60 年代末 70 年代初已着手开发南沙资源,已经积累了经验,获得了巨大的经济效益,在南沙开发利用处在先动、主动的态势,并逐渐形成联合对我国的局面。然而,我国从 1987 年才开始在南沙海域进行油气资源的勘探,勘探工作仅限在地球物理,至今未实施钻探,我国处在十分被动的状态。

优势之一,海洋资源的开发利用必须依托高新技术,技术力量是开发利用海洋资源的基本力量,对海洋资源开发利用具有长远性决定性影响。就技术力量而言,我国虽然落后于美国、俄罗斯、日本等国,但却领先于南海周边国家。如被视为人类未来最理想的替代能源之一的可燃冰,我国从 1999 年已开始对其进行了实质性调查和研究,并取得重大进展。据报道美国、日本均计划在 2015 年对可燃冰进行商业试采,我国可望在 2015 年进行试采。由此可见,依靠日益发展的高新技术力量,我们不仅在油气资源的开发利用上形成后发优势,而且可在新能源的开发利用上占据新的制高点,开创新的长远优势。

优势之二,海洋资源开发利用以强大的经济为基础。国家经济力量也是影响海洋资源开发利用的另一个决定性因素。历经改革开放之后,我国综合国力不断增强, 在亚洲乃至世界经济的影响力不断增大, 已成为不可忽视的力量,与南海周边国家的经贸合作和交往迅速发展, 区域经济合作出现了新的发展格局, 我国经济上的强国地位必定为建设海洋强国提供强有力的保证。以我为主形成的日益稳定友好的国家睦邻关系必将为合作开发创造良好的环境和条件。我国已完全具备稳妥地处理已经出现的复杂的南海局面和扭转在南海开发利用上由被动转为主动的能力。

7. 海南岛应成为我国挺进南海进行油气综合开发的后方战略基地

海南建省办经济特区以来,经过十六年多的快速发展,基础设施已日趋完善,全省电力供应已跨入富余省行列,电信基础网络已全部实现数字化,城市电话普及率、省会城市电话普及率和信息技术应用均进入全国先进行列,环岛高速公路已全线贯通,有三亚凤凰、海口美兰南北两个国际机场,新建港口 24 个,粤海铁路货运和客运均已通车,海陆空主体交通体系已全部建成,全省经济发展已进入新的一轮快速增长期,奠定了把海南岛建成我国挺进南海后方战略基地的基础条件。

开发南海,难在南沙。南沙群岛陆地面积仅约 2 平方公里,最大的太平岛也仅有 0.43 平方公里,南沙距海南岛榆林港有 1500 公里,太平岛是开发南沙的最佳前方基地。西沙群岛陆地面积约 10 平方公里,其中最大的永兴岛 2.1 平方公里,东岛 1.7 平方公里,中建岛 1.15 平方公里,西沙距海南岛榆林港有 337 公里,距越南岘港约 76.5 公里,西沙是开发南沙的中间基地或前方基地。显然,海南岛应成为我国挺进南海进行油气综合开发的后方基地,集中地体现并发挥国家对南海开发的强大后盾和强有力的支援作用。通过后、中、前方三级基地的建设,可以缩短我国大陆与南沙的距离,推进南海开发的进程。

前、中、后方基地的建设和作用的发挥,必须以足够的经济实力和必要的军事实力为基础。国家应按基地的建设目标加快海南岛和西沙群岛的开发和建设,应把与南海开发目标相一致和相匹配的重大建设项目放在海南岛,并列入"十一五"和"十二五"计划,使海南岛经过若干年的迅速发展,具备发挥基地作用的基础设施和经济与技术条件。作为挺进南海的后方基地,海南省应建设成为南海油气综合开发利用基地,成为国家南部能源战略储备中心基地,成为农副产品、水产品加工出口基地,成为"10 + 3"、"9 + 2"的物流中转基地,成为国家商业卫星发射基地。国家要采取特殊措施加速西沙群岛的开发,按前沿基地的建设目标规划和定位西沙群岛的建设发展,尽快建设西沙作为中间基地或前方基地所必需的水、电、路、码头、机场等各项基础设施。国家应按基地建设的目标强化海南岛的军事现代化建设,应把一些军民两用的重大建设项目,特别是一些高科技项目放在海南岛,直接或间接地推进军队现代化建设的发展。

提高海南及西沙的地位和作用,应按这一建设目标给予海南省和海南特区新的定位,给予海南省更多的管理权限,使之有效地行使全国人大赋予海南省对南海海域的管辖权,给予海南特区一些特殊的政策措施,加大海南对外开放的步伐,加快海南省的改革进程,充分发挥海南经济特区的作用。

8. 我国睦邻友好的外交政策取得了巨大成功,为开发南海创造了良好的环境条件,共同开发南海正处在较好的时期

进入 21 世纪以来,南海周边国家的政策发生了一定的变化,并对我国提出的共同开发表示出相当的兴趣。在 2000 年 5 月 8 日我国和印度尼西亚发表共同声明,双方同意在许多重要领域进行合作,其中包括矿产和渔业。2000 年 5 月 16 日我国与菲律宾发表的关于 21 世纪双边合作框架的联合声明,"决心完成建立中菲信任措施工作小组的工作,促进本地区的和平与稳定",并重申"将为制定和达成沿海地区行为准则做出积极贡献"。2000 年 12 月 15 日我国和越南发表关于新世纪全面合作的联合声明,双方同意在有关南海争议问题上,"坚持通过和平谈判,寻求一项双方都能接受的基本和长久的解决办法"。南海周边国家的这种变化,有利于南海地区未

来进行共同开发的实际操作。

三、开发南海资源,加快建设海南战略基地需要把握的原则

9. 以产业开放作为推动共同开发的基本政策

南海开发活动,一要坚持以我为主,二要实行大开放,以开放寻求合作,不论是发展海洋油气业、海洋渔业、海洋旅游业、海洋运输业和海洋服务业均应实行产业开放政策。开发海南、开发西沙、开发南沙均应以开放带动开发,以开放带动发展,在海南全省真正形成全方位开放的格局,形成大开放的优势。

10. 在区域经济合作背景下把海南岛建成"10＋3"、"9＋2"的港口物流中心

中国经济逐步走向国际社会,海洋贸易成为经济发展的重要推动因素,海洋战略的实施使得港口行业获得了巨大的发展空间。从1991年到2003年的13年间,港口行业经济指标均远高于国民经济发展水平。13年间全国主要港口货物吞吐量平均增长13.15%,主要港口货物吞吐量平均增长18.83%,集装箱吞吐量平均增长更是达到33.60%,远高于同期GDP平均9.15%的增长水平。

从整体上看,目前我国港口供给能力同市场需求差距较大,尤其是集装箱码头,实际吞吐能力远远高于港口设计能力。沿海主要港口公用码头完成吞吐量超过设计标准的10%,集装箱码头长期超负荷运作,利用率达到130%。随着中国—东盟自由贸易区的即将建立和泛珠江三角洲经济合作的深入,尤其是前者带来激增的贸易总量和该地区港口常常供不应求的格局,给海南发展港口业提供了潜在的机会。

11. 处理好外交上"稳定周边,共同开发"的关系

稳定周边是大局,要处理好周边各种矛盾,发展周边和平友好关系,促进与周边国家双边、多边的合作,为我国实现现代化建设宏伟目标争取和平环境和机遇时间,这是大局,机遇重要,务必维护。但是,我国早已提出共同开发南海的主张,周边国家早已大张旗鼓地开发南沙油气,我国却只勘探不开发,这种被动局面必须迅速扭转。对此我们必须有所作为,在扭转被动局面中,处理得不好将会影响"稳定周边",但是处理得好可在共同开发中有利于"稳定周边",在发展中"稳定周边"。

我国政府提出"主权在我,搁置争议,共同开发"的主张。主权属我,必须旗帜鲜明,坚持原则。面对争议,不做主权让步,又不加剧争议矛盾,而是把争议暂时搁置,

采取模糊态度,留待以后解决。当前,我国必须尽快启动南沙油气开采,着力推进共同开发,为了促成共同开发,扭转我国在开发上的落后局面,我们可以在某些合作开发项目上牺牲某些短期权益,以追求更长远的权益。

12. 统一领导,协调配合,充分发挥中央与地方、军队与民众多方面的积极性

涉及南海问题的一切重大决策和活动,都必须由中央统一领导与协调,南海油气资源的开发利用必须由国家统一授权,不可多元行事。全国人大赋予海南省对南海海域行使管辖权,海南岛是南海开发的后方基地,要充分发挥海南省的行政管理职能和开发南海发展经济的积极作用,在产业开放、产业开发、双边合作等一些经济活动领域,中央给予海南省必要的授权,赋予海南有更大的自主权,去从事一些不需中央出面而由海南省出面的活动会更为主动、更加有效。

四、抓住机遇,着眼全局,果断决策,建设海南战略基地

13. 以海洋旅游业为先导,开发西沙,带动前、中、后方基地建设

开发西沙,挺进南海,应以人为先,在西沙营造人多势众的气氛,为捍卫海岛主权造势。西沙人主要不是为数极少的渔民和军人,而应是人数众多的游客。应首先使中国人的足迹频频踏入南海海域,使更多的中国人和外国人往返入住西沙群岛,让西沙群岛的人气旺盛起来。更多的人往返西沙,也必然会给西沙带来各种商机,也会给其他产业的发展带来机会。为此,从发展旅游业入手,带动西沙基地的建设,是最有效率的正确途径。西沙的珊瑚礁生物资源和景观资源并不亚于世界闻名的澳大利亚的大堡礁。

热带海岛旅游资源是海南省独特的优势资源,开发西沙旅游应成为海南旅游产业发展的重要部分。鉴于南海问题的复杂与敏感,在开发西沙旅游时,应多干少说,在对外宣传上宜低调处理,把开发西沙旅游视为经济活动,强调用市场方式实施西沙旅游的开发项目。开发西沙旅游应内外有别,在指导思想上务必十分明确,开发西沙是南海开发战略计划的一个重要组成部分,应从开发南海的战略目标,建立挺进南海基地的要求,规划海南旅游产业的发展,制定西沙海洋旅游业的发展计划。开发西沙海洋旅游必须在中央统一领导下,协调各方面的力量,依靠各部委和军队的支持;海南省的一切重大决策,必须服从中央的协调,服从于全国大局。西沙海洋旅游业的发展必须与海南国际旅游岛建设相匹配,与南海开发基地建设要求相统一,进行基础设

施建设,设计海洋旅游航线,发展航海旅游、海洋运输业和海洋服务业。

鉴于海南岛拥有独特的资源优势、区位优势和生态优势,旅游业已取得迅猛发展,并形成自己的品牌,闻名于全国和世界,建议中央政府明确宣布把海南岛建成国际旅游岛和环保特区。

14. 以扩大国际科技合作作为挺进南海的先导

充分发挥我国在科技方面领先于周边国家的优势,在南海海域开展广泛的国际科技合作活动,特别是加强与欧盟国家如德、法的科技合作。率先开展海洋资源的科技勘探、考察的合作研究活动,开展以可燃冰为重点的新能源的合作考察研究活动。开展海洋观测、深海采矿、海洋生物与药物等新技术的合作研究活动,还可开展科技旅游,让我国的海洋科研船队频频进入南海,让我国的科学家、科技人员会同国外的专家进入南海。以科技开发作为先头部队进入南海,既有现实意义,又具长远意义,是突破合作开发最为现实的途径。

15. 尽快将洋浦经济开发区从 30 平方公里扩大到 200 平方公里,建成自由港区

未来中国石油开采的潜力已经转向海洋。因此,无论从资源储备、技术储备,还是从国家安全的角度考虑,在我国石油多元化战略中,开发海洋油气资源已成为重要一环。目前南海油气开采已经处于快速发展的起点,技术、资金方面已无问题,各方面时机已经成熟。海南作为我国南海地区的最大岛屿,最有条件成为我国在南海地区未来最大石油加工、储运基地。我国华南、西南地区尚无一家石油天然气储运基地,能源布局严重不均衡。在未来南海开发的战略中,海南理所当然能够扮演一个举足轻重的角色。而开发南海油气,就相应需要一个石油加工、冶炼、储备的基地,与潜在的消费市场紧密相连以保证“开采—加工—冶炼—储备—运输—消费”的产业链条。从这个角度来看,海南的洋浦港最有可能成为建立南海石油开采基地的首选。

我国正在筹建的四大石油储备基地大连、黄岛、舟山、镇海都在华东地区,战略布局不甚均衡。西南地区历来是我国能源缺乏的地区,除了水电之外,煤炭、石油等常规能源都很缺乏。随着西部大开发的进行和西部工业化进程的加剧,对油气资源的需求也与日俱增,整个西南地区却没有一个区域性的石油储备中心,这显然不利于我国的能源布局。

目前,除了北部湾的北海、钦州港,没有一个可以供大型油轮停靠的码头。北海、钦州都不具备发展大型油气资源码头的条件,也都没有相应的石油化工行业作为石油储备的依托,而位于北部湾的洋浦港就具有上述这些得天独厚的条件。洋浦地处

海南岛西部,位于北部湾中段,紧连我国华南、西南通向东南亚要冲,并与东盟国家隔海相望,具备大陆通往环太平洋诸国要道的区位条件。洋浦同时又是一个天然良港,可供建港的海岸线达 6.6 公里,可建成 20 个万吨级泊位,港口年吞吐量达 2800 万吨,2 万吨级别的船泊不受潮汐影响直接自由出入。更重要的是,洋浦依托南海丰富的油气资源和重要的区位优势,正在成为重要的石油化工加工基地。洋浦最新落户年产 800 万吨炼油项目,使之具备开发石油天然气的产业依托。因此,在北部湾地区洋浦是石油储备基地的首选。目前,洋浦 30 平方公里的土地已基本用完,随着大规模开发的开始,以区域合作为特点,以石油储备天然气加工为重点,以建立洋浦自由港区为目标,把洋浦经济开发区从 30 平方公里扩大到 200 平方公里已是客观要求。

16. 把海南岛作为南中国海问题研究基地

南海问题错综复杂,又极其敏感,既有区域内多国矛盾的交错,又有区域外多国介入矛盾的交错,既涉及经济问题,又涉及政治问题、军事问题、法理问题。需加强海洋国际法的研究,为推动南海开发和稳妥处理南海问题提供法理支持。为此,一要加速中国南海研究院的建设,充分发挥其作用,使之成为我国研究南海问题的最具影响力的研究机构。二是研究活动既要坚持内外有别,又要积极开展国际合作,以积极活跃的学术上的研究合作,推动区域合作开展,推动南海的共同开发进程。

南海地区发现了蕴藏丰富的"可燃冰"资源,一些国家技术人员估计 2015 年后可进入开采期。因此,南海油气的开发对我国目前石油产量增长有着极大潜在的贡献。南海地区丰富的油气资源和"可燃冰"的丰富储备,是南海有望成为下一个全球的"波斯湾"。海南作为南海前哨,也对将来研究、勘探、开发可燃冰提供后勤基地的条件。

17. 从国家大局和长远战略出发,从"十一五"开始在海南布局大型油气化工项目

从国家大局和长远战略出发,建议将海南建设成为南海油气勘探开发的支持基地和国家石油战略储备基地。"十一五"期间国家在海南布局大型油气化工项目:支持 90 万吨乙烯及下游产业链延伸项目、乐东气田开发、300 万吨液化天然气(LNG)、120 万吨甲醇、大型天然气发电等项目。

18. 建议中央对海南省和海南经济特区给予新的定位,海南特区应抓住新机遇,创造新特区,打造新模式

我国 21 世纪的发展战略已经转向海洋。这分别体现在贸易依存度比例逐年提

高、海洋经济在 GDP 的比重逐年上升以及南中国海在未来我国海洋政治和经济中上升为最具有潜力的地区上。中国的现代化,需要有一个完整的海洋战略。海南省是我国最大的海洋省,管辖着 200 平方公里的南海海域。面向海洋、面向未来,面对极其复杂的南海诸多矛盾,海南省具有极其独特的地位和作用,中央应给予海南省和海南特区新的定位,这一新的定位主要内涵是:

海南省应成为我国开发南海、挺进南海的基地;海南省应成为我国南部油气化工生产基地和石油储备转运基地;中央拟定海洋行政管理的相关法规,并授权海南省,使海南省实现南海海域的管辖权;海南特区应成为我国面向东南亚的桥头堡,成为中国—东盟自由贸易区的口岸。

海南应在区域行政区划建制上有所突破。海洋战略的客观实际要求中央赋予海南对南海海域新的管辖权,管辖的载体可以在目前海南省作为一个省级的管理体制基础上,改省级建制为类似香港、澳门一样的"海南特别行政区"来管理对南海的开发和主权的维护。因此,有必要从南海开发、海洋资源保护,以及中国与东盟合作的需求出发,把海南经济特区提升为"海南特别行政区"将是最好的选择。

促进琼台农业项下自由贸易

海南与台湾是祖国的两大宝岛,不仅面积差不多,而且在人文、气候、自然条件等方面有许多相似性,同时琼台经济合作又有很强的互补性。海南有丰富的旅游资源、农业资源、海洋生物资源、矿产资源、石油天然气资源等,台湾有雄厚的资金、先进的技术、科学的管理。海南资源的开发有赖于大量台资的注入,而寻求投资场所的台资可望在海南的开发中获得较高回报。琼台经济合作是一件互惠互利、造福两岛人民的好事情。

海南岛独特的自然资源优势,为海南发展高产、优质、高效的现代农业提供了优越的条件。海南农业资源潜力巨大,是海南岛的基础优势、根本优势之所在。而台湾在发展农业方面的先进技术、管理经验、海外市场,都会对启动海南现代农业带来重大影响。

海南农业正处在由传统农业向现代农业转变的初始阶段,而台湾农业经济已经达到国际先进水平,积累了不少成功的经验。加快琼台农业合作的步伐,争取实现琼台农业项下的自由贸易,把对外开放与产业发展结合起来,在开放中形成产业优势,是海南进一步扩大开放的战略选择。

——1997 年

实行琼台农业项下自由贸易[*]

（1997 年 7 月）

◆◆

抓住当前有利时机,尽快实现琼台农业项下的自由贸易,对推动两岸的经贸合作会起到十分特殊的作用。鉴于实行琼台农业项下自由贸易有很大的现实性和可操作性,特提出 10 项具体建议:

1. 建议由中央政府宣布实行琼台农业项下自由贸易

海峡两岸的贸易是一种特殊的国内贸易。实行琼台农业项下自由贸易,可考虑两种做法:一是可以授权海南省同台湾方面进行商谈;二是由中央政府做出决定。由于实行琼台农业项下自由贸易是一件大好事,它特别有利于台湾的投资者,能够受到广大台胞的欢迎,同时对海南的热带农业发展会带来巨大利益,还会丰富大陆的农副产品市场。鉴于此,由中央政府做出决定,既有可操作性,又会起到举一反三的作用。

建议国务院为此公布《实行琼台农业项下自由贸易专项管理条例》(以下简称《专项管理条例》),对台湾必要的农业生产资料及农产品免税进入海南岛,以及对台商在海南岛生产的农产品及加工品自由进入内陆市场做出明确的规定。

2. 建议授权海南省依据《专项管理条例》同台湾方面进行具体商谈

实行琼台农业项下自由贸易中涉及的一些具体技术问题,可以由海南省同台湾

---

[*] 在"第六届海峡两岸关系学术研讨会"上的演讲,1997 年 7 月 29 日。

方面进行具体磋商。为此,建议授权海南省依据《专项管理条例》制定相应的法律规定和行政规定,切实推动和保证琼台农业项下自由贸易,有效保护台商的利益。

推进琼台农业项下的自由贸易,可采取灵活、务实的办法。可以以两岛名义进行,也可以在两岛限定的地区进行,还可以以海南与台湾的某一地区的方式进行。

3. 建议海南省制定相应的特殊政策,尽快形成琼台农业合作的新局面

为创造条件,切实推动琼台农业项下自由贸易,海南省应及早制定和实行一些具体的特殊政策。例如:对台商所用土地给予一定的、有吸引力的优惠,真正实行以低廉土地价格推动琼台农业合作的政策;对台商的经营范围适当放开,既可搞种养业,也可搞加工业,符合基本条件的也可以搞农产品销售业,还可搞农产品运输业等;对在海南岛内生产的农产品进入港澳市场给予一定的照顾;允许成立独资、合资的销售或贸易公司,把农产品销往内外市场。

4. 建议实行某些支持琼台农业项下自由贸易的金融政策

实行琼台农业项下自由贸易,必要的金融支持手段是至关重要的。建议可考虑实行的具体措施是:设立"琼台农业开发基金",利用投资基金搞一些农业大项目。投资基金可由琼台投资者联合发起,并允许尽早上市交易;琼台可合资兴办农业投资银行,鼓励琼台金融合作;允许在海南岛投资的台资农业企业联合设立信用社,扩大台资用于在海南岛内农业开发的融资渠道;批准海南省发行一定数量的农业开发债券,并鼓励台湾投资者购买;在条件具备时允许琼台合作进行农产品期货交易,实行海南岛农产品市场同国际市场的直接联系;创造条件,争取在海南岛率先实行人民币与台币的自由兑换。

5. 建议琼台合资兴办农业合作基地或试验基地

鉴于海南岛有大量可耕地用于琼台农业合作,为此,应支持和鼓励琼台投资者合作或合资兴办农业合作基地。可考虑以现有的国有农场为基础,也可划出适当土地,并对合作基地在一定生产期限内给予更优惠的免减税政策。

6. 建议两岸支持鼓励农户或专业户自主、自由进入海南岛进行农业开发或农业合作

海南应欢迎内地的农户或专业户不受限制地来岛从事农产品生产或农产品加工业。实行琼台农业项下自由贸易,最有利于台湾的投资者,对台湾农户有很大的吸引

力。台湾方面应当对台湾企业和农户来海南岛从事农产品生产、加工、销售,不加以人为限制。

7. 建议台湾方面对海南岛的农业、渔业等给予一定的技术援助

台湾与海南在农业方面有很大的互补性,琼台农业合作对双方都会带来可观的经济效益。台湾方面曾在1990年公布过对海南岛实行农业、渔业等技术援助计划,此计划至今尚未实行。为推动两岛农业项下的自由贸易,争取尽快落实台湾方面的1990年技术援助计划是很重要的。建议台湾方面履行1990年的承诺计划,以顺应两岛间农业合作的发展大趋势。海南应当允许和鼓励多种形式的技术援助,包括对农户的技术培训,合资或合作开办农业方面的科研机构或办专门学校,并欢迎台湾派人对海南岛借鉴台湾经验在农村中试办农协给予技术指导。

8. 建议采取措施,加强琼台在海洋和旅游资源开发方面的合作

为促进琼台合资合作组建捕捞队,发展海洋捕捞业,建议在海南岛周边海域从事海洋捕捞业视同关外区处理,对在海南岛内陆地配套所需生产资料,如生产设备、经营海产品加工业的加工设备可实行保税政策,合资开发的渔业产品视同海南的当地产品可自由进入内陆市场。此外,逐步创造条件,允许和支持两岛间合作进行南海油气资源的开发。

应采取支持鼓励政策,发展两岛间的旅游合作。台湾游客在海南应当全面享受国民待遇,所有国内线路均对台湾游客开放。允许台湾投资者合资或独资举办旅行社,开展两岛间的旅游项目,并可组织两岛间的海外旅游。

9. 建议琼台率先实现"三通"

近两年,来海南岛的台商及游客每年约15万~20万人,预料实现琼台农业项下自由贸易后,台湾来海南的人数会大幅增加。此外,海南省航空公司是国内第一家合资的股份化航空公司,现已有一定的实力,三亚凤凰国际机场又是具有一定现代水平的股份制机场,很有条件越过一些技术性障碍,直接通航。通航后,建议允许台资以一定的比例,参股海南省航空股份公司和三亚凤凰国际机场。

10. 建议以民间形式进行两岛农业全面合作的规划

为推动琼台农业项下的自由贸易,需要两岛间在自愿的基础上,组织有关学术界和社会人士,就琼台农业的全面合作进行规划。在目前,十分有必要尽快成立一个较高层次、被双方认可的社会民间组织,就农业项下的自由贸易问题进行直接的磋商和

对话。

鉴于海南与台湾的可比性强,资源状况差不多,两岛又有着特殊的地理条件,因此,发展两岛间的全面经济合作有着得天独厚的条件。以实行琼台农业项下自由贸易为重点,并由此推动和促进两岛间全面的经济合作是适应形势、顺应民意的大好事,两岸都有责任为此采取积极的行动,尽快把这一建议变成实践。

邓小平10年前提出创办海南经济特区时,就把海南岛同台湾岛相联系,并对两岛间的经济合作寄予厚望。进一步把海南经济特区办好,并逐步形成两岛间经济、贸易和人员的自由往来关系,使海南特区在促进两岸经贸合作、推动祖国和平统一大业中扮演重要角色。

多方努力尽快促成
琼台农业项下的自由贸易[*]

（1997 年 1 月）

◆◇◆

　　农业是海南的优势产业,对海南的全面发展具有全局性的影响。加快琼台农业合作的步伐,努力争取实现琼台农业项下的自由贸易,是海南进一步扩大开放的战略选择,是极大促进海南现代农业发展的一条重要途径。

　　以实现琼台农业项下的自由贸易为突破口,进而推动两岛的全面经济合作,对实现"一国两制"的战略构想具有重要意义,会起到十分特殊的作用。正如邓小平早就指出的:"海南岛和台湾的面积差不多,海南岛好好发展起来,是很了不起的。"

　　琼台农业合作问题已引起各方面的关注,并已形成许多共识,海南在实践中已有很大的发展。我于 1994 年在"加强和发展琼台农业合作的十项建议"中提出了"实现琼台农业项下自由贸易"。随后,1996 年在中改院提出的"海南进一步扩大对外开放的 23 条建议"中又提到了这个建议。目前,关键是行动,应尽早从理论迈向实际,从口号变成现实,从鼓励变成政策。在此提出一些建议,旨在得到各方面的积极响应,尽快促成琼台农业项下的自由贸易。

---

　　* 在"政协海南省二届五次会议"上的发言,1997 年 1 月。

一、实现琼台农业项下的自由贸易是
有基础和条件的,应当积极促成

1. 琼台农业合作是两岛优势互补和经济发展的需要

琼台两岛自然条件十分相似。海南正处在由传统农业向现代农业转变的初始阶段。台湾经济从农业起步,经历了四十多年的发展,农业经济已经达到国际先进水平,在种苗、生产技术、管理、加工、储运、营销等方面具有很大的优势,积累了不少成功的经验,但目前也面临着土地少、成本高、缺乏竞争力等困难。通过琼台农业合作,可以把海南的热带资源、土地、人力等优势与台湾先进的技术、管理方法、营销渠道以及优质品种和资金投入有机地结合起来。这对两岛来说是实现优势互补、互惠互利的大好事。

2. 近年来台商对海南的农业投资规模不断扩大,势头很好

据统计,分布于海南省 15 个市县的近 200 家台资农业企业的投资总额已近 2 亿美元,占外商农业投资的首位。大型投资项目不断增加,仅近两年从事 5 千亩至 1 万亩成片开发的台资企业即达 20 多家,有的项目投资上千万美元。目前,台资企业在海南搞农业开发已基本形成了一个种植养殖业、高新技术、旅游观光休闲农庄多元化的立体现代化农业格局。

3. 实现琼台农业项下的自由贸易,会给两岛带来可观的经济效益

目前,在海南的台资农业企业,60% 以上的产品销往日本和欧洲等市场,部分销往香港、台湾市场,投资效益普遍很好。海南农产品也借助台商已有的市场渠道和广阔的销售网络,加大了出口额。可以预料,随着两岛农业自由贸易的实现,这种效果会更加明显。同时,还会对促进海南农业社会生产力的发展和农村经济整体素质的提高发挥作用。

二、争取实行免关税政策,为促成琼台
农业项下的自由贸易创造条件

对免关税范围严格加以控制,只限于台商在琼用于农业、海洋捕捞业及与此相关加工业所需的生产资料、生产设备、生产工具等。

1. 对台商用于在琼农业生产的农药、化肥、专用包装材料、农业设备等生产资料及农产品加工设备实行免关税政策,以鼓励更多的台商来琼从事种植、养殖、农产品加工业

2. 对台商以海南当地农产品为主要原料的农产品加工业,在包装材料、生产设备、生产工具等实行免税政策

3. 对进入海南的台湾农业优良品种在商检等方面给予方便条件

4. 台湾的部分农产品及加工品可自由进入海南市场;相应采取措施,使海南的部分农产品及加工品能逐步进入台湾市场;对于台商在琼投资生产的农产品及其加工品,视同海南自有产品可自由进入内陆市场

5. 琼台合资组建捕捞队,发展海洋捕捞业,在海南周边海域从事海洋捕捞业视同关外区处理,对陆地配套所需生产资料,如生产设备、经营海产品加工业的加工设备可实行保税政策,合资开发的渔业产品可自由进入内陆市场

实行优惠政策,是促成琼台农业项下自由贸易的基本条件,其目的是实现海南农业资源与台湾先进技术、设备的"高位"嫁接,迅速改变海南农业落后的状况。从这点来说,真正的受益者是海南。

实现琼台农业项下的自由贸易,不会对内陆市场造成冲击。海南是个岛屿,易于对台商免关税进来用于农业开发、农产品加工的生产资料、生产设备、生产工具等进行管理。台商在琼生产的农产品、加工品自由进入内陆市场,不仅不会给内陆市场带来冲击,相反会满足内陆市场的需求。

三、从多方面促进琼台农业项下的自由贸易

1. 采取土地低价政策,鼓励台湾参与海南农业开发区的开发或成立台资农业开发区、台商独资庄园、种植场、养殖场等

2. 农业开发及农产品的加工需要较为雄厚的资金支持,因此争取琼台金融合作,合资兴办农业开发银行之类的金融机构。同时,率先在海南实行台币与人民币的自由兑换

3. 争取设立"琼台农业开发基金",利用投资基金引导台商在海南搞农业开发。力求上一些较大的项目。基金的发起人可以是台琼工商企业联合发起,允许在海南定向募集,以安全性和营利性为目标,并求尽早上市交易

4. 争取国家有关部门帮助海南尽快促成两岛通航

5. 争取国家有关部门帮助海南争取台湾对琼农业的资金、优良品种、技术援助,以便海南大范围地采用和推广台湾现代农业科学技术

6. 创造良好的外部条件,如目前台商反映比较强烈的社会治安问题、地方政府的行为问题等,必须下力气解决,创造良好的吸引台商的软环境

四、不失时机,加快行动,努力促成琼台 农业项下的自由贸易

目前正是加速促成琼台农业项下自由贸易的大好时机,应加大力度,加快推进。建议近期做好以下几项工作:

1. 建议省政协将"琼台农业项下的自由贸易"作为重要提案上报,争取各方面的广泛支持

2. 建议组织力量进行专题研究,尽快制定出操作方案

尽快组织力量研究制定琼台农业项下的自由贸易方案,上报中央有关部门以取得政策支持,并允许海南通过各种渠道,同台湾进行接触,尽快就琼台农业项下的自由贸易问题与台湾进行对话和交流,使这项合作进入实质性谈判。

3. 积极加快推进琼台农业项下的自由贸易

琼台农业项下的自由贸易,需要双方强有力的组织去协调和推动。在目前,十分

有必要尽快成立一个较高层次的、有官方背景的、被双方认可的社会组织,就农业项下的自由贸易问题进行直接的磋商与对话。

4. 推进琼台农业项下的自由贸易,可采取灵活、务实的办法

琼台农业项下的自由贸易,可以两岛进行,也可以在两岛限定地区进行,还可以以海南与台湾的某一地区的方式进行。

以农业合作为先导
推进琼台经济的全面合作[*]

（1995 年 1 月）

◇◆◇◆◇◆◇◆◇◆◇◆◇◆◇◆◇◆◇◆◇◆◇◆◇◆◇◆◇◆◇◆◇◆◇

台湾与海南岛的经济合作已有多年的议论,不管实际进展如何,各方面对两岛间经济合作的潜力和前景都看好。从目前的情况出发,以两岛间农业合作为先导,分步推进全面性的经济合作,最终促成两岛间自由贸易格局的形成,可能是比较现实的选择。

一、现代农业对海南的全面发展具有全局性的作用,
　　琼台合作以农业为先导,既符合实际又具有
　　经济合作的全局意义

1. 海南农业资源潜力巨大,真正优势在于农业

首先,海南岛具有丰富的土地资源,素有"热带宝地"之誉。海南岛易开发土地资源和人均土地占有量远高于台湾,目前开发利用的土地只占全岛幅员面积的55%。

其次,海南岛四面环海,海岸线占全国大陆海岸线的 10.1%,海产品种类繁多,十分丰富。目前,海南岛的海洋产品生产规模很小,只能满足本岛市场的一般需求。

---

[*] 载《海南日报》1995 年 2 月 9 日。

再次,海南岛热作资源得天独厚,享有"百果园"之称,是中国最大的热带、亚热带水果产区之一。目前,这个优势尚未充分发挥出来。

另外,海南岛蕴藏着丰富的南药资源,素有"天然药店"之称,可入药的品种占全国南药资源的40%。目前,这些资源基本上还没有被开发利用。海南岛独特的自然资源优势,为海南发展高产、优质、高效的现代农业提供了优越的条件。海南农业资源潜力巨大,是海南岛的基础优势、根本优势之所在。而台湾在发展农业方面的先进技术、管理经验、海外市场,都会对启动海南现代农业带来重大影响。

2. 发展现代农业可以为海南旅游业、加工业和贸易的发展奠定坚实基础

海南有着十分宝贵的旅游资源,发展旅游业得天独厚,海南旅游业的发展离不开农业的发展。无论是旅游景点的设置、旅游设施的建设,还是旅游购物、旅游观光、旅游文化等都离不开农村和农业的发展。

海南的旅游资源大部分在农村,所以农民完全可以在家门口兴办旅游业,使农业与旅游业相结合。台湾旅游业同农业结合得很好,比如搞观光果园、观光花园、休闲农庄、特种动物养殖园等。台湾从20世纪80年代后期开始大力发展观光休闲农业,目前已有柑橘、荔枝、草莓、香菇等十多种系列观光休闲农庄,遍及台湾岛15个县市37个乡镇,每年有近百万人前去观光旅游。海南应很好借鉴台湾这方面的经验,大力发展旅游观光农业,更好更充分地发挥海南资源的优势。

加工工业是海南发展工业的基本出路。海南农工业的发展要靠工业的支持。据1992年的统计,海南以农产品为原料的轻工业占整个工业产值的比重达到49.5%,而同年全国以农产品为原料的轻工业比重只有29.8%。海南税利最多的100家工业企业中,有47家是以农产品为原料的。海南的工业对农业有很高的依存度。而台湾在发展农产品加工业方面有很好的经验,加强琼台农产品加工业方面的合作是大有前途的。

海南农业的发展也为贸易的发展提供充足的物质内容。海南的对外贸易主要依靠热带农产品和以农产品为原料的加工工业产品,如反季节瓜菜、热带饮料食品、热带工艺品等。海南现代农业的快速发展,能更大地促进海南贸易的发展。如果能进入台湾市场,可以起到优势互补的作用。

3. 海南发展的实践证明,农业在海南经济发展中的作用越来越大

据统计,1993年海南农业创造的附加值是75.52亿元,工业创造的附加值仅为

28.10 亿元，农业在工农业所创附加值中所占比例为 72.8%，而同年全国农业附加值仅为工业附加值的 47%，农业在工农业总附加值中所占比例仅为 31.98%。1992年，海南人均农业产值居全国 30 个省市自治区的第一位，而人均工业产值为倒数第三位。同年，海南农业、水利部门的就业人数是工业就业人数的 9.38 倍。从投入产出比例来看，1988 年至 1992 年，海南对于工业的投入是农业的 2.9 倍，1992 年农业创造的国民收入却是工业的 2.8 倍。1994 年上半年，海南工业总产值增长 7.3%，农业总产值增长 14%，农业人均生产性收入比上年同期增加 22.9%。海南农业增长速度不仅远高于工业，而且大大超过其他省份的发展水平。以上几个对比数据说明：(1)海南目前仍然是一个农业大省，农业仍然是海南经济的支柱。(2)海南农业对海南的经济发展已经做出巨大贡献。(3)只要我们对农业给予更多的重视和投入，走出一条现代农业发展之路，农业将会有更大、更快的发展，对海南整个经济发展的贡献也会更大。

无论从哪一个方面说，充分利用海南农业优势，加快发展现代农业，将会大大带动海南旅游、贸易和加工工业的发展，从而促进海南整体经济优势的发挥。海南现代农业的发展，会奠定整个经济快速发展的基础，对海南发展全局具有重大的影响。因此，琼台合作以农业为先导，对两岛都是十分有利的好事。

二、借鉴台湾的经验教训，在加快海南现代农业发展进程中，走出一条经济发展与环境保护相结合的"绿色道路"

海南岛是世界上仅存的少数几块未受污染的"处女地"之一，没有污染使海南拥有其独特的自然环境优势，并引起了国际社会的高度重视。海南发展的绿色道路，离不开环境的优势，离不开海南热带农业的优势。

在 1993 年 7 月 1 日中国(海南)改革发展研究院召开的"中国走向市场经济的理论与现实国际研讨会"上，台湾"中华经济研究院"院长于宗先先生做了题为"以最小的代价实现经济高速发展"的演讲，论及台湾经济快速发展所带来的严重污染问题。他用"饥不择食"来形容台湾早期发展时期的状况，对工业未做选择、对工厂区位无选择、对农地的滥用，造成了环境污染和生态破坏的严重后果。他强调在加速经济成长中，要吸取台湾的教训，重视保护环境。

海南现代农业发展有充分的"环保意识"，与环境保护相结合，走"生态农业"的新路子，以开发海南独特的热带农产品以及热带农产品加工业为海南现代农业发展的基本方针。许多国内外专家在考察海南岛后都指出，海南走生态农业发展的新路子，充分发挥热带宝岛的独特自然优势，生产广大内地不能生产的东西，加快发展天然食品加工业,将占领内地甚至海外市场,带来大大高于传统农业的经济效益以及长远的社会效益。海南在这方面真正做出成绩,走出一条在发展生态农业中实现经济发展与环境保护相协调的绿色道路,海南就将逐渐闻名于世,并且会得到国际社会的支持。因此,发展生态农业,保持海南良好的生态环境,是海南生死攸关的大事,是海南长远发展的大计。

三、两岛农业合作条件有利,前景广阔

琼台合作最有利、最具条件的是农业合作,琼台农业合作是两岛优势互补和经济发展的需要。目前正是加速琼台农业合作的大好时机,应当加强、加快、加大两岛的农业合作。

琼台两岛自然条件十分相似,海南目前正处于工业化初期,如何吸取台湾经济起步的经验十分重要。琼台农业合作有利于海南充分借鉴台湾农业发展经验。

目前台湾农业发展面临着土地少、成本高、缺乏竞争力等困难。台湾运用自己的资金、技术、管理方面的优势,同海南的劳动力、土地、自然资源等优势结合起来,加强台湾农产品在国际市场上的竞争力,这对台湾农业的进一步发展也是很重要的。

海南农业开发有着中国大陆大市场的广阔前景。加强琼台农业合作,开拓大陆市场,这对双方农业发展是互惠互利的。

四、琼台农业合作已有良好的基础

1. 来琼投资农业的台湾企业日益增多,资金规模不断加大

到目前为止,投资海南的农业台资企业已有150多家,投入资金近9000万美元,取得了阶段性的成果。台商在海南的"绿色投资"有"三多"和"三大"。"三多"是:台商投资海南农业项目增多;由餐饮娱乐转向农业投资的台商增多;投资海南农业的台资企业赢利多。"三大"是:台商在海南"绿色投资"的份额大,占外资投资海南农业的首位;台商投资海南农业项目的规模大,仅近两年从事五千亩至一万亩成片开发的台资企业即达20家,台资在海南已形成蔬菜、瓜果、水产养殖和加工、生物制品、花卉、观光农业、木器加工、畜牧养殖和高科技等十大"绿色生产基地";台商"绿色投资"项目的技术含量大,从台湾引入海南的优质品种已达50多个。

2. 台商投资农业开发已从低层次的投石问路向立体现代化农业新格局转化

几年前,台商对海南投资软硬环境、优惠政策不太了解,办企业是投石问路,小心谨慎从事,使农业开发没有发展。通过近几年的实践、探索,他们吃下了"定心丸",把眼光投向农业成片开发上,而且投资规模越来越大。如千驹实业有限公司已由最初试种 1000 亩杧果发展到 10000 亩,不久种植面积将扩大到 15000 亩;台湾最大的农业开发公司"农友"公司的关系企业耀农开发有限公司已在海南创建 5 个台湾模式的农场,继 1994 年在三亚作试探性的小面积种植获得成功,现将在三亚兴办大面积的热带旅游观光农业和高效出口创汇农业生产基地。

台商从台湾引进香蕉、杧果、甘蔗、香竹笋、无籽西瓜、洋香瓜、莲雾等十多个新品种,已在海南试种成功,同时还引进台湾良种猪,瘦肉率达 75% 。

1990 年前,台资企业不仅生产方式比较简单,而且产品主要以本地市场为主,竞争力不强,属于比较低层次的农业开发初级阶段。近两年来,产品主要以追求海外市场为目的外向型台商独资企业,在海南搞农业开发已基本形成了一个种植养殖业、高新技术、旅游观光休闲农庄多元化的立体现代化农业格局。在种养殖上,采取了"以短养长、长短结合"的策略,在经营上采取"在海南生产、海外销售"的办法,目前许多产品已打入日本、东南亚和欧洲市场,获得了较可观的经济收入,已尝到了在海南搞农业开发有利可图的甜头。

3. 政府将合力抓好琼台农业合作作为主攻方向

全国政协副主席王兆国先生认为:琼台农业合作怎么抓都不过分。在海南上下也形成了推动琼台农业合作的共识,出现了协力共进的局面。

海南省政府有关方面正在开展一系列工作:

(1)大力扶持现有台资农业项目,促进台资农业企业向基地化发展。

(2)抓种苗隔离基地建设和批发市场、运销环节的高位"嫁接"。

(3)抓示范农场建设,重点引进台湾农会和农友等公司投资大型农业项目。

(4)扩大农业方面的对台交流和研讨。

(5)抓紧农业配套资金的运筹。

(6)进一步推动保护台商正当权益的工作。①加紧推动《关于加强我省涉台治安管理工作的意见》的落实,将尽快建立起台胞投诉机构;②将加快制定"国民待遇"的若干规定和关于台商投资的产业鼓励政策;③加强为台商排忧解难和咨询服务工作;④重视台资企业协会的工作,并通过该协会沟通政府和台胞的联系,保护台胞的合法权益,充当政府与台资企业的桥梁;⑤加强联系台资企业制度,定期深入台资企业,了解和反映新情况新问题。

五、不失时机,加快行动,以农业合作为契机
全面推进琼台两岛经济合作

琼台两岛具备多方面合作的条件,可谓"万事俱备,只欠东风"。目前,关键是行动。在此提出若干建议,旨在得到各方面的积极响应,合力推进两岛合作。

1. 尽快成立琼台农业开发促进会

学习台湾农复会的经验,建立琼台农业开发促进会是十分重要的。琼台农业开发促进会可由海南、台湾以及香港等地的有关专家、学者、企业家和其他重要人士组成,是一个独立的民间组织。它的主要任务应该有三项:

(1)为琼台企业界在农业方面的合作提供服务。

(2)通过民间形式推动两岛的农业合作。

(3)争取国际社会对琼台农业合作的资金和技术的支持,以进一步促进海南现代农业的开发。

2. 开展琼台农业合作的交流活动

(1)加强琼台两岛农业管理人员、科技人员和企业界的相互交流和往来。

(2)促进两岛在农业科研上的交流和合作。

(3)通过民间的工作,为两岛农业合作交流创造条件,提供方便。

3. 争取台湾对海南农业的援助

1990年台湾曾公布过对海南农业的援助计划,由于种种原因,至今未能实施。应当继续争取台湾对海南农业的援助,促进两岛的农业合作。

(1)争取台湾的资金援助。

(2)引进台湾农业优良品种。

(3)利用台湾的农业技术力量,加强对海南农业科技人员的培训。

4. 争取在海南采用和推广台湾的现代农业科学技术

(1)打破界限,允许农业科学技术在海南大范围内的试验,尤其是在水稻、甘蔗、菠萝、杧果等热带农作物种植方面的试验和技术转让。

（2）应当允许台湾农业的优良品种进入海南,如在种子保密、商检等方面给予方便条件。

5. 建立琼台合资合作的农业开发区

（1）采取土地低价政策,鼓励台资参与海南农业开发区的开发。

（2）特别鼓励台商与海南农垦的合作。

（3）鼓励成立台资农业开发区,或台商独资庄园、种植场、养殖场等。

6. 加快琼台农产品加工业的合作

海南丰富的农业资源为发展农产品加工业提供了良好的基础,"椰树牌"椰子汁为海南企业和农民带来了巨大的利益,是成功的典范。为了尽快改变海南主要出卖初级农产品经济效益不高的局面,并大范围提高农产品的附加值,需要加强琼台在农业加工业方面的合作。引进和运用台湾的先进技术,改变海南农产品加工业方面的落后局面。如食品加工业、甘蔗制糖业、水果蔬菜保鲜技术、农产品及其加工品的包装。在这些领域,琼台合作将使海南农副产品出口创汇能力大幅度提高,同时也为台商带来丰厚利润。海南有必要使从事农产品加工业的企业享受与农业开发同等的优惠政策。

7. 琼台合作开发海南农产品市场

市场决定生产,要从根本上解决海南农产品生产及其加工问题,必须重视流通环节。琼台在加强农业合作的同时,要合作开发海内外农产品市场,建议:

（1）对于台湾投资生产的农产品及其加工品,视同海南自有产品允许其自由进入大陆市场。

（2）力求在配额许可证方面有所突破,争取更多的海南农产品到香港销售,利用台资企业已有的国际营销渠道,开拓更多的国际市场,提高海南农产品的出口创汇能力。

8. 积极推进琼台金融合作,以发达的金融业支持发展中的海南现代农业

农业开发及农产品的加工需要较为雄厚的资金支持,因此,应当通过琼台金融合作支持海南农业开发。建议:

（1）琼台合资兴办农业开发银行之类的金融机构,发挥各自优势,以推动海南农业的高投入。

（2）加速农业融资合作。积极探讨和开展多种融资业务的可能性。琼台两岛金融机构共同对大型农业开发项目发放银团贷款。

（3）加强结算合作。积极探讨和争取海南与台湾银行建立直接通汇关系，以保证两岛结算业务的顺利开展，加强账户结算合作，并实现电脑联网。为从事农业开发和农产品加工、销售的企业提供优质服务。

（4）琼台联手设立"海南农业开发基金"，利用基金引导台商在海南搞农业的成片综合开发，力求上一些较大的项目。开发基金的来源可考虑从两方面解决：一是公开向琼台社会公众募集，二是向发起人募集。此基金在发起创立后，应成立该基金管理公司，专司基金的运作，尽量减少投资风险，争取获取最大的收益，并求尽早上市交易。此外，还可与台湾金融机构联手引进国外投资基金，以加速海南现代农业大规模的开发。

9. 积极推进琼台海洋捕捞业的合作

海洋资源是海南一个远未发挥出来的优势。琼台在海洋捕捞业的合作可先从两方面入手：

（1）通过资金、实物等形式合资组成捕捞队，在海南周边海域从事海洋渔业生产。

（2）合资、合作经营海产品加工业。合资开发的渔业产品可自由进入大陆市场和台湾市场，同时共同开拓国际市场。

10. 加强环保合作，使"绿色道路"战略得以实现

（1）合作研究并总结台湾在经济发展过程中环境保护的经验教训，以供海南借鉴。

（2）聘请台湾环保农业专家，协助海南科学规划农业的发展道路。

（3）借鉴和引进台湾已实施的观光、休闲农业的经验与做法，并在这方面进行合作。

琼台农业及经济全面合作的时机已经成熟。这是一件互惠互利，实现两岛共同繁荣，功在千秋的伟业，现在需要的是各方共同努力创造合作的必要条件：

（1）打破一些不必要的人为限制，两岛率先实现"三通"。

（2）合作不是不要竞争，而是为了长远的发展和更好的竞争，琼台双方都有必要采取一些必要的手段和措施，包括优惠政策，推进琼台农业合作。

（3）切实为双方的农业合作创造外部条件。如目前台商反映比较强烈的社会治安问题、地方政府的行为问题等，必须下力气解决，创造良好的吸引台商的软环境。

目前,最重要的是从两岛农业合作的实际需要出发,打破一切人为限制,为农业的合作提供自由贸易条件,形成两岛间农业合作的大气候。经过努力,两岛间农业合作一定会取得实质性的突破。

全面推进琼台经济合作[*]

（1995 年 2 月）

◇◆◇

　　海南与台湾是祖国的两大宝岛，不仅面积差不多，而且在人文、气候、自然条件等方面有许多相似性，同时琼台经济合作又有很强的互补性。海南有丰富的旅游资源、农业资源、海洋生物资源、矿产资源、石油天然气资源等，台湾有雄厚的资金、先进的技术、科学的管理。海南资源的开发有赖于大量台资的注入，而寻求投资场所的台资可望在海南的开发中获得较高回报。琼台经济合作是一件互惠互利、造福两岛人民的好事情。

　　目前，琼台经济合作已有了一定的基础，琼台合作的潜力巨大。特别是江泽民主席的讲话，对两岸经贸合作产生重大影响。我们应当珍惜大好时机，充分利用海南的区位优势、政策优势、体制优势，先行一步，创造出琼台的经济合作优势。为此，特提出全面推进琼台经济合作的十点建议：

一、加强和发展琼台农业合作

　　琼台经济合作最有利、最具条件的首先是农业合作，琼台农业合作是两岛优势互补和经济发展的需要。

　　——1990 年台湾曾公布过对海南农业的援助计划，由于种种原因，至今未能实施。应当继续争取台湾对海南农业的资金、优良品种、技术的援助，争取在海南大范

---

　　[*] 载《特区时报》1995 年 3 月 9 日。

围地采用和推广台湾现代农业科学技术。应当允许台湾农业的优良品种进入海南，双方应在种子保密、商检等方面给予方便条件。

——鼓励成立台商独资农业开发区、独资庄园、养殖场、种植场等。

——为大幅度提高农产品的附加值，应加快琼台农产品加工业的合作，如食品业、甘蔗制糖业、水果蔬菜保鲜技术、农产品的包装等。海南有必要使从事农产品加工业的企业享受与农业开发企业的同等优惠政策。

二、努力扩大旅游合作

就琼台而言，旅游业都是一个具有比较优势的行业。随着海南及大陆人民生活水平的提高，消费能力增强，有强烈的赴台湾旅游的欲望，台湾没有理由忽视这个巨大的客源市场，而海南的旅游资源对台胞也有强烈的吸引力。因此加强两岛旅游合作是大有可为的。

——强化双方旅游合作的前提是建立旅游合作组织，该组织的任务是制定旅游合作计划，协调旅游业务，定期举行会议，交换旅游信息，发行有关的旅游合作出版物，解决双方在旅游合作中出现的问题。

——合作开发新的旅游景点，开辟新的旅游路线，增加新的旅游项目。双方合资创办旅行社合作培训旅游管理人员、导游员和其他员工，对合资的旅游饭店、宾馆等给予必要的支持，增加双方在旅游业上的相互投资等。

——海南方面对台胞进入应采取更便捷的措施，台湾方面对于持有海南有效证件的游客应简化入岛手续。

三、率先实行"三通"，当务之急是通航

中国大陆同台湾的"三通"是迟早的事，并且有很大可能加快实现。为此，海南有必要在这方面先走一步。特别是随着琼台经贸关系的扩大，人员交往的频繁，"三通"尤其是通航问题日益迫切。通航是通商、通邮的重要前提之一。海南方面应积极争取率先实现两岛通航。

四、以金融合作服务于经济合作

从目前琼台两地经济发展的状况出发，建议金融合作可采用如下方式：

——琼台两地兴办合资金融机构。

——相互向对方金融机构参股，增强同业竞争力，转变经营机制，分散经营风险。

——加强融资合作，琼台两地金融机构共同对大型建设项目发放银团贷款。

——加强结算合作，积极探讨和争取与台湾银行建立直接通汇关系，以保证国际结算业务的顺利开展。

——允许台商来琼进入证券业和产权交易业。

——率先在海南实行台币与人民币的自由可兑换。

——联手设立"海南开发基金"，合作引进国外投资基金，利用"基金"在海南搞成片开发，上大项目。

五、琼台海洋合作前景广阔

联合国曾形成决议，敦促世界各国把海洋开发引入国家经济发展战略中，认为当今世界面临着人口、环境、资源三大问题，开发利用海洋是解决这些问题的重要出路之一。琼台两岛共同面对浩瀚的海洋，丰富的海洋资源，为合作开发海洋、发展海洋产业、振兴海洋经济提供了良好的条件，有着广阔的合作前景。

——两岛合作开发利用南海石油、天然气资源。

——两岛携手发展海洋交通运输业和滨海旅游业。

——通过资金、实物等形式合资组成捕捞队，在两岛周边海域从事海洋渔业生产，并合资合作经营海产品和加工业。

六、在加强琼台科技、教育、文化交流中促进经济合作

经济合作离不开科技、教育、文化的交流，近年来，两岛间文化艺术、新闻、法律、科技等较高层次的学术交流活动十分频繁，我们完全可以在此基础上进一步活跃和推进这种交流。

——合资合作创办高水准综合性大学，联合培养人才。

——联合创办有关海洋开发、环境保护等专业化的研究所。

——加大科技、教育人才的交流量，允许和鼓励台湾有关方面在海南进行有关经营管理方面的专门培训。

——加强出版物及科技情报的交流。

——鼓励台湾方面在海南独资创办中小学以及幼儿教育机构。

七、率先对在琼台资企业实行国民待遇

为了鼓励和吸引更多的台商来海南投资,海南有必要宣布对台资企业实行国民待遇。

——允许有条件的台商来琼创办金融、保险机构。

——对于台湾来琼的产品用于海洋、农业开发及加工业的应视同海南自产产品。

——对台资企业在琼的税收、运输、市场销售等一系列方面,享有与大陆在琼企业同等待遇。

八、琼台合作共同开发国际、国内市场

琼台两岛有良好的共同开发国际、国内市场的基础和条件:

——对于台商在琼投资生产的产品,视同海南自有产品允许其自由进入大陆市场,台湾方面也应允许海南产品自由进入台湾市场。

——力求在配额许可证方面有所突破,争取更多的海南产品(尤其是农产品)到香港销售,利用台资企业已有的海外营销渠道,开拓更多的国际市场,提高海南产品的出口创汇能力。

——两岛金融保险机构依靠联合资本优势进入国际保险、资本市场。

——海南的各类要素市场要对台资企业放开。

——两岛可加强劳动力市场的合作,允许有组织的两岛间劳动力的合理流动。首先可解决技术人才、管理人才在两岛间的流动问题。

九、借鉴和移植台湾先进的市场经济立法

琼台经济合作应尽量减少和消除区域法律冲突和障碍。为此,海南方面应积极主动地借鉴和移植台湾的某些经济立法,以取得某些法律规则上的沟通和协调,构建必要的法律环境。

十、建立推进琼台经济合作的高层次社会组织

积极快速推进琼台经济合作,需要双方强有力的组织去协调和推动。在目前,十分有必要尽快成立一个较高层次的、有官方背景的、被双方认可的琼台经济合作促进

会之类的社会组织,其任务是:

——定期进行直接的经济合作磋商与对话。

——通过多种渠道收集和反映琼台经济合作中官方与民间的意见。

——为企业界的合作提供服务。

——为科技、文化、教育以及人员交流牵线搭桥并提供方便。

在加快市场化改革中促进
琼台经济合作[*]

（1994 年 3 月）

一、海南经济特区的体制优势是琼台经济合作的首要因素

　　自海南建省办经济特区以来,海南和台湾的合作与交流就与日俱增,台商在海南的投资逐年增加。据统计,目前在海南注册的境外企业,包括中国香港、中国台湾、新加坡以及其他国家和地区的外资企业,达 16000 多家,其中香港投资居第一位,台湾投资仅次于香港,但香港投资当中有相当一部分实际上是台湾的投资。所以,台商在海南的实际投资的比例是较大的。近年来,琼台两岛的经济合作,包括直接投资、间接渠道的合作以及有限制的直接合作(如银行海外分支机构之间的通汇),已有一个初步的基础。随着两岛民间的推动,官方的支持,以及海南投资环境和条件的大大改善,琼台经济合作必将步入正轨,跃上一个新台阶。

　　从海南已有的经济基础来看,海南对外合作的条件并不优越,特别是工业基础和某些设施方面,要落后于内地一些地方,而经济特区的政策优势也大大减弱。但是,海南与台湾的经济合作,仍具有一些重要的有利因素:第一,海南建省办经济特区以来,经济发展速度很快,大大高于全国平均水平,第三产业异军突起,基础设施正在致

---

　　* 在"海南台湾经济、金融发展研讨会"上的论文,1994 年 3 月 10 日。

力改善。海南经济发展前景广阔。第二,海南与台湾经济结构有着互补优势。台湾经济正处于转型期,产业需要升级换代,台湾岛内的劳动密集型产业需要转移出去,为中小企业的更新创造条件;同时,台湾的投资环境和条件不具有比较优势,众多的中小资本需要输出到岛外有资源开发潜力的地方。而目前海南的产业发展仍处于初级阶段,岛内丰富的农业、工业、旅游业资源亟待开发,需要大量的外资投入,发展出口导向的外向型经济。因此,琼台两岛经济具有极大的互补性,两岛经济紧密合作,对双方都十分有利。第三,海南地理位置优越,地处亚太腹地,位于南中国海经济圈的中心位置,背靠大陆,面向东南亚,具有重要的战略位置和良好的交通条件。台湾与海南加强经济合作,有利于携手开发南海资源和开拓国际市场。第四,海南与台湾气候条件相似,有利于开发农业和旅游业。第五,两岛的人文条件相近,如两岛的地方语言很接近。有着共同的文化基础。第六,海南的资源十分丰富,海南有着石油天然气资源、矿产资源、热带作物、旅游资源以及海洋资源等。第七,海南劳动力资源充裕,成本较低,具有充分吸纳优秀人才的良好机制。第八,海南建省以后,运用经济特区的有利条件,加快改革开放步伐,已经领先内地率先初步建立了市场经济体制框架,海南的地方特别立法权和某些特殊优惠政策(如落地签证、成片开发等),也是其他经济特区所没有的,形成了海南独具的体制优势。

体制因素是促进琼台经济合作的最基本因素,也是首要因素。从世界经济发展的总趋势和区域经济发展的现状来看,发展和加强地区间经济合作的主要基础是市场经济的原则、体制及其对外开放程度。这是因为:第一,经济合作和协作的基础是竞争中形成的经济互补关系,在当今,没有竞争就没有合作,在竞争中才能促进合作,形成相互优势互补。而企业竞争必须有相同的竞争条件,有公平竞争的环境,平等竞争的前提条件是共同一致的经济体制基础和相互沟通的经济运行机制。没有共同的体制基础,是难以有效地开展企业竞争的,也难以进行企业之间的合作。第二,地区间经济合作建立在企业合作的基础上,在经济体制存在根本差别的情况下,大规模的经济合作关系是不可能真正建立起来的。第三,经济合作有范围和规模大小、层次高低的差别,这既有赖于体制的沟通,又有赖于对外开放的程度。高度开放型的市场经济体制,是大规模、高层次经济合作的必要基础和条件。目前世界上地区经济合作的最高形式是欧洲共同市场,它们正是建立在高度统一的市场经济体制之上的。第四,从我国的情况来看,中国大陆十几年来对外经济交流与合作有了迅猛的发展,经济发展速度很快,这正是得益于经济体制改革和对外开放。中国大陆提出建立社会主义市场经济体制,并正积极争取早日恢复关贸总协定缔约国地位,也是要借鉴和吸收西方国家发展经济的经验,与世界各国的市场经济体制相沟通,与国际市场相接轨,与国际通行做法和国际惯例相靠拢,从而主动参与国际经济大循环和国际分工,加强国际经济交流与合作,增强国际经济竞争力,以促进中国经济迅速发展。所以,共同的经济体制基础是促进经济合作的非常重要的因素。

台湾在过去几十年间逐渐形成了比较有效的市场经济体制,促进了经济发展。台湾的经济体制,自称为"有计划的自由经济"或"计划的市场经济",20 世纪 60 年代初确立了"出口导向"型的经济发展策略,80 年代中期开始推行经济"自由化、国际化、制度化"的经改方案,逐步建立了开放度较大的外向型市场经济体制。而海南经济特区几年来领先于内地建立了市场经济体制框架,对外开放有较大发展,市场、投资、金融管理、劳动力管理等方面等都已对国内外开放,逐步向国际通行做法和国际惯例靠拢。所以,海南作为中国最大的经济特区,它在经济体制改革方面已有的实践,以及今后向自由港和自由贸易区发展的方向,与台湾的开放型市场经济体制有着共同广泛的基础,成为琼台经济合作的首要因素和最有利因素;再加上海南独特的资源优势、地理优势等有利条件,无疑为琼台两岛更广泛、更密切的经济合作展示了广阔的前景。

二、海南已有的改革实践为琼台经济 合作奠定了重要的基础

海南建省办经济特区 6 年来,按照市场经济体制的目标和要求,加快改革步伐,以改革促开放、促开发,由此大大推动了海南经济社会的迅速发展,取得了相当大的成就,为琼台经济合作打下了良好的基础。

海南的改革实践,可以概括为 4 个"过渡":

1. 由允许和鼓励各类企业竞相发展,向建立现代企业制度过渡

海南从建省一开始就允许和鼓励各类企业竞相发展,比较自觉地给企业创造一个平等竞争、竞相发展的市场经济环境。例如,在海南发展企业可不受所有制的限制,允许"三资"企业、私营企业有大的发展。所有的企业都享有 15% 的所得税税率。截止到 1993 年年底,共有三资企业 6000 多家,实际利用外资 16 亿美元,内联企业有 1 万多家,私营企业 9000 多家,个体工商户有 10 万余家。

加快建立以股份制为主的现代企业结构。近几年来,海南把加快推行股份制作为大事来抓,以适应社会化大生产和市场经济发展的要求。截止到 1993 年年底,全省已有规范化股份有限公司 125 家,股本总计(包括计划募集股份)205.6 亿元,其中法人股异地上市公司 4 家,个人股异地上市公司(包括经批准正在向社会公开发行股票的)9 家。大力推行股份制改造,初步改变了海南企业规模偏小、缺少大中型骨

干企业的局面,股份制企业已逐步成为海南的主体企业。股份制企业的高投入为推进海南经济建设的高增长打下了坚实基础。股份制企业的发展紧扣海南的产业导向,已成为全省实施重点项目的主力军。

按照国际惯例建立和完善新的企业登记制度,进一步解放和发展企业。针对计划经济体制下企业审批注册制的种种弊端,1993年4月,省政府颁布了《海南省企业法人登记管理办法》,将企业审批登记制改为直接登记制,除申办金融、保险业等营业项目外,其他企业一律直接向工商行政管理局申请登记,企业办营业执照的时间由过去几个月缩短为7天。这项改革较彻底地解决了传统计划经济体制下影响企业发展的问题,不再以所有制划分企业,而以资产组合形式、资本营运方式来决定企业性质;企业自主经营,不再需要找挂靠单位和主管部门;放开企业经营范围,让企业根据市场需要自由发展;取消先立项制度,可以先登记后上项目,扶持新兴企业的崛起和发展。新的登记办法成功地吸引了大批境外投资者,对进一步解放和发展企业起到了巨大的推动作用。

2. 由商品价格市场化向生产要素市场化过渡

6年来,海南以建立健全统一、开放、完善的市场体系为目标,在放开价格的前提下,加强市场的组织和管理,积极采取各种有效措施,培育和健全市场体系,实行市场决定价格的价格机制。在这方面海南比全国先行了一步。

(1)积极大胆推进粮食价格改革。海南从1988年4月开始至1992年年初前完成了价格市场化过程,适当提高粮食定购价格,从1991年5月1日开始,将粮食购销价格改国家定价为国家指导价,率先在全国实行同市场价格基本接近的购销同价,并允许价格在一定幅度内上下浮动。这实际上已经放开了粮食价格。海南率先放开粮食购销价格改革是成功的,并在全国产生了示范作用。

(2)积极推进主要生产资料价格改革。海南在建省一开始就基本放开了大部分生产资料价格,市场调节的总量占72%以上。在这个基础上,又从1992年年初开始,对国家计划分配给海南省的19种主要生产资料(钢材、水泥、重油、铜、铝、铅、锌、锡、硫酸、烧碱、纯碱、橡胶、焦炭、生铁、铜材、铝材、煤炭、成品油、化肥),除化肥外,其余18种均由省政府下文实行了计划价向市场价并轨。

至此,海南的生活资料和生产资料价格基本上是由市场决定的,商品价格市场化的格局初步形成,这为海南建立竞争性市场体系、实现要素市场化迈出了重要一步。

(3)各类要素市场迅速兴起。海南金融市场十分活跃,截止到1992年年底全省有各类金融机构2023家,营业网点星罗棋布,平均每200人有一个金融业网点,累计拆借资金达690多亿元,调剂外汇达30多亿美元。海南证券的发行和交易都具备了相当的规模。

海南房地产市场迅速崛起,房地产开发公司由建省初期的 11 家发展到 1900 多家,房地产交易所 19 家。5 年累计动工兴建商品房 799 万平方米,竣工 433 万平方米, 其中 1992 年就动工 550 万平方米, 竣工 285.1 万平方米。目前海南省正在规范房地产市场开发和交易的行为, 并将出台《土地法实施办法》、《房地产交易管理办法》, 政府垄断一级市场、规范二级市场、搞活三级市场的目标正在逐步实现。

海南的劳动力市场经过几年的培育和发展,已初步形成劳动者在市场就业的格局。全省各市县都已经成立了职业介绍机构,仅海口市就有职业介绍所 22 家,6 年来,全省有 20 多万人通过劳动力市场走上了工作岗位,待业率从建省初的 4.7% 降低到 1992 年的 2.9%。

海南产权交易市场经过多年探索,已形成明晰的思路,产权转让办法即将实施。1994 年海南的产权交易规模、数量都会有更大的发展,产权交易市场将十分活跃。各类产权如股权、专利权、固定资产将进入市场流通,国有存量资产也要通过产权交易市场重新配置。积极创造条件,使更多的股份有限公司参与法人相互持股试点。目前一些大的企业兼并活动正在酝酿和实施过程中。

3. 由实施企业社会保险制度,向建立全社会统一的社会保障体系过渡

建立企业的社会保险制度,为企业创造平等竞争的环境。1989 年年初,国务院确立海南省为全国社会保障制度改革综合试点省。1991 年 1 月,省政府颁发了《海南省职工养老保险暂行规定》、《海南省职工待业保险暂行规定》、《海南省职工工伤保险暂行规定》、《海南省职工医疗保险暂行规定》和《海南省公费医疗暂行办法》,并于 1992 年 1 月 1 日起在全省范围内正式付诸实施。由此标志着海南省以企业为主体的社会保障体系的初步建立。

适应市场经济条件下多种经济成分共同发展和政府机构改革的需要,海南扩大社会保障的覆盖范围,将全省政府机关、事业单位、社会团体的所有从业人员以及城镇个体经营者,作为社会保障的对象,实行统一的社会保障制度。1993 年年底,海南省人大常委会审议通过了《海南经济特区城镇从业人员养老保险条例》、《海南经济特区城镇从业人员失业保险条例》、《海南经济特区城镇从业人员工伤保险条例》。同时,医疗保险制度的进一步改革,以及农村社会保障改革试点正在进行,全社会统一的多层次社会保障体系正在逐步形成和发展。

海南省的住房制度改革在积极推行。1992 年 12 月,国务院住房制度改革领导

小组批准了海南省城镇住房制度改革实施方案。1993 年开始,全省推行了住房制度改革,基本做法是:分步提租发补贴,出售公有住房,新分配的住房实行新制度,改革投资建设体制,建立住房基金和组建物业管理公司。到 1993 年年底,全省各市县城镇职工公有住房第一步提租补贴实施方案都已出台,并开始实施。与此同时,公房出售的试点工作已开始进行,并着手改革建房投资体制,正在向"租、售、建并举,以售为主"的新体制过渡,实现住房的商品化、社会化,并努力用 10 年左右的时间,实现"居者有其屋"的计划。

4. 由实行"小政府"行政管理体制,向以法制为主的宏观管理体系过渡

实行"小政府、大社会"的行政管理体制,适应以市场调节为主的新体制的需要。海南建省后,省政府仅设立了 26 个工作机构和 1 个直属事业单位,在全国省级机构中是最精干的。同时,将原来海南行政区的 11 个专业主管局和 8 个行政性公司转为经济实体,实行政企分开。

海南建省以来,投资环境比较宽松,经济运行机制按市场规律运转,社会主义市场经济体制框架较快地形成,这在很大程度上得益于"小政府"的行政管理体制,政府机构小、层次少、办事效率相对较高,对企业的干预相对较少,保证了企业的自主发展。

充分发挥地方特别立法权的优势,建立以法制为主的宏观管理体系。海南一建省,就提出"依法治省"的口号,法制建设也取得了一定的成效。为更充分运用海南较大的地方立法权,将政策优势转变为法律优势和体制优势,进一步推进机构改革,完善行政管理体制,由此推进"小政府"的行政管理体制向以法制为主的宏观管理体系过渡,1993 年,海南加快了立法步伐,省人大全年共颁布地方性法规 13 件,占建省以来地方性法规总数的 1/3 还多。将改革与立法有机地结合起来,是海南建立以法制为主的宏观管理体制的重要步骤。目前,海南一些重大改革措施的出台都以法规的形式出现,以法律引导和推进改革。如 1993 年海南省企业法人登记由审批制改为直接登记制,其改革措施的出台先由省政府发布行政规章,其后不久又由省人大颁布了地方性法规,产生了很大反响和很好的效果。海南正在通过加快立法,以尽快建立起社会主义市场经济的法律体系。目前,海南在市场经济主体方面,已在全国率先颁布了《股份有限公司条例》、《有限责任公司条例》、《法人登记管理条例》等,在社会保障方面颁布了一系列地方性法规。有关政府宏观管理、市场体系建设的法规,正在抓紧制定。整个经济管理体制正在向以法制为主的宏观管理体系过渡。

三、加速海南经济特区的改革开放,促进
琼台经济合作的广泛发展

琼台经济合作的发展,建筑在海南经济体制的深入改革和完善的基础上。就一般情况而言,琼台两岛更广泛、更紧密的经济合作,有赖于海南建立起与台湾市场经济体制大体类似的开放度较高的市场经济体制,创造一个更有利于双方经济合作的体制环境。

海南目前的改革进入了一个新阶段。目前,各省、市建立市场经济体制的步伐都在加快,海南要充分利用几年前在建立市场经济体制框架的速度上与内地形成的时间差,加快解决深层次问题,尽快完善各项改革,并充分运用海南地方特别立法权,扩大对外开放,以期早日建立适应琼台经济合作和外向型经济发展需要的市场经济体制。

1. 加快以产权制度改革为重点的深层次改革,推动海南特区市场经济体制的健全和完善

海南在建立市场经济体制的过程中,遇到了一些深层次问题,如产权制度问题、资本效益问题、建立以法制为主的宏观调控体系问题等等。产权问题,既是建立现代企业制度的基础,又是构成要素市场体系的重要组成部分,并且直接关系到国有资产宏观管理体制的重大改革,所以它是建立市场经济体制的一个核心内容,是海南经济体制深层改革的首要问题。海南需要以产权改革为突破口,加快建立和完善市场经济体制。

产权制度改革的根本出路,是实行国有资产市场化,搞活国有资产。从单纯地搞活国有企业,进而发展到搞活国有资产,这是从计划经济过渡到市场经济的一个质的飞跃。市场经济最基本的要求,就是资源配置市场化,在现代市场经济条件下,要搞活国有资产,使其在市场竞争中不仅保值,而且增值,就必须允许国有资产在资本市场和资金市场上,进行充分的流动,实行产权的转让和重组,按照市场竞争规律进行运营,实现资源配置的最优化,使国有资产在市场流通中寻求最大的货币价值量,实现经济效益的最大化。

实行国有资产市场化,需要建立产权交易市场,鼓励各类产权如股权、专利权、实物资产等进入市场流通。要制定产权转让规则,规范产权交易行为;要建立产权交易中心或产权交易所,为产权交易提供场所和服务;要鼓励企业通过多种方式进行产权转让和受让,可以通过租赁、兼并、拍卖方式进行,也可以采用部分产权转让、整体产

权转让等方式。特别要彻底打破所有制界限,鼓励境内外企业法人和自然人到海南参与产权转让,购买海南的中小型国有企业。同时要明确整体产权转让的审批权,落实企业资产处置的自主权。

2. 扩大对外开放,逐步建立高度开放型的市场经济体制,以充分吸引外资,加强对外经济合作

海南建省办经济特区,中央政府给予了一系列对外开放的优惠政策。近年来,政策的优势逐渐减弱。但从目前的情况看,海南的对外开放政策在某些方面,如人员进出境、外汇管制、税收优惠、进出口贸易、基建项目和利用外资项目审批等方面,仍比内地有一定的优势。要抓紧时间,充分利用目前的这些政策优势,尽快形成开放型的对外经济体制的优势,以促进对外经济合作的发展。

要进一步改革外贸体制,实行基本放开经营的外贸政策。除国际被动配额外,取消对进出口直接的计划管理和行政性审批制度。对国家下达海南的进出口配额、许可证,按照效益、公正和公开的原则,实行配额、许可证招标拍卖制度。

实行更加宽松的鼓励旅游开发政策,拓展旅游市场,加快旅游产业的发展。为加快海南旅游业走向国际市场,对一些重点旅游开发项目,特别是旅游基础设施开发项目,向海内外公开招标,鼓励境内外投资者到海南从事旅游基础设施开发、旅游景点设计、旅游建筑产业开发。进一步放开旅游商品市场。对于旅游企业进口的用于旅游消费的日用小商品视同旅游建设物品,实行零关税。对于国内游客从海南携带出去的合理数量的进口物品不再补征关税。

进一步对外开放海南的热带农业资源。在基本不改变农业用地性质的前提下,应当允许将农村土地成片有偿转让、转包或租赁给内外投资者生产经营。可以将农业建设项目,包括农业的基础设施建设,部分或全部地对外招商建设。也可以将集体农场和国营农场承包或租赁给内外商经营。鼓励和支持境内外投资者以合资、合作、独资或联营等形式兴办农业种养、加工、购销的经济实体,组织农工商统一体或兴办农业科研机构等。外商独资或全资生产的具有海南特色的名优农副产品,允许在省内销售或销往内地。

加强对外合作,加快南海资源开发。积极采取官方、半官方、民间等多种形式和途径,与台湾等各方面共同开发南海资源。与此同时,向境外广泛招商,采用直接合作或间接融资等多种途径加快海南的海洋资源的开发利用。

加快重点项目、基础设施项目利用外资的步伐。要打破原有的只有专用基础设施才允许独资经营的规定,筛选一批近期海南急需上马的重点基础设施项目作为招商引资的重点。允许外商以合资、合作、独资、参股等多种形式投资兴建。

3. 采用国际通行做法,广泛参照国际惯例办事

海南经济特区要建立和完善市场经济体制,进一步对外开放,积极参与国际分工与合作,开拓国际市场,改善投资环境,吸收更多的外资和引进先进的技术和管理经验,公正合理地解决对外经济交往中的法律纠纷和法律问题,必须熟悉国际惯例,按照或参照国际惯例办事,使之成为联系和沟通国际经济交往与世界市场的纽带。同时,由于大陆与台湾的法律制度有很大的差异,海南与台湾进一步的经济合作不可避免地会遇到两岛之间的法律障碍和法律冲突,减少这种法律障碍和冲突的最好办法,就是更多地遵循国际惯例来进行相互的经济交流和合作。大陆于1985年颁布的《涉外经济合同法》和1986年颁布的《民法通则》已明确规定:在中华人民共和国法律以及缔结或参加的国际条约没有规定的情况下,可以适用国际惯例。从而为中国大陆在对外经济交往中适用国际惯例,确立了法律依据。从海南的情况来看,海南经济特区适用国际惯例应当包括以下三个方面的内容:

(1)首先要从经济体制上适用国际惯例,采用国际通行做法。经济特区今后的发展战略,是将原先的政策优势变为体制优势,在加速形成高度开放的市场经济体制上寻求出路。世界上开放度最高的经济特区是自由港和自由贸易区,海南经济特区今后应当逐步向着类似规范的自由港和自由贸易区的方向发展,建立高度开放型的市场经济体制。这是按照国际惯例办事的根本要求和最高体现,也是对广泛适用国际惯例的基础保障。

(2)要从法律上适用国际惯例。按国际惯例办事,更为关键的是要将许多行之有效的国际惯例上升为立法,由法律直接吸引其合理的内容,转变为法律规定,使国际惯例的适用更为直接有效。海南省近年来的经济立法,开始采用了法律吸收国际惯例的原则,如1993年海南省人大颁布的《企业法人登记管理条例》改企业登记审批制为直接登记制,就是吸收了国际惯例。今后海南应更多地采用法律吸收原则,将许多合理有效的国际惯例上升为立法。在立法尚未做规定或规定不充分的情况下,也可以在司法解释、司法判决和经济仲裁中,适用国际惯例,将之援引为补充法律依据。

(3)进行经济合作和交往的企业主体任意适用国际惯例。国际上适用国际惯例的最初方式就是经济活动中的当事人在不违背国际条约、国内立法和社会公共利益的前提下,按照"意思自治"原则,通过协议选择适用国际惯例,将之接受为法律。在国际经济贸易中,存在许多国际惯例,国际条约和国内立法不可能也没有必要将它们全部吸收。因此,在法律没有规定的情况下,可以由当事人任意选择适用国际惯例。在此情况下,国际惯例只有当事人协议选择适用后,才具有约束力。

4. 充分发挥地方特别立法权的优势,建立与特区市场经济体制相适应的法律基础,为琼台经济合作提供良好的法律环境和法律保障

琼台经济合作在具有共同的经济体制基础上,还必须具备相应的经济法律、法制的基础。没有这个法律基础,没有法制环境保障,琼台经济合作就难以顺利发展。法律基础的具体意义和作用在于:

(1)经济合作双方所依据的行为规范形式,只能是法律,如果没有依法办事的制度和习惯,将使相互的经济协作带来严重的障碍和困难,使人们的行为无所适从。

(2)琼台经济合作须以市场经济为共同的体制基础,形成相互接近、能够沟通的经济运行机制,而共同的经济体制基础,必须从法律上加以确认,并以法律做保障。

(3)在一个经济协作系统内,往往要求遵循共同的基本原则和行为准则,这必须以法律为依据,依法办事。即使不能形成全部的和完全统一行为规范,但经济协作系统内各方的法律实体内容在具体制度和行为规则上,不应有太大的冲突,更不能大相径庭,否则就不能或难以进行经济合作和协调。

(4)琼台两岛的法律应相应地制定解决法律纠纷以及法律冲突的程序性规定,以便于经济合作各方、有关民间团体以及司法仲裁机构协调和解决合作中出现的具体问题。

从琼台两岛各自的法律和法制现状来看,琼台合作会遇到两个方面的法律问题:一是海南与台湾经济法律制度的根本性质不同,从而在具体的法律制度和法律规定方面有很大的差异。但由于两岛在经济体制和经济运行机制上有着越来越多的共同基础,因而根本制度的不同,对两岛经济合作不会有太大的妨碍,不影响经济合作的一般进程。二是台湾的法律制度经过几十年的建设,已经比较健全,建立了一套市场经济法律体系。而海南的法制建设虽然在近几年取得很大的进展,但由于受传统计划经济体制等诸多因素的影响,与市场经济相适应的法律体系和法律机制尚未充分建立和健全起来,法律环境有待改善。市场经济本质上是法制经济,因此,海南在加快建立和完善特区市场经济体制的过程中,也必须同时加速建立和健全特区市场经济的法律体系,切实推进法制建设的进程,真正做到依法治省。

海南比其他经济特区和内地省份有一个很重要的优势,就是海南在 1988 年建省时,由全国人大特别授权,享有比一般地方立法权更大、更灵活的立法权,可以在遵循全国法律法规的原则下,根据海南经济特区的具体情况,制定地方性法规。因此,海南应当充分发挥地方立法优势,积极开展地方立法试验,尽快建立特区市场经济的法律体系,从而使海南的体制优势与立法优势密切配合,使体制优势得到充分的法律保障。

海南在加快地方经济立法中,应当借鉴和参考台湾的立法经验,吸收其合理的法律内容。台湾在过去几十年中,已经建立了比较完善的市场经济法律体系,并由此促进了经济的高速发展和腾飞,取得了重要的经验,具有一定的代表性;同时,台湾法律与海南法律,同属大陆法系,人文地理因素相似,借鉴和吸收台湾立法既具有重要价值,又具有很大的可行性。对于具有市场经济共性的和技术性较强的一些法律内容,海南可以直接从台湾法律中适当移植过来,加以利用。

建立海南国际旅游岛

国际旅游岛,是指在特定的岛屿区域内,限定在旅游产业领域范围中,对外实行以"免签证零关税"为主要特征的投资贸易自由化政策,有步骤地加快推进旅游服务自由化进程。

在我国加入 WTO 背景下,把海南的开放优势、资源优势转化为现实的经济优势、发展优势,最现实的选择是建立海南国际旅游岛。建立海南国际旅游岛,对海南加快改革开放步伐,实现经济持续快速增长有着关键性、突破性的作用,并会对我国旅游业开放和发展产生重要影响。

——2002 年

建立海南国际旅游岛[*]

（2002 年 2 月）

在我国加入 WTO 背景下,把海南的开放优势、资源优势转化为现实的经济优势、发展优势,最现实的选择是建立海南国际旅游岛。建立海南国际旅游岛,对海南加快改革开放步伐,实现经济持续快速增长有着关键性、突破性的作用,并会对我国旅游业开放和发展产生重要影响。

一、建立海南国际旅游岛的主要内涵

1. 海南国际旅游岛的基本涵义

国际旅游岛,是指在特定的岛屿区域内,限定在旅游产业领域范围中,对外实行以"免签证零关税"为主要特征的投资贸易自由化政策,有步骤地加快推进旅游服务自由化进程。

依据以上基本内涵,建立海南国际旅游岛的主要内涵是:

(1)进一步扩大国际游客的免签范围,为游客进出海南岛提供尽可能的方便和自由。海南目前经国家批准,已对 21 个国家和地区的游客,在指定的旅行社组团下给予免签,时间为 15 天。海南岛宣布为国际旅游岛后,一是免签的范围由团体扩大至个人,可考虑在与海南有直航的若干个周边国家(建立正式外交关系的国家)与地

---

* 政协海南省三届五次会议提案,2002 年 2 月 2 日。

区,游客个人可入境免签;二是免签时间可由目前的 15 天扩大至 30 天。

表 我国旅游业及相关产业加入 WTO 承诺与建立海南国际旅游岛的自由化政策

行　业	我国加入 WTO 承诺	海南国际旅游岛
旅行社	①2003 年年底允许外资控股办旅行社 ②2005 年年底允许独资旅行社,取消合资旅行社设分支机构限制	无限制
餐饮业	①允许控股经营、建设酒店 ②2003 年年底取消相关限制	无限制
旅游汽车	①2006 年 7 月 1 日,关税减至减 25% ②2005 年取消进口配额许可证 ③轿车关税 2006 年 1 月 1 日减至 28% ,2006 年 7 月 1 日减至 25% ④零部件市场关税 2006 年减至 10% ⑤汽车连锁店放开,不能控股;到 2006 年取消限制 ⑥大巴、中巴车 2002 年关税为 25% ,取消配额许可证 ⑦小轿车维持原限制	
零售业	①加入 WTO 1 年在 5 个特区(含海南)、4 个城市建立合资公司,每地不超过 2 个 ②加入 WTO 2 年可以控股 ③加入 WTO 3 年股权、地域、数量不再有限制	无限制
旅游景区 景点	①可在中国投资景区建设 ②景区景点对外实行转让经营	无限制

(2)在旅游产业的主要领域,全面开放市场,率先实行我国加入 WTO 的承诺。例如:旅行社、餐饮业、景区景点市场、旅游商业。

(3)对与旅游业相关的某些产品实行零关税。例如,对从事旅游产业的开发与经营,在其投资总额内进口自用的建筑材料、生产经营设备、交通工具等合理范围内,经核定,免征关税和增值税。

2. 建立海南国际旅游岛符合 WTO 规则

根据 WTO 服务贸易总协定(GATS)的分类与定义,旅游服务业属于 GATS 定义的 12 种服务类别中的第 9 类"旅游及相关服务",指旅馆、饭店提供的住宿、餐饮服务、膳食服务及相关的服务,旅行社及导游服务。GATS 的目标就是逐步消除服务业的贸易壁垒,推动服务业进一步发展,实现服务贸易自由化。

随着旅游业在世界经济中的地位日益突显,WTO 开始重视旅游服务自由化所涉及的一系列问题,"旅游服务自由化"正式被提上日程。1999 年,WTO 提出了在GATS 中增加旅游业附件的建议。WTO 在西雅图会议前公布了一份由世界旅游组织与 WTO 服务贸易理事会共同设计的《关于旅游业的附件草案》,"草案"在第 7 部分的"旅游可持续的合作"中指出,WTO 成员应认识到一个充满活力的旅游部门对于所有国家的发展是至关重要的,尤其是对于发展中国家,并且发展中国家不断提高在世界服务贸易中的参与度十分重要。2001 年 9 月世界旅游组织战略问题小组在日内瓦同WTO、联合国贸发中心(UNCTD)及国际航空运输协会(IATA)的领导人就贸易自由化问题举行了会谈。会谈的焦点集中在是否采纳《服务贸易总协定(GATS)》中关于"旅游业附件"的问题。世界旅游组织秘书长佛朗加利说,讨论的主要议题是如何使旅游服务的自由化(特别是在发展中国家)达到某种平衡。会议中,大家同意继续推动更多的自由化,以及减少旅游业的限制。一份新的"旅游业附件"正在酝酿之中。

3. 建立海南国际旅游岛的目标

《海南旅游发展总体规划》提出:经过 20 年的努力,实现海南旅游接待总人数、旅游总收入、旅游外汇收入分别翻 3 ~ 4 番,把海南省建设成为中国的旅游强省,并成为世界著名的国际性热带海岛度假休闲旅游目的地。建立海南国际旅游岛,就是确保这一目标的实现。

(1)经过 20 年的努力,2020 年海南旅游人数达 807 万人,为 2000 年的 2.4 倍,其中入境人数达 158 万人,为 2000 年的 8.18 倍;旅游总收入达 377.5 亿元,为 2000 年的 4.3 倍,其中外汇收入 18.32 亿美元,为 2000 年的 16.3 倍;旅游财政收入达 33.9 亿元,为 2000 年的 4.4 倍。

(2)经过 20 年的努力,使海南进入全国旅游强省的行列。衡量旅游强省有两个主要指标:一是旅游外汇收入;二是旅游入境人数。2000 年海南旅游外汇收入位居全国第 21 位,旅游入境人数位居全国第 15 位,距旅游强省有较大的差距。在国际旅游岛的框架下,实现海南旅游业结构的调整与优化,充分贯彻国家旅游局提出的"以入境旅游为主导,以国内旅游为基础"的发展方针,使海南旅游创汇收入占旅游总收入的比重,从 2000 年的 1.1% 提高到 2020 年的 40%,入境旅游人数占旅游总人数的比重,从 2000 年的 5% 提高到 2020 年的 20%。

(3)经过 20 年的努力,着力提高海南旅游国际化水平,使海南成为世界著名的国际性热带海岛度假休闲旅游目的地。以高档次、高消费国际市场为目标,树立海南旅游市场形象;以国际标准的旅游管理和旅游服务为目标,提高海南旅游国际化水准;以海南独特的热带生态环境和高水准的度假设施为目标,提高海南在国际旅游市场的知名度。在国际旅游岛的框架下,使海南旅游率先与国际旅游接轨,成为我国旅游业与国际接轨的对接点,成为我国旅游业进入国际市场的有效通道,成为我国旅游对外开放的重要窗口。

4. 建立海南国际旅游岛对海南经济社会发展的重要作用

在我国加入 WTO 的背景下,建立海南国际旅游岛,将对海南经济增长及旅游业相关产业的发展和生态环境、人文社会产生多方面的拉动作用。

(1)海南旅游业对经济的拉动作用。海南旅游业对国民经济做出了显著的贡献。1998 年海南国际国内旅游总收入达到 66.96 亿元人民币,是当年社会消费品零售额的 46.3%;旅游业新增价值为 13.64 亿,占当年 GDP 的 3.1%。从旅游业同其他产业增加值的比较看,1998 年旅游业增加值分别是海南纺织工业的 9.7 倍,饮料制造工业的 2.1 倍,医药工业的 3.3 倍,汽车、摩托车工业的 1.3 倍,这充分说明,海南旅游业的发展水平明显高于那些被认为发展势头较好的产业,其在国民经济中的贡献份额也在不断扩大。

按世界旅游理事会 1992 年的统计,旅游收入对国民经济总产出的乘数为 2.5。根据海南省旅游局规划预测 2020 年旅游收入为 373 亿元,占 GDP 的比重为 19%,对国民经济的贡献额以 2.5 的乘数计算约为 932.5 亿元,这将占到 GDP 的 47%。由此可见,建立海南国际旅游岛对海南经济的拉动作用是十分明显的。

(2)海南旅游业对相关产业的带动作用。《世界旅游组织研究报告》1993 年预测,到 2000 年全世界旅游消费总量将超过 16000 亿美元。世界旅游理事会提出,全球旅游收入为旅游业增加乘数 0.50,为相关行业增加 0.517,诱导其他部门 0.48。旅游消费直接投向是吃、住、行、游、购、娱等 6 个部门。间接影响的有金融、保险、通讯、医疗、农业、环保、印刷等 58 个部门。据有关研究测算,在中国旅游收入每增加 1 元,可带动第三产业相应增加 10.7 元,旅游外汇收入每增加 1 美元,利用外资额则相应增加 5.9 美元。旅游业的发展明显带动直接和间接相关产业的同步发展,产生了相互拉动的作用。海南把旅游业作为支柱产业,并建立国际旅游岛,其发展潜力和拉动作用有极强的实力。

(3)海南旅游业对扩大就业的效应。据《世界旅游组织研究报告》,1994 年世界旅游业直接和间接工作人员数达到 1.2 亿人,约占世界各行业工作人员总数的 1/9,到 2007 年将达 3.5 亿人。由于旅游业的广泛性和丰富性,决定了旅游业是一项高度劳动密集型行业,世界旅游理事会就旅游就业的函数关系根据直接就业与间接诱发就业的数量关系得出就业乘数为 2.4 ~ 3 之间,据专家预测,海南旅游业创造的直接和间接就业机会,2000 年为 9.37 万人,2005 年为 15.28 万人,2010 年为 20.52 万人,2020 年达 33.31 万人。建立海南国际旅游岛,在海南先行实施我国加入 WTO 对旅游业方面的承诺,并配以相关的开放政策,这将给海南创造极好的就业机会。

(4)海南旅游业对环境建设的作用。对生态环境建设的作用。以高质量的阳光、空气、海水、沙滩、温泉及其丰富的热带雨林构成的海南优良的生态环境资源,是海南旅游业发展的基础,以此为基础发展起来的生态旅游必将成为海南旅游业的特色与优势。生态旅游所进行的旅游开发,体现了生态资源的开发与保护相统一,自然生态环境与营造生态环境相统一。因此,海南生态旅游的发展,有利于不断提高现有的环境质量和生态水平,不断地推进生态环境建设,并且在新的发展水平上,建立新的平衡,相互协调,相互促进,实现可持续发展,成为海南生态省建设的重要内容。

对人文环境建设的作用。建立海南国际旅游岛,吸引国际游客的旅游产品不光是游览、娱乐,而且还有海南独特的人文环境魅力。海南特有的少数民族黎族,应形成独具特色的文化生态环境和原生态文化资源环境。将黎族文化生态融入国际旅游的建设中,从而达到弘扬民族文化、发展民族经济的目的。在保护海南现有的历史古迹苏东坡故居、五公祠等的基础上,还可以挖掘和提炼出新的核心内容,即独特的岛屿文化。海南的人文环境建设将极大地提高海南旅游业的国际竞争力。

二、建立海南国际旅游岛的机遇和背景

1. 旅游业已成为世界经济中最大和发展最快的行业之一

20世纪50年代以来,旅游业得到了蓬勃的发展。从1950年接待2530万人次增长到2000年的6.35亿人次,国际旅游收入也从21亿美元增加到4786亿美元,增长了227.9倍。据世界旅行旅游理事会提供的数据,国际旅游业每年的产值达4.5万亿美元,占世界国内生产总值的11%;国际旅游业从业者多达2.07亿人,占世界就业人数的8.2%。

世界旅游组织的预测显示,在未来几年里国际旅游业将保持良好的发展势头,2010年全球国际旅游人次将达到10亿人次,2015年为12亿人次,2020年为16亿人次。2000~2020年国际旅游活动的年平均增长率为4.4%,2020年全球国际旅游消费收入将达到2万亿美元,国际旅游年均增长率为6.7%,远远高于世界财富年均3%的增长率。届时,国际旅游人口将占世界总人口的3.5%,旅游业将在全球经济的重构中发挥重要作用。

2. 我国将成为旅游强国

我国已提出,到2020年建成世界旅游强国的目标。目前,我国旅游综合实力位居世界第五、亚洲第一,旅游创汇收入位居世界第七、亚洲第一。世界旅游组织的数据表明,2000年中国的国际国内旅游业总收入达162亿美元,世界排名第七,比前一年增长15.1%,占全球旅游总收入3.4%,相当于中国国内生产总值的5%。据国家统计局统计,2000年,我国入境旅客人数为8340万,比1980年增长了10倍,外汇收入为162亿美元;国内旅游人数从1984年的2亿增加到2000年的7.44亿,国内旅游收益为3180亿元人民币。

据有关资料统计,目前我国旅游综合实力已被列为世界第五大旅游国,但是与世界公认的旅游强国(美国、法国、意大利、西班牙)相比,有明显的差距,而这种差距的核心是旅游产业的国际化水平低和旅游业的开放水平低。1998 年中国的旅游外汇收入,仅相当于美国的 18%,意大利的 41%,法国的 42%,西班牙的 43%;1998 年中国接待入境旅游者,分别比法国少 4493 万人次,比西班牙少 2286 万人次,比美国少2132 万人次,比意大利少 976 万人次。

而加入 WTO 会给我国旅游业的发展带来新的机遇。据世界旅游组织预测,到2020 年,我国将跃升为全球首位旅游目的地,入境旅客人数将由 2000 年的 3100 万增到 2020 年的 1.3 亿。出境旅客人数将达到 1 亿,成为世界第 4 大旅客来源地,仅次于德国、日本和美国。

3. 世界旅游服务的高度开放将迅速推进我国旅游业的开放

旅游业作为世界经济最活跃、最具发展潜力的新兴产业,也是 WTO 关于服务贸易自由化进程中最引人注目的领域。其开放的进程是在不断加快的。据 WTO 的统计,到1999 年,承诺开放宾馆与饭店服务业的成员方已超过 100 个,开放旅行社及旅游经营者提供的服务有 80 多个,开放导游服务也已超过 30 个。与其他服务贸易相比,旅游服务的开放和自由化程度已相对较高。

为争取竞争优势,配合世界旅游服务业的全球化发展趋势,世界各地都在以不同或相同的方式有计划地进行着旅游服务的自由化实践。如韩国的"济州岛国际自由城市计划",其目标是把济州岛建成旅游、休闲、商业、先进技术产业以及物流和金融相结合的复合型国际自由城市。局部地区开放或全方位开放的旅游服务及其相关领域的自由化已成为世界各国旅游业发展的主流。

目前,国家旅游局提出我国加入 WTO 后对旅游业开放市场的承诺时间表还将根据情况予以提前兑现。

三、建立海南国际旅游岛的条件

1. 海南旅游业近几年取得了迅速的发展,为建立国际旅游岛奠定了良好的基础

2000 年接待旅游人数已超过 1000 万人次,全岛已具备接待游客 2000 万人次的能力;旅游收入已占全省 GDP 的 15%,成为全省经济的支柱产业;旅游基础设施建设取得了高度的发展,环岛高速公路全线贯通,一南一北两个国际机场,电信基础网络

全部实现数字化,2003 年粤海铁路开通将与全国铁路联网,使海南旅游业具备了大开发、大发展的基础条件。

2. 拥有丰富的旅游资源

海南具有丰富的热带海岛旅游资源可供进一步开放。特别是尖峰岭、七仙岭、五指山、吊罗山、霸王岭等山区的热带雨林,滨海度假区、温泉及珊瑚礁资源等,都未充分开发成为优质的旅游产品,可发展与自然相关的旅游活动,海南有条件发展成为生态旅游的知名目的地。

海南省管辖的西沙群岛,旅游资源十分丰富独特,是海洋观光旅游的最佳场所,可使海南成为知名的海洋旅游目的地。

海南气候宜人,阳光、海水、沙滩、森林,未受污染,质量很高,只要经过高水准的开发,可建成适于休闲度假中心、大型康复疗养中心、大型娱乐体育活动中心以及发展组合式度假的旅游产品。海南有条件成为国际知名的高水准热带旅游度假目的地。

3. 地理位置优越,已具有一定的知名度

海南位于中国的最南端,距经济发达的香港、澳门、广东很近,已成为国内著名的旅游胜地。在国际市场上,海南与东南亚经济发达国家、日本、韩国和欧洲游客不仅距离近且具有吸引力。博鳌亚洲论坛的设立,为海南发展高层次的会议旅游创造了良好的契机。海南有条件进军高档次、高消费的国际市场,国际国内旅游市场潜力巨大。

目前,海南旅游业的现状与建立国际旅游岛的要求还有某些不适应的方面。例如,旅游产品水准低,旅游管理和旅游服务水平低,从而造成人均消费低,企业效益低。海南旅游要实现从以观光旅游为主向以休闲度假旅游为主的结构升级,从低档次、低消费的旅游市场目标为主向高档次、高消费的旅游市场目标为主转变,从以规模扩张的初级阶段向以效益扩张的高级阶段发展,建立海南国际旅游岛正是实现这些转变的关键所在。

四、建立海南国际旅游岛的相关建议

1. 对建设海南国际旅游岛促进海南发展的全局意义要给予充分的估计

以旅游国际化为目标,实现相关产业的发展突破,将促进海南旅游业跨上新的台

阶。以建设海南国际旅游岛为契机,带动相关产业的开放,将开创海南对外开放的新局面。近期内,建设海南国际旅游岛,促进海南旅游业的市场开放和国际化,使海南成为具备国际竞争能力的休闲度假胜地之一。从长远发展看,借海南国际旅游岛的建设,促进带动其他相关产业的开放和国际化程度,将全面提升海南对外开放的层次和水平,为海南经济的可持续发展打造坚实的基础。

2. 尽快形成《建设海南国际旅游岛的研究报告》

建议由多方面专家参与,以《海南旅游业发展规划(初稿)》为基础,尽快完成《建设海南国际旅游岛研究报告》。研究报告应当对建设海南国际旅游岛的主要方面提出可操作性的研究结论。

3. 以国际化为目标,相关规划应充分参照国际惯例和 WTO 规则实现新的突破

建立海南国际旅游岛必须立足全球市场,突出国际性。适应市场开放的大趋势,引进国外旅行社,加快海南旅游业与国际市场的整合。充分利用海南滨海优势、人文优势及其他优势,面向国际市场,发展包括休闲度假、会展商务旅游、体育健身、文化传播、社区服务在内的综合性的"休闲经济"。

4. 积极做好相关的准备工作

加快适应于开放条件的旅游人力资源的开发。在创造条件积极引进的同时,加大涉外旅游人才的教育和培养;允许外资投资教育产业,以提升人才的国际化水平。

加快清理现有与旅游国际化相关的法律法规、规章制度和政策文件,与 WTO 的相关规则相适应,增强法律法规的透明度、公开性,为企业运营提供一个公平、透明的环境。

多方面创造旅游国际化必需的软环境。重点包括要加快政府机构改革,提高政府工作人员综合素质和办事效率,树立政府信用;加快海南现有旅游市场规范整合和结构调整的力度,营造竞争有序的市场环境,优化微观基础;加快网络信息化、金融服务、保险服务国际化建设,促进海南国际旅游岛建设的"软"基础设施建设等。

5. 加强相关的组织领导

建议尽快成立由海南省委、省政府主要领导同志参与的建立海南国际旅游岛研讨小组,加强相关的研究和协调。

在形成《建设海南国际旅游岛研究报告》的基础上,可在北京组织高层次的研讨

活动,广泛听取专家和相关部门的论证和意见,必要时听取相关国际组织和国际专家的论证和意见。

在条件成熟时,尽快向国务院提出正式的请示,力争 2002 年能够正式启动相关的工作。

建设海南旅游经济特区*

（2004 年 3 月）

◆◇◆

旅游业是海南最具特色和竞争力的优势产业。海南应当充分利用作为经济特区的某些优势和独特的旅游资源，抓住我国加入 WTO 和航权开放带来的重要机遇，适时地实行旅游业的全面开放，建设我国旅游经济特区，进而建成世界知名的国际旅游岛。这是海南在我国改革开放新时期经济社会全面、协调、可持续发展的重要战略选择。

一、建设海南旅游经济特区的历史机遇

1. 在"旅游服务自由化"的推动下，旅游业已成为世界经济发展最快的行业

近些年来，国际旅游业每年的产值高达 4.5 万亿美元，占世界 GDP 的 11%；从业人员多达 2.07 亿人，占世界就业人数的 8.2%。世界旅游组织的预测显示，在未来几年里国际旅游业将保持良好的发展势头。2010 年全球国际旅游人次将达到 10 亿人次，2015 年为 12 亿人次，2020 年为 16 亿人次。2020 年全球国际旅游消费收入将达到 2 万亿美元，全球旅游收入年均增长率 6.7%，远高于世界财富年均 3% 的增长率。届时，国际旅游人口将占世界总人口的 3.5%，旅游业将在全球经济的重构中发

---

* 在"世界海南乡团联谊大会"上的演讲，2004 年 3 月 30 日。

挥重要作用。

旅游业是 WTO 关于服务贸易自由化进程中最引人注目的领域。据 WTO 的统计，到 1999 年，承诺开放宾馆与饭店服务业的成员方已超过 100 个，开放旅行社及旅游经营者提供的服务有 80 多个，开放导游服务也已超过 30 个。与其他服务贸易相比，旅游服务的开放和自由化程度已相对较高。

国际经验证明，人均 GDP 从 1000 美元到 3000 美元的岛屿经济，服务业在岛屿经济的比重大都在 50% 以上，许多岛屿仅旅游业就超过一半以上，而基本没有以工业或农业作为主导经济的案例。

20 世纪 90 年代以来，有关国家或地区都在以不同或相同的方式进行着岛屿旅游服务的自由化实践。一些国家把本国的某个岛屿或地区宣布为特殊的旅游经济区，采取更为开放的政策支持本地区的发展，取得明显的成效。韩国政府宣布自 2002 年至 2010 年，将把济州岛开发成为集旅游、度假、商务、尖端科技、物流、金融等综合功能为一体的类似中国香港、新加坡免签证、免关税的国际自由城市。

2. 我国从低收入国家向中等收入国家迈进，旅游业将成为国民经济的重要产业

我国已确立将旅游产业作为国民经济重要产业的基本方针。一个国家和地区人均国内生产总值由 1000 美元向 3000 美元迈进，既是一个经济结构、社会结构急剧变动的时期，又是一个具有持续的、巨大的经济增长潜力的时期。2003 年 10 月，温家宝总理在世界旅游组织第 15 届全体大会上指出："新中国成立后，特别是改革开放以来，中国政府高度重视旅游工作，旅游业持续快速发展，已经成为旅游大国……我们要把旅游业培育成为中国国民经济的重要产业。"

据有关资料统计，目前我国旅游综合实力已被列为世界第 5 大旅游国。随着服务领域的相继开放，将大大有利于旅游业的快速发展；旅游业开放的承诺，将会扩大旅游市场的准入，提高旅游业国际化、自由化的水平；国际资本将大举进入旅游业的重要领域，拉动旅游业的快速发展。2000 年，中国是全球第 5 大旅游目的地。据世界旅游组织预测，到 2020 年，我国将跃升为全球首位旅游目的地，入境旅客人数将由 2000 年的 3100 万增加到 2020 年的 1.3 亿。出境旅客人数将达到 1 亿，成为世界旅游强国。

3. 海南旅游业进入快速增长期。经过努力，海南将逐步建成生态环境优美、国际化的休闲度假基地之一，并将成为我国最具吸引力的第二居住地

建省办经济特区以来，海南旅游基础设施不断完善、配套设施进一步改善，一大

批新的景区、景点相继建成,接待能力进一步增强,服务质量明显提高,来琼游客不断增加。2003年全省接待旅游人数突破千万人次大关,达1234.10万人次。经过十几年的努力,海南已为建立具有吸引力的休闲度假基地奠定了重要基础。

热带农业、海洋业、旅游业是海南的三大优势产业,但相比较而言:第一,旅游业及其相关服务业的对外开放,最易操作,开放成本最低,开放风险最小,因此开放的效果会来得快,来得好;第二,旅游业及其相关服务业的开发和发展有更大的空间和更大的潜力,这是因为未来5~10年服务业的开放和发展是全国的重点,而海南以旅游业及其相关服务业为主的第三产业占全省GDP的比重达39%,一旦得到率先的开放和优先的发展,对全省经济社会协调发展的作用是很大的,将成为加速发展的主要推动力。

根据国际、国内的旅游市场需求,海南要以高档次、高消费国际市场为目标,树立海南旅游市场形象;以国际标准的旅游管理和旅游服务为目标,提高海南旅游国际化水准;以海南独特的热带生态环境和高水准的度假设施为目标,提高海南在国际旅游市场的知名度;从陆地走向海洋,逐步开发海洋旅游资源。经过努力,海南将逐步建成生态环境优美、国际化的休闲度假基地之一,并将成为国内最具吸引力的第二居住地。

二、建设海南旅游经济特区的三大举措

1. 实行旅游产业的全面开放,建立国际化的旅游经济特区

海南旅游经济特区的基本涵义:在海南全岛的区域内,围绕旅游产业的开发和经营,对外实行以"免签证、零关税"为主要特征的投资贸易自由化政策,加快推进海南旅游服务国际化、自由化进程。其本质要求是旅游业的高度开放,表现在人员进出上是"免签证",表现在货物进出上是"零关税",表现在投资往来上是"自由化"。

实行最大范围的"免签证"政策。"免签证"是旅游业国际公认的高度开放的重要标志,它以国际游客为主要对象,为游客的出入提供最大的方便和自由。

实行与国际惯例接轨的旅游管理体制。海南旅游经济特区与一般国际旅游城市,它们的共同之处都是旅游业的高度对外开放,但是开放的程度不同。海南旅游经济特区对外开放的范围和整体水平,均比一般国际旅游城市大和高,它要求相关的服务业也实行相应的开放,使之与旅游业的发展相协调。例如:放开国际旅行社的准入,加快旅游国际化;扩大旅游直接相关产业的开放;扩大旅游外围相关服务业的开放;等等。

实行与旅游业相关的货物进出口优惠政策,即零关税政策。鼓励中外投资者参与海南的旅游开发和经营。并在条件成熟的情况下,实行某些特殊的旅游项目开发政策。

2. 实行全岛旅游资源的统一整合,形成五大旅游经济区的基本格局

一般来说,区域划分应遵循以下几个原则:一是空间上相互毗邻;二是自然条件、资源禀赋结构相近;三是经济发展水平接近;四是经济上相互联系密切或面临相似的发展问题;五是社会结构相仿;六是区块规模适度;七是适当考虑历史延续性;八是保持行政区划的完整型;九是便于进行区域研究和区域政策分析。

按照全岛旅游区域划分的主要原则,结合海南的实际,本着三个有利于,即有利于统一规划,统一开发;有利于统一整合资源,发挥资源的整体优势;有利于保护生态环境的原则,建议对海南旅游经济特区划分为五大区域,实行有重点、有步骤的开发建设。

南部:包括三亚市、陵水县、保亭县、乐东县一市三县。总面积 6955 平方公里,2002 年总人口 144 万。海岸线总长 329.1 公里,占全省海岸线总长的 21.5%,海域环境良好,加上优美的热带风光,是发展热带滨海旅游不可多得的地方。以三亚为重点,实行以市联县的新体制。建设区域布局合理、中国一流、世界知名的热带滨海旅游区。

北部:包括海口市、文昌市、定安县、澄迈县二市二县。总面积 7972 平方公里,2002 年总人口 268 万。全省政治、经济、科技、文化中心,交通邮电枢纽。以海口为重点,建设中国小康社会的第二居住地。

中部:包括五指山市、琼中县、屯昌县、白沙县一市三县。总面积 7184 平方公里,2002 年总人口 76 万。地处山区,林产资源丰富,森林蕴藏量最大的地区;群山环抱,形成昼热夜凉的山区气候特征;是少数民族主要聚居地。以五指山为重点建设中国的热带雨林旅游区。

东部:包括琼海市、万宁市二市。总面积 3576 平方公里,2002 年总人口 101 万。平原、丘陵为主要地貌,既有奇山、异洞、怪石、海滩、岛屿、温泉、热带珍稀动植物、滨海风光等自然景观,又有文物古迹、革命遗址等人文景观。以博鳌、万宁为重点,建设亚洲一流的会展、温泉等旅游区。

西部:包括儋州市、东方市、临高县、昌江县二市二县。总面积 8434 平方公里,2002 年总人口 190 万。矿产资源丰富,海域拥有丰富的油气资源。建设以洋浦和东方为两极的生态工业旅游区。

3. 实行旅游开发建设的双重体制,在有效地发挥政府作用的同时,大力吸引海内外有实力的企业来海南开发旅游资源

实行以政府为主导,以企业为主体,以市场为基础的旅游资源开发运作机制。全岛旅游资源要统一规划、统一开发,严格防止各行其是,遍地开花。当前,应当尽快确立旅游资源的区域划分,并着手进行编制规划。按照所有权、管理权、经营权"三权分离"的原则,大胆创新投融资体制,以项目为载体,以企业为平台,以资本为纽带,建立全方位的旅游开放体系,充分发挥企业,特别是有实力的企业在旅游开发建设中的重要作用。

大胆采取措施,支持和鼓励有实力的海内外企业成为旅游资源的开发主体。借鉴国际经验,并从海南的基本省情出发,应当确立企业在旅游开发中的主体地位。为此,应当采取灵活有效的措施,例如出让开发权、经营权、使用权,支持和鼓励有实力的海内外大财团作为一级开发商参与海南的旅游开发建设;鼓励和支持社会各方面和中小企业按照全省的统一规划,进行旅游的具体项目的建设。这样,有利于统一规划,统一开发;有利于吸引大财团、大企业参与的积极性;有利于高水平、高质量的开发建设;也有利于走出一条环境保护与旅游资源开发相结合的新路。

在改革开放中加快海南旅游业的发展*

（1992 年 9 月）

◇◇

　　自从海南建省办特区以来，旅游业得到了极大的发展，但是，在海南改革开放的总体战略中，旅游业仍不占有主导地位。只是人们经过长期的改革实践之后，逐渐认识到旅游业在海南经济中发挥了举足轻重的分量，并及时地将旅游业调整到主要产业的位置。

　　在目前的海南，以旅游业为经济起飞的突破口，已成为全省上下的共识。但是，如何发展旅游业才能实现全省经济的起飞呢？在这里，我重点谈谈加快海南省旅游业发展的基本思路。

一、海南旅游业必须以国际化为战略目标

　　海南旅游业是一个新生的行业，基础设施和文化环境都还处于起步阶段，这个阶段正是进行整体规划的时期。如果等到一切初具规模，再试图做大的调整，就为时晚矣。因此，在目前的阶段。我们一定要制定出至少在数十年内不至于被淘汰的战略目标，以防止低水平的不切实际的开发。对此，我认为，无论从海南的旅游资源，还是从海南旅游业的客源，以及国际旅游业对国民经济的作用来看，海南旅游业在创业之时，就应瞄准国际同行，以在一定时间内达到国际水平为战略目标。

　　经验表明，一个地方要谋求发展，最好的途径就是从自己的优势出发，以此来确

---

　　* 在"海南旅游业发展战略研讨会"上的演讲，1992 年 9 月 18 日。

定发展目标。同其他特区相比,海南的主要优势就是有丰富的旅游资源。全省有1700多公里长的海岸线,可供开发的旅游资源有241处,按国际标准,其资源的独特性,达到国际上有吸引力程度的A级资源5处;能够满足来海南岛的国际旅客光临鉴赏的B级资源37处;能够在连接A、B两种旅游的游览线上起辅助作用的C级资源有47处。更为难得的是,整个岛屿都为绿色覆盖,较少有人为的破坏,旅游资源(包括空气)几乎没有受到污染,气候条件也很好。因而,海南对于发达工业国家和地区,那些要求远离"污浊"的城市社会、追求自然清新空气的人们有着不可抗拒的吸引力,是发展国际观光旅游和度假旅游的理想之地。

可供借鉴的是,国际上的许多岛国,正是利用海岛的秀丽风光、宜人的气候,以及典型的S型条件,即典型的阳光、典型的沙滩与典型的海水,建立了以国际游客为主要接纳对象的旅游业,在不长的时间内取得了令世界瞩目的成就。虽然有些岛国早在殖民主义者占领时期就已经是旅游胜地,但大部分国家的旅游业是在20世纪70年代大规模发展起来的。现在,旅游业在这些岛国中已经成为外汇收入的主要来源,成为国民经济的最重要的生产部门。旅游业的收入在这些岛国中,一般都占其国家外汇收入20%以上,有些国家高达60%,如牙买加、塞舌尔,而像加勒比海上的小岛开曼岛,旅游业收入占其外汇收入的75%以上。巴哈马是名副其实的旅游国,旅游收入占其国内生产总值的70%以上,占国家财政收入的60%,旅游从业人员占其劳动力总数的2/3。大多数岛国旅游从业人员占该岛劳动总数的20%左右。

这些岛国的经验证明,发展中国家的海岛旅游胜地应以国际游客为主要客源,旅游业开发之初,就应将重心放在国际市场上。事实上,海南岛的旅游资源不比这些岛国逊色,而且还有不少其他国家无法拥有的优势,在客源市场方面,这些岛国主要利用了和西方发达国家在地理上的以及政治文化上的联系。对于海南岛来说,尽管离西方较远,但是,在交通发达的今天,地理距离已经不成为人们远行旅游的障碍。更为重要的是与海南毗邻的东南亚地区经济活力很强,经济增长速度比全世界平均速度快一倍多,其国民的外出旅游需求旺盛。

在海外市场方面,海南将存在着三级市场。第一级是中国香港、中国澳门、中国台湾、日本、韩国。这些国家和地区距海南近,冬季气候相对不如海南优越,这些国家和地区的政府出于经济方面的考虑正极力鼓励居民出去旅游和寻找海外投资的场所,海南正是它们的理想之地。第二级市场主要是东南亚国家特别是泰国、新加坡和马来西亚。近年来,中国与东南亚各国的关系有了很大的改善,双方都在努力谋求经济上的更多合作。这些国家,华人占有相当的比例,他们回大陆观光旅游的愿望十分强烈,而海南是中国通往东南亚国家的门户,是东南亚各国与大陆联系的第一站。海南在经济上同这些国家也有许多的相似之处,可以互补。因而海南将成为东南亚国家在中国旅游和投资的重点。第三级市场是中东和欧美,中东国家相当富裕,是一个前景广阔的市场。近年来,中国香港在拓展中东市场方面颇有成效,种种迹象表明,中东国家和地区将成为亚太地区不可忽视的客源市场,海南由于其地理位置的优越性,在拓展中东市场方面占有优势。欧美国家是世界最大的旅游市场,欧洲每年进行远程跨洲旅游者有 800 万人以上,美洲有 1000 万人以上。海南要发展旅游业,当然不能忽视这个最大的旅游客源市场。

同国内其他地区相比,目前来海南的海内外旅游者人数并非很多,但海南在短期内显示了发展旅游的巨大潜力。1991 年全省接待海内外旅游者 140.61 万人次,比 1990 年增长 3.93%,其中国际旅游者 27.72 万人次,比 1990 年增长 46.85%,1992 年 1~6 月共有 80.87 万中外游客上岛观光旅游,比 1991 年同期增长 35.39%。这样的增长速度是十分鼓舞人心的。同时,海南完全可以保持这种高增长速度甚至更快。如今,在世界旅游者构成中,老年人正在成为重要力量,而海南作为"回归大自然的好去处,未受污染的长寿岛",对老年人前来康复度假旅游有着很强的吸引力。作为国际旅游的重要角色的中青年旅游者绝大多数也都是体育爱好者,作为将来的现代体育运动中心和著名的水上运动基地,海南对他们也有着极大魅力。

若海南能实现以国际游客为市场重心的战略目标,全省经济将发生极大的飞跃,学者们一般都认为,国际旅游业对如下经济促进作用是综合性的,一般来说,其促进作用有如下几点:

第一,可以从外国旅游者旅行消费中赚取外汇,有利于改善国际收支状况;

第二,旅游消费可以诱发旅游投资,刺激相关产业发展,扩大财政税收;

第三,旅游业可以带动旅游资源的开发和道路、交通、饭店、城市建设等公共设施的发展;

第四,国际旅游业发展可以诱发国内旅游业的发展,并在上述各环节起到相同的促进作用。根据日本野村综合研究所的测算,在工业发达国家,旅游消费支出每增加 1 个单位,工业产值可以扩大 2.71 个单位,国民收入可以扩大 1.36 单位,就业可以扩大 0.79 单位,投资可以扩大 0.25 单位。而在发展中国家其作用相对更高一些,分别可为 3.7 单位、2.7 单位、0.9 单位、0.9 单位。

这是极为诱人的数字,由此我们可以想见海南的灿烂远景。但是,我们应当清醒地看到,以国际游客为市场重心,不是轻易就可办到的事情,以国际水平为战略目标就必须拥有国际水平的基础设施和软环境,特别是后者面对传统的体制和政策,要达到按国际惯例办事,就必须调整、改革,甚至跨越这些传统的条条框框。海南旅游业要达到国际水平,重要的就是要在购物上下工夫,通过各种措施使海南成为亚太地区又一"旅游者的购物天堂"。这些措施包括:容许和鼓动外商在海南设立零售商店和建立大的综合性的百货公司;实行商品进出口自由免税政策,使海南成为低廉的购物中心;在初始阶段可适当放宽国内旅游者到海南购物的限制,以刺激国内旅游者到海南旅游;基本放开外汇管制,实现货币自由兑换,使海南与国际市场融为一体。在购物的付款方式上,应尽可能地向国际水平靠拢,现在许多国家都时兴旅行支票,旅行支票有两大优点:一是可在全世界通用,银行和商号都愿接受;二是保证持有人的安全,一旦丢失或被盗,可以迅速挂失。因此游客都愿使用。发放旅行支票的公司也可从中获利,因为游客购买支票后,一般要过一段时间才兑换现金,公司可用这笔钱按市面利率投资赚取可观的利润,这不仅方便了游客,旅游公司也由此受益。至于信用卡,已风靡全世界,其中值得一提的是世界航空旅行计划信用卡,该信用卡可用来在全世界购买国际航空运输协会会员航空公司的飞机票。还有一种支票信用卡,可以凭据个人支票在国外兑取现金,由外国银行收取一定的手续费。信用卡简化了到国外旅行的手续,给国际游客带来了极大方便。

海南省旅游业应尽早使用国际通用方式来办理游客所要履行的各种手续,尽可能使游客感到简单便捷、准确可靠。

要使旅游业尽早进入国际水平,我们还要大胆地有控制地开放文化政策,一定要解决国际旅游者在中国旅游常常碰到的旅游生活单调乏味的问题,可以考虑在海南开办各种旅游项目甚至是在大陆不能从事的旅游项目,例如利用海南土地多的优势建立大型的狩猎场、游乐场和娱乐中心,允许控制在一定范围内的赌博与其他服务性行业的存在。还可以制定或调整出入境政策、简化或取消出入境手续等等,满足国际游客自由旅行的目的。

总之,海南旅游业市场的国际化将充分发挥海南旅游资源的优势,但是,只有按国际惯例办事,海南旅游业也才能真正成为带动海南经济起飞的龙头。

二、有秩序地推进海南旅游业的市场化

海南旅游业的发展,若以国际水平为目标,将存在巨大的资金需求。这是省政府的投资能力远远不能满足的。因此,在海南旅游业迈向国际旅游行业队伍的进程中,吸引外商投资、鼓励全民兴旅,将是集聚巨额资金的重要途径,这必定造成一个“百舸争流”的局面,造成一个多种经济成分并存的旅游商品市场。肯定地讲,不论是外商独资,还是中外合资,还是社会集资,海南旅游业都将从中获益,但是,若不能及时调整或改革现行体制和政策,我们就会在“群雄并起”的局面面前束手无策。

从海南目前所处政策环境来看,所谓大特区的政策优势已丧失,海南在吸收海内外资金方面缺乏竞争力,经济形势十分严峻。从旅游业本身来看,国内像桂林、西安、

苏州、杭州等城市旅游资源丰富,开放时间长,旅游基础设施和人员素质都已达到相当高的水平并且已经拥有相对稳定的客源市场。现在这些地区也在加快其旅游业的发展步伐,竞相采取更为开放大胆的政策,包括开辟对内封闭管理,对外开放的"特区"。而海南的旅游业才刚刚起步,旅游基础设施、人员素质远远落后于这些地区,海南要在国内旅游市场竞争中取胜已属不易,而在世界旅游市场上,夏威夷、西班牙、地中海国家,都是以海滨取胜,这些国家和地区无论在哪个方面都远远超出中国旅游业的水平。海南要在这众多的竞争对手中将资金吸引过来,就必须采取更为积极有效的对策。

在这方面海南需要采取的政策是:第一,提高办事效率,简化项目审批程序,最好是建立负责专门引进外资的机构,凡外来投资事宜皆由此专门机构全权处理,为更好地吸引外资,还可在一些主要的投资国家和地区设立办事机构,用减免税收或提供其他优惠鼓励和吸引外商投资于基础设施建设;第二,鼓励外国旅行社、饭店集团来海南合资合作开办旅行社、饭店,要充分运用它们的影响吸引境外旅游者到海南旅游,将此作为海南旅游业与世界旅游市场竞争的重要手段;第三,建议和要求中央在海南上几个大项目(每个项目投资总额至少在 5 亿元人民币以上),这样做既可以坚定外商对海南的信心,同时也可使海南基础设施建设落后的局面大为改观;第四,为外资在海南进行投资提供法律保障,利用海南拥有立法权的优势,制定和颁布投资促进法。法制不健全,外资企业收益得不到保障,是外商在发展中国家投资举步不前、深感头痛的重大原因,如果海南在这方面能够做出卓有成效的动作,必将吸引大量的海外投资者。

不可否认,在海南旅游业开创之初,大量外资的涌入必将有效地补充建设所需资金,带来世界第一流的管理,同时也带来相应的建筑技术、饭店设备设施、现代化的游乐设施等等,对我省旅游业的发展影响举足轻重。但是,也有其不利的一面:第一是外汇流失的严重性和长期性;第二是使旅游投资规模不断膨胀;第三是外资的极端倾斜,又使我省旅游业的行业结构和地区分布进一步恶化,以及与交通、市政、游览点等方面所产生的不平衡加剧;第四是使单项规模不断加大,档次不断升级,产生结构性的过剩和不足,就是说,虽然设施总量与需求总量可能相符,但由于不符合市场需求的层次结构,会产生中低档设施供给不足,而高档设施同时过剩的局面,造成加倍的浪费。因此,在制定吸引外资政策的同时,应从总体规划和相关政策上做适当考虑,尽量将外资引入后产生的弊端压缩在有限程度上。

吸引外资固然重要,但是,从实际投资主体来看,我省旅游业的投资主体是国内资金,但其经济成分已呈多元化势头,政府机关、社会团体、工厂企业和私营经济、社会个人纷纷参与到投资者的行列之中。

从投资方式或资金来源渠道看,有财政拨款、银行贷款、社会集资、地方自筹、企业自行投资、个体独资或合资等等。出现了一个没有一条资金渠道不为旅游业,没有一种方式不在旅游投资中运用的局势。但是,从长远来看,若不积极迅速地推进股份制改革,旅游业的规模要上新台阶是极不容易的,因此,海南旅游业在集资方式上,应以股份制改革为新的起点。

以股份制改革为动力,不仅会迅速扩大海南旅游业的规模,而且将有效地促进旅游业由行政性立法向经济性立法转换,并能迅速有序地将企业投入市场经济的海洋,从而提高自身的竞争力。因此,国内资金的集聚应以股份制为其主要手段。但是,海南旅游业是一个新生儿,它原来并没有完善的市场体制和可行规范,因此,各类资金所汇成的市场极易形成无序局面,至少说,有几种情况是完全可以预见的:

(1)旅游业作为新兴的行业,一开始就处于迅猛增长的状态中,而管理者和经营者都无一例外地陷于"紧运行"之中。原来并没有行业规模,也没有进入这一行业的自行约束,在发展中,更没有及时地建立起来。

(2)异邦往来传统上是政治性的,有很强的政治性约束,一旦转变为经济性的,传统的约束失效,经济性约束空白。实际上是市场机制发挥作用,但又是处在无市场制度、无市场规范、无市场组织的状态中。此中发生的大量现象与自由资本主义时期的现象极其相似,而结果却截然不同,即有盲目建设和盲目竞争,无兼并和破产。

(3)旅游业已经形成了相当的行业规模,但是在固定资产及投资统计中,却不见踪影。信息在这个高度开放的行业中存在隔膜。许多建设项目在同步进行,分项决策的基本依据都是同一个市场,但却被多次反复地加以计算。从每一个单项可行性报告来说,似乎都是可行的,而如果加总计算平衡,就难以见其可行性。

(4)旅游业发展之初的过头宣传,描绘了一幅"一本万利"甚至"无本万利"的美妙图画,极大地刺激了社会的投资热情;而在发展过程中的高档化倾向,起到鲜明的示范作用,形成了普遍的攀比,也产生了一系列社会的心理变态。

(5)大规模的旅游投资,自身就形成了一个巨大的需求市场,按理是可以大大刺激各行各业的发展,这就是所谓投资的"乘数作用"。旅游业由于其综合性,乘数作用应当更加突出。但实际上,这一市场却在很大程度上让给了外国人。比如,饭店设备设施主要靠进口,饭店装修主要靠中国香港,饭店修建的内外装修材料也主要靠进口,旅游汽车也是以进口汽车为主,绝大部分游乐场的设施也是靠进口,由此引发了一系列的机器配件的连续进口和长期进口,甚至相当一部分管理也只能进口。那么,旅游投资的乘数作用究竟有多大是值得研究的。建立在进口基础上的旅游业能否有很高的效益、很强的发展后劲,也是值得研究。当然,预测不意味着必定发生,及早提出这些问题只是为了让我们能够尽快从体制和政策上做出相应的对策,有秩序地推进旅游业的市场化,使海南旅游经济达到良性循环,持续稳定的高速发展。

三、在产业的协调发展中深化海南旅游业的体制改革

从旅游业在地区经济中的一般作用来看,旅游业消化大量的居民剩余购买力,对国民经济发展具有积极的平衡作用,而且,旅游业与饮食、交通、金融业又具有极其密切的相关性,旅游业的荣损直接影响到这些部门产业的发展状态,并由此间接地影响该地区的第一、第二产业。和其他地区旅游业相比,在地区经济中,海南旅游业除了拥有旅游业的一般特点,它具备的最主要特点是:它和地区经济整体相关。地区经济中的其他行业是在旅游业为先导的格局中存在的,它们的发展不仅要考虑到维护旅游业的先导地位,而且要时刻注意和旅游业协调发展。所以,海南旅游业的发展状况对其他行业的影响是举足轻重的。由此可见,海南旅游业要真正跨入世界旅游业的先进行列,在战略制定上,就必须以优先发展旅游业为前提来协调其他产业和旅游业的关系,既要注意到其他产业对旅游业的支撑服务作用,又要考虑到旅游业对其他产业发展的带动和促进作用。

海南岛的农业基础十分薄弱,若以现代农业生产水平为目标,那将是一个十分漫长的过程。但是,若围绕旅游业做文章,海南农业不仅可以为旅游业做出贡献,而且自身将迅速发展起来,这就是将旅游作为农业的出发点,大力发展旅游农业。

长期生活在被污染的环境中的城市人,近年来掀起了一股回归自然的热潮,旅游农业应运而生,并且一开始就显示出广阔的市场。新鲜的空气、静谧的环境、古朴的乡情、优美的田园风光与城市形成了鲜明的对比,因而吸引了大量的城市人。而且,海南水果等热带农作物品种优良。农业可大力发展供旅游消费的水果生产和加工基地,从而既为农产品找到了市场,又有力地支持了旅游业的发展。目前,许多国家都制定了发展旅游农业的计划,大力营建农业旅游区。发展旅游农业有四大好处:第一,可以保护自然生态环境;第二,可以增强农民的经济收入;第三,可以为更多的农民提供新的就业机会;第四,可带动和促进农业本身的发展。海南发展旅游农业有着得天独厚的优势,全岛拥有丰富的热带经济作物资源和其他农业资源,植物四季常青。更难得的是,海南的自然生态环境几乎没有受到人为的破坏,全岛都为绿色所覆盖。因此,海南发展旅游农业并不需要过多的专门的资金投入,只需在发展农业的过程中,进行合理规划和布局就可以了。例如,在各种热带作物园和现代化农场的建设中,引入中国园林艺术,增设一些园林景观,保持中国农村的乡土特色;设置适当的旅游服务设施等,从而使全岛就像一个大果园、大公园。

对于工业来说,除去西部不宜旅游,从而发展某些少污染的工业之外,东部地区

的工业也应在旅游上下工夫,总的趋向则应是在旅游消费品上做文章。从定义来看,我们可以将旅游业自身所消费的各种商品称作旅游消费品,它包括旅游业本身的各种消费,也包括游客本身的各种消费。许多大宗的旅游业的消费品在相当程度上依赖进口,今后一定要在保护环境的前提下发展进口替代品,将市场掌握在我们自己手中,肥水不外流。

至于游客的消费品市场,则是一个潜力极大,不难开放的市场。人们外出旅游,总想带回一些有地方特色和民族特色的纪念品。旅游商品的开发实际是有着广阔市场的,发展旅游,我们不能忽视旅游商品的开发。我国在旅游商品开发方面也是很落后的,同国外比较,存在着层次低、质量差、品种单一、特色不够的问题,这常常使旅游者感到极大的遗憾。就旅游地来说,也白白损失了大笔的旅游收入。旅游商品主要是指工艺美术品、文物复制品、独特产品以及各种旅游者日常生活用品等,旅游商品讲究精美高质和特色。将海南办成全国最大的旅游商品生产基地,通过旅游商品的开发在一定程度上带动海南工业的发展是海南旅游业发展的又一目标。海南旅游商品的开发可以立足这样几个方面:食品、工艺美术品、服装、运动器材、玩具、药材和其他土特产品等。这样,旅游商品的开发同时也带动了海南的农产品加工业、食品加工业、纺织服装业和制药业等轻工业的发展。由此可见,海南旅游业的发展战略实质上就是海南省经济的发展战略。

海南旅游业的这种特点使得有关海南旅游业的一切决策都具有全局意义,这就要求决策机构必须拥有和这种经济格局相适应的管理体制,以适应这种观光立省的经济战略的需要。那么,海南省目前的旅游经济体制是否适应这种观光立省的经济战略呢?从目前情况来看,管理体制已经有了较大的变化,成立了海南省旅游协调委员会,从观光立省的经济战略模式来看,海南省旅游协调委员会必须拥有超越各行各业之上的权限,成为真正具有权威的旅游决策机构,才能对海南的旅游业的总体规划、项目、设置、投资总额等做宏观上的控制和规范。从海南旅游业的现状来看,不少外商和国内企业纷纷将注意力投向海南的旅游业,海南旅游业呈现出一片欣欣向荣的形势,但是,对此若不能从宏观上加以导向和控制,项目的重复叠加、布局的不合理、资源的损坏等状况也都可能发生,这势必造成资源、人力、物力的极大浪费,并给海南旅游业的发展造成难以挽回的损失。因此,设置具有权威性的旅游决策机构是旅游业体制改革中的首要一环,当然,设置这样一个权威机构的目的是对海南旅游业做宏观调控,并给旅游业的发展扫清障碍,提供各种优良条件。

另外,观光立省的旅游战略带来了一个行行办旅游的局面,使得旅游业成了一个涉及全社会、行业边界模糊的领域。由于旅游业的法制尚不完善、不健全,没有达到依法治旅的境地,在各行各业办旅游的情况下,就很难保证形成一个以平等和公正为原则的旅游市场,势必造成一个多种尺度管理空间。因此,在这种情况下,造就一个以同一尺度管理的旅游市场应是海南旅游业从体制上加以认真考虑的事情,否则,一个不公正的混乱的旅游市场将延续甚至阻碍海南旅游业走上健康发展的轨道。

如何实现行业管理呢? 毫无疑问,这正是一个管理体制的问题,对此,不妨从以下几个方面入手考虑:

(1)实行政企分开。应切断省市县各级旅游局同直属旅游企业相连的脐带,从而防止偏袒旅游系统企业的倾向,使得旅游职能部门从全省出发进行管理,同时这必然使得旅游系统之外的旅游企业及相关行业的企业将自身和旅游职能部门的关系视做和国家的关系,这就必定为国家对旅游业的全行业管理打下了良好的基础。在这方面,海南旅游业行政系统已做出了良好的开端,海口、三亚、通什等市旅游局已切断了和企业的经济关系。但是,从全省来看,还有不少地方处在政企不分的状态。两块牌子,一个实体,这种情况是不能长期存在下去的。

(2)建立多层次的行业管理机构。在海南省的现有情况下,可以考虑采取省旅游协调委员会、省旅游局、行业协会三个层次的垂直管理体系。各自在不同的层次上发挥不同的功能,做到全局总协调、企业独立发展。旅游经济管理体制的改革,除去行政体制的变革之外,经营管理体制的改革也是极为重要的。在海南,从事旅游服务经营的最基层单位是由不同经济成分所构成的各类企业,以及一些个体经营者。由于旅游服务从广告宣传、组织推销,到招徕接待是一个整体,环境多、联系面广,单个企业和个体经营者只能各自提供一小部分服务。单个企业和个体经营者的服务经营只有在旅游服务整个过程中才能发挥作用,取得最好的经济效果。海南的旅游业有各种经济成分在搭台唱戏,且各敲各的鼓,从旅游业服务的整体综合性来看,各企业单枪匹马地搞经营,势必造成能量的流失,而且疲于奔命,经营效果不一定理想。所以,对于在海南旅游业的各位弄潮儿来说,要获得大的经济效益,就必须联合起来,组成大公司,尽可能地减少重复劳动,提高办事效率。

总之,海南的旅游业要建立在高起点上,开创之初就要立下跻入国际旅游业的雄心壮志,并通过积极地推进市场化改革和管理体制的改革为海南旅游向高层次迈进提供优越的条件。

以开放带动旅游, 以旅游促进开发[*]

(1994 年 11 月)

当今旅游业已成为国际性的主要产业之一, 旅游业在区域间、国际间的竞争日益激烈。海南虽有很好的旅游资源, 但由于基础差、起点低, 要在很短的时间内把潜在性旅游优势释放为现实性优势, 大大增强自己在世界性旅游业中的竞争能力, 必须要有特殊的条件, 特殊的措施。我认为, 这个 "特", 就是要把海南旅游业的大发展同创造海南大开放的环境紧紧联系在一起。这里有三个问题值得我们重视:

1. 海南旅游优势的发挥有赖于进一步大开放

现代旅游被称为 "无烟工业"、"朝阳产业", 旅游业现已同石油、汽车工业一起成为国际经济的三大支柱产业。旅游是精神和物质的全面感受, 是高层次的消费方式和生活方式, 为其他任何产业所无法替代。因此, 随着人们收入水平的不断提高, 旅游已成为人们基本生活需要, 用于旅游的支出在收入中所占比重将不断增长。这一大趋势对于海南下一步发展有着十分重要的相关性。

旅游业是海南的优势产业, 旅游资源是海南最大的资源。因此, 我认为应停止 6 年来议而不决的关于海南产业政策的争议。我省最早上市的 5 家公司上缴税利比全部国营工厂还多, 而 30 多家糖厂不如台湾一个中型糖厂创造的价值。事实已经说明, 海南必须坚持以旅游业为龙头, 大大发展第三产业, 引导投资, 促进资源开发, 把

_* 在 "海南旅游发展与投资研讨会" 上的演讲, 1994 年 11 月 8 日。

丰富的热带旅游资源优势转化为市场优势和经济优势。

现代旅游业与传统的旅游业是不一样的，仅仅以自然条件形成旅游热点是难以做到的，在现代社会哪里开放度高，哪里就是旅游热点。在一定意义上，旅游业的发展程度已成为经济和社会开放的标志。香港地方不大，旅游资源并不丰富，缺少大小山川和名胜古迹，人文景观也不多，游览景点屈指可数。然而香港却能每年成功地吸引700多万游客（1993年已达890万），而其中愿再飞1小时到海南观光的游客却很少。究其原因，除了香港居于世界金融贸易中心地位和具有国际大都市风采之外，主要在于其是高度开放的自由港以及由此形成的购物天堂旅游特色。

2. 开放才会带来知名度，知名度是旅游业的生命所在

海南要像夏威夷一样闻名于世还需要一定时间，但开放度的提高一定会带来海南知名度的提高，有了知名度就有了游客，我去年作为海南岛第一位被美国政府邀请的客人曾在华尔街活动一周，在我所接触的大金融家、企业家中，很少有人知道海南岛。因此，我们必须坚持在开放中办旅游，以旅游促开放，进而提高海南的知名度，这样就会有更多的游客慕名而来。

3. 现代旅游业已成为国际竞争的重要行业，海南旅游业必须有勇气、有策略参与国际竞争

进入20世纪90年代以来，对于整个世界旅游市场来讲，总的需求状况是增加的。但由于一些地区的政局动荡，西方主要发达国家经济出现衰退，持续了多年的国际旅游业的较高发展速度将减慢。在这一背景下，市场竞争必将进一步加剧，竞争的方式也不断变化。这种竞争既有来自企业与企业间，也有国与国之间，更有甚者是大区与大区之间，形成大区间的相互渗透、联合及相互竞争的局面。如：东盟各国1992年联合推出了"东盟旅游年"，同时采取了对主要客源国免办入境签证，大幅度降价等措施来吸引游客。东盟和亚洲"四小龙"经济形势看好，引起了欧洲、美国、澳大利亚等旅游业发达国家的关注和兴趣，明显加强了对这一地区的推销活动。1991年欧洲旅游委员会（ETC）各国政府和企业筹集资金，加紧对东南亚的推销，澳大利亚则将海外的数千万华人作为亚太客源市场的重点目标。美国也在加紧吸引日本游客，同时不断开发韩国、东南亚等市场。由于上述国家和地区对我国传统的周边市场的竞争，给我国特别是海南省的国际旅游业带来了更大的压力。1993年，海南接待近280万人次的旅游者，国际旅客只占8.58%，这说明海南旅游业的国际竞争力还很不够。

一、采取更开放的政策,吸收更多的资本投入海南 从事旅游项目的开发和旅游设施的建设

新加坡资政李光耀先生 1995 年访琼,就海南引进资金问题发表了重要看法,他认为今后 5 年对海南的发展是关键阶段,这 5 年中可以以很低的代价——银行低息贷款得到资本投入,再过一段时间,东欧经济起来后会加入资金竞争;同时,西方经济从衰退中走出来后可能会增加资金竞争压力。因此,海南如果能吸引新加坡、中国香港、中国台湾、中国澳门的资金与引进大陆和海外人才结合起来,经济就能发展得更快一些。我非常赞赏李光耀先生的分析。海南作为全国最大的经济特区,应该具有更大的开放度,通过进一步扩大对外开放,大力引进外资,发展外向型经济,在积极参与国际竞争和国际合作中形成自己对外开放的优势,这是增创海南新优势的一个重要方面。

目前海南依靠内资已面临不少困难,下一步的发展必须更多地依靠外资的注入,靠外资的大量投入带动海南旅游及整个经济的高增长。

1. 引大客商,抓大项目

国际上一些大企业看好海南,这无疑给海南经济带来良好的发展机遇。海南的投资环境已有了较大的改善,具备了引进大项目的基本条件。因此,我们要把更多的精力放在引进大客商和大的投资项目上来。引进一个大客商可以带来许多中小客商,同时还可带来更多的项目。外国财团较多地倾向于投资几亿美元以上的大项目,尽管建设周期长,投资规模大但投资回报稳定。如机场、高速公路、港口等基础设施可以更多地向外资开放。因为发展国际旅游业,需要投入大量资金修建符合国际标准的旅游基础设施和旅游服务接待设施,以满足国际旅游者的需要。

同时, 目前海南大型旅游娱乐设施十分奇缺, 这方面也可更多地利用外资加快建设。综观国内外,凡标新立异、独辟蹊径的大型旅游娱乐设施都能极大地推动旅游业的发展, 并产生显著的经济效益和轰动的社会效益。美国迪斯尼乐园、深圳的锦绣中华等均是成功的范例。国际级景观的建设, 可极大地提高旅游地的知名度。

2. 拓展利用外资领域,探索更多利用外资模式

近几年来,国际资金市场利率总水平较低,美国联邦储备银行贴现率连续下降,从 6.5% 下降到 3.5% ,为近二十几年来最低水平,因此是利用外资的有利时机。就

海南而言,要更多地吸引外商投资于旅游设施、娱乐、景点、商品开发上来。

同时要借鉴国外旅游业营运机制和办法。如建立和推广饭店连锁集团模式,饭店连锁集团具有资本技术、市场营销、风险扩散等优势,这是利用外资发展旅游业的一条值得尝试的途径。同时,可通过股份制方式建立股份制旅游公司以达到筹集外资的目的,并允许更多的外资企业股票上市。还可通过 BOT(建设—经营—转让)投资方式更多地引进外资,即由外国财团对项目进行总承包,在项目竣工后的特定期限内进行经营,通过有偿服务来回收投资、偿还债务、赚取利润,到达特定期限后,财团将项目移交给政府管理。这种投资正日益受到各国的重视。此外,兴办中外合资旅行社,也是吸引外资、扩大客源可以采用的方式。

3. 灵活变通,政策创新,以吸引国内外资本

海南在很大程度上是靠中央的优惠政策发展起来的。今天我们仍要珍惜政策优势,通过灵活变通和勇于探索,力求政策到位、政策扩展和政策创新,进而吸引更多的国内外资本。如尽可能减少各种开发费用,有些费用(如城市开发费)可采取待开发商售房获益后再交的办法。同时,根据国外经验,在宏观经济的不景气而影响房地产投资时,政府应加强基础设施投资力度,从而使房地产增值保值,增强境内外投资者的投资信心。1992 年 9 月,国务院决定试办国家旅游度假区,在区内实行 8 项优惠政策(税收、进口物资设备、外汇商品、旅游汽车、旅行社、土地使用、外汇留成等),用足用好这些政策,对于海南尤其是三亚的开发建设十分有益。此外,便捷的交通是旅游业发展的前提条件,与海外开通更多的航线,增加航班也是加大国际客流量并吸引国际资本的重要措施。国际上遵循对等飞行原则,就海南现状而言是否可争取让外国航班先飞过来,值得研究。

二、创造海南购物天堂

在旅游者的吃、住、行、览、购、娱支出中,吃、住、行、览、娱支出基本是固定的,而购物支出则具有较大的弹性。在整个旅游消费中属于"无限花费"和"动态消费",购物消费的高低,在很大程度上取决于旅游地商品生产的发展状况和商品组织的水平,对旅游者所能提供旅游商品的可供量和满足率。

香港作为自由港,"购物天堂"美誉是对外来游客的主要吸引力。香港购物方便,许多商品价廉物美,游客有口皆碑。香港有近 5 万余家多类档次的百货公司和购物中心,超级市场和专门店、便利店、连锁店遍布港九地区大街小巷和住宅区,货品种类繁多齐全,令人目不暇接、眼花缭乱,几乎世界各国有名的商品都可以在此找到它的影子。

游客在香港争相购物的主要原因在于香港商品价格较世界主要城市低廉,物有所值,据去年对欧美和亚洲 11 个热门观光城市调查,香港平均物价指数为 78%,比昂贵的东京低 59 个百分点,是世界购物最便宜的地方,因而是名副其实的购物天堂。

海南 1993 年旅游商品创汇占旅游总创汇的比重为 3.2%,全国为 20%,发达国家为 60%,海南的旅游购物不仅离国际性旅游地的要求相距甚远,与国内其他地区也不可类比,因此,要构建香港式的购物天堂还有许多工作要做。

1. 争取岛内更多关税优惠,形成商品价格低廉优势,带动购物和旅游业的发展

中央赋予海南在进口贸易及国内市场方面很多优惠政策,必须结合旅游购物的具体情况,把优惠政策落实到实处。

2. 生产更多的品种齐全、适销对路的商品

旅游商品是旅游业中的重要组成部分,大力发展品种齐全、适销对路的商品,特别是富有特色的工艺美术品、旅游纪念品、日用化工品,纺织品等,设法提高商品的附加值,旅游者的购物支出会明显地甚至大幅度地提高。

3. 开辟国际购物免税商业区

借鉴法国免税购物办法,旅游团队在离境时可统一办理退(半)税手续,经特批允许外商在旅游开发区较为集中的地域内,举办少数经营名牌商品的专业商店。

4. 建立大型、高档旅游购物免税场所

利用联营、合资或独资方式,在海口、三亚等重要旅游地建立大型、高档旅游购物免税商场,以及大型超级百货商场(这是海南目前很大的缺陷),优化海南旅游购物环境。

三、以高度发达的金融业支持快速增长的旅游业

在金融政策上要扶持旅游业,金融手段上要支持旅游业,快速增长的旅游业有赖于高度发达的金融业的配合。

1. 应积极创造条件组建地方性股份制的金融机构,特别是以支持旅游业为主的地方银行,通过多方融资加速海南旅游业的开发

2. 争取发行海南旅游开发债券,为海南旅游发展筹措更多的资金

3. 可考虑设立海南旅游发展基金

通过地方立法,用法规的形式规定每年从地方财政收入、旅游企业经营收入中提取一定比例,建立旅游发展基金,优先支持一些急需发展的旅游项目,达到集中财力办大事的目的。

4. 为货币兑换提供更便捷的条件

期望外来游客多消费,就得提供方便花钱的条件。除了供应适销对路的商品和多设立一些可用外币直接购物的商店外,兑换货币便捷也是条件之一。在有些国家,银行装备了兑换货币的流动汽车,开入游人稠密的游览点去现场服务。这种尽力为游客提供方便的服务观念是值得借鉴的, 观念转变,各种更好的服务方式都会产生。

四、简化入境手续,丰富旅游娱乐

1. 简化签证

简化签证利于入境,是被越来越多的国家和地区所采用的招徕外国游客的措施,因而成为当今国际旅游业的一种趋向。有些国家对某些客源国的游客还实行特别简化的手续,甚至给予"免签",这与两国政府间的双边关系、是否对等优惠、是否是最主要的客源国等因素有关。海南的落地签证是一个优势,随着国际游客的增加,我们还可探索采取一些更灵活更方便的出入境措施。

2. 开发一些既健康又有吸引力、富于刺激性的旅游娱乐项目

知名旅游地必有自己富有特色的娱乐项目。如中国香港的赛马会和赛马场别具风味,对世界游客具有很大的吸引力,美国拉斯维加斯以赌城而闻名于世。我们也有必要开发出既合乎中国国情又能满足游客娱乐要求的特色项目。仅有少数民族风情、卡拉 OK 歌舞厅等是远远不够的,如赛马场、老虎机等是否可搞需要进行研究,直至进行有限范围内的探索。如何丰富游客的夜生活,也需要不断挖掘和创新。外国游客认为来中国旅游是"白天看庙,夜晚睡觉,白天疲劳,夜晚无聊",此话虽然不确

切,但花力气解决游客夜生活单调乏味的问题却值得重视。总之,要千方百计延长游客停留时间,增加游客娱乐消费。

五、发挥政府职能,强化旅游管理

1. 通过地方立法,尽快出台《海南旅游管理条例》,使海南旅游业早日走上法制化轨道

2. 强化旅游规划的权威性,避免开发建设上的盲目性

政府要加强宏观调控,坚持旅游开发规划的严肃性,使旅游资源的开发建设发挥出群体优势,取得最佳效益。防止盲目建设对旅游资源的破坏。

3. 大力培养旅游人才

从长期看,可以在适当时候筹建合资的海南旅游管理学院,为海南旅游业培养更多的高层次管理人才。短期内通过与一些国际组织合作,培养一批高素质的旅游人才。注重旅游业人力资源的培训,提高旅游从业人员的素质,不仅反映一个旅游企业的质量,影响旅游效益,也直接代表一个国家、一个地区的形象。通过扩大国内外交流,尤其是引进外国娱乐业、酒店管理集团等组织,争取短期内使海南旅游管理上档次、上水平。

当代国际旅游业作为一个提供食、住、行、游、购、娱多样性服务的综合性产业,在世界经济中已成为一个高速度、高增值、高就业、高创业、高效应的新兴产业,在世界经济及各国国民经济中占有越来越重要的地位。海南只要抓住机遇,以开放带动旅游,以旅游促进开发,海南的前景是十分光明的。

以提高效益为目标,发展休闲度假旅游*

(1999 年 6 月)

◇◆◇◆◇◆◇◆◇◆◇◆◇◆◇◆◇◆◇◆◇◆◇◆◇◆◇◆◇◆◇◆◇◆◇◆◇◆

海南建省办特区已近 12 年,旅游业有很大的发展。旅游人数从 1995 年的 360 万人发展到 1998 年的 850 万人,提高了一倍多,旅游设施也明显改善。目前,海南旅游业的主要问题是旅游效益太低,多数旅游酒店目前处于亏损营业的状态当中。

朱镕基总理提出,海南抓好热带农业和旅游业可以富甲天下。海南旅游业经过 12 年的发展,并未能实现富甲天下的目标,关键问题就是海南旅游业效益低下。分析这些年的情况,旅游产业的开放政策上没有突破,是影响旅游效益长期徘徊在低水平的根本性原因。从这方面考虑,我提出"以提高旅游效益为目标,大力发展休闲度假旅游"的建议。

一、海南提高旅游经济效益的出路在于 大力发展休闲度假旅游

从有关统计资料里,对近几年来我省旅游经济效益进行简要分析,得出三点认识:

1. 旅游者人数有所增加,但旅游者人均消费水平却明显下降

1995 年旅游者人均消费是 1440 元;1996 年为 1171 元;1997 年为 780 元;1998

---

* 在政协海南省常委会上的发言,1999 年 6 月 15 日。

年为782元。旅游者消费水平呈不断下降趋势。

2. 酒店的利润逐年下降,连续几年亏损

以300多家定点旅游饭店分析,1995年亏损3.3亿元,1996年亏损4.4亿元,1998年亏损5.12亿元。

3. 亏损的主要原因是游客的停留期太短

以1997年统计数字为例,1997年旅游人数为500多万,定点旅游饭店的客房为24000间,开房率为51.2%,按这个数字计算,人均住房率还不到一天,游客停留期太短,这是旅游效益低下的一个重要原因。据了解,如果三星级的酒店(1天/间)收费100元,包一顿早餐,住房率至少要达到60%才能保本经营。近几年,定点旅游饭店住房率的情况是:1995年为52%;1996年为53.6%;1997年为51.2%;1998年为45.5%。按照上面讲到的住房率和折扣,大概住房率达到60%也很难保本。

通过以上三点粗略分析,得出的结论是:海南旅游业的主要问题是效益低下。如何把握海南旅游业的优势,大大提高旅游经济效益,是发展海南旅游业的主要矛盾。

海南旅游的真正优势是休闲度假。但目前,多数游客都是以观光为主,真正来海南休闲度假者并不多。这里有一个背景问题,亚洲金融危机、海南经济不景气、国内需求不足等,这些都是十分重要的客观原因。海南要大力发展休闲度假旅游,必须寻求新的出路,以改变目前旅游业效益低下的状况。

从国内目前宏观经济形势和整个居民心理预期、收入水平来看,休闲度假对于国内居民来说,还是少部分人的行为;对于国内旅游管理部门来说,组织、开拓休闲度假旅游并没有十分成功的经验。因此,一个根本出路就是,在开拓国内客源、发展国内旅游观光的同时,重点开辟海外市场,以海外的休闲度假来带动国内的休闲度假。这将成为海南今后一个时期旅游业发展的重要方向。

二、发展休闲度假的关键是开拓国际化旅游市场

开拓国际化旅游市场,首先要在以下三个问题上统一认识:

1. 国际化旅游的内涵

国际化旅游是指旅游开发与经营对外高度开放,以国际游客为目标市场,按照国际公认标准或惯例为游客提供旅游产品和服务。其基本特征是:第一,拥有在国际旅游市场上知名度高、竞争力强的旅游产品,总体形象富有鲜明的个性和魅力,旅游内

容丰富多彩;第二,具有高质量的旅游环境,能为游客提供符合国际惯例的旅游服务;第三,高度开放,旅游开发与经营国际化;第四,具有开拓国际客源市场的能力和条件。

2. 国际旅游发展的趋势

国际旅游已成为世界性的重要产业之一,估计到 21 世纪初,旅游将成为收入最高的行业之一。特别是远程的国际性旅游会有一定增长,预计到 2010 年,远程国际旅游人次将占国际旅游的 25%。

3. 海南发展国际化旅游的条件

经过十多年的努力,海南已初步具备发展国际旅游度假的基本条件,将成为新兴的国际休闲度假基地之一。

有些同志说海南早就提"旅游国际化"了。什么是"国际化",国际上是有标准的。我们原来所讲的"国际化"同上面提到的国际化旅游概念是有距离的。还有人怀疑海南有没有市场,有没有潜力。这里有两个问题需要搞清楚。

一是到底海外游客对来海南休闲度假有没有兴趣? 海南休闲度假的前提条件是存在的,这是大家的共识。主要是游客有没有兴趣。我 1999 年 3 月期间到欧洲访问,到了英国第二大航空公司——维京航空公司。这个公司 1999 年 5 月刚刚开通了伦敦到上海的直航。维京航空公司的三个部门的负责人与我谈到海南的旅游问题时说,欧洲很多游客都想寻找新的旅游度假地。他们了解到海南岛休闲度假的条件特别好,所以维京航空公司打算今后开辟到海南的航线。在伦敦,我们还访问了毕马威会计师事务所。中国部总裁梁先生提出,欧洲一些游客对海南的休闲度假有兴趣,为了开辟海南旅游市场,希望能否合作组织海南的几个私营酒店在伦敦上市。梁先生已于 1999 年 5 月底来海南谈这件事,重点在三亚看了几家私营酒店,很有兴趣,只是感到海南私营酒店的规模小了一些。从这两个例子可以看出,欧洲原来把休闲度假的重点放在东南亚特别是泰国,现在想开辟一个新的旅游度假地,以适应欧洲游客的需求。从我亲身的接触体会,海南发展休闲度假是大有市场的,关键在于努力做好相关的工作。

二是有无可能在开放中实现发展国际化旅游的突破? 我国的对外开放由以区域为重点转移到以产业为重点,旅游产业的开放是经济全球化的一个领域。例如很多国家对主要客源国宣布了"免签"政策。海南在旅游开放方面应从实际出发,积极努力,以得到多方面的支持。我在 1994 年带团到美国、加拿大,感触最深的是到夏威夷。夏威夷附近的马尾岛参观只有 2 万人口,6 平方公里的土地,每年游客却有 200 万人,平均游客的停留时间是 15 天。几个国际航空公司都在那里设有休闲度假基地。

由此,我感到海南要提高旅游效益,发展国际休闲度假旅游是大有市场的。目前,一个主要的现实问题就是客源不在国内旅行社手中,想通过国内的旅行社把国外的休闲度假者吸引过来不容易。海外旅行社不引进来,依靠国内的旅行社的力量,难度相当大。因此,海南现阶段发展休闲度假旅游的关键是开拓国际化旅游市场。

三、努力建成三亚国际化旅游城市是当务之急

休闲度假在海南岛,条件最成熟的就是三亚,特别是亚龙湾。因此,当务之急就是努力建设三亚国际化旅游城市。

1. 建设三亚国际化旅游城市,会充分发挥海南在全国旅游发展区际分工中的作用

(1)三亚可以作为我国旅游业对外开放试验区,大胆地引进外资参与旅游资源开发、旅游业经营和管理,在利用外资发展旅游的政策、范围、方式等方面积累经验。

(2)三亚可以直接引进国际先进的旅游管理技术、经营方式、企业制度和有效的发展政策,逐步推行旅游经营管理和服务的国际标准或惯例,率先与国际旅游业接轨,成为我国旅游业与国际接轨的对接点。

(3)三亚建设国际化旅游城市,必须要求与国际旅游相关的对外交通、出入境管理、城市建设、环境保护、金融政策、人员培养等方面进行相应的配套改革,从而可以探索为促进我国旅游业国际化而进行综合改革开放的方式、方法。

2. 积极争取符合国际惯例的国际化旅游的相关政策,加快三亚国际化旅游城市建设

(1)开放三亚凤凰国际机场为自由航空港,批准三亚海港为国家一级口岸。

(2)进一步简化出入境手续,允许对主要国际客源地的游客免签证入境。

(3)允许外商在三亚开办国际旅行社。

(4)逐步放开对旅游业务范围的限制。

(5)实行优惠政策,吸引中外投资者参与三亚旅游开发和经营。

(6)运用多元化的融资方式,支持三亚国际化旅游城市建设。

3. 要积极努力,争取尽快批准三亚国际化旅游城市计划

目前,发展国际化旅游的时机成熟,应尽快上报《建设三亚国际化旅游城市的申

请报告》;加快编制《三亚国际化旅游城市的总体规划》,并积极做好相关的准备工作。

上面提到的一些政策不是一下都能争取到的,但至少有些关键性的问题,如开辟自由航空港、免签、对海外旅行社放开,只要通过努力,是可以争取得到的,问题的关键取决于积极努力的工作。现在我们扩大内需,把旅游产业作为内需的一个重要产业之一,旅游产业开放是重点鼓励行业之一。所以,我建议:一是听取有关专家在这方面的意见,经过研究论证,尽快向国务院上报《关于建设三亚国际化旅游城市的请示》。二是组织相关专家,尽快编制三亚国际化旅游城市的建设规划,这个规划同过去的一般规则有所区别,要经过论证,特别是发展国际化旅游做些比较论证。三是积极做好一些相关工作,尤其是管理工作。

第三篇

坚定不移地走改革之路

实现海南建省办经济特区制定的战略目标，必须实行一套能够极大地促进海南生产力发展的新型经济、政治体制，从制度上保证海南特殊政策的稳定性和连续性，保证海南能够放胆发展生产力。为此，海南必须按照这个总要求，打破一切妨碍生产力发展的条条框框，大胆进行经济、政治体制改革。做到：凡是对生产力发展行之有效的具体制度，不论是国内的还是国外的，都应当认真吸取，大胆使用；一切不利于生产力发展的具体制度，都应当大胆抛弃。唯有如此，海南建省办大特区的战略目标才能够得以实现。

——1988 年

海南成为我国综合改革试验区

实现海南经济发展目标的唯一出路，是尽快面向国际市场，大力发展以国际市场为导向的外向型经济。为此，海南的经济体制必须摆脱一切传统束缚，大胆移植和借鉴香港和国外的一些管理体制和管理办法，尽早建立一个适应外向型经济发展的、充满活力的海南市场经济新体制。

——1988 年

海南省体制改革初步设想[*]

（1988 年 11 月）

◇◇

党中央、国务院决定海南建省办大特区，这是一项具有深远历史意义的英明决策。海南建省办大特区，目的是采用国际国内行之有效的具体制度和管理方法，大力发展生产力，充分发挥海南的资源优势和地理优势，使海南在当今中国改革、开放和实现"一国两制"中发挥重要作用。

三十多年来，海南各族人民在党和政府的领导下团结奋斗，使海南发生了很大变化。但是，由于"左"的思想影响和体制的严重不合理，海南的经济仍然相当落后：人均收入水平只有全国平均水平的 83% ；85% 的商品靠内地调进；17% 左右的人口至今尚未实现温饱。在这样的条件下，需要深入思考怎样实现海南的战略目标，即用 3~5 年的时间赶上全国经济的平均水平，用 10 年左右的时间达到全国经济比较发达地区的水平，用 20 年或稍长一点的时间进入东南亚经济比较发达国家和地区的行列。

基本的途径是：必须实行一套能够极大地促进海南生产力发展的新型经济、政治体制，从制度上保证海南特殊政策的稳定性和连续性，保证海南能够放胆发展生产力。为此，海南必须按照这个总要求，打破一切妨碍生产力发展的条条框框，大胆进行经济、政治体制改革。做到凡是对生产力发展行之有效的具体制度，不论是国内的还是国外的，都应当认真吸取，大胆使用；一切不利于生产力发展的具体制度，都应当大胆抛弃。唯有如此，海南建省办大特区的战略目标才能够得以实现。

---

[*]　与翟力平、蔡予民等合写，1988 年 11 月。

一、理顺海南与中央的关系

海南办全国最大的经济特区,实行比其他经济特区更特殊的政策,需要从体制上理顺海南与中央的关系。这样,一方面能够保证中央对海南的统一领导,实现中央的战略意图;另一方面能够保证海南有更大的经济自主权,保证特殊政策的稳定性、连续性,实现海南的战略目标。几个月的实践证明,海南各项特殊政策的实行和各项经济、政治体制改革措施的出台,在许多方面都依赖于海南与中央关系的正确解决。尤其是在治理经济环境、整顿经济秩序之中,海南与中央关系的不顺便愈发暴露出来。这个问题如不尽早顺利解决,海南特区的开发建设将受到重大影响。

按照中央的规定,海南有相当大的经济管理自主权。但是,要把中央给予的自主权和特殊政策用法律的形式固定下来付诸实施,就遇到同我国现行法律法规的矛盾。若不从体制上解决海南的立法权问题,中央给予海南的自主权和特殊政策就很难实行。

第七届全国人大一次会议关于建立海南经济特区的决议指出:"授权海南省人民代表大会及其常务委员会,根据海南经济特区的具体情况和实际需要,遵循国家有关法律、全国人民代表大会及其常务委员会有关决定和国务院有关行政法规的原则制定法规,在海南经济特区实施,并报全国人民代表大会常务委员会和国务院备案。"这个规定,授予海南以很大的立法权。但是,问题在于赋予海南的很多政策,同国家有关法律、法规的原则并不一致,在这种情况下,海南就无权将这些特殊政策用法律、法规的形式固定下来。这个矛盾不解决,海南就不具有特殊的法定地位,大特区也就"特"不起来,很多改革措施就无法出台。例如:海南实行"小政府、大社会"的新体制,遇到了因不能与中央各部门直接对口而不易得到机动拨款的问题;在基本建设方面,海南在执行中央授权以海南人民政府为主制定和安排生产建设计划的政策时,遇到了与现行国家计划体制和投资体制的矛盾;在信贷方面,国家对海南实行信贷资金"多存多贷、差额包干"的优惠政策遇到与现行国家金融体制的矛盾;在财政方面,国家对海南实行"收支包干、定额补贴"的财政体制遇到与现行国家财政体制的矛盾;在外贸方面,国家对海南实行"自负盈亏,出口贸易收汇全留"的政策遇到与现行国家外贸体制的矛盾。由此可见,不从体制上理顺海南与中央的关系,海南经济特区就难以进行体制改革的先行试验,也难以开创特区开发建设的新局面。

海南处于亚太经济圈的腹地,处于我国改革与开放的前沿。我国宣布海南办最大经济特区以来,海南已成为海内外人士瞩目的敏感地区。海南的动向已成为海内外人士看待中国改革与开放的晴雨表,衡量中国改革与开放政策变化与否的一块试金石。海南能否继续执行中央给予的特殊政策,事关全局。在海内外人士唯恐我国的政策多变而观望不前的状况下,稳定海南,继续给海南更为特殊的政策,有助于增强海内外人士对我国改革与开放的信心,有助于吸收更多的国际资本和海内外人士参加我国的开发与建设。

怎样处理海南和中央各部门的关系,怎样有利于海南尽快突破旧体制的束缚,摆脱传统观念的掣肘,至今没有严肃的法律依据和一定的规则可循。为此,建议中央允许海南制定特区基本法(或基本条例),以法律的形式进一步明确,中央对海南比特区更特的特殊政策特在哪里,特的程度、范围。规范海南与中央各部门的关系,赋予海南更大的经济活动自主权,使海南能按照"自由贸易区"的模式,以港台为参照系,借鉴国际上行之有效的办法,构筑"小政府、大市场"的新型经济体制,使海南在改革开放与开发建设中有更大的自主权和较大的独立性。

二、海南省经济体制改革初步设想

1. 经济体制改革的指导思想

经济体制改革必须服从、服务于经济发展目标。为此,必须加快经济体制改革步伐,以改革开放促开发,最大限度地促进特区生产力的发展。

经济体制改革必须同发展外向型经济相适应。实现海南经济发展目标的唯一出路,是尽快面向国际市场,大力发展以国际市场为导向的外向型经济。为此,海南的经济体制必须摆脱一切传统束缚,大胆移植和借鉴香港和国外的一些管理体制和管理办法,尽早建立一个适应外向型经济发展的、充满活力的海南市场经济新体制。

经济体制改革必须从实际出发,着力解决建省以来新体制建立过程中存在着的政企不分、企业产权关系不明确、政府宏观调控能力较弱、市场机制不完善等问题,争取在两年左右的时间内,奠定新体制的基本格局。

海南经济体制的基本模式是"小政府、大市场"。应当按照这一模式考虑和设计经济体制改革的总体方案和具体实施计划。

经济体制改革必须按总体规划,有计划、有重点、分步骤地推进,防止走弯路,贻误时机,对特区的开发建设造成不利影响。

2. 改革所有制结构,建立现代自由企业制度

(1)改革企业所有制结构的必要性。改造以国有企业为主体的所有制结构,建立新的企业制度,是经济体制改革取得重大突破的关键所在。特区企业要走向国际

市场,必须彻底摆脱行政干预和财政的依赖关系,具有国际市场上同类企业的同等活力和自主权。原有的国有企业结构,由于政企不分、企业主权关系不清,没有充分的自主权,难以在竞争激烈的国际市场上站稳脚跟。为此,发展外向型市场经济,必须以改革企业的所有制结构为首要前提。

目前,海南国有企业大多为亏损企业,国有商业企业亏损面达80%之多,国有工业企业亏损面达42%左右。国有企业缺乏活力,效益低下,给地方财政造成沉重负担。因此,改革企业所有制结构已刻不容缓。

(2)企业所有制结构改革的基本对策。第一,企业按照股份公司的方式进行重组,除极少数企业由国家控股管理外,其他大部分企业为民营、私营企业、合作企业、"三资"企业。企业产权高度社会化、明朗化,并通过产权的转让、股票的买卖,形成一个生产要素合理流动、资源优化组合的经济运行机制。

第二,实行企业拍卖。亏损或微利企业、需要转产的企业、部分中型企业和大部分小型企业的国有资产可向国内外投资者(包括港澳台人士)公开招标拍卖。在拍卖中鼓励企业兼并,鼓励经济效益高、产品销路好的企业突破行业界限和区域界限兼并效益差的企业,扩大生产规模,优化产业结构。

第三,推行股份制。大型企业和少数效益好的中型企业、商业批发公司等可推行股份制,形成政府、职工、社会团体、个人参股的多元化、社会化生产组织体系。大中型企业和其他一些虽然效益较高,但无须由国家经营的企业也可先股后卖,经批准后成为上市股份企业。通过股票的发行和买卖,既可促进金融市场的发育和短期资本市场的形成,又可将消费基金转化为生产基金,减缓民间资金对市场物价的冲击力。邮电、银行和重要矿产的开发(如铁矿),由政府进行直接管理和控股管理,其他行业大部分可由民营企业、外资企业、合股企业自行管理。

第四,实行企业破产,建立银行参股或职工自治型企业。对部分资不抵债、无力偿还债务的企业,做破产处理。这类企业鉴于债权人大部分为银行,可将资产抵顶债务,资产归银行所有。也可由企业职工自主管理,待偿还完债务后,资产归全体职工所有,或银行和职工共同参股,组成合股企业。这样做,还可深化银行的企业化改革,使金融资本和产业资本直接结合。

企业拍卖应由政府出面主持,成立专门机构进行,不应由企业自行其是,漫天要价。为此,应抓紧制定《企业拍卖暂行条例》,保证企业拍卖顺利进行。

第五,在推进国有企业改造的同时,必须大力发展城乡私营经济。发展城乡私营经济、个体经济,既不用国家投资,又能使一部分人先富起来,带动经济发展,增加财政收人。为此,必须在经济政策上打破常规,放宽对私营经济的各种限制,并制定相应的经济法规和相关政策,确保私营经济迅速而正常的发展。

3. 加快建立平等竞争的市场机制

（1）建立一个平等竞争的市场机制，是实行自由企业制度的根本要求。在企业所有制结构改革的同时，必须加快建立和促进市场机制的发育，使所有企业能够在市场上平等竞争，优胜劣汰。一个公平竞争的市场机制，有利于吸引国内外投资者来海南投资办企业，促进"外引内联"，尽快形成海南经济的大市场。

到目前为止，海南市场机制尚未形成。为此，必须彻底改造以计划经济为主的旧体制，重新构筑一个完全放开、平等竞争的新的市场机制。要培育和发展各种要素市场，如重要的生产资料市场、劳务市场、资金市场、房地产市场、产权市场、技术市场和信息市场等；要逐步取消政府对生产资料的计划调拨和对重要物资的垄断专营；要实行价格改革，尽早取消价格"双轨制"，消除企业苦乐不均现象，保证所有企业都能够平等竞争；要打破人才和劳动力的所有制，促进人力资源的合理配置；要对各种配额、指标等实行公开招标拍卖，使中外企业获得均等的竞争机会。构筑平等竞争的市场机制，就是实现资源配置的市场化、生产要素流动的自由化、生产资料与劳动力结合的最优化，从而实现物资、资金和人员进出和流动的自由，就业自由，贸易自由，中外所有企业在市场上机会均等，公平竞争。

市场机制有一个发育和形成的过程。经济体制改革的第一步，要从海南目前的实际出发，抓住其中最迫切需要解决，并经过努力可以解决的主要问题。

（2）积极稳妥地进行价格改革。价格改革是构筑市场机制的重要环节。不理顺价格关系，取消垄断经营和价格"双轨制"，企业就不可能平等竞争。为此，必须积极稳妥地推进价格改革。根据海南的实际情况，价格改革应采取放、调、管结合，稳步前进的方针。除管好计划内的粮食、能源、交通运输价格和部分公用事业收费，并按价值规律逐步进行市场调整外，其余商品价格基本放开。在尽可能短的时间内，理顺各类商品的价格关系，逐步形成以市场价格为基础、与国际市场密切联系的新型价格体系。

价格改革的步子，取决于企业和社会的承受能力，最终取决于企业的效益。因此，价格改革必须以企业改革为基础，并力争使企业改革先行一步，以改变企业效益差的落后状况，增强企业对价格改革的承受能力。

主要农产品和农业生产资料除了粮食价格牵动面大不宜一步放开外（目前先提高收购价、调整销售价），其余产品如油料、棉花、茶叶、烟草、黄麻、糖蔗和计划外橡胶的购销价格全部放开。与此同时，逐步放开农业生产资料价格，实行市场调节。本省生产的工业消费品价格全部放开，由企业自行定价。工业生产资料取消"双轨制"价格，除煤炭暂时执行指导价格外，其余实行国家调控下的市场调节价。

公用事业和非商品收费根据服务收费的不同性质及其影响人民生活的不同程度,采取不同的价格管理形式:一是实行国家垄断性经营项目如邮政、电讯、强制性保险等价格要严加管理和控制。二是具有一定垄断性和地方性的项目如医疗、教育、房地产、供水、供气、供电、市内交通,又如电影、园林、体育等价格分别由省、市、县统一管理,价格水平可依据价值规律适时进行必要调整,但不得擅自乱涨价。三是其他的一般性服务收费基本放开,实行市场调节。

海南省价格改革应与工资改革同步进行。海南省职工的工资水平明显低于广州和其他经济特区,而且由于交通不便,流通环节多、费用高,建省后流动人口迅速增加等原因,海南省的物价又普遍高于内地。在目前物价条件下,职工实际生活水平下降幅度较大,如放开物价,相当一部分职工将难以维持生活。不进行工资改革,不但难以引进和留住外地人才,而且也难以调动本地职工的积极性。改革工资制度要采取"政企分类,先补后调"的方针,企业实行效益工资制,行政事业单位第一步先实行物价补贴,第二步视财政状况再实行结构工资制,调整工资标准。

要加强对价格改革的组织领导。在推进价格改革的同时,加强对价格的管理,制止乱涨价、乱收费和各种扰乱市场物价秩序的行为。同时努力抓好全省的工农业特别是农副产品生产,增加社会的有效供给,并积极组织货源和进口群众需要的生活资料,以调剂市场和平抑物价。

(3)改革金融体制,建立基本放开的金融市场。建立基本放开的金融市场,是构筑平等竞争市场机制的重要内容。只有资金流入流出自由,才能为大市场不断提供"血液",加速市场机制的形成,推动海南尽早走向国际市场。

发展数量众多的商业银行。现行的工商银行和农业银行,可由人民银行提供一定的信贷基金作为国家股金,通过承包经营的形式,将现有的分行支行制分解为若干能自主经营和独立核算的大银行和小银行,它们之间是平等的竞争关系,统一受人民银行管理。在引进内地资金、挖掘本岛社会资金的过程中,积极发展各种非银行性的金融机构,如信托投资公司、财务公司、保险公司等,扩大金融服务的项目,有控制地鼓励更多的投资者进入金融资本市场。把农村信用社改造成为农民入股的民间金融机构,面向农村集体经济和个体经济,自主经营,利率浮动接近民间借贷利率,建立起农村民间资金市场。

建立证券市场。首先要扩大上市金融证券的数量和品种。主要办法有:政府以股票形式拍卖部分企业国有资产,转让部分产权,筹集发展资金;发展中外和中外合作的股份企业,按股份公司管理法管理,发行公司债券;建立金融资产和不动产抵押贷款制度。人民银行是股票市场的管理者,要对上市股票进行资信鉴别,公开信息,增加透明度。允许公司股票和债券的价格在证券市场上浮动。

外汇收入实行谁收益,谁使用。政府所需外汇可通过两种办法取得:其一,创汇企业上缴的所得税中规定一定比例(不超过20%)的外汇。其二,或者规定创汇企业的外汇总额中按一定比例交政府(均按官方汇率)。积极发展外汇交易市场,制定外汇交易法规。目前可保持比重汇率制,即官方汇价和交易市场汇价。1990年后过渡到单一汇价,即统一市场汇价,利率和汇率随行就市,自由浮动。

改革金融机构内部的分配制度,商业银行的内部分配权要逐步下放,商业银行有权根据经营情况对内部分配标准在一定范围内浮动。人民银行职员享受国家公务员待遇。

建立金融保险资金。为防止金融企业经营风险而引起的经济震荡,所有商业银行和营利性金融机构都必须缴纳一定比例的金融保险金,由金融保险基金会管理。目前,可先挑选一两家银行试行,探索金融保险的路子,取得经验后再推广。

制定平等竞争的各项具体政策。目前,海南的市场经济正处在起步阶段,应当十分注意严格按市场规则办事,认真制定和实行各项有利于开展平等竞争的具体政策。例如:不分企业大小,不分经济成分,在海南登记注册的企业都有进出口权;高利限额进口的商品,出口配额许可证的发放以及土地的开发等,都实行招标、竞投等平等竞争的政策。为此,应抓紧制定实行这些政策的具体规定。

实行平等竞争有许多好处,既可以改变传统的行政干预,防止贸易垄断,又有利于市场经济的发展,有利于优胜劣汰,有利于增加政府的财政收入,有利于防止以权谋私。为此,各级政府都应为实行平等竞争创造条件,以充分发挥市场竞争机制的调节作用,促进特区开发建设事业的发展。

4. 推行"积极不干预政策",强化政府宏观调控体系

(1)推行"积极不干预政策"的必要性。实行自由企业制度和建立完善的市场机制,使企业和生产经营、资源流向等等的一切经济活动都置于市场法则的调节之中,这就要求政府必须严格按照市场经济规律办事,不能具体干预微观经济活动。同时,又要求政府为市场经济提供良好的外部条件和外部保障。为此,必须彻底实行政企分开,使政府从直接调控微观经济活动之中解放出来,实行对微观经济活动的积极不干预,以强化政府的宏观调控能力。

"积极不干预政策",是让市场法则调节整个经济活动。政府同企业的关系是对企业依法征税,对违法企业加以惩处,对破产企业进行清盘。除此之外,对企业的生产经营活动一律不加干涉;在进出口方面,除少数商品外,一律免征关税,人员、资金、物资进出口自由,以保证生产要素通过市场实行合理配置。

推进"积极不干预政策",并非对经济活动放任自流,目的是强化政府对整个经

济活动的宏观调控能力,提供一个市场经济发展的良好外部环境。政府宏观调控的主要手段是依法行事。为此,政府的一切政策、计划和各种制度尽可能地以行政立法的形式规定下来,以保证各种经济活动做到有法可依,有章可循。

(2)彻底实行政企分开。实行政企分开的关键,是找到政府如何管理国有资产的新路子。可考虑设立国有资产经营总公司和若干国有资产投资公司,负责对国有资产统一的经营和管理。国有资产经营公司是独立经营的经济实体,同政府是债权债务的关系,政府无权干涉该公司的具体业务活动。这样,可以使政府同国有企业彻底脱钩,实现对全社会的宏观管理。

实行政企分开,必须进一步确定政府及政府各部门的职能。各级政府都要从日常的繁杂事务中摆脱出来,把主要精力放在制定社会经济发展战略和各种经济政策及经济法规方面,管好社会公共事务,维持正常的社会经济秩序。应当十分明确,政府一般不宜直接作为投资主体参与投资,特别是市、县级政府不能通过贷款方式直接投资办企业。

实行政企分开,政府要以法治理经济。为此,要尽快制定和完善各种经济行政法规。例如:公司条例、投资条例、市场管理条例等等。

(3)改革财税体制。在税务体制改革方面,可考虑采取如下措施:一是理顺税收体制,财政与企业只保留税收关系。国有企业一律实行税后还贷。税制改革要有利于让企业有较大的积累能力和自我发展能力,把以国家积累为主转向以企业积累为主。要简化税种,并逐步向分税制过渡。二是建立个人收入申报制,个人收入所得税采取超额累进税制。三是对不同行业制定不同税率,以鼓励和限制某些行业的发展,保证资源的合理利用。四是严格征税制度,整顿税收队伍。对违犯者予以重处。

财政体制改革方面,可考虑采取的措施是:

一是海南特区实行省、县两级财政体制,按税种立法划分各自的收入来源。县财政相对独立,财政收支自求平衡。给予县财政较大的财政自主权,允许各县拉开收入,以鼓励各市、县发展地方经济的积极性。

二是紧缩财政支出。紧缩政府开支必须从缩小政府公共目标着手。政府公共目标的确定要根据财政收入情况而定,量入而出。政府的公共目标主要是改善投资环境,加强社会基础设施建设,如电力、交通、供水、通讯、文化教育、卫生医疗等。凡是带有公共服务性质的基础设施都在政府公共目标范围内。对于无直接赢利的公共基础设施由财政直接投资,委托管理,如教育、卫生保健等,同时也要鼓励它们走向社会创收自立,以补财政投资的不足。对于有直接赢利的公共基础设施,采用财政补助吸引社会资金建设的办法,而不宜由财政直接投资,也就是把过去由财政包下来的生产性基础设施一块甩给社会,如电厂、水厂。

三是在财政资金中建立市政建设基金、产业政策基金。产业政策基金是为了支持那些投资规模大、投资周期长、投资效益低的基础产业项目建设,但不采用直接投资的方法。具体方法:一是由投资单位向银行贷款,财政给予贴息资助,不担保还款,不参与分配。二是财政按投资规模给予一次性定款补助,不参与经营与分配,收益归投资者。三是财政入股,只参与分红,不参与经营。产业政策基金的运用,可由财政部门直接掌握,为实施政府发展目标服务。产业政策事先公布,对投资者一律平等。土地和国有资产转让的收益应作为产业政策基金的主要来源。

四是发行海南政府债券,解决目前财政困难,运用政府信用直接筹集社会资金。政府信用所筹资金以入股的方式参与投资,不得用于借贷,以免货币供给失去控制。

(4)健全社会保障制度。自由企业制度的建立和市场体系的完善,使失业问题,老弱病残职工的保障问题以及其他各种社会福利问题日益突出起来。这就需要在经济体制改革中探索如何建立有效的社会保障机制。这个问题是有关特区经济发展和社会稳定的大问题。从现在起,有关部门就应抓紧研究我省实行社会保障的各种制度规定,并争取尽早出台。

5. 建立市、县和开发区并存的双重领导体制

鉴于海南特区开发建设的任务相当繁重,且需要大大加快开发建设步伐,为了适应这一要求,可考虑实行开发区和市、县并存的双重领导体制。就是在全岛划出一定地域设立若干开发区,成立开发区管委会。开发区管委会是省政府直接派出的政权机构,全权领导开发区的一切社会公共事务,组织和实施全区的开发建设。它同市、县划清各自管辖的地域,是同市、县政府并存的新的开发建设领导机构。

实行这种双重领导体制的最大好处,是能够发挥市、县政府和开发区管委会两个积极性,加速开发建设的速度。市、县政府的工作重点和开发区管委会的工作重点有所不同,一个是在原有基础上如何改变面貌的问题,一个是在全新的体制中从事全新的工作。海南各方面的基础相当薄弱,改变落后状况还须付出相当艰巨的努力。在这种情况下,如果把领导繁重的开发建设担子又压给市、县政府,是很困难的。同时又由于受到传统体制等方面因素的制约,各市、县很难迅速打开开发建设的局面。因此,设立若干开发区管委会很可能是一条易于见效的新路子。

考虑到开发区的特点,可赋予开发区管委会相当一级的管理权限,有权制定颁布行政规定。开发区管委会实行党政兼职,机构要十分精干,一开始组建就实行以高效率为特点的新的经济、政治体制。在授予开发区管委会权限的同时,应尽量给予开发区一些特殊政策,先行一步实行资金、物资、人员进出"三个自由"。

若干开发区的建立,对境内外投资者会有极大的吸引力。有的开发区,视情况可

将部分或全部土地承包给外商开发,开发区管委会只负责社会公共事务。

国营农场占地很多,由于受体制束缚,经营情况不好。因此,可考虑把一部分国营农场划归到开发区,有的也可划归到市、县。这样,有利于统一组织开发建设。

建议从目前开始,着手进行开发区的筹备工作。选拔那些有能力、有开拓精神的年富力强的干部组建各开发区管委会筹备组,立即进行开发区的规划和筹备工作。省政府经济开发署的筹备工作应抓紧进行。

6. 尽快建立海南第二关税区

建立海南第二关税区是发展外向型经济,使海南走向国际市场的基本前提,也是大力吸引境内外投资者,特别是发展内联的重要条件。不设第二关税区,海南就容易受国内体制的影响,很难做到比其他特区更特。因此,设立第二关税区宜早不宜迟,早建立早有利。当前,应立即抓紧各项准备工作,力争明年把第二关税区建立起来。

海南第二关税区是中华人民共和国海关关境以外的特殊关税区即免税区。要抓紧研究制定有别于全国海关的独立的税则税法和税率。由于海南的地理特点,海南的一线和二线海关在地理位置上自然重合,海口海关同时肩负一、二线海关职能。还应指定岛内若干主要港口执行一、二线海关任务,另外一部分港口执行二线海关任务。要具体划定辖区范围,成立工作机构,制定管理细则。

第二关税区海关管理实行"一线放开,二线管住"的原则。"一线放开",即解除对外贸易往来的海关管制,实行资金、人员、货物进出自由。"二线管住"主要是防止向内地走私,避免对内地市场的冲击。

第二关税区实行内外有别的政策,对外放开,对内放宽,实行"一线管人不管物,二线管物不管人"的原则。即一线海关对内只管国内人员出入境(条件放宽),国内外货物、资金进出自由;二线海关只管进口商品销往内地补纳关税,内地与海南之间人员、资金往来自由。内地货物进海南和海南产品(含加工增值20%以上产品)进内地均免征关税。这样,海南与内地的贸易往来和经济合作不但不受设关影响,而且有助于解决目前海南与内地省份争夺出口货源的矛盾,促进内联和海南转口贸易的发展,使海南在同内地的贸易往来中处于比较有利的地位。

三、海南省政治体制改革初步设想

1. 政治体制改革的基本原则

政治体制改革必须在坚持四项基本原则的前提下,从建省办大特区的实际需要出发,使政治体制改革同特区开发建设的要求相适应,同经济体制改革相配套,从而为促进和加快经济发展,实现经济发展目标,提供可靠的政治保障和良好的社会环境。

按照许士杰同志在海南省第一次党代表大会报告中提出的"凡是一切对生产力发展行之有效的办法,不论是国内还是国外的,都应当认真吸取,大胆使用;一切不利于生产力发展的制度、办法,都应当大胆抛弃",以及"海南完全应该也有可能成为'在内地再造香港'的先行试验区"的基本精神,结合海南政治体制现状,努力探索同放胆发展生产力相适应的、具有海南特色的政治体制模式。

海南政治体制的基本模式是"小政府、大社会"。要按照这一模式研究和制定海南政治体制改革的总体方案和具体实施计划。

政治体制改革涉及面很广,且又十分复杂,必须既着眼于长远而又立足于现实,实事求是,一切从实际出发,积极地、稳妥地推进。

2. 适应特区开发建设的要求,改善和加强党的领导

(1)党的领导体制必须同特区开发建设的要求相适应。海南省党的领导体制改革,应服从和服务于特区的开发建设,使党组织真正成为领导全省人民放胆发展生产力的坚强核心。

海南正处在建省办大特区之初,目标高、起点低,各项开发建设任务十分繁重。与此同时,各种社会矛盾不断出现,社会不安定因素增多。这就要求必须加强党的统一领导,充分发挥党的领导这一政治优势。

在繁重的经济建设和复杂的社会矛盾之中,党组织必须从各项具体的经济工作和各种具体的社会矛盾之中摆脱出来,总揽全局,驾驭矛盾,真正发挥领导核心的作用。

发展外向型经济,尽早走向国际市场,是特区开发建设的基本目标。这就要求党改变执政方式,实行以法治省。

目前,党的领导体制和党的组织状况同特区开发建设要求还存在很大差距。我们必须不失时机地进行党的领导体制改革,健全党的各级组织。这是政治体制改革的首要任务。

(2)必须明确党在特区建设中的领导职能。中共十三大报告关于省、市、县地方党委主要职责的规定同样适用于海南:贯彻执行中央和上级党组织的指示;保证国务院和上级政府指示在本地区的实施;对地方性的重大问题提出决策;向地方政权机关推荐重要干部;协调本地区各种组织的活动。

海南建省办大特区的任务和情况同内地有许多不同,这就要求党委能够把中央

的路线、方针、政策和海南的实际情况紧密结合起来,积极主动地对特区开发建设的一系列重大问题做出正确决策,独立负责地开展工作,创造性地贯彻执行中央指示。

(3)实行党政分开,改善执政方式。实行党政分开,在海南尤为重要,它可以使党组织高瞻远瞩,处于总揽全局的主动地位,正确而有效地发挥党的政治领导作用。同时,也可以充分发挥政权组织的作用,加强法制建设,以适应对外开放的要求。

建省以来,在实行党政分开方面采取了许多措施。例如,省委没有设置与省政府部门重叠的对口机构;政府职能部门不设党组;不设不在政府任职、又分管政府工作的省委专职书记、专职常委等等,这些都应继续坚持。

党政分开,其根本要求是以划分党、政职能为基础,把党的工作机构同政权机构严格区分开来,不能把党政兼职误认为是党政不分。从海南的实际出发,在划清党政职能、党政机构严格分开的前提下,可实行党政兼职。这样做,有利于加强党的领导,有利于发挥政权机关的作用,减少扯皮,大大提高工作效率。

实行党政兼职涉及很多方面的问题,不宜一下铺开,且省、市、县、乡的情况又有很大的不同,不能"一刀切"。可采用自上而下、先行试点的方法有步骤地展开。

根据省第一次党代会报告关于乡镇党委负责人可以兼任乡长、镇长的精神,党政兼职在乡镇一级首先推行。并力争在短时期内完成,以减少不必要的思想混乱。

实行党政兼职,县是重点。但县的情况同乡镇有很大的不同,可选择一两个县试点,而后再全面推开。此项改革宜早不宜迟,这对加快特区开发建设有利。党政兼职根据不同情况,可实行县委书记兼任县长或县人大常委会主任,也可实行由县委书记兼任县长、副书记兼人大常委会主任等不同方式。

(4)健全党的组织,充分发挥各级党组织的战斗堡垒作用。建省之初,在新的机构不断建立、各方面还缺少秩序的情况下,必须抓紧建立健全党的组织。必须建立健全党政机关的党组织,加强省委机关工委和省政府机关工委。机关各部门的党组织都要尽快正式建立起来,充分发挥作用。

建立健全农村党组织也是当务之急。根据工作需要,乡镇党委可改为乡镇党的工委。作为县委的派出机构。乡镇党委设一个精干的办公室,统一管理乡镇党的建设,并设一名副书记专管党务工作。农村基层党组织的设置,应根据党员人数的多少,以有利于党员教育管理,有利于加强基层组织的领导为原则。当前,根据农村商品经济发展出现的党员流动性大的特点,应建立健全各种长期或临时的党支部、党小组,使党员无论走到哪里,从事什么工作,都能参加党的组织生活,接受党组织的教育和监督。

必须建立健全企业党组织。所有企业,凡有三名党员以上的都要建立党组织。企业党组织的负责人可由厂长(经理)或副厂长(副经理)兼任,充分发挥监督保证作用。内地在琼的企业党组织,也应同所在地党组织建立关系,接受指导。鉴于目前实行党组织属地化管理的条件尚未完全具备,因此,可考虑成立直属省委的企业工作委员会,负责对所有企业党组织的统一管理。而后待条件成熟,再实行企业党组织属地化管理。

(5)发展党内民主,严肃党的纪律。加强党的统一领导,必须以党内民主为基础。一是要保障和尊重党员的民主权利,调动广大党员的积极性。为维护党员的选举权、监督权,可着手制定有关党内选举和党内监督的规定。二是必须发挥党的集体领导作用。各级党委都要制定行之有效的议事规则。党委在对重大问题进行决策时,必须严格实行一人一票的表决制。

建立省委和市县委发言人制度,既有利于党的集体领导,又能够通过新闻舆论界公开党的主张和活动,密切同广大群众的联系。

必须严肃党的纪律,特别是党的政治纪律。在对外开放中会出现不同的政治主张和意识形态,因此严肃党的政治纪律极为重要。党的纪检部门要把主要精力放到检查和监督各级党组织、党员,特别是担负领导职务的党员贯彻执行中央路线、方针、政策和党委各项决议的情况上,绝不允许在政治上同党中央和党委唱反调,不允许擅自改变或不执行党的决议和决定。特别是特区开发建设之初,严肃党的政治纪律尤为重要。唯有如此,才能保证全党在政治上的统一,发挥党的政治领导这一优势。

3. 改革行政体制,提高行政效率

(1)必须建立高效率的行政体制。特区的开发建设,要求政府必须是一个高权威、高效率的政府,这对特区发展具有决定性意义。一个没有权威的政府,不可能有效率。在逐步推行党政兼职的同时必须完善和强化行政系统,使整个行政系统具有权威性,能够独立负责地开展工作,保证政令统一。

特区开发建设之初,既需要调动各方面的积极性,又需要政府的集中领导。重大的经济布局和经济规划,以及有关全局的、重大的经济、文化、社会问题,必须由省政府统一做出决策,不可各行其是。各级政府都必须保证省政府政令的贯彻执行。

"小政府"运行的实践表明,由于"小政府"的职能尚未完全明确,内部各方面关系尚未完全理顺,因此,"小政府"对经济社会的宏观调控能力还很弱,行政指挥不畅通,缺乏应有的权威,行政效率低下。由此看出,"小政府"建立以后,行政体制改革的任务远未完成,需要在总结经验的基础上,以提高效率为核心深入推进行政体制改革。

(2)把"小政府"的职能规范化、制度化。必须严格按照政企分开的原则,确立政府及政府各部门的职能。总的要求是,企业、社会自己能决定的事情政府不要管,下

级政府能办好的事上级政府不要管,真正使政府从习惯于直接管企业、批条子、分项目的旧框框中彻底摆脱出来。

争取用一年左右的时间基本理顺政府与企业、政府与社会、上级政府与下级政府、政府部门之间的关系。研究确定各级政府和政府部门的主要职能,按照新的职能调整内部机构设置,把政府各部门的职能规范化、制度化。

实践证明,县、乡两级政府作为投资主体,以银行贷款方式直接办企业,有弊无利,且规模越大,亏损越多。因此,应明确规定:县乡政府无权作为投资主体办企业。县乡政府的主要职责是管好社会公共事务和市政建设。

(3)调整和改革行政领导体制。特区的行政体制必须服从和服务于特区开发建设的速度。必须按照这一根本要求,调整和改革现有行政体制。

为了加快开发建设速度,应按照总体规划设立若干经济开发区管理委员会,全权管理开发区的各项行政社会事务,直接向省政府负责。省政府设立直属省长领导的经济开发署,统一领导和协调各开发区的工作。这样做的好处是:有利于集中统一领导和组织全岛的开发建设,防止和克服开发建设的无序和混乱状态;有利于调动和发挥开发区和各市、县两个积极性,加快开发建设速度;有利于提高效率,减少扯皮;有利于增大对境内外投资者,特别是境外投资者成片承包开发的吸引力。

(4)强化行政首长负责制。强化行政首长负责制是建立强有力政府工作系统的重要环节。尤其是在解决党政兼职的前提下,实行严格的“一长制”更为重要。

强化行政首长负责制的首要前提是,明确规定行政首长的职责和权限:各级行政首长对本职范围内的工作有决定权,对下属有直接的任免权和奖惩权,等等。

为保证政令统一,可考虑上一级政府行政首长有对下一级政府行政首长任免的提名权,有临时处置权。

可考虑把省、市、县政府办公厅(室)改为省长、市长、县长办公室。办公室的主要职能是按照主管行政首长的指示,处理直接交办的事务和各部门不管的事务。机关行政管理事务应由机关事务管理部门负责,可设立机关事务管理处(科)。

建立政府发言人制度。各级政府和政府部门的发言人由该级政府和部门的行政首长直接任免,直接向行政首长负责,代表本级政府部门发布行政信息,回答或解释社会和舆论界提出的有关问题,沟通政府同社会的联系。

(5)加强行政立法,依法行政。发展市场经济,实行以法治省,必须加强行政立法,依法行政,用法律来调控和管理各种社会公共事务。

依法行政的一个重要问题,是用行政立法的形式把政府的行为规范化、制度化。为此,要抓紧行政立法工作,《行政组织法》、《行政程序法》、《行政监察法》、《行政诉讼法》、《国家公务员条例》、《行政赔偿制度》等等,都应从海南的实际出发,抓紧制定推行。

政府职能中关于对投资立项、国有土地使用、出口配额以及人员出入境、税收、工商注册、财务审计、户籍的审批管理,应尽量以行政法规的形式出现,以利于办事公开化和接受社会监督。

4. 建立"大社会"的新体制

(1)"大社会"新体制出台势在必行。在"小政府"建立的同时,要求相应建立起"大社会"的新体制。"大社会"新体制是同市场经济发展和民主政治建设相适应的、自我调节、自我发展的新的社会结构和有效的社会运行机制。为此,必须在"大市场"形成的同时,培育"大社会"的体制,把原来由政府包揽的大量的社会,经济事务交还给社会、企业、事业单位和其他社会组织,充分发挥社会功能。

实行"大社会"新体制,就是在党的政治领导下,在国家宪法和法律的范围内,充分发挥社会功能,使全社会的每个企业、事业单位、社会团体和个人,都能独立自主地开展活动。总的原则是,凡个人能办到的事,社会不要管;社会能办到的事,政府不要管,充分调动方方面面的积极性,使社会充满活力。

随着"大社会"体制的逐步出台,各种行业协会、学会、联谊会等社团组织将大量涌现。为此,必须抓紧进行这方面的立法工作,使"大社会"得到健康发展。

(2)积极推进"大社会"的体制。群众团体要逐步从"官办"改为民办。坚持领导人自选、经费自筹、活动自主的原则,使群众团体在党的政治领导下,在国家宪法,法律的范围内,充分行使自己的民主权利,增强活力,真正代表和维护各自所代表的那部分群众的利益。群众团体的组织机构、活动方式、活动内容均由他们自己决定。

由于各群众团体的情况不同,因此,改革的步骤也应有所不同。工会、共青团、妇联担负着党和政府联系群众、做好群众工作的职能,因此,在一定时期内,他们还不可能一下子转为真正的民办组织。当前乃至今后一段时间内,这几个团体改革的主要任务是转变职能,转变工作方式,克服行政化倾向。待条件成熟后再过渡到民办组织。科协、文联、侨联、台联等群众团体属学术性、联谊性的民间社团,可考虑由"官办"改为民办。这样更便于他们开展自己的工作,充分发挥应有的社会功能。

多数事业单位要逐步走向"大社会",实行企业化管理。事业单位改革的原则是:实行政事分开,扩大事业单位的社会职能,充分发挥事业单位的社会效益和经济效益,把事业单位搞活。

按事业单位的性质、职能、服务范围分类改革。除少数还必须履行一定的政府行政职能的事业单位外,大多数事业单位都将采取按事业经费定额包干、差额补贴、以收抵支等形式,逐步从政府管理体制中分离出去,进入大社会,成为经济实体。事业单位的领导人,面向社会,通过聘任、招标、考试等各种方式产生。其他工作人员一律实行聘任制。事业单位转为企业化经营后,原有的固定资产按国有资产管理。事业单位的党组织,按其事业单位的性质,分别归属省直机关工委或省直企业工委。

积极培育各种社会组织。必须充分重视各种民间组织、经济社团、企业和个人在健全市场机制,加快海南特区开发建设中的作用,承认他们的合法权益。各民间社团都必须依照国家和当地政府颁布的有关规定,办理申请审批登记手续,按照各自的章程和规定,进行社会活动与经济活动。

抓紧做好政府经济主管部门和行政性公司转为经济实体的工作。把一部分原政府经济管理部门和行政性公司转到"大社会",成为经济实体,实行独立核算、自负盈亏、自主经营、自担风险,这对于创造平等竞争的社会环境,促进市场经济的发育,增强企业活力,将起积极的作用。经济主管部门和行政性公司转为企业后,这些单位的领导,由组织人事部门任命或政府招标、聘任,但不再享受相应的政治、生活待遇(原政治待遇不变)。这些公司的原固定资产和流动资金,由审计部门审计,公司的领导人须向政府固定资产管理部门签订合同,对国有资产增值负责。公司必须实行严格的经理负责制,经理有权提出副经理的任免人选,报组织人事部门批准,公司经理有权任命本公司中层负责人员,有权解聘职工。

5. 加强法制建设,实行以法治省

(1)加快法制建设是当务之急。尽快形成一个良好的法制环境,是加快特区开发建设的一个重要条件。这既有利于按照国际惯例办事,广泛吸引境外投资者,又有利于以法律手段调节社会矛盾,保持社会的安定团结。

当前,我省法制建设状况很不尽如人意。特别是社会治安状况很差,已引起广大群众和境内外投资者的强烈的不满。造成这种状况有工作不力的原因,也有体制不合理的因素。因此,在抓紧改进这方面工作的同时,必须相应进行体制方面的改革。

(2)加强党对法制工作的领导。党委必须领导法制工作,但不能包办代替。党对法制工作领导的根本内容,是使各法制部门能够在党的政治领导下,依法行使职权,保证司法独立。党要善于把自己的主张和重大的方针政策经过法定程序变成相应的法律规定。为此,要加强省人大党组工作,使省委的一些重要主张和方针都能比较顺利地通过法定程序形成对全社会有约束力的法律。

党委政法领导小组的主要工作是提出法制建设的重要原则和规划,协调各政法部门之间关系,实现党对政法工作的政治领导。政法领导小组不能干涉各司法部门的业务工作。政法领导小组可配几个精干的办事人员,不宜建立常设机构。县同省的情况有很大不同,可考虑不设政法领导小组。

（3）要充分发挥人民代表会议在法制建设中的重要作用。省人大在法制建设中的地位十分重要。特别建省之初,各项立法工作都急需加快步伐,省人大在立法方面的任务相当繁重。为此,必须加强人大各专门委员会的组织建设,要把那些年富力强、懂法律、又有实践经验的人员选调到人大专门委员会工作。此外,省人大常委会要加强对法院和检察院的领导和协调工作,检查和督促法律的实行。检察院、法院要对人大负责,自觉接受人大的领导监督。

（4）改革司法制度。要明确规定法官、检察官的任职资格和任职要求。法官和检察官在任期内无违法行为和重大过失不能免职和调离。同时适当延长法官、检察官的任期,逐步推行法官、检察官的常任制。

司法检察机关要实行财政预算和人事独立,凡进入司法部门的工作人员,必须通过严格的考试,进行统一的资格审定。

适应对外开放和发展市场经济的要求,应尽快实行私人律师制度,改变政府部门包办律师工作的状况。允许律师自由开业,成立私人律师事务所,建立律师合伙人制度,支持律师队伍自己管理自己,独立行使法律规定的职权。也应允许国外和港澳的律师在海南开业,从事与他们有关的法律事务。为保障私人律师制度的实行,要尽快制定《海南私人律师暂行条例》。

（5）积极移植和借鉴香港的法律法规。认真开展对香港法律体系的研究,并根据海南的实际需要,积极移植香港的法律、法规,是海南再造香港模式的重要内容。为此应抓紧进行这方面的各项准备工作。

6. 大胆改革人事制度

（1）改革人事制度是一项十分紧迫的任务。特区的开发建设,迫切需要大量的、方方面面的合格人才。海南的振兴,归根结底在于造就一支宏大的、高素质的人才队伍。人才不足,已成为制约特区开发建设的重要因素。

大量吸引、培育人才,关键是要有一套能够使各类人才脱颖而出的人事制度。因此,必须按照公平竞争、择优录用及工酬相符的原则,抓紧改革现行的干部人事制度,创造一种吸引人才、才尽其用的社会条件。

（2）尽早推行公务员制度。做好实行公务员制度的准备工作。在对全省干部人事制度和干部队伍状况深入调查分析的基础上,依据《国家公务员条例》,制定符合海南实际、有利于加速大特区建设的公务员暂行条例、实施规划和试点方案。

按省党代会的要求,1988年年底即应正式成立海南省行政学院,1989年开始在全国范围招生。行政学院在向社会公开招生的同时,3年内完成对全省处以上干部的强化培训,并根据培训情况对部分干部做相应调整。

（3）建立严格的干部考核考绩制度。为确保进入党政机关工作人员的质量，可以省行政学院为依托，组建省公务员考试中心，统一组织公务员录用的资格考试。党的机关工作人员的资格考试也委托该中心负责。凡未经考试中心的公开考试并取得资格者，党政机关一律不得录用。

建立考绩制度。目前海南各级党政机关已基本满编定位，今后干部的使用提拔同样要引入竞争机制。所有干部，不论来自哪里，也不论资历如何，都要平等竞争。其基本做法是建立严格的考绩制度，实行考绩提升制。考绩的标准、办法、结果全部公开，由主管领导定期组织实施，真正形成佼佼者上、平庸者下那样一种充满活力的局面。

（4）下放干部管理权限。目前干部的管理权限过分集中，不利于治事与治人相统一。为了强化行政首长负责制，使各级主管领导的权责相符，应适当下放干部管理权限。按下管一级的原则，省管到厅局级，处和处以下干部由厅局负责任免管理。为避免滥用干部管理权限，可制定《干部管理条例》，依条例追究滥用权力者的责任。

（5）大胆实行吸引人才的特殊政策。为迅速解决海南开发建设急需大批人才的问题，根据特事特办的原则，可考虑采用如下吸引人才的优惠政策：

第一，配发高级职称和学位津贴。津贴的数额既要考虑到财政的承受力，又要对人才有一定的吸引力。岛内岛外的人才，享受职称津贴和学位津贴的权利一律平等。

第二，简化引进人才手续。凡有志于海南建设又是海南所需的人才，他们的调动手续（包括人事档案、户籍管理等等）都可以打破常规，从简办理。

第三，建立人才市场。通过人才市场，使求职人员与用人单位直接见面，双向选择，真正造成人人都能自由选择职业的社会环境。为此，可颁布《海南省人才流动暂行条例》，鼓励和吸引人才合理流动，才尽其用。

第四，实行优惠安置政策。今后对因机构精简而需重新安置的干部，可试行经济优惠政策。办法是：以干部的职务和工龄为据，给予相应的款额做一次性安置，所需款项主要用国有固定资产（包括企业和各种经营性公共设施）折算支付。这可一举三得：易于精简机构；减轻财政负担（因用做支付的企业和公共设施多属亏损经营）；培育民营经济。

7. 强化监督机制，克服腐败现象

（1）克服腐败现象是政治体制改革的一项重要任务。能否克服腐败现象，保证党政机关的廉洁，事关社会主义特区建设的发展前途，事关党和政府在广大人民群众中和在国际上的形象，甚至关系到党和政府有无领导特区的资格问题。为此，必须通过政治体制改革，建立一套有效的监督机制，从制度上防止和克服各种腐败现象。

党政机关工作人员的多数是廉洁奉公的。但是,确有某些机关工作人员以权谋私已发展到非常严重的程度,并且还有进一步发展的趋势。如不采取根本措施,后果不堪设想。

党的纪检部门、行政监察和法律检察机关在制止和惩处党政机关腐败现象中发挥了重要作用。但是,某些干部的腐败问题并没有从根本上得到解决。这固然有其工作不够得力的原因,但从根本上说,我们还未找到从制度上解决问题的办法。特区的政治体制改革应当把此作为一项重要任务。

(2)大胆移植香港廉政公署成功经验。香港廉政公署在惩处和制止腐败问题上的成功经验值得我们借鉴,应从实际出发大胆移植。因此,可考虑在海南再造一个类似香港廉政公署那样特别强有力的政府廉政监察机构。

(3)建立若干行之有效的具体制度。

——建立个人财产、收入申报制度。国家工作人员每年或在职务、工作部门变动时,应申报家庭财产,清楚地说明财产增加部分的来源。只要发现其开支高于所得收入的水平,即可对其监控。

——建立国家机关工作公开化制度。凡建设项目报批、出港出国报批、物资进出口报批、干部任免,以及升学、就业、调资、住房分配等敏感和密切关系人民群众利益的事项,都必须实行公开公正的原则,做到:办事的规则、制度公开;办事机构和人员公开;办事的程序、方式公开;办事的结果公开,自觉接受全社会的监督。

——建立领导干部的述职制度。建立时间一定、内容规范的领导干部述职制度,有关部门应对此做出具体的制度规定。

——实行领导干部的回避、交流制度。

——建立举报制度。为将党政机关及其工作人员的行为直接置于社会的监督之下,及时揭露党政机关特别是那些管人、管财、管物的工作人员的不法行为,需要建立举报制度。

——建立新国家机关工作人员的工资制度,逐步实现以俸养廉。

——建立舆论监督制度。舆论监督是一种有效的外部监督机制,为充分发挥舆论监督的作用,需要制定颁布舆论监督条例。

走在全国前列的市场化改革

1988 年,海南建省办全国最大的经济特区,中央明确要求海南要建立以市场调节为主的新体制,加快改革开放步伐。多年来,海南按照社会主义市场经济的目标,加快改革步伐,解决了价格、企业、社会、政府同市场关系问题,初步形成了社会主义市场经济体制的框架。海南发展的历史是改革的历史。按照以开放促改革、促开发的方针,海南不断推进改革,迈向社会主义市场经济新体制,由此大大推动海南经济社会的迅速发展,也对全国的改革开放产生了重要影响。

——1994 年

海南市场化改革要继续走在全国前列*

（2003 年 1 月）

◆◇◆◇◆◇◆◇◆◇◆◇◆◇◆◇◆◇◆◇◆◇◆◇◆◇◆◇◆◇◆◇◆

加入 WTO 后,我国的改革开放进入新阶段。中共十六大报告提出了"以开放促改革促发展"的重要方针。中共十六大报告明确指出,"鼓励经济特区和上海浦东新区在制度创新和扩大开放等方面走在前列"。总结海南建省办特区近 15 年的基本经验,贯彻落实中共十六大报告的要求,最重要的实际行动是适应我国加入 WTO 的新形势,继续在市场化改革方面取得新的突破。由此,推动海南经济的持续快速增长。

实现改革的新突破,是海南下一步发展最关键的问题。这是因为:

1. 紧紧依靠改革开放加快经济社会发展,是海南建省办特区近 15 年的基本经验

海南建省办特区之初,特别是在邓小平南方谈话的鼓舞下,进行了改革多方面的超前试验并取得丰富成果,在全国产生了广泛的影响。海南建省最初几年经济的快速增长,同改革走在全国前列有着直接的联系。

2. 近几年,海南改革滞后

由于多种因素的作用,这些年海南的改革已滞后于全国许多省市,主要表现为:非国有经济发展滞后,政府改革滞后。例如,据《中国市场化指数:各地区市场化相

---

*　在政协海南省四届二次会议上的发言,2003 年 1 月。

对进程 2001 年报告》,2000 年海南"非国有经济发展指标"全国排名第 14 位,"减少政府对企业的干预指标"全国排名第 27 位,"缩小政府规模指标"全国排名第 25 位。与此相联系,"九五"时期和"十五"初,海南的经济发展速度明显落后于全国平均水平,特别是沿海发达地区水平。

3. 全面建设海南小康社会对改革提出新的要求

我们测算,如果未来 20 年海南经济以年均 9% 或 10% 的速度增长,可望于 2018 年前后达到人均 GDP 3000 美元的目标。从海南 15 年的实践来看,要实现这样一个发展目标,重要的出路应在于改革开放。

4. 抓住机遇,实现海南产业开放的新突破,关键在于市场化改革继续走在全国的前列

无论是建立国际旅游岛实现旅游产业的新突破,还是在中国—东盟自由贸易区的大背景下实现农业产业开放和资源加工业的新突破,都在很大程度上依赖于"改革"的动态比较优势。我们应当清楚地看到,在一些具体的政策或政策潜力开发方面与改革直接联系在一起,改革到位,政策就到位。我们需要着重研究的是,在我国加入 WTO 的背景下,海南如何通过改革形成新的政策优势。

从上述基本分析出发,对海南下一步在市场化改革方面如何继续走在全国前列,提出以下几点建议:

一、营造民营经济发展的良好制度环境和社会环境,大大提高民营经济的比重

前几年,海南的经济发展不尽如人意,同民营经济发展缓慢密切相关。例如,1999 年海南全社会固定资产投资额民营经济仅占 16.8% ,83.2% 是国有投资。最近一两年,民营经济投资的比重有所提高,但同沿海发达地区相比差距甚大。如果民营经济在海南整个经济比重中没有明显的提高,海南实现经济的持续增长就是不现实的。民营经济的增长速度快,海南经济的发展就快。依据中共十六大报告精神,从海南经济社会发展的需要出发,应把民营经济的发展作为市场化改革的重要任务之一。

1. 充分利用海南地方的立法权,尽快出台关于支持鼓励民营经济发展的地方法规

省人大、省政府为民营经济的立法进行了一年左右的调研。建议在此基础上,按

照中共十六大报告的精神,借鉴各地区在发展民营经济方面的经验,把此项立法和相关规定列入 2003 年工作的一个重点。

2. 拓宽民营经济的投资渠道,充分发挥民营经济在海南经济发展中的主导作用

当前,建议重点抓好三件事情:第一,制定和出台相关政策,鼓励和支持民营经济在海南省第三产业发展中发挥重要作用,尽快改变第三产业发展相对滞后的局面。第二,采取若干措施,积极支持民营科技企业的发展。第三,打破垄断,允许并支持民营经济进入城市供水、供电等公用事业领域和基础领域。

3. 采取若干措施,欢迎建省之初在海南起步和发展的一批民营企业回到海南投资发展

20 世纪 90 年代初前后,海南民营经济发展速度很快,有一大批民营企业迅速成长起来。前些年,大部分民营企业,尤其是比较成功的一些民营企业陆续到外地发展。其中相当一部分民营企业和企业家对海南还很有感情,也有回海南继续投资的意愿。如果我们能在这方面采取若干措施,会引导一些民营企业陆续回到海南。在这件事情上,建议政府有关方面要主动去做工作,宜早不宜迟。

二、大力发展混合所有制经济,实现国有企业改革的新突破

中共十六大报告明确提出积极推行股份制,发展混合所有制经济。海南股份制改革起步早、比例大,对当时拉开全国股份制改革的序幕起到了重要的促进作用。后来由于多种原因,海南的混合所有制经济发展受到了严重的挫折,这对海南的投资环境和经济发展都产生了某些负面影响。

1. 以股份制改革为重点,加快国有企业改革

海南经济发展的逐步好转和投资环境的改善,对积极推行股份制很有利。为此,应当鼓励符合条件的国有企业尽快实行股份制改造。例如,资源加工型企业、基础领域的企业和农产品加工企业。为鼓励农产品加工企业的发展,国务院提出符合条件的大型农产品加工骨干企业可申请公开发行股票并上市。建议政府有关方面抓住这个机遇,在发展大型农产品加工骨干企业方面有所突破。

2. 建议政府尽快采取措施,帮助和支持现有股份制企业实施重组

目前,相当一部分股份制企业经营严重困难,已上市的某些股份制企业长期效益低下甚至亏损,处在随时被摘牌的境地。能否帮助这些企业尽快重组,步入良性经营状态,不仅是这些企业的问题,对海南的整个投资环境也有重要影响。要从海南经济发展的全局出发,尽快采取具体措施来改变这一局面。

3. 从积极发展混合所有制经济出发,探索符合海南实际的国有资产管理体制改革路子

海南国有资产的总量比较小,国有资产经营效益比较低下。为此,海南国有资产体制改革的主要目标是尽快实现国有资产的资本化运营,由此来实现国有资产的保值增值。例如,省政府把在海航中的国有资产授权委托企业管理并产生明显效益,这个经验很值得总结。

三、加快农垦改革,发挥农垦优势

农垦是海南经济发展的一支重要力量,农业组织化程度比较好,规模经营水平比较高。但由于农垦的改革长期处在徘徊的局面,使农垦在海南经济发展中的比重由改革开放之初的30%下降到目前的7%左右。农垦的全面改革不能再拖下去,再拖就会进一步降低农垦在全省的经济比重,既对农垦的发展不利,对全省的发展也不利。

几年前,我提出农垦改革"股份化、民营化、地方化"的思路。核心就是把农垦的优良资产,例如橡胶加工和木材加工,整合起来重组为股份制企业,并吸收社会投资者,使之尽快地成为上市公司,以此带动农垦相关产业的发展。与此同时,大部分农场应当逐步实现民营化,学校、公安等应当实行属地化管理。近年来,省里有关方面和农垦也组织了部分专家提出改革的具体操作方案。建议省委、省政府尽快研究这些改革方案,对农垦的全面改革做出具体部署。

四、以股权激励为重点,实现收入分配
制度改革的实质性突破

按照中共十六大报告提出的,确立劳动、资本、技术、管理等生产要素参与分配的原则,加快收入分配制度改革。这对企业的发展,对吸引技术和管理人才将产生重要的影响。如果海南能够真正按照中共十六大确定的原则加快收入分配制度改革,就

不愁没有人才。

1. 从海南实际出发,探索劳动、技术、管理等生产要素参与分配的途径

海南国有中小企业占的比重很大,但普遍的经营状况不大好,有条件也有需求进行企业内部分配制度的改革。两年前,我院受省人大的委托,提出《海南省职工持股条例(征求意见稿)》并广泛征求了中外专家的意见。实践证明,职工、技术层和管理层通过多种方式购买本企业的股份,是国有中小企业改革的一条重要出路。建议尽快把这一条例的制定列入我省立法计划,以积极、规范地推动国有中小企业改革。此外,对技术、管理等生产要素在参与分配的形式、比重等做出具体的规定。这对吸引人才,发展高科技企业都会产生重要的影响。

2. 以股权激励为主要形式实现企业家制度创新

实践越来越清楚地表明,解决国有企业的主要出路之一在于承认和实现企业家价值。我省已经有以陈峰、王光兴等为代表的创业型企业家,他们为企业的发展做出了重大贡献。要产生更多的优秀企业家,关键是建立以股权激励为主的企业家激励机制。把这个问题解决得好一些、规范一些,不仅对培养企业家有利,而且对企业的发展也会产生深远影响。我省完全有条件在这方面的改革中走在全国前列。在企业家制度尚未建立,各种相关制度和法律还不完善的情况下,对于经营者持股的改革探索要多给予支持和指导;对其中发生的某些问题,本着实事求是的态度加以纠正和解决。

五、以提高农民收入为目标,加快农村改革

加入 WTO 以后,我国农业暴露出来的主要问题不仅在于农产品的竞争力低下,而且在于农民收入低下问题。这些年,农产品虽然增加,但农产品的价格不断下跌,农民从农业中增收变得越来越困难,由此看来,现阶段增加农民收入应当从城乡结构及其相关的制度中寻求出路。海南是一个农村占大头的经济特区,虽然农村情况比全国一些地区要好一些,但是农民的收入问题及其相关的一些问题仍旧比较突出。要全面建设海南小康社会,重点也在农村。

1. 制定农村土地承包法的实施细则,真正赋予农民长期而有保障的土地使用权

前不久刚刚出台的《中华人民共和国农村土地承包法》,为全面保障农民的土地

权利和稳定农村社会提供了法律依据。全面贯彻实施这个法律,首先取决于实施细则的具体制定。海南作为经济特区率先制定实施细则,有利于稳定农村的土地关系,有助于减少城乡收入差距,同时也将在全国产生一定的影响。

2. 实现县一级改革的新突破至关重要

海南省除海口、三亚外的其他县(市)都是以农业为主体。发展县域经济有利于农村发展,有利于农民增收,有利于农村剩余劳动力的转移。实现县级改革的新突破,农村的改革发展才大有希望。一是赋予县一级经济发展的权利,调动县一级经济发展的积极性;二是应当把我省小城镇发展的重点放到以县城为重点的中心城镇的建设上来,并相应采取必要的支持措施和实施相关的鼓励政策。

3. 积极探讨农村的财政税收制度改革,逐步取消对农民的不合理税收

在全国进行费改税的情况下,海南能否在这方面的改革先走一步,即逐步取消农业税、特产税、屠宰税和耕地占用税。这"四税"属于地方税,在地方税收中所占比例很小,可否考虑:一是在中部少数民族地区先行取消"四税",条件成熟时再在全省推开;二是先取消屠宰税、特产税,再取消农业税和耕地占用税。

在我省农村还占大头的情况下,财政税收制度改革涉及一系列复杂的问题,需要相关的改革相配套。例如,农村的义务教育费用问题,农村基层政权组织的改革及其公共开支等问题,需要在深入调查研究基础上,积极稳妥地推进农村的配套改革。这里,把这个问题提出来,作为深化农村改革的探讨,目的在于加快我省农村的经济社会发展,尽可能减少农民负担,充分调动广大农民的积极性,以有利于加快我省农村经济社会的稳定和发展。

六、加快人力资源开发,把人力资源开发
作为改革的一项重要任务

全面建设海南小康社会,重要的是加快人力资源开发,培养各类专业技术人才和具有一定素质的劳动者。在这方面,我省同全国相比有明显的差距。例如,每万人拥有的大学生,海南只相当于全国的58%,高中以上文化程度的劳动力,海南只有全国的一半左右。这种状况,对未来5~10年海南经济社会的发展将产生严重影响。现在把这个问题提出来,希望能够引起各方面的重视,并切实采取措施逐步改变这一局面。从海南的情况看,改变这一局面的出路仍在于改革。在加快教育体制改革、整合教育资源的同时,要发挥全社会多方面的积极性,鼓励和支持社会办学,并为社会办

学创造多方面的有利条件。不在这个方面寻求出路,则难以扭转海南人力资源发展的落后局面。

七、继续按照"小政府、大社会"的要求,加快政府改革

海南建省之初"小政府、大社会"的改革在全国有相当广泛的影响,对海南改善投资环境,加快发展曾起过重要的作用。适应我国加入 WTO 的新形势,并从海南的实际情况看,政府改革仍然是一个重点。应当继续按照"小政府、大社会"的要求,实现政府改革的新突破。

1. 按照行政决策权、执行权、监督权相互制约和监督的原则,加快政府管理体制改革

中共十六大报告强调指出,"加强对权力的制约和监督,建立结构合理、配置科学、程序严密、制约有效的权力运行机制,从决策和执行等环节加强对权力的监督,保证把人民赋予的权力真正用来为人民牟取利益"。我省的很多事例说明,政府职能转变滞后的深刻原因在于,某些行政权力扩大的背后隐藏着政府部门的自身利益。分析某些腐败现象不断蔓延的缘由不难发现,腐败案件的频发与权力的授予和使用机制不健全有关,与缺乏民主监督和缺乏对权力的制约有关。目前,某些行政权力、人事权力、司法权力等已演变成少数部门和官员牟取私利的工具,并已有演变成体制性腐败和集团性腐败的迹象。在利益主导的背景下,政府自己的职能转变是非常困难的。根本出路在于,按照中共十六大报告的要求,采取改革措施,限制权力,制约权力,监督权力,以真正实现政府职能的实质性转变。在这方面,海南有过去的成功经验,现在也有条件在这项改革中走在前列,切实取得成效。

2. 政府的诚信建设最重要

企业的诚信、社会的诚信都同政府的诚信相关联。在现实条件下,政府的诚信就是投资软环境的重要体现。这在海南尤为重要。为了加强党政机关的诚信建设,树立我省党政机关的良好形象,建议政府派员深入调查研究,尽快出台党政机关诚信建设的相关规定,对全省党政机关进行诚信教育。

3. 加强推进各类事业机构、社会团体的改革,积极培育社会各类中介组织

在特定的经济转轨时期,改革的成果直接反映在政府的工作效率和工作状态上。

从这个意义上说,政府的工作效率和工作状态是改革成果的第一反映。政府机构只有处在一个不断改革自身的状态下,才会产生效率,产生为企业、为社会服务的动力,才会产生创新的思路和创新的精神风貌。

按照中共十六大的要求,海南在制度创新和扩大开放方面走在前列,就完全有可能提前几年实现全面建设小康社会的目标,我们应当有这个信心。第一,海南有较好的发展前景,经济已经走出低谷进入恢复性增长阶段,并正在步入持续快速增长阶段。第二,海南具有独特的资源和地理优势,有可能在我国的对外开放,尤其是中国与东盟实现贸易投资自由化的进程中,扮演重要角色,发挥重要作用。第三,海南走可持续发展的道路,潜力巨大,优势巨大。第四,我国加入 WTO,海南在产业开放方面仍然存在着某些重要机遇。例如,尽快实施国际旅游岛计划,海南经济的持续快速增长就大有希望。这些都说明,海南有条件在改革开放方面走在全国的前列,事在人为。

迈向社会主义市场经济新体制[*]

（1994 年 2 月）

◇◇◇◇◇◇◇◇◇◇◇◇◇◇◇◇◇◇◇◇◇◇◇◇◇◇◇◇◇◇◇◇◇◇◇

1988 年,海南建省办全国最大的经济特区,中央明确要求海南要建立以市场调节为主的新体制,加快改革开放。6 年来,海南按照社会主义市场经济的目标,加快改革步伐,初步形成了社会主义市场经济体制的框架。海南 6 年来的历史是改革的历史。按照以改革促开放、促开发的方针,海南不断推进改革,迈向社会主义市场经济新体制,由此大大推动海南经济社会的迅速发展,也对全国的改革开放产生了重要影响。

一、由允许和鼓励各类企业竞相发展
向建立现代企业制度过渡

1. 从建省一开始就允许和鼓励各类企业竞相发展

海南过去的企业规模小,工业企业中大中型企业只占 3%；企业数量少,只有 900多家国有工业企业,非国有企业更少；企业效益差,亏损面在 30% 以上。

1988 年海南建省办经济特区一开始,就比较自觉地给企业创造一个平等竞争、竞相发展的市场经济环境。例如,在海南,企业不受所有制的限制,允许"三资"企业、私营企业有大的发展。所有企业都享有 15% 的所得税税率。截至 1993 年年底,

---

* 载《改革研究》1994 年第 4 ~ 5 期。

全省共有三资企业 6000 多家,实际利用外资 16 亿多美元,内联企业 1 万多家,私营企业 8000 多家,个体工商户 10 多万户。

2. 加快建立以股份制为主体的现代企业结构

市场发育和企业发展到一定程度后,企业迫切要求转换机制,积累资本,成为重点项目的开发者。适应这种需要,近几年来,海南把加快推行股份制作为大事来抓,以适应社会化大生产和市场经济发展的要求。截至 1993 年年底,全省已有规范化股份有限公司 125 家,股本总计(包括计划募集股份)205.6 亿元,其中,法人股异地上市公司 4 家,个人股异地上市公司(包括经批准正在向社会公开发行股票的)9 家。

大力推行股份制改造,初步改变了海南企业规模偏小,缺少大中型骨干企业的局面,股份制企业已逐步成为海南的主体企业。股份制企业的高投入为推进海南经济建设的高增长打下了坚实基础。股份制企业的发展紧扣海南省产业导向,已成为全省实施重点项目的主力军。全省 15 个重点旅游项目中,半数以上由股份制企业承担。对大型基础设施建设项目推行股份制,改革了过去单一的投资体制,筹措了大量资金,缓解了重点项目建设资金不足的问题。如三亚凤凰国际机场、环岛东线高速公路等项目建设均通过推行股份制解决了大量资金需求的问题。

同时,形成了多元化的投资主体。在已有的股份公司中,绝大部分为全民所有制企业发起设立,同时也有以民营企业改组或发起设立的股份有限公司,有以技术、资本、土地折股三者结合组成的股份有限公司,有以兼并、经营和承包经营来组建的股份有限公司。股份公司普遍具有良好的经营业绩,开始成为海南省地方财政收入的重要来源,成为国有资产保值、增值重要而有效的途径。

3. 按照国际惯例建立和完善新的企业登记制度,进一步解放和发展企业

针对计划经济体制下企业审批注册制的种种弊端,1993 年 4 月,省政府颁布了《海南省企业法人登记管理办法》,将企业审批登记制改为直接登记制,除申办金融、保险业等项目外,其他企业一律直接向工商行政管理局申请登记,企业办理营业执照的时间由过去几个月缩短为 7 天。这项改革较彻底地解决了传统计划经济体制下影响企业发展的问题。不再以所有制划分企业,而以资产组合形式、资本营运方式来决定企业性质;企业自主经营,不再需要找挂靠单位和主管部门;放开企业经营范围,让企业根据市场需要自由发展;取消先立项制度,可以先登记后上项目,扶持新兴企业的崛起和发展。新的登记办法成功地吸引了大批境外投资者,对进一步解放和发展企业产生了巨大的推动作用。

二、由价格市场化向要素市场化过渡

6 年来,海南以建立健全统一、开放、完善的市场体系为目标,在放开价格的前提下,加强市场的组织和管理,积极采取各种有效措施,培育和健全市场体系,实行市场决定价格的价格机制。在这方面海南先行了一步。

1. 积极大胆推进粮食价格改革

从 1988 年 4 月开始,海南适当提高粮食定购价格,(三级稻谷)从每 50 公斤 19 元提高到 25 元,同时把城镇居民平价口粮(三级大米)价格从每 50 公斤 14. 2 元提高到 16 元。从 1990 年 1 月开始,压销非农业人口定量口粮 20% ,对压销的平价口粮和放开的食油供应指标按平议差价分别由财政、企业和个人分担。从 1991 年 5 月 1 日开始,将粮食购销价格改国家定价为国家指导价,率先在全国实行同市场价格基本接近的购销同价,并允许价格在一定幅度内上下浮动。这实际上已放开了粮食价格。

实践证明,海南率先放开粮食购销价格的改革是成功的,并在全国产生了示范作用。

(1)粮价平稳,市场物价稳定。粮改后,集市贸易粮的平均价格不但没有上升,还比改革前下降了 21% 左右,没有出现粮食短缺、抢购、套购等问题,与粮食有关的其他副食品价格也没有出现波动。

(2)粮食市场调节量增长。实行粮食价格改革后,海南城镇粮食自由贸易市场调节比重由 36% 增加到 56% ,一个开放型的粮食市场正在形成。

(3)在很大程度上理顺了财政、粮食部门与银行之间的关系,减轻了财政负担,搞活了部分银行信贷资金。

(4)有效地调动了农民种粮和卖粮的积极性,农民得到了实实在在的好处,促进了农村市场的发展,促进了城乡市场的统一。

(5)有利于节约粮食,全省粮食销售量比改革前减少了 1/5。

2. 积极推进主要生产资料价格改革

建省一开始,海南就基本放开了大部分生产资料价格,市场调节的总量占 72% 以上。在这个基础上,从 1992 年年初开始,对国家计划分配给海南省的 19 种主要生产资料(钢材、水泥、重油、铜、铝、铅、锌、锡、硫酸、烧碱、纯碱、橡胶、焦炭、生铁、铜材、铝材、煤炭、成品油、化肥),除化肥外,其余 18 种均实行了计划价向市场价并轨。并轨后,国家计划分配给海南省的主要生产资料的平市差价作为专项基金,主要用于补贴(或返还)企业;吞吐余缺,平抑物价;进行短线物资开发和市场建设等。

至此,海南的生活资料和生产资料价格基本上由市场决定,商品价格市场化的格局初步形成,在建立竞争性的市场体系,实现要素市场化方面迈出了重要一步。

3. 各类市场兴起

(1)海南金融市场十分活跃。截至1992年年底,全省有各类金融机构2023家,营业网点星罗棋布,平均每2000人有一个金融业网点,累计拆借资金达690多亿元,调剂外汇达30多亿美元。建省后,海南发行短期融资券1.78亿元、债券4.24亿元、房地产投资债券3.15亿元、基金券6000万元、金融同业债券10873万元,总计10.85亿元人民币。1993年在境外首次发行8000万美元浮息债券获得成功,为海南省利用外资开辟了一条新路。海南证券的发行和交易都具备了相当的规模。

(2)海南房地产市场迅速崛起。房地产开发公司已由建省初期的11家发展到1906家,房地产交易所19家。从建省到1992年,累计动工兴建商品房799万平方米,竣工423万平方米,其中1992年就动工550万平方米,竣工285.1万平方米。房地产业在迅速发展过程中也出现了一些问题,省委、省政府采取了一系列措施,规范房地产市场开发和交易的行为,并将出台《土地法实施办法》、《房地产交易管理办法》,政府垄断一级市场、规范二级市场、搞活三级市场的目标正在逐步实现。

(3)海南的劳动力市场经过几年的培育和发展,已初步形成劳动者在市场就业的格局。全省各市县都已成立了职业介绍机构,仅海口就有职业介绍所22家,各区、街道、乡镇都设立了职业介绍所。一个覆盖全省的多元化、多功能、多层次、一体化的开放型劳动力市场已经初步形成。6年来,全省有20多万人通过劳动力市场走上了工作岗位,待业率从建省初的4.7%下降到1992年的2.9%。1993年5月,原省人才交流中心和原省劳动就业管理局合并,更名为海南省职业介绍服务中心,建成1500多平方米的省人才劳务中心市场,成为全国第一家省级人才劳务一体化市场。

4. 加快产权交易市场的建立

产权制度改革是海南省建立市场经济体制的关键环节。产权交换、产权流动和重组是产权制度改革的重要内容,这些活动都必须通过产权交易市场来进行。经过多年探索,建立海南产权交易市场已形成明晰的思路,产权转让办法即将实施。1994年海南的产权交易规模、数量都会有更大的发展,产权交易市场将十分活跃。各类产权如股票、专利权、固定资产将进入市场流通,国有存量资产也要通过产权交易市场重新配置。海南正积极创造条件,开展使更多的股份有限公司参与法人相互持股试点。目前,一些大的企业兼并活动正在酝酿和实施中。

三、由实施企业社会保险制度向建立全社会统一的社会保障体系过渡

1. 建立新型的社会保险制度,为企业创造平等竞争的环境

海南在建省办经济特区之初就十分明确,要加速海南的现代化建设,顺利实施经济体制改革,就必须建立新型的社会保险制度,创造一个宽松的社会环境,为企业提供平等竞争的机会。1989 年年初,国务院确立海南省为全国社会保障制度改革综合试点省。为此,海南省建立了省社会保障制度改革领导机构和专门工作班子,在大量调查和比较研究的基础上,用近两年的时间完成了社会保险各项改革方案的基本设计。

1991 年 1 月,省政府颁发了《海南省职工养老保险暂行规定》、《海南省职工医疗保险暂行规定》和《海南省公费医疗暂行办法》,并于 1992 年 1 月 1 日起在全省范围内正式付诸实施。这标志着海南省以企业为主体的社会保障体系的初步建立。

海南省的企业社会保障制度,以各类企业能够开展平等竞争、劳动力合理流动和保障职工的基本生活为原则,打破全民、集体、内联、外资、私营等各种经济成分、各类企业的界限,打破企业内干部、工人、固定工、合同工、临时工等各类职工的身份界限,建立起企业统一的社会保障制度。在筹资模式上,改变了过去由国家和企业统包的做法,由国家、企业、个人三方合理负担,建立了职工社会保障编号和个人养老保险账户,引进了权利与义务相统一的保险机制。在管理上坚持社会化的管理原则,改多头分散管理为全省统一管理,成立省社会保障局。

海南企业社会保障制度的建立,取得了很大成效。改革前,海南参加养老保险的职工 18.1 万人,占职工总数的 32.4%,参加失业保险的职工 25.2 万人,占职工总数的 46.3%。1992 年改革后,参加养老保险和工伤保险的职工 65.9 万人,占应参加保险职工总数的 67.7%,参加失业保险的职工 27.7 万人,占应参加保险职工总数的 63.8%。

2. 全社会统一的社会保障制度正在积极推进和逐步形成

建立企业的社会保障制度是改革实践中的第一步。为了适应社会主义市场经济发展的要求,适应市场经济条件下多种经济成分共同发展和政府机构改革的需要,实行社会事业社会办的体制,必须进一步进行社会保障制度的改革,建立全社会统一的社会保障体系。为此,海南积极研究制定有关方案,扩大社会保障的覆盖范围,将全

省党和国家机关、事业单位、社会团体的所有从业人员以及城镇个体经营者,作为社会保障的对象,实行统一的社会保障制度。1993 年年底,海南省人大常委会审议通过了《海南经济特区城镇从业人员养老保险条例》、《海南经济特区城镇从业人员失业保险条例》、《海南经济特区城镇从业人员工伤保险条例》。同时,医疗保险制度在进一步改革,农村社会保障改革试点正在进行,全社会统一的多层次社会保障体系正在逐步形成和发展。

3. 加快住房制度改革,向"租、售、建并举,以售为主"的新体制过渡

海南省的住房制度改革在积极推行。1992 年 12 月,国务院住房制度改革领导小组批准了海南省城镇住房制度改革实施方案。1993 年开始,全省推行了住房制度改革,基本做法是:分步提租发补贴,出售公有住房,新分配的住房实行新制度,改革投资建设体制,建立住房基金和组建物业管理公司。住房制度改革首先在海口市、三亚市进行试点。到 1993 年年底,全省各市县城镇职工公有住房第一步提租补贴实施方案都已出台,并开始实施。与此同时,海口、三亚、儋州、琼山等市县已开始进行公房出售的试点,并着手改革建房投资体制,正在向"租、售、建并举,以售为主"的新体制过渡,实现住房的商品化、社会化,并努力用 10 年左右的时间,实现"居者有其屋"的计划。

四、由实行"小政府"行政管理体制向以 法制为主的管理体系过渡

1. 适应以市场调节为主的新体制的需要,实行"小政府、大社会"的 行政管理体制

海南建省后,为适应以市场调节为主的新体制的需要,对省级行政体制进行了大胆的改革,在机构设置上实行了"小政府、大社会"的模式。省政府按照政治保障系统、行政事务和社会服务系统、经济监督与调节系统、经济发展与组织系统等 4 个系统,仅设立了 26 个工作机构和 1 个直属事业单位,不但在全国省级机构中是最精干的,而且比原来的海南行政区机构减少 20 个,人员减少 200 多人。同时,将原来海南行政区的 11 个专业主管局和 8 个行政性公司转为经济实体,实行政企分开。

"小政府、大社会"的行政体制,摆脱了过去计划经济体制的束缚,符合改革的方向目标和基本要求,适应了按市场规律办事的需要,在实践中发挥了重要作用。海南建省以来,投资环境比较宽松,经济运行机制按市场规律运转,社会主义市场经济体

制框架较快地形成,这在很大程度上得益于"小政府"的行政管理体制。政府机构小、层次少、办事效率相对较高,对企业的干预相对较少,保证了企业的自主发展。

2. 充分发挥地方特别立法权的优势,建立以法制为主的行政管理体系

"小政府"行政体制是为适应经济体制改革需要而进行的一项重大改革实验,在实践中还有一个逐步完善的过程,以符合社会主义市场经济的更高要求。"小政府"体制实施后,由于受传统经济体制和习惯观念的影响,仍有扩大政府机构的倾向和原有职能未彻底转变的问题。为严格规范政府行政行为,并强化宏观经济管理,海南建省以来,就提出"依法治省"的口号,法制建设也取得了一定的成效。为更充分运用海南较大的地方立法权,将政策优势转变为法律优势和体制优势,进一步推进机构改革,完善行政体制,由此推进"小政府"的行政管理体制向以法制为主的宏观管理体系过渡。1993 年,海南加快了立法步伐,省人大全年共颁布地方性法规 13 件,占建省以来地方性法规总数的 1/3 还多。将改革与立法有机地结合起来,是海南建立以法制为主的宏观管理体制的重要步骤。

目前,海南一些重大改革措施的出台都以法规的形式出现,以法律引导和推进改革。如 1993 年海南省企业法人登记由审批制改为直接登记制,其改革措施的出台先由省政府发布行政规章,其后不久又由省人大颁布了地方性法规,产生了很大反响和很好的效果。海南正在通过加快立法,以尽快建立起社会主义市场经济的法律体系,从而发展和完善海南经济特区的社会主义市场经济体制。

目前,海南在市场经济主体方面,已在全国率先颁布了《股份有限公司条例》、《有限责任公司条例》、《法人登记管理条例》等地方性法规;在社会保障方面颁布了城镇从业人员养老、失业、工伤保险条例。有关政府宏观管理、市场体系建设的法规正在抓紧制定。整个经济管理体制正向以法制为主的管理体系过渡。

3. 海南建省办特区以来,对农村经济体制改革进行了积极探索

(1)抓好县级综合改革,推动县级经济发展。1988 年建省不久,省委就决定在琼海县进行县级综合改革试点。此后,为了探索少数民族山区经济发展的新路子,于1989 年 12 月又决定把白沙县作为县级综合改革的另一个试点县。其他县也从实际出发做了一些改革的探索。县级综合改革的内容主要是:稳定和完善农村双层经营管理体制;把改革农村商品经济作为县级综合改革的主要任务;从实际出发,切实解决严重阻碍县级经济发展的主要问题,如粮食问题、农业科技问题、县办工业问题、农产品流通问题和县级财政基本平衡问题等;在抓好农村改革的同时,坚持城乡改革相

配套,抓好商业、供销、金融、教育以及党政机关的改革,促进城乡经济发展;积极扩大开放,抓好外引内联;切实抓好以党的建设为核心的农村基层政权建设。

(2)积极探索现代农业开发新路子。1990 年,海南建立了农业综合开发试验区,以大力发展热带种植业、养殖业和加工业为重点,以外向型、创汇型和开发型农业为主导,实行高投入、高科技、高效益的发展战略,全面推行农工商一体化、产供销一条龙的运作机制。农业综合开发试验区的范围涉及到 9 个县(市)和 9 个国营农场,面积共 52 万公顷。目前试验区已拥有 500 多家公司,协议投资 80 多亿元,农民人均收入实现了一年翻一番。

(3)积极发展农村股份合作经济,使农村股份合作经济初具规模,特别是海口、三亚、琼海、琼山、文昌、陵水、定安等市县发展势头良好。海南建省办经济特区 6 年来,经济体制改革取得了相当大的发展,初步建立了社会主义市场经济体制的基本框架。这一任务已早于内地完成,并为下一步进行深层次改革、建立比较完善的市场经济体制奠定了坚实的基础。目前,全国正在加快建立社会主义市场经济体制,特区的政策优势明显减弱。海南经济特区的优势在很大程度上有赖于体制优势,海南的体制优势能否建立,是关系到海南今后发展的根本问题。为此,海南的经济体制改革速度要加快,要充分利用几年来建立市场经济体制框架在速度上与内地形成的时间差,加快解决深层次问题;同时,海南经济体制改革要向建立高度开放型市场经济模式方向发展,以推动海南进一步对外开放,加快经济发展。

建立完善适合海南实际的市场经济体制*

（1994 年 1 月）

◆◇

一、海南经济体制改革已进入新阶段

海南建省办经济特区 5 年多来，已初步建立了市场经济体制的基本框架，主要内容是：各类企业平等竞争、竞相发展的基本格局已形成；由市场决定价格已成为经济运行机制的基础，各类市场比较活跃；统一的新型社会保障制度已出台，并正在逐步完善；以政企分开为前提、以间接管理为主的小政府、大社会新体制在几年的实践中不断完善，并取得初步经验。所有这些改革为经济社会发展创造了宽松的环境，并为进一步加快建立完善市场经济体制奠定了坚实的基础。

目前，海南建立市场经济体制已进入以产权制度改革为重点的新阶段。一方面，随着市场经济体制框架的初步建立，把产权问题突出出来，无论是完善以股份制为主体的现代企业制度，还是培育发展生产要素市场，都对加快产权制度改革提出迫切要求；另一方面，要在全国加快建立市场经济体制的新形势下，继续保持和发挥我省的体制优势，也要求加快以产权制度改革为重点的深层次改革。加快产权制度改革既有坚实基础，又有迫切要求。要适应当前的新形势，大胆推进以产权制度为重点的各项改革。

海南建立市场经济体制大概要经历三个阶段：第一阶段，奠定基本框架的任务已

---

* 载《特区与开发区经济》1994 年第 2 期。

初步完成;第二阶段,要进行深层次改革,重点是加快建立产权制度,建立比较完善的市场经济体制;第三阶段,要建立按照国际惯例办事的高度开放型的市场经济体制。

目前,海南省的经济体制改革正处于从第一阶段向第二阶段转化的关键时期。这个时期改革的特点,一是速度要快,要充分利用几年来在建立市场经济体制框架速度上与内地形成的时间差,加快解决深层次问题。目前,全国建立市场经济体制的步伐都在加快,时间差在缩短,对此要有强烈的紧迫感。力争用2~3年时间初步完成以产权制度为重点的各项深层次改革;二是改革要有深度,要深入研究和解决体制改革中面临的产权制度、资本效益等深层次问题,促进市场经济体制的不断完善;三是要立足长远,要同第三阶段建立高度开放型市场经济体制紧密衔接,以加快过渡,并由此推动海南更大规模的对外开放。

二、以产权改革为突破口,加快建立和完善现代企业制度

目前,我省已初步形成了各种所有制企业不受比例限制,平等竞争,竞相发展的格局,以股份制企业为主体的现代企业制度已呈雏形。与此同时,一些深层次的问题也逐渐暴露出来。目前,建立现代企业制度的核心问题在于产权制度改革。以产权制度改革为突破口,理顺产权关系,建立起独立的企业产权制度和确立新型的企业组织形式,加快产权的转让和流动,盘活存量资本,实现国有资产市场化。大力发展各类企业,在市场竞争中形成新的企业结构,加快建立和完善现代企业制度,是摆在我们面前的一项紧迫任务。

1. 建立适应市场经济要求的新型的国有资产管理经营体制和企业产权制度,实现国有资产市场化

构造新型国有资产管理经营体制,必须有助于资源配置的合理化,必须有利于搞活国有资产。从单纯地搞活国有企业,进而发展到搞活国有资产,这是从计划经济向市场经济过渡的一个质的飞跃。搞活国有资产,出路在于把国有资产推向市场,实现国有资产市场化,这是产权制度改革的最根本的问题,也是建立社会主义市场经济体制的一个核心问题。新型的国有资产管理体制是:国家统一所有,政府分级监管,企业自主经营。

(1)按照政府的社会管理职能和国有资产所有者职能分开的原则,在国务院授权范围内,对国有资产实行分级监管。省、市(县)两级政府国有资产管理机构,作为国有资产管理部门,行使国有资产所有者的监管职能,主要从方针、政策、法规等方面

对国有经营性资产、非经营性资产、资源性资产进行宏观的全方位的管理和监督。并对国有资产实行分类管理,使集中管理与分散管理相结合。属于国家垄断和控制的行业和产业,如邮电、铁路、银行、重点矿产土地资源、资产以及公用事业等,委托省、市(县)政府各有关部门具体管理。一般性竞争行业和产业应由国有资产管理机构实行统一管理。现有的一般行业主管部门不再直接管理国有企业,只负责制定行业政策,以后逐步由协会组织取代。

(2)按照资产管理职能与资产经营职能分离的原则,对国有资产实行委托营运。通过改造或重新成立若干国有资产投资中介机构,如投资公司、控股公司、企业集团公司、保险公司、商业银行、各种基金会等,受同级国有资产管理部门的委托行使国有资产投资的职能。除少数国家垄断行业由省、市(县)有关部门直接管理之外,重点的国有资产投资以及今后新增加的国有资产投资应由专门的投资中介机构负责营运。国有资产管理部门不直接参与资产经营,只委派代表进入投资中介机构的董事会或管理委员会,参与决策,实施监督。国有资产投资中介机构只负责资本(资产)投资和收益,不直接从事具体的业务经营,具有独立的企业法人地位,是国有资产市场的主体,有权在授权投资经营的资产范围内,代行所有者权利依据资产数额,向有关企业委派代表参加董事会,行使企业决策权,同时参与资产的市场流动和转让,搞活国有资产,实现效益的最大化。

(3)按照国有资产所有权与企业财产权分离的原则,由国有资产管理部门授予国有企业法人财产权,建立起独立的企业产权制度。国有企业拥有包括国家在内的出资者投资形成的全部法人财产权,即占有、使用、支配、收益和依法处分的权利,成为享有民事权利,承担民事责任的法人实体。

(4)政府和国有资产投资中介机构不得直接支配企业法人财产。除另有规定外,政府和国有资产投资中介机构不得以任何形式抽取注入企业的资本金,不得平调企业的财产。企业以其全部法人财产,依法自主经营、自负盈亏、照章纳税,对出资者承担资产保值增值责任。出资者按投入企业的资本额享有所有者的权益,即资产收益、重大决策和选择管理者等权利。企业破产时,出资者只以投入企业的资本额对企业债务负有限责任。企业有权自主地将其拥有的全部企业法人财产按照市场经济规律进行营运,参与资产市场流动,优化组合,盘活法人财产,实现经济效益和货币价值量的最大化。

2. 建立起国有资产的开放和流动机制,加快企业产权的转让和流动,实现国有资产市场化

市场经济最基本的要求,就是资源配置市场化在现代市场经济条件下,要搞活国

有资产,使其在市场竞争中不仅保值,而且要增值,就必须允许国有资产在资本市场和资金市场上,进行充分的流动,实行产权的转让和重组,按照市场竞争规律进行营运,实现资源配置的最优化,使国有资产在市场流通中,寻求最大的货币价值量,实现经济效益的最大化。

(1)加快中小型企业产权转让是搞活企业,盘活国有资产,提高资产效益的迫切要求。海南省国有资产经营效益比较低下,全省国有工业企业百元固定资产原值实现利税仅相当于全国平均水平的65%左右,国有企业亏损面达50%以上。国有资产经营历年累计亏损挂账近40亿元,相当于现有国有资产账面值近半数。国有、集体小型企业经济效益相当差,亏损面达72%以上。其中,商业企业亏损面达72%,粮食企业达70%,供销社达81%,全省仅商、粮、供三大系统小型商业企业累计亏损挂账达16.61亿元,资不抵债的企业已达80%以上。全省有相当比例的国有小企业处于停产半停产状态。国有企业的现状,有国有企业自身的问题,但根本的问题在于整个国有资产管理体制人为地禁锢和制约着国有资产流动和优化组合,使之难以追求更好的效益和最大的货币价值量。这同发展社会主义市场经济严重不相适应。实践证明,加快中小型企业产权转让和流动,是解决中小型企业问题的根本途径。

(2)采取多种形式加快中小型企业产权的转让。第一,实行企业产权拍卖。对那些长期亏损的企业特别是国有工业企业,通过产权交易市场,实行分开拍卖。第二,实行企业兼并。可根据企业不同情况选择不同的兼并方式:一是资产所有者在同一所有制内的强制性划转式兼并,但要特别反对"拉郎配";二是承担债务式兼并;三是出资购买式兼并。第三,实行租赁经营。对那些行业分散、独立性较强、不便于系统管理的企业,特别是商贸企业,一般实行租赁经营,主要租赁形式有:一是抽资租赁经营,即抽掉企业流动资金,将企业固定资产和无形资产租给个人或合伙经营;二是职工集体抵押经营;三是职工个人或职工合伙抵押租赁经营;四是由社会人员抵押、担保租赁经营。第四,实行企业破产。对那些在市场竞争中,长期亏损、无力偿还到期债务,挽救无望、资不抵债的中小型工业、商贸企业应依法进行破产。第五,实行股份制改造。对那些经营效益较差的亏损企业,可采取一些特定方式改造为股份制企业,如吸收企业职工入股,将企业改组为股份合作制;由经济效益高的企业对亏损企业实行控股式的兼并;在债权人同意的前提下,将债权人的债权转为股权,组建为股份制企业等。

(3)加快中小型企业产权转让,必须彻底打破所有制界限,鼓励境内外法人和自然人到海南参与产权受让和转让,购买海南的中小型国有企业。

3. 进一步扩大法人股转让市场

允许更多的定向募集股份有限公司参与法人相互持股试点,通过股权市场出让和转让股权,实行股份制企业的产权转让和流动。搞活资本,促进股份制的健康发展。

4. 继续加速股份制改革步伐,尽快形成以股份制企业为主体的现代企业结构

从目前的情况看,经过两年多的股份制改革,已初步形成了以股份制企业为主体的现代企业结构。已批准设立的 114 家股份有限公司中,股本总额在 1 亿元以上的就有 88 家,相当于海南原有大中型企业的 2 倍。另外,股份制企业已成为实施重点建设项目的主力军,在全省重点建设项目中,大部分由股份制企业承担。同时,股份制已成为海南加快基础设施建设的重要途径。今后,加快股份制改革必须解决的问题是:

(1) 对国有企业特别是工业企业,要大力推行股份制改造。凡能进行股份制的国有企业特别是工业企业,都尽可能实行股份制,并不要人为地限制国家控股比例。

(2)对于新投资兴建、在建并具有良好经营前景的开发项目、省内重点旅游开发项目和重点基础设施建设项目、能较快起带头作用的龙头项目,继续鼓励和支持采取股份制办法设立。

(3)非国有企业也要按照现代企业制度的要求进行制度创新。对城市集体企业、乡镇集体企业和民营科技企业要根据不同情况,改组为股份合作制企业或合伙企业,少数规模大、效益好的企业可以组建为股份有限公司。允许非国有企业、外商独资企业以发起人身份参与发起改造或组建股份制企业,以调动社会各方面及各类企业参股的积极性。

(4)建议修订《海南经济特区股份有限公司条例》,进一步明确私营企业、外商独资企业的发起人资格问题,外商投资参股比例的批准以及待遇等问题。

5. 积极推行有限责任公司制度,加速企业公司化进程,加快现代企业制度的建立和完善

今后凡新登记的企业,一律严格依照《海南经济特区有限责任公司条例》规范化设立。对无条件改造为股份有限公司或无法通过产权市场进行转让和重组的国有企业、有条件的非国有企业,经工商行政管理机关核准,依照《海南经济特区有限责任

公司条例》,依法改组为规范化的有限责任公司。

6. 加强对股份制企业的规范化管理

(1)加强对股份制企业后续管理的立法工作。建议尽快制定《股份有限公司规范化管理的暂行规定》、《股份制企业监管办法》,并明确股份有限公司的监管部门,依法对股份有限公司规范化运作进行指导、监督和管理。对股份有限公司的财务、人事、劳动、工资、利润分配、资金使用和管理等各项内部经营管理制度的建立,以及公司股东会、董事会、监事会、法人代表和内部审计机构等各种约束机制的建立,实行动态监督和定期考察。股份有限公司应建立定期报告制度,并实行由注册会计师出具"两表"("资产负债表"和"利润分配表")的审计制度。

(2)加快配套改革。股份制企业为无上级行政主管企业,对股份制企业的各种经营活动,取消主管部门签章的规定。取消对股份制企业工资总额管理制度,进一步明确国有资产股权代表的选派制度和公司党组织属地管理制度。

7. 要加快现代企业制度建立的配套改革,切实推进企业内部三项制度改革

全面进行企业人事劳动制度改革和领导体制改革,实行董事会领导下的经理(厂长)负责制,取消行政部门隶属关系,实行行政管理;取消企业的行政级别;打破企业职工的各种身份界限,允许职工在不同所有制企业及不同地域企业间自由流动;实现企业用工自主和劳动者择业自主;全面推行全员劳动合同制。实行工资总量与企业经济效益直接挂钩的工资分配制度,建立起企业工资总额增长幅度不超过经济效益增长幅度的自我约束机制。此外,建立适应市场经济发展要求的现代企业分类定级制度。

三、以搞活资本为中心,加快培育发展以产权交易市场为重点的生产要素市场

资本是所有资源、所有生产要素中最重要的组成部分。资源、生产要素初次配置和重新配置,首先要通过资本的配置进行的。资源、生产要素在地区和部门间的流动,主要表现为资本的流动;市场机制在资源配置中的基础性作用,也是通过对资本的配置表现出来的。因此,提高资源配置效率的关键是提高资本配置效率,搞活资本是加快发展生产要素市场的中心环节。

8. 加快产权交易市场建设

产权制度改革是建立市场经济体制的关键环节,产权交换、产权流动和重组是产权改革的重要内容,这些活动都必须通过产权交易市场来进行。因此,与产权制度改革相配合,加快产权交易市场建设十分重要。要鼓励各类产权如股权、专利权、实物资产等进入市场流通,特别是国有存量资产产权,要通过产权交易市场重新配置,盘活存量资产。从海南的情况看,目前需要做好以下几项工作:首先,制定产权转让规则,为产权交易提供法律依据,规范产权交易所,促进存量资产的合理流动和有偿转让;其次,建立产权交易中心或产权交易所,收集、发布产权交易信息,为产权交易提供场所和服务;再次,鼓励企业通过多种方式进行产权转让和受让,可以通过租赁、兼并、拍卖方式进行,也可以采用部分产权转让、整体产权转让的方式;同时要加强产权交易的组织和领导。

9. 加快金融市场建设

金融市场要以资金商品化、资金价格市场化为目标,以资本市场为重点进行全面改革,建立起适应社会主义市场经济发展要求的金融市场体系。

(1)资本市场。近期要以扩大资本市场容量,增加资本市场品种,加速资本周转和流动为目标,逐步增加各类债券、股票的发行量。要继续发展、完善证券市场。

首先,完善组织体系,办好证券交易中心,使市场功能更加齐全。对于国家下达的股票公开发行规模,要积极做好上市公司的选择和股票的公开发行工作;继续发展定向募集型股份有限公司和发起设立型股份有限公司,鼓励公司吸引外商参股和到内地募集股金;继续到境外发行债券,筹集建设资金;在国家下达的债券规模内,改革地方债券、企业债券的发行方式,增强债券的流动性,提高债券的吸引力;制定发债机构和债券信用评级制度,促进债券市场健康发展。

其次,积极进行金融创新,引进一些国际通用的金融工具,大胆试验,不断总结;增加金融品种,陆续推出一些不在国家控制范围内的证券新品种,拓宽资本市场领域,增加资本市场品种,扩大资本市场容量;积极发展各种基金组织,特别是共同基金,扩大投资基金数量;成立基金管理公司,代理个人和中小投资者进行投资。要加快发展投资基金,拓宽吸引外资渠道。

最后,在继续做好公有法人互相持股试点的同时,扩大市场容量,继续选择一些新的法人股上市,并积极争取进行法人股和个人股同权同股同价交易试点。

(2)资金市场。适应专业银行商业化的改革方向,鼓励国有商业银行打破原专业银行的业务分工,以资本效益为标准,放开信贷市场,开拓信贷业务;完善、规范同业拆借市场,发展规范的银行同业拆借;重点发展国库券、短期债券和可转让存单市场;积极发展商业票据承兑和贴现市场以及各项抵押贷款市场。海南作为全国利率试点省市之一,要加快利率市场化步伐,充分利用总行给海南的特殊政策,发展与全国同业市场的横向联系,加大市场融资量。

(3)外汇市场。按照中央统一部署,改革外汇管理体制,建立以市场供求为基础的有管理的单一浮动汇率制度。进一步发展和完善海南省以银行为交易主体的外汇市场;积极稳妥地按国际惯例开拓外汇拆借和外汇期货交易等业务,不断规范市场行为,扩大市场容量;在经常项目实行有管理浮动汇率的基础上,积极探索资本项目的可兑换问题。

(4)积极争取成立股份制地方商业银行,建立一批具有特色的商业银行。近期要在现有信托投资公司基础上,有选择地改造一两家为商业银行或投资银行;组建洋浦股份制发展银行,争取在全国开户,向境内外融资;在农村信用社、城市信用社的基础上组织股份制性质的农村合作银行和城市合作银行,让它们增强风险意识和竞争意识,与其他金融机构开展平等竞争。要充分利用自己的优势,在外资银行经营范围等方面放宽政策,近期争取有一家外资银行和一家合资财务公司获得批准,力争扩大外资银行和外资金融机构的数量,使外资金融机构有较大的发展。

10. 建立完善商品初级市场、批发市场,积极进行商品期货交易试点

继续发展商品初级市场,使初级市场遍布全省城乡,方便农副产品购销和城乡人民生活。加速培育批发市场,通过大规模、大批量的交易,传递信息、发布信息,引导工农业生产的发展。积极进行商品期货交易试点,充分发挥期货市场发现价格、分散风险的功能。近期内加大白糖、橡胶、咖啡等具有海南地方特色的品种交易量。加强对期货交易所、期货经纪公司的监管。

11. 进一步发展、规范劳动力市场

进一步完善省、市(县)现有职业介绍网络,积极推进职工、企业双向选择。打破城乡限制,允许、鼓励城乡间劳动力自由流动。企业选择劳动者可不受城乡地域限制。加强对外来劳动力的管理。公安、劳动部门要制定出具体、切实可行的外来劳动力管理办法,在促进社会经济发展的同时,创造一个良好的治安环境。

12. 加强房地产市场的规范和建设

要在做好规范化管理的同时,严格土地审批权限,除县以上人民政府外,任何单位不得行使土地征用和出让审批权,积极推行"五统一"方式,由政府垄断一级市场,

放开并规范二级市场。要继续贯彻低地价加速开发政策,在逐步加大土地招标出让和拍卖出让比例的同时,防止因土地价格过高而影响外来投资者的积极性。要进一步放开房地产市场,并规范市场交易行为。

13. 大力发展技术、信息市场

制定和完善有关法律、法规,明确保护商标、专利、技术、诀窍等知识和技术成果。通过建立技术信息市场和信息网络,及时发布传递科技企业、生产企业的技术供给和需求信息,扩大技术市场,加快技术成果和科技信息商品化、市场化、产业化的进程。

14. 建立门类齐全、功能广泛的中介服务市场

海南目前中介服务组织已有一定发展,会计师事务所、审计师事务所、资产评估机构、保险经纪人、信息咨询机构、律师事务所等已具有一定的数量,在海南省社会发展中起到了积极作用。在继续发展上述中介服务机构的同时,进一步建立和发展非传统银行业务的金融服务中介机构,如产权交易公司、票据交易公司、经纪人公司、基金管理公司、资产评估公司、投资咨询、清算公司等;积极发展各种行业协会、公会等中介组织,促进政府转变职能。要加强对中介服务机构的管理。中介服务机构要依法通过资格认定,依据市场规划,建立自律性运行机制,承担相应的法律和经济责任,有关方面要依法加强对中介服务机构的管理。与此同时,改善和加强对市场的管理和监督。

四、以促进社会发展为目标,加快社会保障等各项社会改革

海南正处于市场经济发展的初期,需要建立统一的社会保障制度,为企业间的平等竞争、现代企业制度的建立、人才的流动和社会稳定提供可靠的社会条件。同时,各项社会事业也要有一个起步发展阶段。在政府公共财政支出严重不足的情况下,主要的出路是要实行社会事业社会办的体制。为此,加快建立市场经济体制,要从我省的实际出发,以促进社会发展为目标,广泛地推进各项社会改革。

15. 为适应社会主义市场经济尤其是现代企业制度的要求,要加快建立统一的、多层次的社会保障体系

首先,要努力提高各项保障的社会化程度。要逐步扩大各项社会保障的覆盖面,由各类企业扩大到机关事业单位工作人员和个体劳动者,并根据情况,逐步吸收国有

农场参加。中央在琼单位一律纳入地方统筹,同时抓好和不断扩大农村社会保险试点,使社会保险制度最终普及到全社会劳动者,以利于全省劳动力市场的最终形成。其次,逐步建立和完善多层次的社会保障体系。包括社会基本保险、企业补充保险和个人储蓄保险以及农村中各类合作保险相结合的多层次的社会保障体系。同时,积极发展各类商业性保险,作为社会保险的必要补充,以提高全社会的风险保障能力,满足城乡各层次劳动者的不同保障需求。

16. 加快医疗保险改革,建立个人医疗账户与大病保险相结合的社会医疗保险制度

部分富裕农村可在农民自愿基础上,建立适应农村经济发展水平的大病保险制度。加强社会保障事业的民主管理和监督,是保证社会保障事业健康发展的重要环节。社会保障是社会公众的事业,社会保障的管理要社会化,要让广大劳动者通过参与民主管理把社会保障当成是自己的事业。因此,应当努力建立和实施为企业和受保人提供咨询服务的工作制度。还要尽快设立由政府有关部门和社会公众代表参加的社会保险基金监督组织——养老、医疗、失业、工伤等各项社会保险基金委员会,行使应有的监督职能,建立健全正常的工作制度和监督程序,认真搞好对各项社会保险基金收支、管理、营运过程的监督。

17. 加快住房制度改革,实现住房商品化、社会化

首先,实行租、售、建(即提租补贴、售房优惠、集资建房)三者并举,以售为主的方针,加快出售公房速度,解决目前行政机关事业单位和国有企业职工的住房问题,在以优惠价格向职工出售公房的同时,要认真搞好公房出售后的社会化管理服务,并将售房所得资金再投入,实现住房建设资金的良性循环,改善职工的居住条件,使公有住房尽快作为商品纳入市场经济轨道,调整和优化消费结构,促进房地产市场和劳动力市场的形成和发展。

其次,在全社会实行住房公积金制度。即每个劳动者及其所在单位均按个人收入的一定比例逐月缴纳住房公积金,按人分户计息储存,产权归劳动者个人所有,按规定用于本人或亲属购房、建房。同时,按政事企三分开原则,借鉴新加坡等国经验,设立住房资金管理机构,其职责是:在当地人民政府住房制度改革领导小组领导下,具体负责住房公积金的收集、管理、运用、偿还、核算以及其他房改资金的管理、使用工作,有关的信贷业务委托金融机构办理,并接受同级财税、审计部门的监督。同时,设立若干家以保本微利、有偿服务为宗旨的物业发展管理公司,对城镇居民住房实行统一规划、开发建设和社会化管理服务。

根据城镇居民的不同住房需求,建设不同档次和面积的住房,并根据人们的不同收入水平分别按不同价格出售,对低收入者实行优惠价,对中收入者实行标准价,对高收入者实行市场价。同时实行分期付款购房和住房保险等办法,帮助中低收入者尽快解决住房问题。要加快经济适用房的开发建设,要根据城镇建设总体规划,建设功能配套、经济适用的新住宅小区。各市县要组建经济适用住房开发机构,安排出经济适用住房用地,争取及早实施。争取用 10 年左右的时间,在全省县城以上城市基本实现"居者有其屋"的目标,使城市居民安居乐业。

18. 按照市场经济要求改革现行收入分配体制

坚持以按劳分配为主体,多种分配方式并存的制度,体现效率优先,兼顾公平的原则。实现收入分配的真实化、货币化,逐步实行收入分配的市场化。鼓励一部分地区一部分人通过诚实劳动和合法经营先富起来,并通过他们影响、带动和帮助后富,实现共同富裕的目标。收入分配要向效率倾斜,引入和完善竞争机制,合理拉开差距,克服平均主义,保证多劳者多得,贡献大者收入高,对于法人和居民个人的一切合法收入和财产,国家要依法给予保护,使其不受任何侵犯。鼓励城乡居民参与储蓄,对个人存款予以保密。鼓励个人参与各类投资,允许个人以资本、土地、房产以及知识产权等各种生产要素参与收益分配,并依法保护个人投资分配所得。同时,要建立个人收入应税申报制度,依法强化征管个人所得税。

19. 鼓励、支持社会各方兴办科技、教育、文化、医疗等各项社会事业,保护出资者的合法经营收入

海南省各项社会事业基础相当薄弱,而地方财力不足,鼓励多渠道、多形式社会集资,实行社会事业社会办的体制,既可减轻财政负担,使政府集中力量办好一些重要的社会公益事业和抓好宏观管理,又可调动各方积极性,加快各项社会事业发展。对于社会集资举办和民间私人兴办的学校、诊所(医院)和科技文化企事业,一是从政策上支持,在申办登记、土地征用、税赋、聘用人才和劳动力等方面一视同仁;二是加强宏观管理,引导、帮助其提高管理水平,把好质量关,维护社会公众利益。对于依法兴办社会事业的法人和居民个人的合法收入,应予以保护。除了政府明令规定的税收等必要负担外,任何部门和个人不得以任何名目强行索取"赞助"、"捐献"和各种"费用",更不得以此为由随意干扰其工作秩序和正常经营。

20. 推进事业单位改革

按照政事分开的原则,扩大事业单位的社会服务职能,使多数事业单位面向市

场,逐步实现企业化。现有的事业单位中,除担负一定行政职能的行政性事业单位和教育事业单位以及某些担任长期稳定的科研任务的科研单位外,其余的一般均实行企业化经营管理。有条件的事业单位,可采取社会集资入股的办法逐步办成独立经营、自负盈亏、自我发展、自我约束的企业法人,有的也可按股份有限公司和有限责任公司方式进行改革。

21. 完善投资交通基础设施综合补偿办法

要组织力量尽快制定并颁布《海南经济特区投资交通基础设施综合补偿条例》。通过立法形式,把各项有关综合补偿的具体政策固定下来,确保政策的统一性、稳定性和可操作性。

五、以有利于加速开发建设为标准,建立完善以经济手段为主的经济管理体系

海南正处在开发建设初期,转变政府职能的目的是推动和保证开发建设,要以有利于加速开发建设为标准,建立完善有效的宏观管理体制,各级政府应当主要运用经济手段,加强对经济的管理。从实际出发,采取一切有利于解决、发展企业的措施和一切有利于加快经济发展速度的政策。同时,采用一切可能的手段,改善以基础设施为主的投资环境和公共服务为主的社会环境,切实由行政管理型向经济服务型转变。

22. 彻底改革计划投资管理体制,由项目计划审批制改为登记备案制

计划管理的重点是统一规划、综合协调,主要运用规划和政策来指导经济社会发展。要彻底改变现行的项目计划审批制,在符合统一规划的前提下,企业有权自主选择和自主决定竞争性项目,向项目管理部门备案登记。除国家特别规定的重点项目外,一切基础设施等重大项目,都应采取公开招标的方式和股份制的形式进行,鼓励各方投资参与基础设施建设。

23. 适应市场经济和开发建设的需要,加快建立政府公共财政体系

随着国有资产市场化的加快,一切国有企业和国有资产的运营都要按市场经济规律来办,政府不再直接管理和干预。要建立严格的公共支出计划,政府财政支出除保证机关和行政费用外,基本支出是社会公益支出。除基础设施和个别重大项目由政府投资一部分资金作为股份外,其他一切营利性项目政府不再投入。要建立有约束力的政府公共预算制度和国有资产经营预算制度,一切公共支出(包括部分重大

项目参股)都要按照预算严格执行,要完善预算立法,并切实加强立法机关对公共预算的监督。

24. 抓好分税制财政体制改革的落实工作,在完善分税制体制下理顺省与市县的财政分配关系

要本着既有利于增强省级的调控能力,又尽可能维持市县既得利益的前提下,对市县财政体制进行调整;此外,为充分发挥市县的积极性并严格税收征管,可考虑把现行省与市县的财政包干制改为分税制;近期要通过调查研究,划分省与市县事权,并以此为基础提出省与市县实行分税制的具体方案。

25. 改革和完善海南特区税收制度

要在严格执行全国统一税法、贯彻国家统一税收政策的同时,进一步完善特区"公平、轻税、简便、稳定"的税收制度。要参照国际惯例,完善地方税体系,探索税种选择、税负调整、税收管理体制、税收征管等方面的改革新路子。

26. 推行现代征税制度和财政支持企业技术进步资金使用管理办法

建立支持企业技术进步资金。资金管理以财政为主,项目论证实行双重管理。根据产业政策,按照有偿使用的原则,不分所有制形式,重点支持海南省地方企业的高科技、新产品开发和效益好的项目。

27. 建立以经济手段为主的宏观管理体制,必须加快政府机构改革和职能转变

按照政企分开的要求,采取多种方式,尽快把经济专业主管部门转变为经济实体或半官方的服务机构。按照小政府的原则,加快省、市、县党政机关的机构改革,特别是市县机构改革,省级机关内设机构也要进行相应调整。机构的改革,重点是转变政府管理经济的职能。按照政企分开、政府的社会经济管理职能与国有资产所有者职能分离的原则,着重理顺政府与企业的关系,依法把属于企业的法人财产权切实还给企业;把生产要素分配即资源配置的职能转移给市场;把经济活动中的社会性服务和监督的职能转交给中介组织;政府仍然保留的少量必要的审批职能也要公开化、规范化、制度化。不断提高政府运用经济政策、法律法规等间接调控手段管理经济的能力和水平,把行政手段限制在确实必要的范围之内。与此相适应,加快推行公务员制度,在实行干部分类管理的基础上,逐步将一部分党政机关、事业单位的干部分流出去走向社会。

六、以搞活土地为重点,加快建立农村市场经济体制

20世纪90年代我国农村经济体制改革的总体目标是,通过经营制度、产权制度、流通体制和政府宏观调控体制的改革,建立起以市场调节为主导的农村经济运行机制和管理体制。从海南省实际出发,实现上述目标的关键在于搞活农村土地。土地是农村最基本的生产要素,又是海南省农村最有优势的资源,特别是随着海南省开发建设的大规模展开,如何充分而有效地发挥海南省农村的土地优势,使之既有利于加速开发建设,又有利于促进土地的价值化,是加快农村市场经济发展亟待解决的问题。随着改革的不断深化和市场经济的发展,在土地问题上,暴露出了一些深层次问题,主要是如何进一步稳定完善农村的土地政策,真正落实农民对土地使用的自主权,建立科学合理的土地流转制度,加速土地开发。只有解决好土地的这些深层次问题,农民的市场主体地位才能真正确立,农村的产业和产品结构才能真正得到合理的调整,规模生产经营才有坚实的基础,乡镇企业才能加快发展,农村富余劳动力才能得到合理的转移。因此,搞活土地是加快建立农村市场经济体制的关键,要把它作为深化海南省农村改革的重点。

28. 搞活土地,建立科学合理的土地流转制度,加速农村土地开发

(1)要进一步明确农民对土地的使用权。在土地承包期内,在基本不改变农业用地性质的前提下,把土地使用的自主权真正还给农民,支持和鼓励农民从市场需求出发,自主种植、自主经营。

(2)在坚持农村土地集体所有制的前提下,在原承包期的基础上,对耕地的承包期延长到30年。根据海南省热作生产的特点,对荒山、荒坡、滩涂等的承包期可以延长到50年。

(3)建立有利于土地流转,加速开发的制度。在土地承包期内,允许农民之间或农民对内外投资者相互依法有偿转包、转让、租赁,抵押土地的使用权。允许和支持农民以土地使用权折价入股,合股或合作经营。允许农民建立土地开发公司,对土地合理规划,以土地招商引资,合股经营,加速农业开发。

29. 大力发展农村股份合作经济,促进市场经济发展

从实际出发,大力支持和鼓励发展多形式、多层次的农村股份合作经济,实现农村产权制度和经营方式的创新。要积极地把股份合作制引入乡镇企业,鼓励原有的乡镇企业改造成股份合作制企业,同时组建多种形式的股份合作制乡镇企业,有条件

的企业,也可实行股份制和组建企业集团,在明晰产权的基础上,促进生产要素跨地区流动和组合,形成合理的企业布局和优化资源配置,要大力发展股份合作制形式的种养业企业和经济组织,一些有条件的农村私营企业和个体户根据自愿原则可以改造成股份合作企业,扩大生产经营规模,增强经济实力和提高经济效益。

30. 建立健全统一、开放、公开、有序的农村市场体系,搞活流通

今后一个时期建立和培育农村市场体系要坚持以继续办好集贸市场和各类专业市场为基础,把农副产品现货批发市场的建立和完善放在重要的位置上。要重视市场质量的提高,健全制度,规范行为,加强与之配套的信息、仓储、运输、加工、保鲜等设施的建设。要注意发展一批在政府和市场之间为市场主体提供各种服务、保证市场正常运转的市场中介组织。要大力培育和发展农村劳动力、资金、土地、技术、信息等要素市场。要发展农村社会化服务体系,促进农业专业化、商品化、社会化。同时,要鼓励和支持农民直接进入流通领域,通过自销、代购、代销与公司联营等形式,搞活农产品流通。

31. 大力发展贸工农一体化经济组织,促进城乡结合和协调发展

要打破区域、行业、所有制的界限,大力发展多形式、多层次的贸工农一体化、产加销一条龙、农科教一体化等经营组织。要抓住带头产业、产品,搞好基地建设和深度开发。要抓好龙头企业,特别是要抓住以农产品购销和加工企业为龙头,充分发挥其连接城乡的作用,同时也可以发挥农村中一些能人的作用,以他们的经济组织为媒体,把农民家庭的分散生产与市场连接起来,形成一条龙。要大力鼓励和支持内地和国外的大公司、大企业,通过合同形式与农民组成风险共担,利益均沾的利益共同体,实行生产、加工、销售的一体化,发展高附加值产品和出口创汇农业。

32. 搞活国有农场,加快国有农场公司化进程,促进农垦市场经济发展

为确立国有农场生产经营自主权,可以划小农场各部的核算单位,可按专业或行业组建若干公司,也可把现有的区、队改造成公司,办成经济实体。鼓励和引导以具有良好经营业绩的农场企业和具有发展前景的项目、拳头产品为基础,先行试点组建有限责任公司或股份有限公司。支持和帮助农垦社区试办农垦信用社或农垦财务公司,增强农垦融资能力和开发能力。允许国有农场以土地作为股份,吸引内外资金,走股份制的道路,加快国有农场土地资源开发。

七、以发挥特区优势为基础,加快形成
开放型的对外经济体制

海南建省办经济特区,中央给予了一系列对外开放的优惠政策。近年来,政策的优势逐渐减弱。但从目前的情况看,海南省的对外开放政策在某些方面,比如,人员进出境、外汇管制、税收优惠、进出口贸易、基建项目和利用外资项目审批等方面,仍比内地有一定的优势。要抓紧时间,充分利用目前的这些政策优势,按照国际惯例加快改革,进一步形成开放型的对外经济体制优势。

33. 进一步改革外贸体制和进出口管理制度,实行基本放开经营的外贸政策

取消对进出口直接的指令性计划管理和岛内进出口审批制度。对国家下达的进出口配额、许可证,按照效益、公正和公开的原则,实行配额、许可证招标拍卖制度。按照现代企业制度加快国有对外经贸企业的股份制或规范化公司制的改造,搞活外贸企业。一切企业(包括生产企业)都自主具有贸易进出口权,由市场规则和市场竞争来调节和管理企业外贸活动,取消对企业进出口的审批权,全方位开放海南省的进出口业务。允许各类企业在平等竞争中自主经营对外贸易,通过竞争发展一批国际化、实业化、集团化的综合贸易公司。同时,加强外贸经营协调机制,积极培育和充分发挥进出口商会的协调职能和中介机构的监督、服务作用。与此同时,允许外资以联营或参股的方式进入外贸。

34. 实行更加宽松的鼓励旅游开发政策,拓展旅游市场,加快旅游产业的发展

为了加快海南旅游业走向国际市场,对一些重点旅游开发项目,特别是旅游基础设施开发项目,向海内外公开招标,鼓励境内外投资者到海南从事旅游基础设施开发、旅游景点设计、旅游建筑产业开发。

35. 进一步对外开放海南的热带农业资源

在基本不改变农业用地性质的前提下,允许将农村土地成片有偿转让、转包或租赁给内外投资者生产经营,包括荒山、荒坡、滩涂,也包括耕地甚至是成片的农田。允许将农业建设项目,包括农业的基础设施建设,部分或全部对外招商建设。允许将集体农场和国有农场承包或租赁给内外商经营。鼓励和支持境内外投资者以合资、合

作、独资或联营等形式兴办农业种养、加工、购销等经济实体,组织农工商统一体或兴办农业科研机构等。允许外商合作或独资经营农副产品,允许外商经营农业生产资料和优良品种。外商独资或合资生产的具有海南特色的名优农副产品,允许在省内销售或销往内地。减少对外商投资农业审批环节,并在人民币配套资金方面尽量给予满足。

36. 加强对外合作,加快南海资源开发

积极采取官方、半官方、民间等多种形式和途径。与台湾共同开发南海资源,并力争取得实质性进展。与此同时,向境外广泛招商,采用直接合作或间接融资等多种途径加快海南的海洋资源的开发利用。

37. 鼓励和支持海南的企业走向国际市场

选择几家经营管理较好,效益较高,有一定影响力、竞争力的大中型企业到欧美市场,东南亚市场公开发行股票上市交易,通过直接从海外资本市场融资实现海南企业与境外企业的沟通和融合。允许有条件的海南企业,采取多种形式,到海外直接投资办厂,开展跨国经营,大力开拓国际市场,发展外向型经济。

38. 加快重点项目、基础设施项目利用外资的步伐

要打破原有的,只有专用基础设施才允许外商独资经营的规定,筛选一批近期急需上马的重点基础设施项目作为招商引资的重点。建议将海口美兰机场、环岛中、西高速公路、湛江至海口的火车海上轮渡工程、西环铁路工程等向境外公开招商,并允许外商以合资、合作、独资、参股等多种形式投资兴建。

39. 加快洋浦开发区的开发建设

要按照世界通用的开放型的市场经济体制模式,从多方面充分发挥洋浦在海南省对外开放中的"排头兵"作用。近期要根据不同情况采取第三产业、商业、保税生产资料市场、边贸区市等形式,加快"两区、两点"的启动,在保税监管的前提下,实行"一线放开,二线管住"。

八、以巩固、推动改革开放为目的,加快市场经济立法步伐

市场经济就是法制经济。市场经济体制的建立和完善,必须有完备的法制来规

范和保障。加快建立健全与市场经济相适应的法律法规体系框架,是加速发展市场经济、建立市场经济体制的重要条件。海南市场经济发展较快,具备了较好的立法基础。通过加快立法进程,巩固已经取得并被实践证明行之有效的改革成果和推进重大改革。要充分利用海南的地方立法权,尽快建立与市场经济相适应的法律法规体系基本框架,使市场经济中的基本经济关系、市场主体行为与市场交易秩序逐步做到规范化,有法可依。对于政府自身的行为也要逐步做到用法律与法规的形式加以规范化与约束,逐步做到依法行政。今后一个时期经济立法必须主要完成 5 个方面的法律:一是规范市场主体资格、权利和义务的法律;二是调整市场主体关系,规范市场运行规则、维护市场秩序的法律;三是加强宏观调控,促进经济协调发展的法律;四是保护所有投资者合法权益的法律;五是建立健全社会保障体系和促进对外开放法律。

40. 通过立法巩固改革成果,深化体制改革

(1)通过立法,确保以股份制企业为主体的现代企业制度的建立。立法重点是:《海南省国有资产管理办法》、《海南省企业产权转让实施办法》、《海南省企业公司化经营暂行办法》、《海南省股份制企业监管办法》等。

(2)通过立法,规范市场主体行为,规范市场运行规则,维护市场秩序,鼓励竞争,保护竞争,反对垄断。立法重点是:《海南省产权交易市场管理办法》、《海南省证券市场管理办法》、《海南省合作持股基金管理办法》、《海南省信托投资机构管理办法》、《海南省抵押贷款管理办法》、《海南省土地管理实施办法》、《海南省房地产交易管理办法》、《海南省劳动力市场管理办法》、《海南省科技市场管理办法》、《海南省期货市场管理办法》、《海南省经纪人管理办法》等。

(3)通过立法,推动以社会保障制度为中心的社会配套改革,为企业创造平等竞争、安全宽松的社会条件,搞好社会发展事业。立法的重点是:《海南经济特区城镇从业人员养老保险条例》、《海南经济特区城镇从业人员失业保险条例》、《海南经济特区城镇从业人员工伤保险条例》、《海南经济特区社会保险基金营运管理条例》、《海南省民办社会保险业管理办法》、《海南省社会审计管理办法》等。

(4)通过立法,为农村经济发展创造一个宽松的社会经济环境,推动农村改革的深化和农村经济迅速发展。立法重点是:《海南省发展乡镇企业条例》、《海南省农村股份合作经济条例》、《海南省现代农业开发条例》等。

41. 建立健全执法监督机制,切实加强执法监督

要加强执法监督机构的建设。在政府转变职能,调整机构,精减人员时,要选调一些素质较高的人员充实监督队伍;要通过各类培训不断提高监督人员的政治素质

和业务素质。对不适于执法的人员要坚决调离,司法、经济管理部门要建立有效的约束机制,防范以权谋私,纠正部门和行业的不正之风,建立对执法违法的人员追究制度和赔偿制度。在优化执行监督队伍的基础上,提高执法人员待遇,改善监督手段,形成强有力的、有效的执法监督体系。与此同时,以往制定公布的法律、法规,有的可根据市场经济发展的需要加以修订或增加新的内容,有的基本不适合发展需要的,要及时依法废止。

改革影响全局。要抓好对改革的宣传、教育、培训和解释工作,让广大干部群众了解改革,支持改革,参与改革。同时,要加强对改革工作的组织领导和抓好落实工作。充分认识体改工作对于发展全局的意义和作用,切实把体改工作放在十分重要位置来抓,进一步加强领导,扎扎实实地推进。

完善社会主义市场经济新体制，
实现海南经济的高速增长*

（1992 年 10 月）

◇◆◇◆◇◆◇◆◇◆◇◆◇◆◇◆◇◆◇◆◇◆◇◆◇◆◇◆◇◆◇◆◇

中国的改革深入到今天，发展社会主义市场经济、建立和完善社会主义市场经济体制，已作为改革的基本目标被确定下来。这在理论上是一个重大突破，在实践上是一次重大推进。从中共十二大提出"以计划经济为主、市场调节为辅"，到十三大提出"有计划的商品经济"，十四大将进而确定社会主义市场经济的提法，是我们党领导的改革不断深化、不断前进的结果，它表明我们对社会主义的认识大大前进了一步。对这样重大的理论和实践上的突破，我们要结合自己改革的实践加深认识、加深理解。

海南特区这几年的实践证明，仅仅靠某些优惠政策来带动海南经济高速增长有一定的难度。只有建立社会主义市场经济新体制，才能实现海南经济的高速增长。海南大规模开发建设的展开，主要是在 1990 年年底开始的。而 1990 年以后，《国务院批转〈关于海南岛进一步对外开放加快经济开发建设的座谈会纪要〉的通知》（国发［1988］24 号文件）和《国务院关于鼓励投资开发建设海南岛的规定》（国发［1988］26 号文件）规定的一些优惠政策实际上很难执行了。如贸易政策、外汇留成政策等，特别是文件赋予海南省政府经济决策自主权的政策规定大部分落实不了。为什么在这些优惠政策不能很好落实的情况下，这几年海南的开发建设速度还很快呢？这当

---

* 载《海南日报》1992 年 10 月 20 日。

然有许多原因,但最重要的,就是在"六·四"以后,海南坚定不移地推进改革开放,确信"改革开放是海南的唯一出路",并且在改革中又紧紧抓住了建立"国家宏观计划指导下,有利于商品经济发展的、主要是市场调节为主的新体制"这个核心,进而创造了对企业发展有利的市场条件以及宽松的社会条件,形成了各类企业平等竞争、竞相发展的基本局面。因此,从1990年下半年、1991年年初开始,在海南投资的各种企业逐步增加,我们在总结海南改革实践时,要特别注意总结发展市场经济、建立和完善社会主义市场经济体制方面的基本实践。

当前,在邓小平南方谈话的巨大鼓舞下,全国改革开放的步伐大大加快,不仅经济特区和沿海开放城市,边疆和内地都竞相出台了许多吸引内外投资者的优惠政策,把特区的政策拿来为我所用。

在这种情况下,海南特区的政策和其他特区、沿海沿边开放城市和内地一些地区相比,政策优势的落差已经很小,想依靠更多的优惠政策来带动海南开发建设的难度是很大的。在全国全方位开放的条件下,海南要发挥自己的优势,必须大力发展市场经济,加快建立和完善社会主义市场经济新体制,形成一个比较完善的、能够按照国际惯例办事的市场环境。

一、海南建立社会主义市场经济新体制的基本实践

经过4年来的改革实践,海南在省级初步实现了《国务院批转〈关于海南岛进一步对外开放加快经济开发建设的座谈会纪要〉的通知》(国发[1988]24号文件)的要求,建立了社会主义市场经济新体制的基本框架。具体地说,4年来在处理四个方面的关系问题过程中奠定了市场经济新体制的基础。

1. 价格和市场的问题

逐步放开价格、扩大市场调节的范围,是建立社会主义市场经济新体制的关键。计划经济和市场经济的根本不同点就是:由计划决定价格,还是由市场决定价格;以计划为主要手段来配置资源,还是以市场机制来实现资源的合理配置。改革传统的计划经济体制,建立社会主义市场经济新体制,首要的任务就是要逐步实现价格主要由市场来决定,从而实现以市场机制引导经济生活的经济运行机制。

这几年,海南在价格市场化的改革方面迈的步子较大。如,生产资料价格改革,海南这几年迈了两大步:第一步是尽量减少计划控制的主要生产资料的数量,使市场调节的生产资料数量逐步加大。因此,从建省办特区一开始,就决定除了国家指令性供应海南的那部分生产资料暂还实行计划供应外,其他渠道的全部生产资料都由市

场调节。这样,使市场调节的生产资料的数量占全社会需求总量的72%左右;第二步是加快价格并轨的步伐。今年,海南把除了煤炭、成品油、化肥外,其他16种生产资料的计划价格和市场价格实行并轨,由市场调节。现在,市场调节的生产资料已占全社会需求总量的87%左右。最近决定将煤炭、成品油的价格全部放开,年底前把化肥的价格也放开。这样,海南就在全国省一级率先完成了生产资料价格改革的任务,基本实现了生产资料价格的市场调节。

生活资料价格方面,到现在为止,可以说基本实现了市场调节。到1989年年底,海南把除了粮食以外的全部生活资料价格放开,实现市场调节。在粮食价格改革方面,也走了三大步:第一步,从1990年1月1日起,把城镇居民的平价粮食供应量压销了20%,使粮食的市场调节量由原来的21%左右提高到32%,但市场的粮食价格比较稳定。第二步,从1991年4月1日起率先在全国实行购销同价,并且购、销价格水平基本上接近市场价格。如大米从0.16元提到0.50元,和市场价基本一样,甚至还略高于市场价格。购销同价后,市场调节的粮食由32%上升到55%左右,也就是说,城镇居民消费的粮食有一多半是在粮食集贸市场上解决的。当然也出现了国营粮店的粮卖不出去的问题,但总的来说这项改革相当成功:首先,市场粮价不但没有上升,反而下降了15%左右。主要原因是市场供应量增加;其次,大大减轻了财政负担,粮食的财政挂账问题由此在很大程度上得到解决;再次,促进了粮食节约。平均每一个家庭的粮食消费量减少了15%~20%左右。第三步,实际放开了粮食价格。1992年年初本来打算宣布完全放开粮食价格,但由于宣布放开粮食价格会影响到中央对海南的财政补贴,因此,向国务院提出增加省的粮食价格的调整权。国务院同意海南省有10%的粮价调整权,从现在的情况看,正常情况下粮食市场价格的上下波动不会超过10%,这实际等于海南已经放开了粮食价格。现在最重要的问题是粮食企业的改革比较滞后。如何使国营粮食企业逐步变成自主经营、自负盈亏的经济实体,参与市场竞争。下一步海南决定用2~3年的时间使国营粮食企业真正走向市场。

海南在加快生产资料和生活资料价格改革的同时,也相应地进行了其他方面的价格改革。例如,劳务价格、外汇调剂价格、房地产价格等都基本上是放开的,海南初步形成了由市场决定价格的机制。

随着价格的放开,商品市场和各类要素市场相当活跃,给整个经济注入了生命力。如生产资料市场,海口市已有几百家。生活资料市场尽管规模小一点,但也很活跃。金融方面,海南建立了全国第一家规范的外汇调剂市场,从1988年到1991年,外汇调剂市场的外汇调剂量为17亿美元,占全国第三位,外汇调剂价格也并不是很高。资金市场也异常活跃。1988~1991年,通过资金市场拆借的资金达440亿元。

海南房地产市场也相当"热",市场很活跃。

2. 企业和市场的问题

建立同市场经济相适应的企业机制,是建立市场经济新体制的基础工作。在传统的计划经济体制下,政企是不分的,在市场经济条件下,企业则是参与平等竞争的市场主体。因此,适应市场经济发展的需要,就要大胆改革政企不分、政府直接管理企业的弊端,使企业真正成为独立的商品生产者和经营者。在这一问题上,海南的指导思想很明确,比较自觉地按市场经济的要求来塑造企业,创造企业自由竞争的环境。

(1)着手解决企业平等竞争的问题。1988 年年初建省办特区时,经过研究和讨论,明确要真正吸收内外资金加速海南开发建设,必须对所有的企业都实行平等的政策。因此海南从一开始对所有在海南注册的企业都实行了 15% 的所得税。紧接着又提出,一切能公开招标、竞投的项目都可采取公开招标、竞投的办法。并且规定,所有在海南注册的企业都有权进口本企业所需要的生产资料和出口本企业生产的产品。这样,很快就在国内外掀起了一股海南投资热。

(2)允许各类企业不受所有制比例限制,竞相发展。只要投入一定的资金、符合投资条例、遵守法律,任何企业都可以在海南注册经营。这一条政策很重要,吸收了大量的企业和资金。到目前为止,已批准的内联企业有 6000 家左右;三资企业已近3000 家;私营企业达到 2700 家;个体工商户的最低数是 10 万多家。这为海南市场经济的发展奠定了基础,形成了力量。

(3)重点抓了企业经营机制的转换,也就是打造自主经营、自负盈亏、自我发展的经济实体。在这方面,我们有一个探索的过程。最初,我们和全国一样在 80% 以上的国营企业实行了承包经营责任制,虽也提出对少数企业实行停、并,但动作很小。从 1990 年起,我们就着手做股份制试点的准备工作。1991 年 6 月,海南省政府出台了两个文件,一个是关于企业内部发行股票的暂行办法,一个是关于全民所有制企业进行股份制改革的暂行办法。办法颁布以后,选择了 5 家有代表性的企业进行股份制的试验。5 家企业虽然数量比较小,但有代表性,也有一定的规模,这 5 家企业一共发行了近 5 亿元的股票。5 家企业的规范化股份制试点很成功,在社会各方面引起了强烈反响,起到了股份制试点的典型示范作用。

在这个基础上,省委、省政府决定加快以股份制为重点的企业改革。现在,在还不允许向社会公开发行股票的情况下,要严格按照国家体改委等中央部委颁布的股份制企业规范化意见,积极慎重地进行以内部发行股权证为形式的股份制试点。从海南的情况看,我们在股份制这方面一定要加快,把它建成我们市场经济条件企业的主体形式。

股份制是实现国有资产最大优化及其保值、增值的一条好路子。现在的股份制企业多数是国有资产占主体。海南和其他省情况不太一样,市场基本形成了,价格基本放开了。搞股份制一有条件,二有强烈的内在需求。适应市场经济需要,要在股份制这方面加快一点,加大一点,这样,海南的市场经济才有了基础,有了力量,有了活力。

3. 社会和市场关系问题

正确处理社会和市场关系,是建立社会主义市场经济新体制的一个重要条件。在传统计划经济体制下,企业和社会是没有什么区分的,企业办社会,社会办企业,都是大而全、小而全的大社会、小社会,而且搞"大锅饭"的分配制度,劳动者被紧紧地束缚在一个企业里,不能够流动,更谈不到自由的流动。劳动者不能"人尽其才",劳动积极性受到压抑。

在市场经济条件下,企业和社会的功能是有差别的,社会能做的事情企业就不要去做,比如说社会保障、办学校,应该由社会来做,减少企业的负担,使企业能够轻装前进,能够集中力量搞生产和经营。另外在市场经济条件下,解决了企业和个人的关系问题,这就是企业可以选择劳动者,劳动者也可以选择适合于自己发挥才能的企业。这种双向选择,增强了企业的活力,也大大地解放了劳动力。要鼓励劳动者发挥自己的内在潜力,寻求适合发挥自己才能和智慧的企业,也同时鼓励优秀的劳动者向那些效益好的企业流动。这样就促进了企业的竞争。效益不好的企业,工资少,吸引不了人才,肯定会很难发展。在企业辞退了劳动者,劳动者在寻找新的企业的时候,会有一段失业的过程,有一个寻求再就业的过程,这就有一个社会对失业者的保障问题。由于企业对社会做出了贡献,个人对社会做出了贡献,社会就要对个人承担一定的责任,这就是国民经济的再分配在市场经济条件下的体现。因此,在建立社会主义市场经济新体制中,不能不重视社会如何同市场经济相适应的问题,为实现企业的平等竞争创造一个平等的社会条件。

海南从发展市场经济需要出发,从1989年下半年起,按照国务院提出的在海南、深圳一省一市进行社会保障制度综合改革的试点的决定,开始了社会保障制度改革的准备工作。成立了社会保障制度改革领导小组,进行了将近两年左右的研讨,形成了改革方案。在方案起草过程中,开过国际咨询会议,在中央各部门广泛地征求了意见,也在企业中广泛征求了职工的意见。1992年1月1日,省政府正式出台了职工养老保险、职工待业保险、职工工伤保险、职工医疗保险四大保险的暂行规定。这项改革出台以后,在全国有一定影响,产生了一些好的结果。

　　为什么说海南出台的社会保障制度改革方案是同社会主义市场经济相适应的呢？关键在于这个改革方案较好地解决了4个问题：

　　（1）解决了企业平等竞争的社会条件问题。这个社会条件就是，无论何种性质的企业都按照统一的标准参加社会保险，在参加社会保险方面完全平等。开始研究方案时认识不一致，有的提出对三资企业收费高一点，国营企业收费低点，或者对私营企业干脆不要管。经反复研讨、广泛征求意见后明确，由于海南是搞企业平等竞争的市场经济，在社会保障方面区分不同标准是同发展市场经济、建立市场经济新体制不相适应的。因此，无论哪种企业都要按照一个标准参加到同一社会保障体系中来，在交费和享受保护方面完全平等。这样，就有了企业平等竞争的社会条件，也便于企业劳动者在全社会自由流动。不仅企业的工人，包括党政机关的工人、实行企业化管理和实行差额管理的事业单位，以及国营企业的干部，都要参加统一的社会保障。范围大大扩大了，为劳动者的自由流动创造了很好的社会条件。

　　（2）正确处理了国家、企业和个人三者的利益关系，调动了各个方面的积极性。海南的改革方案同目前全国的统一规定有所不同，即把在养老保险中个人缴费列入个人账户，既不搞新加坡式的完全个人账户，也不搞完全的统一调剂。海南养老保险中，现在个人缴费占工资总额的3%，这个3%存到个人的账户里，今后个人到了退休年龄时这笔钱也就归到个人。这样，个人才能有缴费的积极性，工资水平高的，缴费的水平高，今后享受养老保险的水平也高；反之，享受的养老保险水平也就较低。并且，养老保险给付的标准是同企业缴费的标准连在一起的。所以企业的效益如何，不仅关系到个人现在的分配水平，也关系到以后的养老保险水平，这就使劳动者更重视企业的效益。

　　（3）把所有的劳动者，包括企业的管理者、事业单位的管理者都纳入到社会保险体系中，这就为实现劳动者的自由流动创造了良好的社会条件。

　　（4）实现了社会保障管理的社会化。现在省政府有社会保障管理委员会，下设省社会保障局，统一操作社会保险事业，实现社会保险管理的专业化和社会化。这样的社会保障制度，为市场经济的发展奠定了一个很好的社会基础。

4. 政府与市场的关系问题

　　正确处理政府与市场关系，是建立社会主义市场经济的重要组织保证。没有这一条，我们的市场经济就是无政府的市场经济，就会是不成功的市场经济。传统计划经济体制下最大的弊端是政企不分，政府既管宏观方面也直接管理企业。政府既是裁判员，又是运动员，权力高度集中，该由企业管的事情，政府管了；该由下级政府管的事情，上级政府管了；该由社会管的事情，政府也管起来了。在市场经济条件下，要求政企分开,要求政府从既管宏观、也管微观转到以间接管理为主的宏观调控,要求能够按照经济运行规律下放权力,企业的事情企业来办,社会的事情社会来办,该由下级政府办的事情就由下级政府来办。

目前,在由传统计划经济体制向市场经济体制过渡中,我们面临着一个很大的矛盾:一方面要改变政府过去统得太多,管理得过死的状况;另一方面在我们这样一个农民占大多数、市场经济相对不发达、各个地区经济发展水平不平衡的情况下发展市场经济,需要十分强调政府的宏观调控作用。如果政府的宏观调控受到严重削弱,社会主义市场经济的发展就会遭到挫折。韩国就是走了一条政府可调控的市场经济道路。政府在市场经济发展的初期发挥了很大并很有效的作用,所以它的市场经济发展相当成功。这为我们提供了重要的经验,在发展市场经济过程中要十分重视政府在市场经济中的宏观调控作用。但我们的难题也就在这里。政府管得太多,但应该管什么,不应该管什么还不清楚,还处在探索之中。另外我们的基本国情要求政府的宏观调控要很有力,要管得住,管得好。这确确实实是个很大的难题。我们在这个问题上往往是"一管就死,一放就乱"。我们还要探索解决这个难题的办法。因此,我们的改革是一个渐进和逐步的改革,只能条件到哪一步才能走到哪一步,使得改革能比较顺利地推进。

从海南这四年多的实践看,在处理政府和市场关系问题上有成功的经验,但也还有一些问题和矛盾没有解决。建省办特区一开始,我们就提出搞"小政府、大社会",它的基本方向是正确的,"小政府"就是机构要精干;权力要下放;不该管的事不要管。"大社会"就是以大市场为基础,以大市场为前提,该市场解决的问题政府不要管。

"小政府、大社会"的实践可以说是比较成功的:第一,初步实现了政企分开;第二,政府管理经济的方式基本是间接调控;第三,逐步下放了权力;第四,政府的机构相对其他各个省来说还是比较精干的,省政府的职能部门到现在也只有27个。当然,有过反复。但基本实践是成功的,路子是明确的。

经过几年的实践,海南在发展社会主义市场经济新体制方面初步解决了价格、企业、社会、政府同市场关系问题,奠定了市场经济新体制的基础和框架,为今后更好地落实中共十四大精神,加快建立和完善社会主义市场经济体制的进程打下了良好的基础。我们应该珍惜自己的实践,在这个前提下再大大向前迈进一步。

二、海南进一步完善社会主义市场经济新体制的主要任务

从目前的情况看,海南下一步在建立社会主义市场经济新体制方面面临五大任务。

1. 放开各类价格,建立健全组织化程度较高的市场体系

价格改革还有一部分任务到现在为止没有完成。这一步问题已不大,下一步的主要任务是市场体系的建设。现在,海南的各类市场虽然比较活跃,但市场的组织化程度比较低。主要表现在:

(1)市场的组织层次较低,全省 520 个集市贸易市场基本上是初级市场形态。在市场经济发展到一定程度,市场的组织形式主要是批发市场、期货市场这样高层次的市场形态。这是市场经济发展对市场体系建设提出的要求。

(2)有一定建设规模的好市场很少。因此,当务之急是要动员和鼓励社会和个人集资办市场,办有一定规模的市场。

(3)市场管理水平比较低。把市场管理制度化,保证市场有可信度,这方面还很薄弱。当前,至少要从这样三个方面着手加快市场的组织化建设,才能够发挥带动经济发展、带动千千万万的商品生产者的作用。

2. 积极地、大胆地推进以股份制为重点的企业改革

要在完善承包责任制的前提下,推进企业各项改革。对那些实在办不下去、办不好的企业该兼并的兼并、该拍卖的拍卖、该破产的破产。经过实践我们越来越清楚地看到:发展市场经济,很重要的是要加快推行股份制。第一,它会形成市场经济的主体,使市场经济有力量。股份制企业真正成为市场主体以后,会迫使我们真正按市场规律办事。第二,它会大量吸引资金。现在股份制试点搞得快一点,十分有利于吸引投资。第三,它有利于国有资产保值、增值。股份制在我国是一个新生事物,社会主义的股份制怎么搞还没有经验。在这种情况下,不能疑神疑鬼,举棋不定。

3. 积极实施同社会保障制度改革相配套的住房制度、人事劳动制度和工资制度改革

1992 年上半年,省政府成立了由省长直接牵头的社会配套改革领导小组。领导小组最近研究讨论了住房制度改革方案、人事劳动制度改革方案和工资制度改革方案。在广泛征求各方面意见后,争取在年底前逐步出台。

(1)住房改革的核心是要加快住房的商品化。住房改革方案总的来说是实行提租、出售、建房相结合,同时,并且鼓励干部、职工买房。对那些已经住了私房的人要给予鼓励。住房商品化在海南是有条件的,海南的人均住房面积比全国平均水平高。在当前财政比较困难的情况下,如果把原有公房的 1/3 用以出售,初步预算可收回 1 亿元左右,这就为解决今后住房商品化的良好循环提供了保证。前一段时间,有些

同志心有余悸,自己筹资买了房子,但又很担心被查。现在,我们不仅要鼓励个人买房、建房,还要给没住公房的人一定的补贴。

(2)人事制度的改革主要有三大块:①企业的人事制度改革,它的基本方向就是把企业的干部从党政机关干部中分离出来,企业的干部和工人一样要参加社会保险,也就是要从根本上打破企业干部和工人的界限,干部和工人一样能上能下。我们的干部应充分认识到,这是一项适应市场经济发展的、意义重大的改革。如果干部只能上不能下,不和企业的效益挂钩,企业也就不可能成为真正的商品生产者和经营者,优秀工人也就很难被提拔到管理岗位上。②事业单位的人事制度改革。这是最复杂的一块。现行干部队伍的70%左右都在事业单位。事业单位又分三类:一是纯粹的事业单位,如学校;二是担负一定政府行政职能的事业单位;三是实行企业化管理的事业单位。第一类改革的方向是实行干部聘用制,第二类按党政机关干部人事制度革的要求实行考任制,第三类逐步向企业的人事制度靠拢。③党政机关干部人事制度的改革,就是按全国的统一要求加快以考任制为基础的公务员制度建设。要建立严格的考任制度,同时强化干部培训。

(3)劳动制度的改革,就是要打破各类工人的界限,即不再存在固定工、合同工、临时工的界限。在企业工作一天,就是这个企业的职工。失业后,就领取失业保险金。这样工人就不再有身份界限,便于激发工人的积极性。

(4)工资制度改革,总的原则是要和人事劳动制度改革相配套,企业的分配制度要放开,真正同企业效益挂钩。

4. 继续完善"小政府、大社会"的体制

(1)彻底实现政企分开。前一段我们"小政府"的改革遇到了一些曲折,采取了一些妥协的政策。比如说,本来已从专业主管部门变为经济实体了,但有的又退回来,挂了两块牌子。实践证明,挂两个牌子的办法不是好办法,既不利于政企分开,也不利于政府的宏观管理。在明确了市场经济体制的条件下,这个问题要解决。

(2)进一步下放权力。这方面海南省政府已经制定了一些政策,下一步还会继续采取一些措施。比如,能够由企业决策的事情就下放给企业,能够由市、县决策的就下放给市县,开放区的自主权也将越来越大。

(3)加强宏观管理,探索政府在政企分开的前提下宏观管理的新路子。核心问题有以下几点:

第一,国有资产的管理问题。把国营企业推向市场,其核心不在于企业,而是政府。不是企业不愿走向市场,而是政府用什么手段管理企业。其主动权在政府,而政府方面的关键在于国有资产的管理。现在的办法是国有资产由财政直接管理,应该

实现国有资产和市场的结合,把国有资产推向市场;改变目前的国有资产管理办法,把国有资产的投资、经营和管理分开。搞社会主义市场经济,一个核心的问题就是能否实现公有制经济和市场经济的结合。一些国有企业亏损是相当严重的,国有资产不是在增值,而是在白白地流失,为什么不把这些企业拍卖后把钱投入到效益最好的企业,实现国有资产的增值呢?因此,如何在市场经济的条件下最大限度地实现国有资产的增值是个相当重要的问题,也是巩固社会主义经济的基础。如果把国有资产的投资、经营和管理分开,就能为政府管理企业提供良好的条件。除此以外,在财政方面,要按市场经济的要求搞"公共财政",就是把有限的财政投入到公共事业上。

第二,计划手段问题。计划手段在市场经济条件下仍是必需的,但已由原来的直接计划转变为宏观计划,必须重视宏观经济预测和规划。也就是说,计划管理方法必须彻底改变。

第三,金融手段问题。政府如何通过金融手段搞活经济?如何发挥金融中介机构的作用?如何加强对市场的监督?这些都是宏观管理需要解决的主要现实问题。

(4)加快县级综合改革的步伐。海南建省后,考虑到县里的经济发展水平和承受能力,没有在县一级实行"小政府、大社会"的改革。现在看来不改不行,建省快5年了,县级机构也应该逐年同省里挂钩,促进县级市场经济发展。当然,县的机构改革问题,目前不改不行,但改起来又相当难。最难的是县里的一批干部的出路很难解决。有一些政策还要具体地研究。另外,建立"小政府、大社会"体制还有"大社会"的问题,如事业单位的改革问题等。

(5)要积极争取建立海南特别关税区,先行进行同国际市场相对接的市场经济的试验。1992年8月,已经以省委、省政府的名义正式向中央提交了建立特别关税区的报告。搞特别关税区,说到底,就是先行进行社会主义市场经济的试验。比如,实行基本放开的贸易制度,实行可自由兑换的货币制度,实行人员进出自由的管理制度,实行自由注册的企业登记制度,这些完全是按国际惯例办事的、比较发达的市场经济条件下的行为。现在应当提出一个口号,就是特别关税区不仅要争取,现在能够办到的事情,就要着手来办,为建立特别关税区奠定基础。

三、进一步解放思想,坚定不移地走以市场经济带动海南经济高速增长的道路

1. 以经济建设为中心

我们目前的工作的一切方面都要牢牢把握经济建设这个中心,都要服从、服务于

经济建设这个中心。不能以任何借口,任何理由,来动摇这个中心。这个话讲起来容易,但到了具体落实的时候,常常会发生问题。由于我们对某些问题认识不一样,对形势估计不一样,就有可能产生一些政策上的偏差,使得我们不是把主要精力、全部精力放到经济建设上来。目前在全局上,在某些局部上,在某些单位里都存在这个问题。如果我们不把海南经济搞上去,我们海南的干部怎么向党向人民交代? 我们要有紧迫感,紧迫就紧迫在什么情况下我们都不能动摇经济建设这个中心。

2. 按市场经济规律去办

在目前政策优势很小的情况下,经济增长在很大程度上决定于市场经济的发育程度。市场经济越发育,特别是搞特别关税区后以能够同国际市场相对接,经济增长速度就越快。我们要充分地认识到这一点。能按市场经济办的事情,我们就办,能够创造的条件就要尽量去创造。

3. 按市场经济规律去闯

要大胆进行市场经济的试验。只要是有利于经济增长的市场经济的试验,就应该大胆地试验、大胆地闯。市场经济和社会主义的结合,这是中国的一个新课题,也是全世界范围内只有中国在进行的一个试验。既然是试验,难免会有这样或那样的失误,难免在试验中碰到这样那样的矛盾。在这种情况下,作为领导者,必须要有一个判断的标准,允许试验,允许失败,允许犯错误,不能够揪着小辫子不放。特别是目前还有些政策规定是和市场经济相违背的,进行市场经济试验难免会和一些政策相抵触。如果我们不能鼓励这些试验,就会在很大程度上阻碍市场经济的发展。更何况作为海南特区的领导者,要按邓小平所说的,敢闯敢试敢冒。没有一点冒的精神是不行的。我们缺的就是冒的精神。

目前,全国有4个新的热点城市,即北海、大连、烟台、东北的珲春。如果海南在目前的政策环境下,在基础还相对薄弱的情况下,不敢闯、不敢冒,干部忧心忡忡不敢放开手脚干,怎么有办法干好事情? 所以我们无论在任何情况下,都要坚信搞社会主义市场经济没有错,在什么情况下都要鼓励人们敢试验、敢闯、敢干。只有造成这样一种气氛,才有利于市场经济的发展,才有利于海南经济的发展。

海南特区经济体制的模式与特点[*]

（1990 年 3 月）

◇-◇

《国务院批转〈关于海南岛进一步对外开放加快经济开发建设的座谈会纪要〉的通知》（国发〔1988〕24 号文件）规定，海南省的改革可以有更大的灵活性，要在国家宏观计划指导下，建立有利于商品经济发展，主要是市场调节的新体制框架。以这条规定为依据，总结海南两年的实践，研究海南经济特区的经济发展模式与特点，我认为，按照中央的要求，海南在两年的实践中初步建立了一个主要以发展外向型经济为目标，在国家宏观指导下，以市场调节为主的新体制。到目前，它的基本内容或特点主要是：小政府、大社会；多种经济成分竞相发展；主要以市场调节为主的新体制。

一、关于"小政府、大社会"

1. 海南经济特区坚持"小政府、大社会"的依据

（1）海南定位是办经济特区，发展外向型经济，这是最基本的前提。办经济特区，发展外向型经济最重要的是要明确政府在整个经济发展中扮演什么角色，履行什么职能。如果政府的职能和作用不明确，那么发展外向型经济，就缺少一个最主要的条件，最基本的保证。很显然，在全岛这样大的范围办经济特区，按国内传统的政府管理方式肯定是不行的。就是说，只要办经济特区不变，发展外向型经济不改变，就

---

[*]　在"海南省政策研讨班"上的演讲，1990 年 3 月 31 日。

没有道理否认"小政府"。这是最根本、最关键的一条。

（2）中央从一开始就提出来,海南从建省办特区开始,就要按照政企分开、党政分开的原则设置机构,机构要少而精,并将海南作为省一级机构全面改革的试点。建立"小政府",从全国角度来说,是政治经济体制改革提出来的要求。因此中央要求我们,必须按照10年改革中所形成的、中央已明确的政企分开、党政分开、机构要少的原则来考虑机构的设置。海南是新建省,完全可以按新的模式、新的要求来规划政府机构。

（3）实行"小政府、大社会"的目的,是要适应海南生产力发展水平。《国务院批转〈关于海南岛进一步对外开放加快经济开发建设的座谈会纪要〉的通知》(国发〔1988〕24 号文件)专门提出,适应海南生产力发展水平的要求,要使城乡个体经济、私营经济都有相应的发展,在国有企业的改革上也有更大的灵活性。为此,中央文件规定,海南整个经济机制,全省的国民经济管理,要逐步实行国家调节市场、市场引导企业的经济运行机制,建立间接管理为主的宏观调节体制,主要运用经济手段、法律手段和必要的行政手段,调节市场供求关系,引导企业正确进行经营决策。这是对海南"小政府"职能的基本要求。

因此,海南所要建立的"小政府",首先是用法律、法规的手段,来调节经济关系,建立和维护海南的市场秩序。这是整个经济发展对"小政府"提出的要求。其次,"小政府"要搞宏观规划,综合平衡。有的同志讲计划时,以为计划就是过去那种统包统揽的指令性计划。随着经济体制改革的深入,大家明确了计划最重要的是规划、平衡。列宁曾说过,宏观规划,综合平衡,实际上就是计划性。此外,"小政府"的职能是经济监督。

（4）"小政府"要为建立和完善市场体系,提供一切社会保障和必要的社会条件。其中最重要、最基本的是按经济发展的要求,使政府在这几个方面能正确而有效地发挥自己的职能,规范自己的行为。

2. "小政府"在实践中发挥的作用

从实践来看,这两年"小政府"有很多问题,如效率还不高,关系不顺,职能不清等,这些问题都是存在的。但"小政府"在两年的运行中起到的最重要的作用,就是打破了传统体制的束缚,开始在新的经济运行机制中发挥作用。开始基本按市场规律办事,向建立正常的市场秩序迈开了步子。这一点很多国内外企业都有感触,感觉到还是海南的环境比较宽松,很多方面能按市场规律办事。按照投资条件,北京、上海比海南好得多,一些企业为什么依然到海南来? 最重要的是,海南的经济运行机制已开始按市场规律运转。"小政府"开始按市场规律运转,"小政府"开始注意在建立正常市场秩序中所扮演的角色,这就是最基本的成绩。

3."小政府"面临的困难

我们在肯定成绩的同时,也要看到"小政府"目前还面临着相当大的困难。目前,"小政府"面临 5 个问题:

(1)"小政府"的某些部门,从部门的需要出发或由于传统工作习惯和观念的束缚,提出扩大政府机构的要求。

(2)原来从政府专业主管局转为经济实体的一部分公司,要求重新确定行政职能,要求挂行政牌子。

(3)临时机构增大,整个省一级的厅局才 42 个,临时机构已达 49 个,这对于正常发挥"小政府"的职能作用不能不说是有很大的影响。

(4)事业单位的行政化倾向加大,事业编制逐步扩大。

(5)有的社会团体、学术团体,要求确定行政编制和行政开支。

这 5 个问题中,都是要不要坚持政企分开、按照市场规律办事的问题。政府的专业主管局改为公司合理不合理?再退回来行不行?很多经营型的事业单位,要不要逐步地推向市场,逐步地朝企业化管理的方向发展,以追求它的社会效益和经济效益?这些问题不是一般的问题。如果这 5 个问题解决不好,"小政府"随时都可能重新成为一个"大政府"。

当前必须从保证"小政府"的方向上,从"小政府"的全局上来认识这个问题,提出解决这些问题的办法。如果仅仅从某个部门、某个公司的情况出发,会讲出很多很多的道理。但有一条,如果每一个部门都这样办,还要不要搞"小政府"?有些专业主管局改为公司后,确实现在经营状况不好。原来信心很大,现在遇到了新的情况,加上内部管理跟不上,经营状况不好,这种情况又赶上国家机关调整工资,于是就有强烈要求,还不如退回去,有个"铁饭碗"。小道理会有很多,但必须服从大道理,局部必须服从全局。有人提出当前海南不具备搞"小政府"的条件,搞得急了一些。这也不是没有一点道理。但不可能等条件具备了,经济发展了,市场形成了,再来建立政府,没有一个政府是这样形成的。海南的情况很复杂,一方面建省,另一方面办经济特区,在全岛一下子都按经济特区来规划的话,恐怕达不到。所以要求各市县主要以发展农业为主,提出了 3～5 年内粮食自给、财政平衡两个目标,也是常规发展的目标。我们很难一下子按发展特区的要求来要求各市县。但在办特区这块,要发展快一些,按常规的搞法不可能。这确实有个从实际出发的问题。

从这两年"小政府"运转的情况看,一个很大的问题在于一些政府工作人员与"小政府"的要求不相适应。这个问题应当引起我们很大的重视。如果政府工作人员不适应"小政府"体制的要求,"小政府"就很难发挥作用。

4. 坚持和完善"小政府、大社会"新体制的措施

(1)要明确"小政府"的职能。要根据"小政府"的职能来相应地调整政府的行为。

(2)要严格按照政企分开的要求办好经济实体。不仅那些已由专业主管局改为经济实体的公司不能再退回来,而且现在还在挂两个牌子的公司,也要在条件具备的情况下,逐步减少或取消它的行政职能,使它逐步成为真正的经济实体。

(3)事业单位和社会团体,都要按照搞活大社会、培育大市场的要求进行相应的改革。对事业单位要区别情况,能逐步实现企业化管理的要向企业化管理的方向发展。社会团体能由社会办的,不搞"官办"。

(4)按照经济社会发展的要求,需要加强对公司的经济监督和行政监督,但不可能重新又恢复归口管理的老办法。要研究如何加强行业管理,发挥行业管理的作用。

二、鼓励多种经济成分平等竞争、竞相发展

1. 在海南为什么要鼓励多种经济成分平等竞争、竞相发展

从目前的实际来看,最重要原因的有两条。一是海南在比较落后的基础上办最大的经济特区,对资金的需求量相当大。不仅是眼前一个时期,而且在今后一个长期发展过程中,也都主要是以吸收外资为主。二是目前海南的经济发展水平还比较低,适应这种经济发展水平的要求,应当使城乡私营经济和个体经营相应的发展。

如果不顾实际地强调发展全民所有制企业,过于限制私营经济、城乡个体经济的发展,是不符合海南生产力发展的实际情况。所以在海南要强调多种经济成分平等竞争、竞相发展,所有制比例不受限制。有的同志提出,如果今后"三资"企业、私营企业和个体经济有了很大的发展,占了相当大的比例,我们不就是不以公有制为主体了吗?海南不就是搞资本主义了吗?对此我们要认真研究一下。

(1)在海南无论哪一种经济成分的发展,都必经在"小政府"的控制和管理的基本前提下来进行。只要这个基本前提确立了,那么多种经济成分的发展,就符合社会主义国家的整体利益,就能置于社会主义宏观控制的指导之下。多种经济成分发展,不是生产的无政府状态,它是在社会主义国家宏观控制指导下进行的符合社会主义国家整体利益的。从根本上说它是符合广大人民群众利益的。无论是各种经济成分占多大比例,发展到什么程度,只要是我们不改变政府性质,我们在人民当家做主的

前提下,各种经济成分都能处于社会主义国家的领导和控制之下。为什么党的十一届三中全会以来,一再强调发展多种经济成分是对社会主义经济的补充,是符合整个国家利益的,道理就在这里。我国正处在社会主义初级阶段,由于我们的生产力发展水平很低,由于商品经济不发达,在坚持以公有制为主体、以按劳分配为主要分配形式的前提下,发展多种所有制形式,发展多种分配形式,这就是我们的基本国情。因此我们就要鼓励各种所有制经济适当发展。

(2)很多同志讲公有制的比例占不占主体,涉及到海南搞资本主义和社会主义的问题。我认为,以公有制为主体是指全国而言。中国是一个社会主义国家,从国家的性质和整个发展水平出发,在全国范围内必须以公有制为主体,因为全国的经济发展水平具备了这一前提条件。讲公有制占主体,不能只拿一个地区来衡量。海南鼓励多种经济成分发展,"三资"企业占很大比重,正是为了巩固补充全国以公有制为主体这样一个要求而采取的措施,是从全国的整体利益出发采取的措施。不是海南自己决定办特区,而是国家根据经济、社会发展的要求,在海南办一个最大的经济特区。因此海南经济特区必须要在国家宏观计划指导之下进行,不可能脱离国家的宏观计划指导。

(3)我们强调多种所有制经济成分平等竞争、竞相发展,既不是限制"三资"企业、私营经济、个体经济的发展,也不是限制国营、集体企业发展。相反的是要在这种平等竞争、竞相发展中,发展壮大全民和集体所有制企业的实力,充分发挥它们应当发挥的经济效益,充分发挥它们应当发挥的作用。是在传统体制下发展企业好呢?还是在符合商品经济规律这样的前提下发展企业好呢?哪一种发展机制能使企业效益得到发挥呢?哪一种发展机制能为企业、国家、人民提供更高的经济效益呢?是企业向国家吃"大锅饭"好呢?还是企业应当为国家提供它应当提供的贡献好呢?哪一种途径能使国营、集体企业得到尽快发展呢?怎样按照市场规律、价值规律的要求和企业自身的要求,把国有企业搞活,真正地把国有企业办好,增强和扩大国有资产的实力,这是一项十分重要的任务。我们提出很多企业改革措施的目的,就是要使国有企业得到一个相当大的发展,改变目前效益不高、亏损面很大这样一个状况。

(4)社会主义的基本任务是要大大发展生产力。我们坚持以公有制为主体的根本目的,就是要极大地发展生产力,增加生产力的总量。正如马克思、恩格斯在《共产党宣言》中所指出的,无产阶级在夺取政权以后,根本任务就是要极大地增加生产力的总量。因此,我们坚持以公有制为主体,坚持以按劳分配为主要的分配形式,不是为了坚持而坚持,而是为了使所有制和分配形式符合生产力发展的要求,符合客观经济规律。十一届三中全会以后,邓小平反复指出,我们的中心就是发展生产力。过去搞"一大二公"的错误,就是离开了生产力发展的现实情况。现在强调以公有制为主体,符合全国生产力发展的水平。比如,在全国工业发展方面,主要是全民所有制企业,这个所有制形式是适合生产力发展要求的,问题在于管理和经济运行机制上。就一个地区而言,由于生产力发展水平很低,以全民企业为主体有一个比较长的过渡。但一个地区也好,某个局部也好,它与全国经济发展的全局连在一起,是一盘棋。

2. 海南多种经济成分发展的状况

到目前为止,海南有国营、集体企业 29856 家,"三资"企业 977 家,私营企业 2134 家,城乡个体 79384 个。在整个经济发展中,国营企业占工农业总产值的 70% 左右,集体企业占 7% 左右,"三资"企业占 15% 左右,城乡个体劳动者占 9% 左右。1989 年国营和集体企业产值比 1988 年增加 16.5%,"三资"企业 1989 年比 1988 年增加了 33.9%,私营企业增加了 5% 左右,城乡个体劳动者减少 12%。全国"三资"企业 1989 年比 1988 年要少,私营企业 1989 年比 1988 年减少 20% 左右,但海南在增加。这说明海南整个形势发展还是比较好的。但海南的国营企业管理较差,经济效益较低,全省国营工业企业亏损面仍然占 30% 左右,还没有充分发挥国有企业在经济发展中的作用。

由于很多政策没有落实,"三资"企业的发展受到影响。特别是规模较大的"三资"企业还较少。私营经济总的来说发展较快,但由于管理手段跟不上,在某些方面还比较混乱。对整个市场秩序也造成了一定的影响。

3. 鼓励多种所有制平等竞争、竞相发展

(1)建立正常的市场秩序,形成平等的社会竞争条件,从而使不同所有制的企业都能按经济发展的客观要求发展。在这方面,我们还有相当多的工作要做。严格来说,我们的市场秩序、平等竞争条件等还不是很完善。因此,多种经济成分的发展受到方方面面的影响,由此产生不按价值规律和市场规律办事的经济行为。省委、省政府领导一再强调,海南为了鼓励多种经济成分平等竞争,必须创造一个平等竞争的社会条件。我们靠什么吸引人家到这里来办企业?靠大家有共同的机遇、共同的竞争条件,公平合理。只有这样,人家才会来,因此,在一些经济活动中,能公开的要公开,能搞招标的要搞招标。否则很难吸引内外企业。

(2)积极、大胆地进行国有企业改革,充分发挥国有企业的效益。海南国有企业改革的着眼点是要改变企业目前管理不善、效益低下的状况。哪一种办法能改变管理不善、效率低下的问题,就按哪一种办法来干。特别是亏损企业,什么办法能提高效率,能甩掉包袱,并使国有资产不断增值,就按哪种办法来干。能够拍卖的企业就拍卖,该破产的企业就破产,能兼并的企业就兼并,有条件搞企业集团的就搞企业集

团,适合搞股份制的就搞股份制。

有的同志会提出,搞拍卖、破产不是改变了社会主义性质吗? 第一,国家有拍卖条例、兼并条例、破产条例、试行股份制条例,这是国务院早就明确了的。第二,如果亏损企业长期亏下去,这部分国有资产长期产生不了效益,那么怎么发挥国有企业的作用呢? 又比如拍卖的问题,不是我们不拍卖,问题是有没有人来买。我们的整个大政策环境不是很尽如人意,企业拍卖的社会条件还不成熟。当然,建省之初,还是有不少买家来买我们的企业,但我们有的企业漫天要价,人家不敢买。本来拍卖国有企业是政府的行为,拍卖与否都是政府国家资产管理部门决定的,而不是由企业自己决定。第三,全民所有制企业不是什么事都由企业说了算,而是要服从国家利益。比如搞企业集团,为了保护海南本地产品的优势,为了发挥国有企业的效益,准备在一些较成熟的行业搞企业集团,这就有一个全局利益的问题,这样国有资产才会得到利用。我们一定要从特区的发展大局来考虑问题。总之,哪一种办法对企业提高效益或扭亏有利,就用哪一种办法来搞。

(3)提供一切应当提供的政策和社会环境,发展"三资"企业。现在"三资"企业发展遇到了一些问题,其中最大的是政策问题。第二是,政府能否提供高效优质的服务,效率高,廉洁,投资手续简便,能按国际惯例办事。第三是社会条件,例如,社会治安影响很大。社会治安工作绝不仅仅是一个社会治安问题,如果这个问题解决不好,将会极大地影响投资者到海南投资。

(4)加强对农民的宣传教育。有的投资者反映,在下面投资,最头痛的问题就是同农民打交道。谈定了的事,也不守规矩,利益一旦受损害,就采取破坏行为。为了吸引大量投资,兴办"三资"企业,需要对广大农民做大量的思想教育工作。

此外,要加强管理和监督。现在经济活动中出现了很多问题,都与管理工作跟不上有很大关系。省政府已意识到这一点,特别强调加强管理,加强经济监督。只有加强管理,才能保证多种经济成分平等竞争、竞相发展。

三、关于计划调节与市场调节的关系

1. 为什么要建立在国家宏观计划指导下,主要由市场调节的新体制框架

第一,为使经济运行机制服务于发展外向型经济这个目标;第二,为了更好地鼓励多种经济成分平等竞争、竞相发展;第三,要使经济运行机制符合经济发展的客观规律,建立同国际市场相联系的市场体系;第四,极大地发展海南商品经济,使海南能

在发展商品经济中发挥自己的优势。

现在的问题在哪里? 有人一谈市场就想到私营经济,一谈到私营经济就想到资本主义。十一届三中全会以来,确立了社会主义经济是有计划的商品经济这一理论。我们的经济体制改革都是建立在此基础上的。如果否认这个理论,就没有前提了。什么叫有计划的商品经济? 中共十三大报告提出,就是计划与市场的内在统一。不论计划还是市场,都是覆盖全社会的,不是哪个比例占多大,哪个比例占多小的问题,而是计划必须符合价值规律和市场规律,不是完全地搞指令性计划,是市场必须在国家宏观计划指导下运行。因此,有计划的商品经济是计划与市场的内在统一,是对传统的计划经济理论的突破。在经济特区,主要是以市场调节为主。李鹏同志在七届全国人大三次会议上的讲话中指出,特区与全国其他地区有所不同,是发展外向型经济,参与国际交换和竞争,市场调节的覆盖面要大一些,方式要灵活一些,作用要发挥更多一些,与此紧密相连,也不可忽视国家计划指导和宏观调控。

2. 目前市场调节的情况如何

(1)各类要素市场开始形成,市场机制开始发挥作用。《国务院批转〈关于海南岛进一步对外开放加快经济开发建设的座谈会纪要〉的通知》(国发〔1988〕24 号文件)要求海南积极稳步地推进价格改革,培育生产资料市场、消费品市场、资金市场、劳务市场、技术市场、房地产市场或其他生产要素市场。现在,钢材、水泥、煤炭等 16 种生产资料,市场调节已占 72.8% ;消费品市场,包括粮食、食油等主要生活资料,粮食市场调节量占 40% 左右,猪肉、食油全部由市场调节。

(2)积极稳妥地进行了价格改革,特别是粮食价格的改革。从 1990 年 1 月 1 日起,压缩 5 斤粮食和取消食油、食糖定量供应,没引起社会震动。粮价不但没上升,还有所降低。这当然与 1989 年粮食丰收有很大关系,但说明这项改革符合实际。海南主要以农业为主,能逐步稳妥地把粮食市场建立起来,这是海南市场体系建立的基础问题、关键问题。如果真正把粮食市场建立起来了,放开粮食价格,海南市场机制就具备了可靠的基础。

(3)为了完善市场体系,建立市场秩序,注意加强了对市场和流通领域的管理。我们的市场不是一个无政府主义的市场,是在国家宏观指导和管理下的市场,有效的管理才能使市场能正常地有序地发展起来。

(4)为了给市场机制的建立提供一个良好的条件,我们正在着手进行社会保障制度的改革。这是一项很大的改革,它的意义就在于为市场机制的建立提供一个良好的社会条件。如果没有社会保障这样的机制,企业改革是无法进行的。在推进整个改革时,要保持社会、经济稳定,就必须依靠社会保障这种社会机制。所以,社会保险制度的建立,是发展和建立市场调节新体制、保证社会稳定的一个重要的措施。社会保障制度改革的第一步就是将养老保险、医疗保险、待业保险、工伤保险制度等尽快出台,而后工资制度、住房制度也要相应进行改革。

3. 下一步还要着手做哪些工作

(1)"小政府"在建立完善市场体系中如何加强管理、加强监督的问题。为什么把它作为第一个问题提出来? 因为在市场建立形成阶段,如果政府管理跟不上,就会影响正常的市场秩序和市场发育。所以,"小政府"如何对市场进行宏观调控,还要做大量工作。

(2)积极稳妥地推行价格改革,逐步改革价格"双轨制",使各项经济活动能按市场规律来进行。在价格改革上,生产资料的价格改革正在研究。如果"双轨制"长期存在下去,会形成很多不规范的事情,甚至产生腐败。逐步取消生产资料"双轨制",有助于企业按市场规律办事,有助于增加政府的财政收入,有助于平等竞争机制的形成。

(3)积极、慎重地推行粮食购销体制改革。

(4)全力抓好社会保障制度改革。

因此,在建立市场机制上,工作量还相当大。我们必须积极努力,做大量工作。

坚定依靠市场经济力量
加快海南现代化建设[*]

（1993 年 6 月）

◇◇

　　海南建省办经济特区之初，现代化的起步基础相当薄弱，基础设施相当落后，产业结构严重不合理，教育文化发展比较缓慢，各项主要经济指标均属于全国各地区之末。海南建省办经济特区，在国家没有大量投入的情况下，要加快海南现代化进程，根本出路是加大改革力度，坚定依靠市场经济的力量。

　　5 年来，海南加快了市场化进程，率先在全国建立了市场经济体制框架，并由此开辟了现代化的希望之路。1992 年全省国内生产总值比 1987 年增长 74.8%，年均递增 11.8%，高于全国同期平均增长速度；全省人均国内生产总值已达 2113 元，首次超过当年全国平均水平；基础设施建设加快，投资环境明显改善，建省 5 年固定资产投资累计 217 亿元，相当于建省前 36 年固定资产投资总和的两倍；出口贸易以年净增 1 亿美元的速度递增，1992 年达 8.8 亿美元，比 1987 年的 1.2 亿美元增长 633%。5 年来海南依靠市场经济的力量，加快了现代化建设的步伐。

　　目前，海南正处在发展的关键时期，在现有的基础上，更大胆地改革开放，建立更高层次的市场经济体制，以解决现代化建设所面临着的各项任务，是走出符合海南实际的根本举措。

---

　　* 在"海南现代化与台湾发展经验研讨会"上的论文，香港，1993 年 6 月。

一、建立现代企业制度,是推进海南现代化进程的坚实基础

海南过去的企业规模小,工业企业中大中型企业只占3%,没有几个像样的企业业;企业数量少,全省国有工业企业900多家,非国有企业更少。企业效益差,国有资产营运状况十分不理想,国有中小企业绝大多数亏损。海南企业的这种落后状况与现代化相去甚远。因此,发展企业,解放企业,是加快海南现代化的重要任务。海南发展市场经济首先是企业的发展。

海南建省办经济特区5年来,比较自觉地按现代企业制度来发展企业,努力给企业创造一个自由竞争的市场经济环境。例如,在海南发展企业可不受所有制的限制,允许"三资"企业、私营企业有大的发展,并且所有在海南登记的企业都实行平等竞争的政策。

为解放和发展企业,推动海南现代化进程,1993年4月8日,海南省人民政府颁布了《海南省企业法人登记管理办法》,实行自主登记制度,改革束缚企业发展的一切不合理规定。新的登记办法充分体现了公平竞争的原则,对不同资产类型的企业一视同仁,平等竞争。

建立以股份制为主体的现代企业制度。海南股份制企业的迅速崛起为现代化奠定了坚实的基础。海南股份制企业规模较大,并且形成了多元化的投资主体,国有企业、私营企业等都以不同形式投入到股份公司中。股份制企业大部分从事旅游业、工业、交通运输业和成片开发等,承担了大部分经国家和省立项的重点项目。股份制企业的经济效益普遍良好。最近,海南又有一些重点基础设施项目,如环岛高速公路、机场、电厂,也通过股份制的形式投资建设。实践证明,现代股份制企业的发展直接带动了海南现代化的发展。

海南发展市场经济中把发展和解放企业作为首要任务来抓,大大促进了海南现代化的进程。今后,海南还必须进一步实行现代企业制度,依靠现代企业的发展推进现代化进程。

(1)企业要在所有方面都实行真正的平等竞争。实现完全意义上的自主登记,打破经营范围限制,打破注册资金限制,取消企业主管部门,特别要鼓励和支持非国有经济的发展。

(2)实现国有资产管理市场化。放手搞活国有企业是海南现代化建设的重要而又亟待解决的问题。在市场经济条件下,社会主义公有制的主导作用,表现在除了垄断某些关系国计民生的重要行业以外,主要是取得在市场竞争中的最大经济效益。

以人为划分不同所有制来组合企业的方式,已不适应现代市场经济的发展。因此,要实行国有资产的多元化竞争经营,以市场效益为基础,打破现在国有资产只能按照国有企业这一种形式来营运和管理的状况。

(3)大力发展规范化的股份制企业。目前,海南的股票一级市场尚需进一步规范化,并且要加快发展速度;二级市场有待发育。两级市场的建立,是海南股份制企业发展的前提条件。

(4)极大地发展"三资"企业。实现海南现代化,需要高投入,高投入的重要来源是外资。今后海南改革开放的重要任务是大力发展外资企业,由此加速吸引外资。

二、创造开放、宽松的市场环境,是推进 海南现代化进程的基本前提

海南建省前的市场,是与传统的自然经济、计划经济相适应的,除了生活资料和一些简单的生产资料市场外,基本上没有和市场经济相适应的劳动力市场、资金资本市场、信息市场、房地产市场、产权交易市场。对市场的调节和控制,主要是依靠计划和行政手段。建省后,明确提出了发展市场经济,建立市场经济体制的目标,市场建设、市场体系的完善取得了很大的进展,初步形成了统一、开放的市场体系,宽松、便利的市场环境。

5年来,通过劳动力市场,引进了成千上万的高中级人才,使海南从人才匮乏的落后状况变成了今天的人才济济;通过资金市场和外汇调剂市场,引进了大量的资金;房地产市场比较活跃;海南的证券交易市场,不仅发行量大,而且品种多,既有股票、股权证,也有房地产投资券、基金券以及各种债券;商品市场也非常便利,社会商品零售额1992年达58.33亿元,比1987年增长106.4%。截止到1992年年底止,海南已经基本完成了价格改革,生活资料、生产资料、劳动力等商品和生产要素的价格基本上是由市场决定的,市场形成价格的机制在海南已经不是目标,而是现实。

尽管海南已经初步形成了统一、开放的市场体系,宽松、便利的市场环境,但和高度开放型市场经济体制所要求的市场环境还有相当的差距。海南发展市场经济的目标是很高的,力争20年实现现代化。由于海南长期发展缓慢,经济基础十分薄弱,走向现代化的起点又非常低。高目标和低起点矛盾的解决,重要途径在于以高投入带动高增长。据测算海南若每年能投入150亿元人民币,国民生产总值年平均增长率可以达到15%以上,20年实现现代化的目标是可以达到的。但海南投入最多的1992年,投资也只有87亿元,显然和每年投入150亿元的指标之间还有不

小的差距。引进更多的资金，特别是国外的资金，根本途径在于尽快同国际市场接轨，按国际惯例办事。而且还不是一般意义上的按国际惯例办事，而是要按世界上最成功、最高水平、开放层次最高的国际惯例办事，使海南的市场成为最方便、最快捷、最宽松、税赋最低、最具吸引力的国际市场。要实现这个目标，必须解决两个关键问题：

（1）实行自由贸易制度。自由贸易制度要求海南有充分的贸易进出口自主权，实现商品、货物进出口的基本自由。允许海南各类企业自主经营进出口业务，除属国际被动配额商品外，其余的出口取消许可证限制，免证免税出口；在进口上，除遵守国际规范，对战略物资、非法商品、危险性物品等三种物品实行输出入许可证制以外，基本解除海关管制，除对烟草、酒类、甲醇、某些碳氢油和不含酒精饮料，化妆品等六类货品课征关税，其余商品均实行零关税；三资企业生产的产品也可以在岛内市场自由销售。

（2）实现货币可自由兑换。货币可自由兑换和自由贸易是相辅相成的，都是开放型市场经济体制的组成部分。海南虽然目前还未能完全实现货币自由兑换，但也初步具备了条件，如海南目前外汇调剂市场交易非常活跃，自由汇率正在逐步成为现实。

海南实行自由贸易和货币自由兑换不仅是必要的，而且是完全可能的。首先，海南独特的地理条件，使得它可以在不影响其他省份的情况下，实行更为开放的经济政策。其次，它有丰富的资源，特别是旅游资源。这是吸引国外投资者到海南投资，游客海南到此旅游购物的重要因素。最后，小政府、大社会的行政管理体制，各种经济成分不受限制的平等竞争、竞相发展，较为完善的市场体系，众多的金融机构，等等，都为自由贸易和货币自由兑换奠定了基础。

加快金融体制改革，搞活金融市场，专业银行要积极推进资产负债比例管理和风险管理，逐步向商业银行过渡，逐步实现利率、汇率市场化；积极发展外资银行、合资银行以及外资、合资非银行金融机构，放宽外资、合资银行的经营范围；扩大证券交易品种，积极创造条件，争取在海南率先形成统一的股票市场，即法人股、个人股同场交易，同股同价；建立产权转让市场，加快国有资产市场化的步伐。

在做好自由贸易和货币自由兑换的同时，还要允许劳动者根据自己的意愿和爱好，在岛内自由流动，自由择业。彻底打破干部和职工、工人和农民等等身份界限，形成统一完善的劳动力市场。

通过以上诸方面的改革，使海南市场真正成为开放、宽松的市场，使境外投资者进得来、留得住、生下根。

三、创造企业平等竞争的社会环境,是推进
海南现代化进程的可靠保证

1. 海南社会保障体系初步建立

海南建省之初,社会保障的组织化和社会化程度相当低。仅有不到50%的企业参加了养老保险,仅有海口市的少数企业实行了工伤保险;而且不同所有制的职工,其缴纳的费率也不同,结果造成了企业的负担轻重不均,使不同的企业难以平等竞争。由于缺乏一个宽松、安全的社会环境,企业之间的人员无法正常流动,企业活力下降,企业发展受到很大的束缚。

海南建省办经济特区伊始就十分明确,要加速海南的现代化建设必须首先建立一个宽松的社会环境,为企业提供一个平等竞争的社会条件。吸引境内外投资到海南办企业,也必须为这些企业创造一个平等竞争的机会和一个较为安全的社会条件。建省5年来,海南省为创造这样一种社会环境做了大量的工作,目前已经基本做到。对各类企业或个人,都必须毫无例外地参加到统一的养老保险、失业保险、医疗保险和工伤保险,并实行了以公积金账户为主,个人账户为辅的保障机制。社会保障体系的初步建立,为社会劳动者的平等竞争和自由流动创造了基本条件,使生产力的基本要素中人的要素发挥了潜在能力。

2. 仍需进一步完善海南社会保障体系

发展市场经济必须有一个平等竞争性的社会环境,海南在这方面需要做的工作还很多。

(1)进一步完善统一的、社会化的社会保障体系。加快推进以社会保障体制改革为中心的社会配套改革,建立与外向型市场经济相适应的社会保险制度,完善社会保险金的收缴和给付制度,保障社会保险基金的安全增值,建立新型的企业劳动人事制度,在市场的导向下形成劳动资源的合理配置;建立新型的分配制度,企业可以根据自身的经营状况自主决定本企业职工的收入水平;加快以售房为中心的住房制度改革,鼓励职工利用合法收入购买城镇公有住房,逐步提高住房商品化水平。

(2)动员社会力量发展教育、科技、文化、娱乐和各种服务事业,特别鼓励个人和企业兴办投资社会事业,推动整个社会功能的健全发展。

(3)建立公平合理的社会分配制度,利用税收等经济手段,使社会分配趋向合理,带动全社会的共同富裕。

(4)逐步解决城乡差别问题。建省5年来,海南农村经济有一定发展,农业每年的平均增长速度比全国同期平均增长速度高2.2个百分点。但海南农村和城市之间经济发展水平的差距并没有缩小,反而有进一步扩大的趋势。如果没有占人口73%以上的农村的现代化,海南的现代化就不是真正的现代化。要缩小城市和农村的差距,使城乡之间协调发展,方法不是削高就低,而是要加快农村经济的发展,因此,要进一步改革农村土地使用制度,同时,要大力发展乡镇经济,大力兴办第三产业,大力开发农产品的深加工,使农业的经济效益进一步提高,使农业人口逐步减少,使农村的生活逐步向市镇生活水准靠近。

四、完善小政府的宏观调控职能,是推进海南现代化进程的有效手段

海南建省办经济特区开始,就实行了"小政府、大社会"的新体制,其目的是通过建立同市场经济新体制相适应的政府管理方式,实现小政府的宏观调控职能。海南的现代化离不开市场、离不开企业、离不开社会。为此,政府必须立足于为完善市场环境、培育市场主体和加强社会功能提供服务,由此来实现海南的现代化目标。

建省5年来,海南省围绕完善以小政府为体制特征的宏观调控职能进行了一系列改革,已取得初步成效。海南在整个宏观调控方面已迈出了关键的第一步,已基本改变政府对经济工作统包统揽的传统管理方式,注重以间接管理为主进行宏观调控,强调以经济手段和法律手段为主来管理经济;维护了市场环境,培育了市场主体。目前,随着海南市场化进程的不断深入,对政府的宏观调控职能提出了更高的要求。

1. 实行彻底政企分开

不该由政府管的事情,就坚决交给企业、市场和社会。在实行外向型市场经济的同时,应大胆提出解放企业的任务。解放企业,一是把企业从原来人为规定的所有制束缚中解放出来,二是取消束缚企业发展的各种不合理规定,三是把那些本来属于企业的权利全部归还给企业。尤其是在把国有资产推向市场,实行国有资产管理市场化以后,对国有企业的管理,也完全应该是间接的管理,是与其他所有制企业一视同仁、平等竞争的管理。

2. 以公共财政和简单低税制为目标改革政府的财税体制

海南实行"小政府、大社会"的特区体制,相应的财政政策,应是一种简单高效的公共财政政策。政府的财政支出除必要的政府职能开支、部分社会公益事业和部分

基础设施的投资外,其余都要取消。简单低税制是产生于公共财政体制基础之上的一种收入调节方式。一是税种的设置简单,便于政府实行间接的宏观调控,使其工作重心转移到为社会、为企业提供服务之上;二是基本税负低标准,实行"放水养鱼",藏富于企业,有利于调动企业的积极性。

3. 彻底改革政府的宏观经济管理模式

在海南的市场化进程中,政府主要通过制定国民经济发展规划、定期发布重要经济信息,引导产业结构调整,为企业提供服务,以达到实现宏观经济间接调控的目的。这里需要特别强调,一个适应海南经济发展、合理的产业结构和产业政策不是由政府的硬性规定而产生的,而是在市场经济发展的进程中,经过不断演进和更迭形成的。同时,政府的政策要有利于经济社会的长远发展,如实行以低价加速开发的土地政策,不拘一格的人才政策,等等。

4. 把特区建设纳入法制轨道

海南省是经全国人大特别授予立法权的唯一省份,拥有独特的法律优势。在改革开放和市场经济的主要方面,基本做到有法可依,完善市场经济所需的法规、规章,初步形成体系。同时,要以改革精神立法,以立法推动改革。需要将以稳定为属性的法律和以变动为属性的改革有机结合,回避矛盾的一面,发展一致的一面,运用法律手段巩固改革成果和运用改革手段促进立法进程。

五、海南经济发展面临的基本问题

海南建省 5 年来,尽管通过发展市场经济解决了一系列经济发展过程中的问题,但是对发展外向型市场经济所提出的更高要求而言,仍然面临着四大基本问题。

1. 引进外资问题

海南建省 5 年来,吸引的境外投资只有 12.55 亿美元,这不仅与珠江三角洲所在的广东省比较相差甚远;更重要的是,这与海南以利用外资为主,加速现代化建设的外向型发展战略目标不相适应。

2. 产业结构问题

海南省的产业发展状况比较落后,而且建省 5 年来尚未出现根本性变化。主要体现在两个方面:一方面是第一、第二、第三产业的发展比例扭曲。1992 年海南,第一产业占 GNP 的比重为 46.5%,居全国第一位;第二产业占 GNP 的比重为 22.8%,居全国挂末位置;第三产业占 GNP 的比重为 30.7%,尽管略高于全国平均水平,主要是由于第一产业占有比重过大,第二产业占有比重过小,才相对突出了第三产业的占有比重;另一方面是第三产业的内部结构失衡。流通行业中的国有企业亏损十分严重,大部分已资不抵债;旅游业、金融业的发展尚处于起动初期;咨询业、信息业、经纪业等一些新兴行业的发展还刚刚起步。

3. 城乡经济发展的差距逐步拉大

海南的中心城市近几年发展很快,综合经济指标已远超过全国平均水平。但是,海南的广大农村,尤其是中部山区投资不多,变化不大。迄今海南全省还有 40 多万农民尚未脱贫。海南的 680 万总人口中,有 500 多万人口分布在农村。因此,海南经济发展的根本转变,是全省 500 万农民生活水平的真正提高。

4. 基础设施建设滞后

5 年来,海南的基础设施建设尽管取得了较大成就,能源指标甚至出现了短暂的"富余",但这种暂时的富余终因整个经济建设的全面发展而导致严重的不相适应。基础产业的发展滞后,暴露的矛盾越来越突出,已再次成为海南经济发展的"瓶颈"。

近几年海南的实践已经证实,要解决这些基本问题,最可靠、最根本的办法是加快推进市场的进程。海南加快实现现代化的紧迫性,需要做好市场经济这篇大文章。进一步探索、研究建立适应特区建设的开放型市场经济模式,这是海南今后在现代化进程中面临的最紧迫、最重要的问题。

率先建立完善的市场体系

建立和完善海南市场体系的目标是：通过逐步放开价格，消除"双轨制"，保证市场机制有效运行；使所有产品和生产要素都转化为商品，并分别形成市场；使所有买卖当事人，都能成为自主经营、自负盈亏的主体；使所有商品都能够自由流动和择优结合。

——1991 年

海南建立市场体系的大胆实践[*]

（1992 年 8 月）

◆◆◆◆◆◆◆◆◆◆◆◆◆◆◆◆◆◆◆◆◆◆◆◆◆◆◆◆◆◆◆◆◆◆◆

4 年来海南建立市场体系的大胆实验，主要包括八个方面。

一、建立健全市场体系以发展社会主义市场经济为目标

对市场体系的认识程度也好，重视程度也好，都对发展社会主义市场经济的认识程度联系在一起的。或者说，我们建立健全市场体系的前提在今天来讲是对社会主义市场经济的认识。反过来，我们建立健全市场体系的目标，也是发展社会主义市场经济，那么在今天来说这个问题已经解决。市场体系不是今天提出来的，市场经济是今天提出来的。我们开始从办农副产品集市贸易市场，发展到今天的比较全面的市场体系，这完全是随着对社会主义市场经济的认识不断地发展而发展的。经过多年的探索，进一步明确了改革就是要以发展社会主义市场经济为目标。那么我们的市场体系应该是一个什么样的体系呢？通过海南 4 年来的实践可以得出比较明晰的结论，得出一条我们应该怎么做的办法。4 年多来，我们在建立健全市场体系上应当说进行了大胆地实验，至少有三条。

1. 建省就明确宣布了"小政府、大社会"的新体制。"小政府、大社会"一开始建立，目标相当明确，就是使政府少管一点事情，让市场多发挥一点作用。所以开始建省，省里就只成立 26 个厅局。就少管一点，让市场多发挥一点，应做的事情多做一

---

[*] 在"海南市场体系研讨会"上的演讲，1992 年 8 月 9 日。

点。如果没有这种小政府的体系,而且搞一个无所不包的政府管理体制,就绝没有我们今天的市场体系,没有我们今天经济发展的局面。这就说我们政府的管理向市场化发展,已经比较成功地迈开了第一步。至少实践中我们看到这一点,因为在市场化发展的初期"到底管什么?什么不应该管",还是一个在探索之中的问题。在这探索之初,就明确让政府少管一点事情,让市场多发挥点事情,以市场调节为主,这是一建省到现在一直强调的大问题。因此才有我们上万个企业、十几万个个体户的出现。

2. 企业适应市场。现在还没提企业市场化,但是一开始我们就提企业要适应市场。

(1)各类企业在海南不受比例限制、不受比例限制就是不受所有制比例限制,可以平等竞争,竞相发展,包括我们即将公布的海南股份制条例和全国也有很大的不同,有很大的突破。海南任何法人和自然人,只要3人以上都可以作为股份制企业发起人。而在其他省市,"三资"企业、私营企业不能做发起人。因此我们才产生了6000多个内联企业,2000多个"三资"企业,2600多个私营企业,10万多个个体户。

(2)在基本政策方面尽可能给企业创造一个平等竞争的机会。其他特区开始成立的时候,"三资"企业的所得税率是15%,内联企业是35%。海南和其他特区不一样,我们一开始不管新老企业,不管什么性质的企业,统统实行15%的所得税率。

(3)对于实在办不下去的中小企业,明确指出,能拍卖的拍卖,能破产的破产。在实践中拍卖了几家也破产了几家,尽管数量比较少。而后,在这个前提下,在小企业发展到一定的规模适应商品市场建立的要求,然后股份制开始出现,虽然只搞了五家,但有代表性。股份企业应运而生并适应市场发展。这也是海南的成功经验,为企业放水养鱼,使企业来适应市场。

二、大胆地进行价格改革

我们实行了市场导向的改革。所谓市场导向就是大胆地进行价格改革,放开各类市场,充分发挥市场调节作用。让市场机制逐步在整个生活中发挥越来越大的作用。现在生活资料基本上已经实行市场调节了。余下的化肥、煤炭、成品油三项也准备在下半年成熟时推进。如果下半年把这三项再出台,我们在全国省一级整体上就率先解决了生产资料价格的市场调节问题。这在全国是比较快的。随着价格的大胆改革,1988～1991年资金市场通过短期市场拆借了400多亿;1988～1991年外汇调剂市场调剂了17亿美金,在全国外汇调剂业务量居第三位;人才劳务市场、房地产资料市场、生产资料市场、生活资料市场等各类资料市场都在开始发挥越来越重要的作用。海南的市场导向作用越来越大。

　　海南在各项基本政策还不能都到位的情况下,能够保持像今天的程度,主要由于市场开始发挥了越来越大的作用,得益于市场体系的建立和初步完善。

三、各类要素市场逐步地开始建立起来

　　要素市场的建立是社会主义市场体系建立的一个主要内容。当前的基本要素市场包括四大类:

　　1. 商品市场。包括生产资料市场、生活资料市场、房地产市场等,在这一方面已经迈出很大的一步。

　　2. 人才劳务市场。这一块比较活跃,有关部门相继出台了许多政策这一块需要其他方面的政策来配套。

　　3. 金融市场。海南金融市场很活跃,但其深层次的问题还没有解决。如货币的可自由兑换问题,比如除了中央银行以外地其他金融体系的市场化的问题、企业化管理的问题、商业化管理的问题、各类银行经营放开的问题、证券市场建立的问题、股市建立的问题,等等。这些都需有一定的客观条件相配套,但总的说金融市场已比较活跃,特别是资金市场比较活跃。

　　4. 科技市场。在海南形成一个把科技变成商品,提高科技转化率的机制,对海南未来发展至关重要。在这个问题上,我们虽然通过市场交易使 400 多项科技产品变成了商品,但总的来说我们科技市场的建立还相对滞后。总体来说,海南市场的基本要素开始越来越明确。海南经济社会发展中的许多深层次问题,还要以发展社会主义市场经济为根本要求,通过推进改革来进一步解决,在大胆试验中不断前进。

四、加强市场的组织化建设

　　市场发展有个过程,从放开商品与要素价格,到逐步提高组织化程度,而后逐步形成统一的、高层次的市场。省委省政府在 1991 年的体改会议上专门提到要把加强市场的组织化建设作为海南建立健全市场体系的一项重要任务来抓。这两年,海南主要领导同志就这个问题多次调查研究,也专门成立了领导小组。现在海南市场的组织化程度在不断提高,出现政府、社会、企业等多种主体来兴办市场的局面。比如农副产品批发市场,尽管从更高的要求看还有差距,但是它把海南的市场组织化程度提高到新的水平,这是一个很重要的标志。

　　进一步提高海南市场的组织化程度,主要有三项任务:

　　1. 提高市场层次。尽管全省有 520 个集市贸易市场,但是像期货市场、农副产品批发市场等层次较高的、面向国际国内的市场还没有形成,需要大力推进。海南有很多产品居全国产量 50% ～80% ,如胡椒占全国产量的 50% 。因此,海南有现实条件建立一个面向全国的胡椒批发市场。问题是我们的组织工作还没有跟上去,还需要加强这方面的工作。

2. 扩大市场规模。海南的市场建设还比较差,这和我们的整个发展是连在一起的。尽管我们有很多集市贸易市场,但便于人们交易的市场较少,主要以低层次的、直接见面的集市贸易市场为主。随着批发市场、期货市场的建立,建立有一定基础规模的市场就成了一个必然的要求,而且已经有了客观需求。很多企业有积极性,社会各方面也有积极性。我们要动员更多的企业和社会来做。有人提出批发市场要以股份制的办法来做。我们也积极支持,这可能是我们的新路子。

3. 管理工作要跟上。市场的管理工作如何适应市场经济发展,使其手段现代化,管理科学化、法制化,还有一系列的工作要做。我们现在各部门正在审查海南经济特区市场组织建设规划意见,在探索中加强市场的组织化建设。

五、市场条件下政府的调控手段问题

这是建立健全市场体系的重要保证。小政府是以发展市场经济为基础,以发展市场经济为目标。这需要合理规范政府行为。过去对这个问题的认识,在某种程度上有一定的盲目性。现在明确了把市场经济作为基本目标以后,政府的调控手段怎么搞,怎么以政企分开为前提,间接管理为主,这是一个很大的问题。我们走出了一步,但下一步的改革任务相当重。

六、国有资产走向市场问题

建立健全市场体系,发展社会主义市场经济,一个关键步骤是要实现国有资产的市场化。现在把企业推向市场,主要是把国有企业推向市场,但是把企业推向市场不是企业行为,是政府行为。这里的核心问题,在于我们能不能实行国有资产的市场化。国有企业的效益,国有企业起主导作用体现在哪里? 就是要体现在市场竞争中国有资产的效益要比其他企业好。如果我们的国有企业在市场竞争中效益长期低于其他企业,我们谈的主体地位也好,主导作用也好,都是一句虚话。比如现在的股票市场,国有股受限制不能流通;相反,个人股、法人股可以流通,成 10 倍、20 倍地上涨,国有股怎么办? 国有资产怎么最大限度的增值? 怎么参与市场竞争? 这是极大的问题。国有资产市场化的目的是在明确了社会主义市场经济的前提下,保持国有企业的主体地位和主导作用。因此在 1992 年 1 月份全国体改会上我大胆地提出了个人的看法：我们应当大胆推进国有资产的市场化问题，把有限的国有资产拿到市场上去，在竞争中保值增值。如果不解决这个问题，随着整个市场体系的建立，国有资产从表面上看并不少，但从整个效益上看，它大大低于其他方面的资产效益。所以海南在国有资产市场化方面也应尽快有所动作，包括研究国有资产的拍卖问题、交易问题等。

七、在充分利用国内市场的同时尽快 引导海南市场走向国际化

尽管海南市场基础比较差，产品技术也较差，但引导海南市场走上国际的道路，与国际市场对接，是形势的迫切要求。

海南市场中的国外商品越来越多。这是一个挑战，不承认不行。随着海南的大开放，外资进入海南从事第三产业，是受中央明确鼓励的。如果在这样一个大趋势到来之前，不注意引导海南市场的国际化之路，那么我们可能面临着很严峻的挑战。海南今后努力的方向和目标，即中央决定海南办特区的基本目标，就是把海南这匹马放到国际市场上纵横驰骋。搞特别关税区的目的，无非就是这条：把海南推到国际市场的汪洋大海中去接受竞争的洗礼。所以海南的市场体系建设必须要考虑到这一条。

八、特别关税区条件下的市场体系建设

海南建立特别关税是建立完善社会主义市场经济新体制的大胆实验。这个大胆试验包括企业产生如何市场化；经营如何市场化；组织形势如何市场化；市场如何体系化；市场经济条件下，政府管理如何间接化，怎么实行间接调控手段等问题。

这些问题，在特别关税区条件下可以得到有效解决。比如金融市场，只有在特别关税区条件才能解决。企业市场化的问题，也只有在特别关税区的条件下才可以解决。因此，我们需要大胆地把特别关税区作为建立完善社会主义市场经济的新体制的试验。这在很大程度上可以为社会主义市场经济体制建立提供经验。这些问题是在海南过去四年多试验中出现的，也是随着海南经济的发展而出现的，需要我们进一步探讨解决。希望在各方面的支持下，把海南建立完善社会主义市场体系这个艰苦任务完成更加顺利些，以适应海南下一步大开发的需要。

逐步放开价格,培育市场体系*

(1991 年 2 月)

◆━◆

一、放开价格是实行以市场调节为基础的 新体制的关键问题

海南在放开价格方面较之全国走得早些,一些主要的生活资料和生产资料价格已经放开。尽管由于在价格放开的同时相应的管理措施尚未完全跟上而产生某些价格偏高的问题,但市场活跃为人们的生活和中小企业的生存带来方便,因而人们不反对放开价格,而是要求在放开价格的同时加强对市场监督管理,制止不合理价格。

目前,海南也存在价格"双轨制",尽管主要的生产资料由市场调节已占总需求量的 72.8%,但 27.2% 的计划内生产资料除少量用于国家的重点建设项目外,大多用于仅占工业企业总数 15.9% 的预算内国营工业企业。粮食价格大部分尚未放开,城镇居民的基本口粮仍依照国家牌价供应。仅此两项计划内价格就使政府付出沉重的代价。15.9% 的预算内国营工业尽管享受了一部分计划物资,但企业的亏损状况仍十分严重,每年上交的利税只有 1150.58 万元,仅占国营工业上交利税总额的 3.2%,而计划内生产资料价格如变换成市场价格(1989 年度计算),差额补贴已达 11700 万元,这里还不包括为此而付出的各种无法计算的劳动成本。为保证计划内粮食供应,政府每年要支付大约 26029 万元的财政补贴(包括国家每年给予的计划内

---

* 载《新世纪》1991 年第 3 期。

粮食差价),至今已为此欠银行贷款约4亿元。

问题还在于,这种价格的"双轨制"严重扭曲了市场行为,导致市场信号系统混乱,平等竞争的市场机制难以建立起来,并且使企业行为严重不合理,企业出现纷争指令性计划指标的现象。因为只有划入计划的产品才有原材料的保证。由于市场价一般高于统配价,导致了非正常经济活动发生,大量利润在流通领域被拿走,严重扰乱了市场秩序。由此看来,只有放开价格,市场机制的作用才能得到真正发挥。

二、海南放开价格需要解决的重要问题

1. 关于放开粮食价格问题

海南目前乃至今后一个时期,农业在整个国民经济中占大头的状况仍将存在,放开粮食价格,建立粮食市场,对海南的经济发展会起到牵动全局的作用。至少可以肯定的是:

(1)粮食市场的建立,会极大地加速农村商品经济发育,对整个经济的发展和市场机制的建立起着至关重要的作用。

(2)粮食市场的建立,是实现粮食基本自给的重要途径。

(3)放开粮食价格,可以极大地减少政府用于粮食方面的补贴,这对于面临严重财政困难的海南地方财政来说,是一件极大的事情。

(4)放开粮食价格,会大大地节约粮食。放开粮食价格有一个社会承受能力问题。首先是主要以粮食为原料的企业。这部分粮食价格在海南已经放开,因此也不存在由于放开粮食价格而造成其他物价轮番上涨问题。其次大多数家庭用于粮食的支出仅占职工人均月工资的2.9%,1991年年初每人已压缩5斤粮食供应量,如果粮食价格放开后对职工再给予一定补贴,对于多数人来说是可以接受的。

放开粮食价格还有一个十分重要的问题,即中央的支持问题。海南目前的粮食自给率很低,2/3的商品贸易粮靠省外调进。放开粮食价格,将中央调入海南的4亿斤牌价粮和1000万斤公粮的价格按现行的市场价放开,价差部分收归财政,并按补贴对象给予补贴。需要保证落实1995年以前中央包干调拨的粮食计划。1995年后,海南粮食达到基本自给目标,粮食市场就有了长期稳定的基础。

2. 关于放开生产资料价格问题

由于计划内生产资料价格比例已占很少一部分,因此放开生产资料价格是比较容易解决的问题。可以考虑用计划内物资价格转为市场价格的差额这部分建立生产

资料基金。所有生产资料都实行市场价格,按市场价格结算。但对国家计划向海南调拨生产资料,可采取二次结算的办法,将价差部分折合为生产资料基金。生产资料基金主要用于吞吐余缺,平抑物价。同时,对因放开价格受到影响的企业,给予适当的补贴,变暗补为明补。

3. 海南上调中央的4种主要产品(橡胶、盐、铁矿石、糖)的价格问题

由于海南上调给中央的产品和中央下拨给海南的在价格上有差别,减少了海南的财政收入,更重要的是海南主要生产资料价格长期不合理,严重影响海南市场机制的形成,使海南企业缺乏竞争能力,特别是在国际市场中的竞争能力,由此也调动不了生产者的积极性。设立海南特别关税区,应当使上调和下拨产品价格大体接近市场价格。这是一个迟早应当解决的重要问题。

4. 劳动价格问题

目前,海南"三资"企业、私人企业、股份企业以及某些集体和全民性质的劳动价格基本由企业自行调整,主要的形式是由劳动者同企业签订合同,规定劳动收入标准。这在一定程度上已经影响到国有企业的劳动价格,国有企业通常采取增发奖金等形式调节劳动价格。在实行社会保障制度的前提下,放开劳动价格是建立劳动市场所必须解决的基本问题。由此可以激发劳动者的积极性,保持劳动价格的相对稳定,带动劳动力的合理流动,充分发挥海南劳动力资源优势;放开劳动价格,可以把价格机制导入工资制度,最终解决工资差别悬殊的问题。如果劳动者的工资由劳动力市场决定,当劳动力市场劳动力供过于求时,工资就会下跌;劳动力供不应求时,工资就会上升,劳动者根据工资水平自由地选择职业,由此可以形成平衡的工资体系和平衡的就业结构。

三、放开价格必须加强管理

在放开价格同时,加强对市场的管理是十分必要的。

第一,市场机制和平等竞争秩序的建立和形成有一个过程,在放开价格之初,加强管理,引导均衡价格的形成,会减少价格放开后的盲目波动,尽可能降低放开价格的社会成本。

第二,放开价格会极大地刺激生产,增加市场的有效供给。但海南原有的生产能力比较落后,市场同生产的平衡需要一个过程,需求超过供给,不能不引起物价的上涨。作为有效的管理手段,是要限制乱涨价,在一定时期把价格稳定在较为合理的水

平,以防止通货膨胀。

第三,海南市场同国内市场的联系会通过各种渠道建立起来,在国内价格"双轨制"自然存在的情况下,对海南市场价格不能不发生影响。为此,必须通过对市场的监督管理,把这个影响降低到最小程度。

第四,生产资料,如粮食等重要产品的价格要逐步放开,不可能一步到位,因而必须有相应的管理手段相配套,使价格改革能顺利进行。

四、培育市场体系,建立各种要素市场

建立和完善各种要素市场,培育市场体系,是海南价格改革能否成功的重要条件。

由于市场发育有一个相当的过程,在这个过程中,必然要求政府组织市场。这是因为海南的经济基础薄弱,市场发育程度较低,因此决定了海南的市场发育需要政府做许多工作来引导其进入一个自觉的阶段。

这些工作主要有:提供政策法规,维护市场机制的正常运转;保护产权,以发育市场组织;保护公平竞争,以扩大市场范围;对少数重要产品规定最高限价和最低保护价,以抑制不规则的供求关系变化对市场价格的影响;组织短期专营市场,强制买卖双方进入指定市场,以弥补市场发育之初不完善的缺陷;对某些主要产品建立价格基金,以平抑物价,稳定价格,等等,从而保证市场能健康、有序地发展。

进一步建立和完善
海南经济特区市场体系[*]

（1991 年 7 月）

◆◇◆◇◆◇◆◇◆◇◆◇◆◇◆◇◆◇◆◇◆◇◆◇◆◇◆◇◆◇◆◇◆◇◆◇◆◇◆

海南市场发育程度低已成为经济发展的重要制约因素，因此，必须把建立和完善有利于商品经济发展的市场体系作为改革的重点。

一、建立健全市场体系的必要性与紧迫性

1. 建立健全市场体系是建立以市场调节为主的新体制的现实要求

海南建省办经济特区 3 年来，按照中央提出的"要在国家宏观计划指导下，建立有利于商品经济发展、主要是市场调节的新体制框架"的要求，把计划经济与市场调节的优点结合起来，努力发展各类要素市场。尽管如此，海南的市场仅处于初步的发育过程，"双轨制"的矛盾仍然突出。解决这种"双轨"的矛盾，出路在于建立健全市场体系，使各类要素市场飞快发育成长，这是海南建立以市场调节为主的新体制的现实要求。

2. 建立健全市场体系是各种经济成分平等竞争、竞相发展的客观需要

海南办经济特区，大规模地吸引投资，首要的就是鼓励多种经济成分平等竞争。

---

[*] 向海南省委领导的汇报稿，1991 年 7 月。

无论是海南原有的企业,还是境内外投资兴办的企业,都应当视为海南经济特区的企业,都应当享有同样的权利和义务。没有这一条作保证,各种经济成分的企业发展就要受到极大的限制。因此,平等竞争是海南发展的重要政策。实行平等竞争,最重要的是逐步减少和消除经济中的各种垄断因素。目前,由于海南各种要素市场的发育程度不一,政府同国有企业还保持着某些特殊的关系,这些都有可能滋生各种垄断现象。而要消除这些可能产生的垄断现象,关键在于健全和完善市场体系,为企业的平等竞争创造良好的外部条件。只有这样,才有利于一切企业在一视同仁、真正平等的条件下,在有形的市场内进行公平、合理、合法、有序的竞争,促使企业在市场竞争的条件下,自觉完善企业内部生产经营机制,不断提高企业经济效益,提高竞争能力。

3. 建立健全市场体系是各项改革配套推进的基本条件

如果轻视或忽视健全和完善市场体系在整个改革中的重要地位,微观改革与宏观改革之间就缺少市场体系这一枢纽,改革将难以向更深层次推进。从海南的实际看,任何一项改革都直接或间接地联系着以形成生产资料、资金、劳务、技术、房地产等市场体系为内容的改革。

4. 建立健全市场体系是促进商品经济发展和市场发育成长的根本性措施

海南省生产力较落后,市场很不发达,主要表现在:

(1)市场体系很不健全。在海南省的市场体系中主要是消费品市场和生产资料市场,其他生产要素市场尚未很好地建立起来。

(2)市场机制不健全。在海南,就其市场机制的基本因素来说,大体合理的价格体系尚未完全形成,作为市场主体的企业还不能完全做到自主经营、自负盈亏。

(3)市场功能不健全。由于市场体系不健全,还不能形成完整的市场导向功能,市场信号经常发生严重扭曲,因而也很难及时地反馈供求变化的准确信息,企业的一哄而上的行为相当严重。

(4)市场结构不平衡。城乡之间、发达地区与贫困地区之间、各要素市场之间的市场发育程度差异极大。这些均阻碍着经济的发展。因此,必须把建立健全市场体系作为促进海南商品经济发展的根本性措施。

二、建立和完善市场体系的目标与原则

建立和完善海南市场体系的目标是:通过逐步放开价格,消除"双轨制",保证市场机制有效运行;使所有产品和生产要素都转化为商品,并分别形成市场;使所有买卖当事人,都能成为自主经营、自负盈亏的主体;使所有商品都能够自由流动和择优结合。

1. 计划指导性的原则

海南经济特区实行的是在国家宏观计划指导下,有利于商品经济发展,主要是市场调节的新体制。海南经济特区要发展什么市场,如何发展等都要在政府宏观计划指导下进行。政府计划指导主要是综合运用产业政策、财政政策、货币政策、价格政策、投资政策、收入政策等等在内的各种经济政策和经济杠杆,通过调节总供给与总需求,从而把企业行为引导到符合社会需要的方向上。

2. 开放性的原则

海南的市场是以国际市场为导向,省内、国内、国际市场紧密结合的全方位的开放型市场。这就需要通过积极而稳步地推进价格改革,使价格变动符合市场规律,从而实现人员、资金、货物进出基本自由的经济管理体制和运行机制。

3. 公平竞争的原则

公平竞争是市场机制有效发挥作用,维护市场正常运行秩序的必要条件。因此,任何参与市场活动的企业、个人都不能凭借超经济因素垄断市场,不能牟取垄断利润。凡在海南注册的企业,在参与市场竞争时,都应当享有同样的政策,拥有均等的机会。

4. 反垄断的原则

随着海南省市场的不断发育和成熟,应对市场的垄断行为进行最大限制,这是完善市场的关键。为此,必须根据市场发展需要,制定符合国情的反垄断政策和法规,以规范市场行为。

5. 积极不干预的原则

海南实行以市场调节为主的经济运行机制,企业的生产经营、资源流向等一切经济活动都应在国家宏观计划指导下置于市场法规的调节之中。这就要求政府必须严格按照市场经济规律办事,不具体干预微观经济活动。同时,要求政府为市场经济提供良好的外部条件。为此,必须彻底实行政企分开,通过建立和完善市场体系,使政府从直接调控微观经济活动中解脱出来,对微观经济活动实行"积极不干预"政策,把该管的管起来,不该管的放出去,以强化政府对市场的宏观调控能力。

三、建立和完善市场体系的主要设想

1. 市场发展的重点

建立和完善海南市场体系需要一个相当长的时期。根据海南省经济发展的需要,今后一段时期市场发展的重点是:粮食市场、早瓜菜市场、热带水果市场、胡椒市场、生产资料市场、资金市场、技术市场、劳务市场和房地产市场。

(1)粮食市场。第一,在改革粮食购销体制的同时,要进一步完善省、市、县粮食经营购销公司经营体制,继续发挥国营粮食部门的主渠道作用,原来的经营网点、渠道不变,由粮食联营购销公司统一收购。粮食批发业务必须由粮食联营购销公司专营。在此条件下,可允许其他部门和农民、私人在指定的粮食交易市场进行小额粮食现货交易。第二,在政府宏观指导下,逐步建立从省到市、县的粮食批发市场和交易市场,组建粮食批发市场。初期以现货交易为主,积极开发期货交易,条件具备时可以转入以期货交易为主,同时发展代购、代销、代运、代加工等各种代理业务,实行灵活多样的经营方式。省级粮食批发市场和交易市场可选择在海口市,取得经验后,逐步向市、县铺开。粮食市场主要由国家、集体、个人三者结合,多形式,多渠道筹资建设。第三,加强对粮食批发市场的管理,定期检查、监督市场经营情况,处理违章、违法事件。要严格加强批发市场的价格管理,以平抑市场粮价,保护农民的种粮积极性,保证粮食的正常供应和市场粮价的稳定;要严禁省内粮食销往省外,并利用保护关税政策,切实把住粮食进口关。

(2)早瓜菜批发市场。海南省生产早瓜菜具有得天独厚的自然条件,发展潜力很大,且北方市场每年需求旺盛、供不应求。但是目前却出现了产地销不出去,北方零售市场价格又奇高的不合理现象。主要原因是缺乏有效的市场组织,市场信息不灵,运输缺乏必要的组织衔接。因此,建立早瓜菜批发市场,扩大市场规模,对于加速农村商品经济发展是十分必要的。

(3)热带水果市场。从海南目前热带水果生产销售的总体情况看,由于受储运、保鲜等因素的影响,热带水果滞销情况比较严重。因此,尽快建立热带水果市场不仅必要,而且十分紧迫。例如,以股份制形式组建"热带水果批发公司",以此组织全省的热带水果流通。批发市场拟设在海口等地。建立热带水果交易所,作为监督和管理各个热带水果批发市场的中介组织,以保证热带水果市场的正常发育。创办热带水果保鲜加工厂,积极组建热带水果联营企业,实行产、供、销一体化,提高规模经济效益。

(4)胡椒市场。建立和完善胡椒市场是改变海南目前胡椒积压、流通不畅的一个关键问题,主要设想是:第一,由于胡椒是耐存商品,为避免商品倒流,有必要将胡椒市场设在海口市,以便为全省胡椒产品的流通提供场所、信息、仓储、运输等服务项目,近期以现货交易为主,并积极创造条件向期货市场发展。第二,设立胡椒批发交易所,负责监督、协调市场交易活动,以保证市场的正常秩序。第三,根据海南省胡椒市场的实际情况,应制定扶持胡椒生产发展的配套政策,以促进海南省这一优势资源得以较快发展。

(5)生产资料市场。目前,生产资料的"双轨制"阻碍了平等竞争市场机制的形成,考虑到海南省按国家计划供应的生产资料占生产资料总消费量的比例不大,因而,拟在今年适当时候放开除化肥以外的18种主要工业品生产资料价格,实现"双轨合一"。与此相适应,应尽快建立和健全生产资料市场。主要设想是:第一,建立生产资料基金。对国家计划向海南调拨的生产资料,采取二次结算办法,将差价部分设立为生产资料基金,用于调剂余缺、平抑物价,对因放开价格而受到影响的国有企业,给予适当补贴。第二,拓宽市场。对目前国家实行专营的物资和供求矛盾突出的商品,如钢材、成品油等,分别建立专营市场。对重要物资,实行指导贸易,稳定供需关系。在条件成熟的情况下,对价格变动频繁、供求关系不稳定的物资,建立期货市场。另外,要进一步拓宽横向联合渠道,建立生产资料调剂中心,增加有效供给。第三,整顿现有生产资料市场,加强监督管理。进入市场进行购销的企业均需进行资格认定。

(6)资金市场。建立和发展资金市场是健全市场体系的重要内容,也是筹措资金和提高资金利润率的重要渠道。从海南的实际情况看,重点要抓好证券市场的建立和运行。但由于这项工作涉及面广且又比较复杂,因此,必须大胆改革、分步实施、稳妥推进。尽快建立和健全证券一级市场,积极创造条件,争取政府债券和若干符合条件的企业股票上市。积极开拓二级市场,提高服务与管理水平。在证券二级市场中,要把完善柜台市场作为近期目标,努力增加上市品种,尽快将更多的大额存款证、重点项目债券、建设债券、定期存单等有价证券推向市场。抓紧培训专门人才。主要是培养交易市场的管理人员、证券业务人员、专业会计人员、证券行情分析人员、资产评估专业人员和从事证券政策、法规和宏观管理的专业干部。加快证券市场的立法进度。

(7)技术市场。建立健全技术市场,有利于吸引海外和内地科研成果到海南开花结果,有利于促进海南省内科研成果的迅速发展,更有利于科学技术转为直接的生产力。为此要尽快建立研制和应用科技成果的市场环境。允许各种所有制企业转让科技成果、租用科研设备,形成竞相发展的竞争格局。政府或企业的科技项目,可以实行公开招标,调动各方面科技力量的积极性。制定优惠政策,充分吸引国内外科研成果在海南发挥作用。推广各种有效的技术交易形式。主要包括:兴建科技一条街,举办定期技术成果交易会,通过技术服务向农村传送实用技术,开展各种技术转让、技术咨询活动等,以更多地引进国内外的科技成果,为科技人员发挥才干提供有利条件。加强技术市场的监督管理。凡从事技术贸易的企事业单位,均需技术管理部门颁发技术贸易许可证,同时要采取有效措施,保护科技成果的合法权益。

(8)劳务市场。为改变海南人才奇缺、劳动效率不高的现状,必须进一步建立健全劳务市场。要加快组建全省的劳务市场体系,在海口、三亚、通什三个经济中心城市设立交流中心,各县设立交流所,形成市场网络,从而根据劳务供求信息,统一组织、调配省内外劳动力使用及流向。在提高劳务输入输出组织程度的过程中,妥善解决劳工口粮和保险金问题。在积极推进社会劳动保险制度改革的同时,大胆改革劳动制度,逐步打破地区、部门、单位所有制限制,使供求双方直接见面,双向选择,形成自由择业的竞争机制和社会环境。为使人才分布趋于合理,要根据经济发展需要,制定地区、行业差别的倾斜性政策,有目的地将人才引向急需的地区和行业。

(9)房地产市场。根据以开放促开发的建设方针,必须建成开放型的房地产市场。规范和培育地产市场(一级市场),保证国家对土地资源的合理使用和来自土地的收入不断增加;整顿房产市场(二级市场)秩序,规范交易行为。同时,要建立国际通行的房地产交易所,进一步活跃二级市场。同时,搞好市场交易服务,吸引外资来海南开发房地产业。加强房地产交易市场管理和房地产开发区管理。凡买卖、租赁房子一律到房地产交易所办理手续,严禁私下交易。

2. 市场管理与组织体制

完善的市场体系取决于与之相适应的市场管理与组织体制,因此,必须着手新的市场管理与组织体制的建设,重点是市场交易管理机构、市场中介组织机构以及完善市场流通组织等。

(1)逐步建立期货市场和商品期货交易所。期货市场是适应商品经济需要而产生,反过来又有助于完善商品经济机制、促进商品经济发展的一种商业组织形式。它能够将部分商品生产者的风险转移到流通领域,有利于保障生产者的基本利益和生产的稳定发展。海南地理位置优越,又有相对领先于内地的市场机制,应该率先建立期货市场,并借鉴国际经验和做法,创办商品期货交易所。

商品期货交易所是作为政府和企业的中介组织,具有独立的事业法人地位的期货交易中心。商品期货交易所可按产业或行业来组建。各类经过资格审查的企业可同时作为不同行业商品期货交易所的会员。商品期货交易所是非营利性的经办机构,其主要任务是:监督场内交易活动;调解交易纠纷;规定最低交易保证金和最低佣金;核定商品现货的数量和品质;考核和接受新会员;对不称职的会员予以警告、处罚直至开除会籍。商品期货交易所只为期货交易提供场地、设备等各种条件,交易的商品价格由交易人在公开交易过程中订立。

(2) 培育经纪人队伍,完善市场主体结构。发达的市场主体应该是买方、卖方和经纪人即中介方三位一体,因为市场运作在很大程度上是靠经纪人传递信息促成的。可以说,经纪人现象是较为发达的市场所不可避免的现象。实际上,海南的市场运作中也有相当一批专职和兼职的经纪人,其中不少人利用业余时间来传递信息。经纪人由于尚无合法地位,其活动几乎均隐蔽进行。因此,必须确定经纪人的合法地位,并保护其合法利益,使其活动由隐蔽转为公开,以促进市场的进一步发育。

(3) 以海口市、三亚市为依托,建立城市贸易中心。按照服务兼经营的原则,建立各种所有制形式的跨地区、跨行业、跨部门的生产资料、农副产品等不同类型的贸易中心。这类贸易中心是实行市场调节的集体场所。主要以提供食宿、通讯、信息、运输、保管等服务的功能,为众多工商企业服务,其作用在于组织省内外的大范围、大批量的批发商品流通。基于这种考虑,应尽快采取多种鼓励措施,吸引内外投资者在海口、三亚两个中心城市兴办若干贸易中心,由此推动新型的市场流通组织的形成。

(4) 加快流通体制改革,调整市场流通组织结构。为了有效地解决流通不畅、效益低的问题,必须按照计划指导与市场调节相结合的原则,进一步理顺市场流通组织间的各种关系。为此,要打破流通体制分割的格局,在流通体制中行业分工不变的条件下,允许外贸、商业、物资部门适当交叉经营;改革商业体制,建立新的国有企业批发体系。随着市场的发育成长,应按行业组建一些批发企业,并逐步提高其经营能力,逐步形成相互交叉、分层次的商品批发体系;加快流通速度,推动流通科技进步。要广泛采用先进技术和先进的流通管理方式,加快流通现代化的步伐。

(5)建立拍卖制度。建立拍卖制度,逐步将大部分资源市场化、商品化,取消可能导致垄断的一切特权,这是完善市场组织体制的一个十分重要的问题。今后,凡可直接进入市场拍卖的商品,应一律由中介拍卖机构对社会实行公开拍卖。这样,既可以在现有条件下较快地建立起公平竞争和产权明确化、独立化的机制,有效地推进市场体系的全面成长,又可以实现计划经济与市场调节、宏观控制与微观搞活、公平与效率的有机衔接。

四、建立和完善市场体系的配套措施

1. 深化企业改革,尽快形成多元化的市场经济组织结构

企业是市场交换活动的主体,因而企业制度的改革对市场体系的形成起着十分关键的作用。海南的企业制度改革必须按照市场发育成长的要求,沿着资产权益的划分、企业利益自主化来展开。通过实行资产经营责任制进一步明确企业的经济利益和经营责任,同时,还应该继续给企业以更大的生产计划权、产品定价权、人事管理权、经营范围权、进出口权和通汇权等,使企业真正成为自主经营、自负盈亏、自我约束、自发发展的利益主体。没有这一条,市场机制是很难形成的。

2. 强化法律制度建设,严格市场执法

市场经济正常有效的运行和顺利发展,必须有系统完善的经济法规作为保障。通过制定市场规则,维护市场秩序,使在海南从事经济活动的所有法人的合法权利、义务、利益和各种经济关系、经济行为都能受到法律的监督和保护。

3. 多渠道建设市场设施

建设和发展相应的市场设施,是建立和完善市场体系必须具备的物质条件。因此,必须下决心建设和发展一批相应的市场设施。首先,要有步骤地对现有的市场设施加以全面改造;第二,要有计划、有步骤地发展一批新的市场交易设施,以及与物流、人流相适应的仓储设备和运输网络;第三,逐步建立若干个具有现代化手段的、连接国际市场的、准确性强的、反馈及时的专业性经济信息中心;第四,市场设施建设资金,除财政适当投资外,主要由企业通过多渠道的自筹方式解决;第五,对一些成本高的冷库、大型商场以及交通运输设施等,应统一规划、统筹安排,多方集资、分期分批解决。

加快市场建设，发展市场经济[*]

（1992 年 7 月）

❖❖❖❖❖❖❖❖❖❖❖❖❖❖❖❖❖❖❖❖❖❖❖❖❖❖❖❖❖❖❖❖❖❖❖❖

市场建设是市场经济的重要组成部分。发展市场经济，必须抓好市场建设。这一点，对海南来说尤为重要。

一、发展市场经济必须重视市场建设

1992 年年初，邓小平重要谈话发表后，我们的确是在换脑筋。这些年来，思想中疑虑比较大的或者说还没有搞清的，甚至原来错误理解的一些问题，现在从根本上开始转变。

1. 观察问题、衡量问题的标准是生产力的发展

生产力不提高，经济不发展，讲其他东西都是一些空话。无论做什么事情，离开了这个标准，得出的认识、得出的看法恐怕都和现在的发展和老百姓的意愿不相一致。对于商业，衡量的标准，就是看商业企业，尤其是国合商业企业在发展生产力方面起到了什么作用。

2. 大胆利用资本主义的先进东西

如何大胆地借鉴资本主义的一切先进的东西？在这个问题上我们的确也要换脑

---

[*] 在"海南省商贸工作会议"上的发言，1992 年 7 月 17 日。

筋了。我们过去在这个问题上认识模糊。现在应该进一步强调：

（1）资本主义有些先进的东西不是资本主义特有的，而是人类社会化大生产共有的。

（2）有些阻碍生产力发展的东西并不是社会主义本身所具有的特征，我们不能教条化地固守。

（3）更不能把社会主义的东西当成资本主义的东西来批判。

（4）即使是资本主义性质的东西我们也可以拿来借鉴，为我所用。

3. 对市场经济的认识需要逐步深化

以前我们还不敢说发展市场经济，只讲市场调节，更不敢说搞的是社会主义市场经济。事实上，改革就是要建立社会主义市场经济体制，不能回避市场经济这个问题，市场经济既不姓"资"也不姓"社"，在社会主义条件下发展市场经济就是姓"社"。现在明确地提出社会主义市场经济的概念，这是一个根本的转变。这一条不明确，想提高商业的地位，转变商业的经营机制，充分发挥国合商业的作用是很难的。

海南经过4年的改革，在建设社会主义市场经济体制方面已经迈开了一大步。但是我们还没有解决发展市场经济中的很多深层次问题。如发展市场经济，要求实行可自由兑换货币制度，实行自由贸易制度等。其中也包括要进行市场建设，建立完善的市场体系。

商品市场、金融市场、劳务市场、科技市场，这四大市场是市场建设当中最重要的方面。其中商品市场是基础，其他市场都离不开商品市场并都和商品市场发生着直接的联系。建立商品市场是我们活跃金融市场、劳务市场与科技市场的一个重要前提和基础。从海南的情况来看，商品市场的活跃程度、宽松程度，总的来说是不错的。经过商业职工几年的努力，工农产品的商品率至少已达到了90%以上。这几年海南其他方面的发展都是同日益活跃的市场连在一起的。这一点应该充分肯定。

正确认识市场经济，我们对商业在整个经济生活的重要地位才会有正确的认识。在高度集中的计划经济体制下，商业的地位从整体上来说是较低的，产品和商品之间几乎没有差别。在市场经济条件下，产品和商品是两个不同的概念。因此，在市场经济条件下，由于商品的特殊作用决定了商业的重要地位。香港能发展，在很大程度上是靠贸易拉动的。没有香港100多年的自由贸易和商品市场的发展，就没有香港的今天。同样，以海南的地理条件和海南的历史来看，在发展市场经济条件下，在开放的条件下，如果没有活跃的商品市场，没有日益放开的贸易的带动，第一产业和第二产业是很难发展起来的。特别是随着海南的市场逐步同国际市场相对接,这一点显得越来越迫切,越来越重要。所以,只有转变对市场经济的看法,我们才能充分地看到商业贸易在整个产业中的巨大推动作用。我们必须把眼光放长一点,站在市场经济的角度来看待商业的重要作用。

二、要充分认识到在发展市场经济初期,加强市场建设、发挥商业作用的重要性

首先,随着市场经济的发展,市场建设特别是商品市场的建设越来越重要。中国香港、泰国的旅游业之所以发展得快,很重要的一条就是以低廉的购物中心吸引游客。在香港,购物的日本人越来越多。如果海南能形成低廉的购物中心,一大部分日本人就会来海南购物、旅游和度假。如果海南没有这个条件,别人仅是来此度假、观光,然后取道香港购物。

发展海南旅游业,基础设施建设是重要的一方面,但如果没有海南商品市场的发展,不重视商业对旅游的巨大潜在作用,旅游业也上不去。更何况,海南发展农副产品加工业,要靠商业的劳动,更不用说一些老的产业的发展对商业的要求了。所以,海南特区的发展,把商业地位提得越来越高。

其次,市场竞争更为激烈。目前,国合商业的处境艰难。近两年我国国合商业出现了全行业性亏损。在市场经济下,商品市场是开放的,不可能再搞垄断式经营,竞争会更加激烈。而且随着外商投资逐步地、大量地进入商业领域,这种竞争还将进一步激烈。看不到这一点,国合商业将越来越处于不利地位。

最后,发展商品市场和发展商业的有利条件也越来越多。随着价格的放开、随着第三产业在国民经济中的地位的提高,给商品市场的建设、商业的发展提供了越来越多的机会和越来越好的条件。把握好这些机会,利用好这些条件,就可以争取竞争主动权。

三、从海南的实际出发,加快商品市场的建设

海南建立和完善商品市场、健全市场体系,目前最重要的任务有三项:

1. 加快价格改革的步伐,由此带动商品市场的进一步完善

海南的价格改革总体上走在全国前面。商品价格放开后,我们就朝着市场化的方向迈了一大步,由此带动商品市场的完善。今年海南有可能在全国率先基本完成

价格改革的任务。价格改革可能会带来暂时的困难,但是一定要意识到,价格改革是一个大趋势,早改早主动,晚改则被动。海南要发展商品市场,不在这上面加快一点是带动不起来的。因此,尽管有这样或那样的矛盾和困难,必须在积极、慎重、主动地做好各方面的准备工作后,加快价格改革的步伐。

2. 加快市场的组织建设,特别是商品市场的组织建设

虽然目前海南的商品市场比较活跃,但最大的问题是组织程度相当低。表现在:

(1)市场组织形式特别是高级市场组织的形式缺乏,有些方面甚至是空白。市场发展到一定阶段,批发市场、期货市场等组织形式就会应运而生。这些都是带动商品市场发展的重要组织形式,在这方面我们还相当薄弱。我们虽然搞了个农副产品批发市场,起了一定的作用,但还是刚刚起步,还未形成规模。

(2)整个市场的基础设施建设相当落后。虽然全省已有 500 多个集市场贸易市场,但由于投资少,形成一定规模的、各项设施健全的很少。这里面有多方面的原因,包括财政紧张。现在我们在市场规划中提出,国家、社会、企业各方面都拿出一部分资金进行市场建设。在海口的调查中我们发现,一些企业办市场的积极性很高,当然这对企业效益的提高也是相当有利的。但是,从总体上讲,我们运用企业的力量办市场做得还很不够,甚至在某种程度上企业的积极性有所压抑。企业办市场,要在政策上给予一定的支持,给企业一定的让利。

(3)市场管理滞后。本着搞活市场的精神,这些年在市场管理方面做了很多工作,但如何在大力发展商品市场的条件下主要依靠经济、法律手段加强市场管理、建立正常的市场秩序是当前需要解决的重要问题。

3. 加快商业体制改革

当前的体制状况与在海南发展商品市场、进行社会主义市场经济的先行实验是不相适应的。解决这个问题,主要从两个方面着手:

(1)在国合商业体制改革中,能够搞股份制的,尽可能要鼓励、支持。今年海南实行改革的重点之一就是加快股份制改革。1991 年进行了五家股份制试点,1992 年要大大加快股份制试点步伐。股份制不仅是转换企业经营机制的有效方式,而且是筹措资金的重要来源。但目前全省申报股份制试点的企业中商业企业一家也没有。有些县级商业企业也可以搞合作股份制企业。

(2)加快配套改革,卸掉国合商业企业的包袱。要陆续出台一些与股份制试点相配套的社会保障制度改革、干部人事制度改革等,目的就是要形成职工可以选择企业,企业可以选择职工的机制,大大解放劳动力。商业系统要积极参加这几项配套改

革,特别是社会保险。目前国合商业的包袱相当重,离退休职工和在职职工之比,有的达到1∶2,甚至1∶1.5。如果社会保障改革和其他配套改革能够到位,可以使国合商业企业卸掉包袱、轻装前进。

发展海南产权交易市场[*]

（1994 年 3 月）

◇◆◇◆◇◆◇◆◇◆◇◆◇◆◇◆◇◆◇◆◇◆◇◆◇◆◇◆◇◆◇◆◇◆◇◆◇

建立与发展海南产权市场不是哪个主办单位的个别愿望，而是海南目前发展到确实需要把产权交易提到一个相当重要和迫切的地位。下面我从海南的实践，从五个方面把这个问题提出来。

一、国有企业的产权交易问题

从全国看，国有资产闲置的问题比较严重，大概有 30% ~ 40% 的闲置资产；但其交易量不到 1%。海南的情况更为严重。海南国有企业实际亏损额（不包括潜亏）一直在 30% 以上。1993 年 1 ~ 9 月海南国有企业上交税收总额还比不上 1 ~ 6 月海南五家上市公司上交的税金。这种状况与海南迅速发展的市场经济不相适应。但是到目前为止，国有企业改革还没有完全走到新的思路上来，没有走到如何适应市场经济大环境中来。国有企业改革相对滞后，是造成国有资产流失的最重要原因。

那么，如何推进国有资产改革呢？在国有资产改革的根本思路还未理清之前，过早颁布国有资产管理条例未必有利。它可能会解决一些局部实际问题，但不可能解决根本问题，甚至反过来还会对解决根本问题带来更多的障碍。在社会主义初级阶段的市场经济条件下，我们追求的不是企业数量，而是资本的营运效益，那我们就要按照资本投资的营运规律来运作国有资产，而不要把国有资产的管理局限在行政管

---

[*] 在"建立与发展海南产权市场研讨会"上的演讲，1994 年 3 月 7 日。

理范围之内。

在这方面,国有资产管理市场化的观点有助于分析国有企业产权制度改革和交易的问题。事实上,无论是国有资产,还是其他资产,它们追求的效益从根本上讲都是资本效益。而市场配置资源的核心就是配置资本。通过国有资产的营运来调整企业结构问题,应当把国有资本营运到最需要投资的地方去。

现在实践当中遇到一个问题。要把那些竞争性的、暂时看来还有一定赢利能力的国有企业,拿到产权交易市场去,难度很大。一旦拿出去,就会被说成卖国有资产。但事实上,国有企业的产权转让不仅针对亏损企业,而且也针对那些效益还比较好的国有企业。只有把这些企业推向产权市场,我们才能抓住好机遇。

二、农村土地使用权的转让问题

这是海南市场经济发展当中遇到一个很大、很敏感的问题。海南是个大特区,这个特区不只是海口、三亚,而是整个 3.4 万平方公里的大特区。随着海南的发展,把农村土地市场的发展,农民土地使用权的转让问题提到一个很迫切的位置上。随着下一步资本对海南的不断投入,如果这个问题不解决,海南的发展会受到很大制约。

海南最大的资源优势就是土地资源。从全国来看,1985 年以前农村承包责任制部分解决了这个问题。在海南不少农民把土地丢掉了,而且离可以出卖几十万一亩的地方没有多远。如果不能有效解决农村土地问题,特别是在包括海南在内的沿海地区,想发挥土地资源优势,想把农民积极性调动起来,是很困难的。因此,在海南这样一个以农村土地占有很大优势的前提下,如何通过产权制度改革、通过产权市场把农民的土地使用权投入到市场中去,是一个很大的问题。

我提出的解决办法是:给农民土地使用权并且延长它的期限,即在一定程度上在承认农民对土地拥有产权。在这个基础进行土地转让,开辟农村土地二级市场,是有理论基础的。从现实上看,如果农民(特别是海南,农村离城市近,整个岛都是一个特区)把这个问题解决了,即允许农民以股本形式或以其他转让形式把土地搞活了,这对于海南今后发展是极为重要的。

三、外资参与产权市场问题

从目前看,海南近年来吸引外资发展比较快。按统计局资料,1993 年海南实际引进外资 9.1 亿美元。但在目前证券融资占很大比重情况下,海南在这方面迈的步子却很小。主要是因为很多条条框框的制约:一是有些领域不准外资进入;二是有些领域可以进入但比例受限制。而外资都想在股本中占很大比重,拥有发言权、管理权。这个问题不解决就不能适应外资进入的形势。例如,在建海口机场时,外资想占大比例,一次性投入,拥有控制权、管理权等。然后若干年后转让股权,按目前规定,这条路根本行不通。所以我认为,应当打破一些条条框框,允许海南在这方面有所突破,敢于实践。

四、劳动力产权问题

过去几十年,广大劳动者对国家做出巨大贡献,不仅产品由国家统一调拨,劳动力也由国家统一调拨,应当说国有资产原有的存量包含着广大劳动者的创造。

海南市场环境活跃应当与劳动力流动比较活跃有关。既然我们承认劳动力市场,承认知识产权,承认劳动者是国家主人,但又不承认劳动力产权,这从哪个角度都说不过去。当然,这面临的问题是很复杂的。但既然海南与全国不同,就应当允许海南在一些方面进行改革试验。

五、关于公众产权的保护问题

海南建省前私营企业不到 2000 户,现在已有一万家。为使这一部分资本能够真正公开化、真正地运用到整个社会的经济建设中来,应尽早解决公众产权的保护问题。现在有一部分股民发了财,心里不踏实,总想转移、缩小这笔财产。如果在他们参与市场过程中,其股权、财产权不能得到切实的法律与制度上的保证,这部分资本不仅不能发挥效益,反而会对整个经济发展会造成很严重的负面影响。所以,在今后的市场经济立法中,很有必要首先明确私有财产的保护问题。

我提出这几个问题,都是从海南实际当中接触到的。我感到这些问题都是产权制度改革当中十分重要和迫切的问题。搞好了将对海南的发展起到很大的作用。

大胆推进股份制改革

海南建省办经济特区之初,中央明确指出,海南要"积极推行股份制,包括国家控股和部门、地区、企业间参股,也可以向企业职工和社会上发行股票"。

随着建省办特区及改革开放和开发建设的不断推进,提出了发展股份制经济的客观要求,并且具备了发展股份制企业的基础和条件。

推行股份制是海南企业改革中的现实选择;所有制结构多元化和经营方式多样化为实行股份制创造了基本条件;各类经济实体可自主支配的生产要素日益增多为实行股份制提供了物质保障;海南建省办特区以来的改革开放为股份制改革创造了较好的基础条件。

——1992 年

海南省股份制改革的现状与展望[*]

（1992 年 1 月）

◇◆◇

一、海南省推行股份制试点的背景

海南建省办经济特区时,中央明确指出,海南要"积极推行股份制,包括国家控股和部门、地区、企业间参股,也可以向企业职工和社会上发行股票"。由于刚刚建省,加上多种因素的影响,没有开展对股份制的规范化工作。随着建省办特区及改革开放和开发建设的不断推进,提出了发展股份制经济的客观要求。

1. 推行股份制是海南企业改革中的现实选择

海南建省之后,企业制度的改革仍与内地一样,主要推行承包制,但其遇到的困难又比内地特殊,特别是建省的治理整顿环境以及国际市场变动等因素,使得企业经营恶化,甚至严重亏损。近几年来,海南省国有工业企业亏损面一直在 1/3 左右。这样,承包期长了,基数难以合理;承包期短了,又难以鼓励企业的长期行为。加上各方面的改革配套不到位,海南省的承包制一直落后于全国。因此,有必要寻求一种新的企业制度来推进特区的企业改革。

2. 所有制结构多元化和经营方式多样化为实行股份制创造了基本条件

建省办特区,中央赋予海南优惠政策,使得海南省各类经济成分得到充分发展。

---

* 载《中国股份制理论与实践》,改革出版社 1992 年 1 月版。

为了更好地发挥各自优势,调动各方面积极性,提高在国内外市场的竞争能力,不同地区、不同部门和不同企业之间迫切要求冲破不同所有制的束缚和行政隶属关系的分割,寻找一种新的更加灵活的经营方式和经济形式,以保持相互间长期、稳定和紧密的经济联系。这种经济联系在海南比较突出。目前,内联企业已达600多家,"三资"企业达800多家,私营企业达2600家。这些企业多数已突破单纯的协作关系,逐步发展为生产要素的联合。多种所有制结构之间、多种经营方式之间的相互渗透、交融和联合,为股份制经济的产生、发展创造了基本条件。

3. 各类经济实体可自主支配的生产要素日益增多为实行股份制提供了物质保障

改革开放和经济发展,使各类经济实体的自主权都有不同程度的扩大,企业正逐渐朝着相对独立的商品生产者和经营者的地位过渡,可自主支配的自有资金不断增多。加之国民收入分配格局的变化,预算外资金较大幅度增长,大部分居民就业面扩大和收入水平的提高,也拥有一定数量的闲散资金,这些都为股份制经济提供了物质保证。

4. 海南建省办特区以来的改革开放为股份制改革创造了较好的基础条件

(1)随着逐步放开价格,商品市场基础形成。价格改革有助于商品与要素市场的形成和发展,而商品与要素市场形成和发展则有助于股份制改革的顺利进行。因为商品市场的形成和发展,为把企业推向市场,为企业的平等竞争,为资金市场的形成和发展,提供条件和基础。

(2)形成了各类企业平等竞争的格局。在海南,各类所有制企业不受比例限制,竞相发展;所有在海南注册的企业,均享受15%的所得税税率,这为企业平等竞争创造了优惠政策条件。企业的发展,平等竞争格局的形成,为海南推行股份制改革奠定了很好的基础。

第一,不同地区、不同部门、不同所有制形式的企业都要求打破原来的行政隶属关系和所有制束缚,如果不打破原来比较僵化的所有制的束缚和行政的束缚,企业就缺乏相应的独立性、自主性企业的发展会受到制约。这就对以企业股份制的方式来进行改造提出了客观要求。

第二,企业在新的格局下寻求新的合作方式,企业发展较快,各类企业拥具有的可自主支配的生产要素和预算外的资金增多,也要求要寻求新的合作方式。从现在的情况来看,股份制是最好的合作方式之一。

第三,企业发展到一定规模后,希望自愿组合起来,采取股份化的办法进行大的开发项目。例如,最近海南要进行的很多开发区的建设项目、旅游区的建设项目,都是很多企业申请成立股份公司,公开募股,形成规模来进行重点项目建设。

(3)在海南省一级初步建立了以政企分开为前提,以间接管理为主的小政府宏观调控体系。在筹备建省的时候,中央就要求,海南省要按照小政府、大社会的原则来组建省一级的党政机构。海南在 1988 年 5 月基本上完成小政府、大社会的改革方案。整个省一级政府只有 26 个部门,比原来行政区政府还减少了 24 个工作部门,人员比原来行政区减少了上千人,原来 19 个专业主管部门和专业主管局都变成了经济实体,走上了市场。

(4)1992 年,海南全面出台了新型的社会保障制度方案,包括养老保险、待业保险、工伤保险、职工医疗保险四大社会保险。这一方案最突出的有三个方面的特点:第一,范围比较广;第二,正确处理了国家、集体、个人三者利益关系;第三,在管理体制上突破了现在部门分隔的状况,建立了统一的操作机构,直属省政府的社会保障局,保证了整个社会保障体制在理顺体制的前提下,在操作上切实可行。

社会保障制度出台以后,为整个企业改革,特别是股份制改革提供了很好的条件。由于社会保障制度的出台,平等竞争的社会条件初步具备了,也为劳务市场的形成提供了保证,为职工的合理流动,充分调动职工的积极性提供了重要的条件。海南省开始进行股份制试点的基础条件总的来说是比较好的,基于上述情况,在 1990 年年底开始试行向社会特定公众发行股票的股份制,为股份制向深层次发展摸索了路子。

二、试行股份制的主要情况

1. 海南股份制试点工作进展顺利

一年多来的股份制试点实践证明,股份制是转换企业经营机制,深化企业改革的一条十分重要的途径。1991 年 3 月,海南省委、省政府成立了股份制试点领导小组及其日常工作机构。按照省委、省政府对股份制试点工作的统一部署,选择了一批试点企业,完成了 5 家企业规范化改组及内部发行股票的工作,内部共发行股票 5.39 亿元人民币。为保证股份制试点的顺利进行,省政府颁发了《海南省股份制企业内部发行股票试行办法》、《海南省全民所有制企业股份制试点暂行办法》。另外,《海南经济特区股份有限公司条例》已经省政府常务会议通过,提交省人代会审议。与此同时,建立了资产评估机构,协助有关部门抓好试点。总的来说,由于组织领导严密,股份制试点领导工作进行比较顺利。

(1)内部发行股票的企业规模大。海南化纤工业股份有限公司、海南新能源股份有限公司、海南港澳实业股份有限公司、海南珠江实业股份有限公司和海南民源现代农业发展股份有限公司,这5家企业均为省内大中型企业。

(2)融资方式多样化。从融资方式看,主要有三种:第一种是原有的全民所有制企业通过吸收法人单位入股,并将资产增量向特定社会公众发行股票,转为股份制企业,如海南化纤工业股份有限公司、海南港澳实业股份有限公司、海南珠江实业股份有限公司;第二种是原有集体企业、全民所有制企业、私营企业联合投资,并向社会特定公众发行股票,转为股份制企业,如海南新能源股份有限公司;第三种是如海南民源现代农业发展股份有限公司,由民源海南公司以资金形式,中国科学院以技术形式,农民以土地基金会形式加上其他企业股东共同组成的。

(3)股权结构多元化。现已内部发行的5.39亿元股票,其中国家股和法人股占78.9%,个人股占21.1%。大致分为三种情况:一是以国家股为主体,如海南化纤工业股份有限公司国家股占56.8%;二是法人股为主体,如海南港澳实业股份有限公司法人股占82%,海南珠江实业股份有限公司法人股占75%;三是股东构成跨省、跨境,既有内地,如北京、深圳,又有香港、澳门。

(4)股份制试点与股票市场同步开发。从1991年3月进行股份制试点以来,中国人民银行海南省分行先后批准除省证券公司外12家非银行金融公司开设证券部,其中,省证券公司,省农业银行信托投资公司证券部、省信托投资公司证券部等6家证券部为5家股份制试点企业向社会特定公众发行了第一批股票。目前,海南省政府拟进一步完善股票柜台交易市场。股票市场的逐步形成和完善,将为股份制试点企业提供良好的市场环境。

2. 海南股份制改革试点工作成效明显

从实际情况看,海南省股份制试点工作取得的成效是明显的。

(1)企业的产权归属明确,自负盈亏、自主发展,解决了全民所有制企业无人对资产负责,无人关心企业发展的弊端。由于股份制企业实现了多种所有制形式相互交融、渗透和联合,企业的所有者、管理者和生产者之间将建立各种利益制衡关系,形成一套较严密的组织体制和运行规则,使企业既有人关心资产的完整和增值,也有人具体负责生产的经营活动。比如,海南化纤工业股份有限公司在没有实行股份制以前,产权关系比较模糊,经过资产评估验证后,其产权界定为国家股6896.5万元。国有资产所有者的代表由此转为股东,并通过国有资产管理部门委派股权代表持有国家股权,享有股东权利,对企业的直接干预也随之弱化。

（2）在股份制试点中确保国有资产的完整和有效增值。一方面,5家股份制企业中国有资产的存量部分在股份制改制过程中没有流失,保持了国有资产的完整性;另一方面由于股份化的企业分散了经营风险,因此,国有资产的安全和增值程度都是其他企业的经营机制所不能比拟的。比如,海南珠江实业股份有限公司、海南港澳实业股份有限公司、海南新能源股份有限公司在股份制改造的1991年所创造的利润都是上年的两倍以上,国有资产也得到有效的增值。如新能源股份有限公司的第一大股东省农行信托投资公司的资产在入股一年的时间内,其资产规模增长177%。

（3）有利于企业形成自我约束机制,促进企业行为合理化。在规范化的股份制企业中,所有者的利益约束得到充分体现,主要是强化了直接约束。股东通过大会,选举董事会,对重大决策进行投票表决来反映自己的意志,制约企业行为。比如,海南新能源股份有限公司,在未改制以前是一个私营化程度较高的企业,企业自我约束力较小。经过规范化改制后,该公司所有者通过直接控制董事会的方式,对经营者产生了严格的约束作用。从投资计划到费用开支都是必须经过董事会讨论决定,从而使经营者深深地体会到,所有者的利益约束使其不得随心所欲,监督与管理的压力明显增加。

（4）有利于企业筹集社会闲散资金,不断扩大生产规模。集资作为股份制的一项功能,在以市场调节为主的海南经济特区,对企业来说是十分重要的。与向银行贷款和发行债券相比,用发行股票的方式筹措资金,具有集资面广、动员资金迅速的特点,具有许多优越性。海南省进行股份制试点以来,5家股份制试点企业在原有净资产规模的基础上,向特定的社会公众发行内部股票,筹集资金达1.4亿元,其中,海南化纤厂为其二期工程扩建筹集了3100万元的长期投资。由此看来,实行企业股份化改革,既可以减少国家投资的压力,加速回收国家投资,变消费基金为生产基金,又可以扩大生产规模。对职工个人来说,不但使自己增强了主人翁精神,而且增加了新的收入来源,减少了国家财政中社会福利的压力。因此,积极推行股份制是可以同时从宏观和微观两个方面促进国民经济良性循环的有效途径。

3. 加强组织领导是有效推进股份制试点的重要保证

由于股份制试点涉及面较广,利益关系较复杂,因此,为加强对股份制试点工作的领导,海南省委、省政府决定成立股份制试点领导小组及其设在体改办的日常工作机构——联审办公室,使股份制试点一开始就进入了统一领导、统一部署、统一行动的工作程序。同时,为规范股份制试点的行为,海南省政府还颁发了若干个规则,由于加强了对股份制试点的组织领导,海南省的股份制试点才得以健康、顺利地发展。

三、对下一步股份制试点的主要考虑

海南省在改革方面总的考虑就是以加快股份制改革为重点,加快海南各项改革的步伐。股份制改革对于筹集资金、加快建设,对于企业从根本上转换经营机制,进一步促成企业间的平等竞争,对于国有资产的保值增值,无论从哪个方面,都有全局性的意义。因此,整个改革要把股份制作为一个重点,各项改革要围绕这个重点来展开。

1. 通过股份制形式,加快对洋浦开发区、旅游开发区等区域成片开发的资金筹集

目前,海南的开发建设已进入实质性阶段。以洋浦开发区为重点的成片开发相继发展,清澜开发区、八所工业开发区和以三亚为重点的旅游开发区也进入开发的筹备阶段。这些开发区需要数百亿甚至上千亿资金的投入。因此,必须开拓筹资新渠道,引入股份制新机制,这是寻求类似洋浦成片开发、开放必走的一步。

(1)组建开发区内的股份制开发公司。通过发行股票(包括外资股),首先组建一个或若干个开发股份有限公司。开发股份有限公司可以从事各类开发区的基础设施建设;也可以从事经营性项目,如贸易和服务业,同时也可购买其他开发企业的股份成为控股公司。

(2)对开发区内的中外合资企业,凡是有条件的都可以改组为股份制。中外合资企业作为有限公司,经营权与资本所有权不分离,无法公开发行股票筹集资本,且有一定的合作期限限制;改组为股份公司,可通过发行股票来引进外资,有利于拓宽吸引外资的渠道,有助于扩大企业筹措长期配套资金的渠道。

(3)对各类开发区的内联企业,只要符合海南产业发展方向,也可通过证券市场发行股票,试行股份制。这样,一方面,可以为这些企业提供开发海南的资金来源;另一方面,对于提高企业素质,增强企业活力也有积极作用。

2. 利用股份制形式,改造国有老企业

(1)通过股份制改造作为国有企业利用外资进行经营机制改革的一种有效途径。现在海南省仍有一部分国有企业积重难返,主要表现在缺乏活力、效益低下、浪费严重、责权利不清、缺乏自我约束和自我发展机制。海南省准备将一些国有企业改组成股份制企业,将适当比例的股份出让给外商。一方面促进国有企业经营机制的

改革,另一方面开辟一条利用外资的新途径。

(2)通过股份制改造一部分微利企业和亏损企业。主要是通过企业内部职工个人入股,参与经营管理的方式,调动广大员工的积极性和创造性,开发新产品,拓展市场,提高效益,给企业注入新的生机。

(3)利用股份制的股权投资形式,改造一批国有"老企业"的技术设备。尤其是国有企业的扩建改建部分,不再由预算追加投资,而采取发行股票方式向社会集资,并由此将国有企业转化为股份制企业。

3. 切实加强国有资产管理,建立和完善国有资产管理体制

实践证明,股份制是经济进一步发展的一种卓有成效的企业组织形式。因此,必须通过股份制形式,在建立所有权管理体系的同时,强化经营者的经营自主权;在完善商品市场的同时,建立和完善产权市场,使企业运作机制、产业结构优化以及投资者、经营者的人才优化机制得以建立,逐步形成"国家参股控股,层层间接管理,产业不断重组,企业自主经营"的国有资产管理体系。为此,将按照资产管理职能和经济管理职能分开的原则,在建立国有资产管理部门的基础上,尽快建立若干国有资产经营公司或控股投资公司,切实加强和改善对股份制企业国有资产的管理。

4. 积极培育股票流通市场

股份制企业的生存与发展离不开股票市场的正常运行。从海南省的试点情况看,股票发行市场易于规范,而培育股票市场的难点在于流通市场。根据深圳、上海的经验,积极培育股票流通市场,主要从以下三个方面进行工作:

(1)在尽快向社会公开发行股票的同时,积极开展异地上市工作,并努力创造条件在海南实行股票的公开交易。在没有条件实行股票公开交易之前,先试行股票的柜台交易。待条件成熟时,通过建立证券交易所,再实行股票公开交易。

(2)加强对股票流通市场的领导。开发股票流通市场涉及面广,相当复杂。因此,对股票流通市场的开发必须在省政府的统一领导下进行,以保证股票流通市场的开发同股份制试点工作同步配套推进。

(3)积极筹建证券交易中心。证券交易中心应是独立于政府各个部门、隶属省政府的一个非营利性事业法人。它是证券流通市场的中心,具有提供服务、便利流通和实施监督、保护投资者利益的多重职能。因此,它必须是一个独立的、公正的机构。在中央不允许股票在海南公开交易的情况下,证券交易中心主要是从事其他有价证券的公开交易。

5. 进一步加强对股份制试点的法制化、制度化建设

一是尽快制定和完善股份制试点的法规,这是股份制试点能否健康发展的关键问题。目前,海南省《海南经济特区股份有限公司条例》已经省政府常务会议通过,在1991年下半年提交省人大常委会。除此之外,还要尽快制定和出台其他配套法规,如《股票发行与交易管理办法》、《股份有限公司财务制度办法》等;二是进一步明确,股份制试点必须在省政府统一领导下进行,凡属重大方案、政策的制定须经省政府决定;三是在省政府统一领导下,对股份制试点工作,省体改办、省人民银行、省财税厅应按职能部门的分工要求,根据各自的职权范围,各负其责。

四、需要进一步研究的几个问题

1. 关于控制股票发行规模问题

企业通过大量发行股票扩大生产,是否会造成投资规模失控?以海南省为例,由于海南基础差、底子薄,建设全国最大的经济特区如果靠国家投资,显然是不现实的。因此,必须通过各个渠道筹资搞建设。当然,搞开发建设,对全国来讲,有一个怕"失控"的问题,但海南的建设才刚刚起步,百业待兴,因此控制股票发行规模应分地区来考虑。更何况,实行股份制,不仅不会造成规模失控,而且有利于这个问题的解决。宏观经济管理部门可以通过一系列经济手段和行政手段,防止盲目集资所带来的消极因素。如规定发行股票只限于发展政府鼓励的导向产业以及能源、交通、运输、原材料工业及为农业产后服务的短线行业,或社会急需的、经济效益高的企业;如用于上新项目的,可规定集资总额不得超过国家确定的自筹投资规模。比如,海南可规定,自筹投资按《国务院批转〈关于海南岛进一步对外开放加快经济开发建设的座谈会纪要〉的通知》(国发[1988]24号文件)要求人民币可在2亿元以下、美元3000万元以下,并要求建设项目纳入国家或地方政府的建设规划等,以此来加强宏观间接调控,而不必要通过控制数量来防范"失控"问题。

实际上,利用股票集资还有一个最大好处,是把投资风险由过去国家单独承担转变为千千万万个企业和公众共同负担。这样,既分散了风险,又增强了各方面对投资的责任感;既刺激了投资者的积极性,又提高了投资的经济效益。进一步地说,国家还可以利用股权转让、股票买卖实施一定的产业结构变革,依靠市场机制调节投资方向,使资金流向社会需求大、经济效益高的地方和企业。

2. 关于利用国际股市直接融资的问题

实行股份制，利用国际股市直接融资，既可以开拓外资来源多样化，也可以保持对外开放的良好态势。与吸引外资的其他方式相比，通过股市直接融资，具有集资面广、形式灵活、方便，容易被接受等特点。第一，集资范围可以包括海外各类基金组织、证券投资信托机构及众多个人投资的资金。第二，贷款人买进债务证券后，可以随时在二级市场转让，这就方便了他们及时调整投资策略和应付各种不时之需，使资金持有者感到方便。第三，债务证券化形成了一种新的金融市场，它不仅为人们提供新的投资领域，而且为借贷双方提供了大量有关资金供求的信息。据有关资料证实，日本利用股票所吸引的外资，曾占整个利用外资总额的42.5%。韩国在经济起飞初期，就曾由银行集中一批效益高的企业股票到国际股市去发行，以此建立"朝鲜基金"，促进企业的发展。值得一提的是，鼓励企业在国际股市上直接融资，还有助于国内企业制度的改革，使企业真正走上国际经济舞台，逐步实现同国际经济"接轨"。因此，应鼓励公开发行股票的试点省直接向国际股市筹资。

3. 关于发展证券市场问题

多年来，受高度集中的计划经济体制的影响，我国中央银行的宏观调控一直沿用行政性指标控制的办法，统一利率，长期不变，且固定资产投资、流动资金贷款，各种债券与国库券等的发放和流通等都在银行这个格局内"学运作"，金融经营效益低下。同时，由于缺乏证券市场这个"晴雨表"，因而中央银行的宏观调控很难摆脱"一刀切"、"急刹车"的状况，极易造成经济生活的剧烈震荡，强化了周期波动。第二次世界大战后，国际金融业中两大支柱之一的证券业得到长足发展。据有关资料统计，1985年国际金融市场筹资总额为2419亿美元，其中以证券形式融资的占66.8%，银行贷款只占15.4%。日本证券业的业务量比银行大，相对转移了银行存款，但它对控制社会消费基金，优化资金结构起到了良好的效用。当然，由于国情不同和经济水平的差异，公开市场业务在近期内还不可能成为我国货币政策的主要手段，但我们必须从现在起步，着手建立各种证券市场。既要在发达的地区上海、深圳建立证券市场，也要在相对落后的开放地带——海南甚至在西部地区建立证券市场，逐步摸索一条符合中国国情的证券市场的开发道路。

4. 与股份制改革相关的配套改革问题

围绕着股份制，我们相应地要进行一些配套改革。

(1)改革国有资产管理体制，这是保证股份制改革顺利推进的一个重要条件。

海南省按照管理与投资经营适当分开的原则,正在设计国有资产管理体制。把企业推向市场是一个相当复杂的问题,绝不是企业行为。因此,更确切的口号是,"把国有资产推向市场"。只有国有资产和市场结合,才能使国有资产在市场中保值、增值。现在这种国有资产不能转让、不能流通、不能上市的状态限制了国有资产的增值。海南改革国有资产管理体制的目的就是要使国有资产走向市场,在市场竞争中最大限制发挥国有资产的重要作用,即主导作用。

(2)改革和完善海南小政府的宏观管理体制,包括计划体制、财政体制、金融体制的改革也要配套进行。

(3)逐步建立完善的市场体系。随着商品市场的逐渐形成,金融市场、科技市场、劳务市场的建立和完善,成为市场建设的一个重要问题。海南省正在成立一个市场规划领导小组,研究市场体系的建立和完善问题。

(4)搞好各项社会配套改革包括社会保障改革、住房制度改革、人事劳动制度、工资制度改革。为此,海南省成立了一个由省长牵头的配套改革的领导小组,把有限的财力用来支持人事劳动制度、工资和住房制度改革。

在市场经济中形成的海南股份制企业[*]
（1993 年 6 月）

❖❖❖❖❖❖❖❖❖❖❖❖❖❖❖❖❖❖❖❖❖❖❖❖❖❖❖❖❖❖❖❖❖❖❖

海南在建省办经济特区之初，就明确地以建立和发展社会主义市场经济为目标，大胆改革传统经济体制。在市场经济环境初步形成的时候，海南又十分明确地提出建立以股份制为主体的现代企业结构。因此，从 1991 年开始，海南大胆地进行了股份制试点，并取得了十分显著的成效。

一、海南股份制企业在市场经济进程中起步

1. 建立了市场决定价格的新机制

海南市场经济起步较早，已经初步形成了宽松的市场经济环境。这为股份制企业的出台提供了重要的前提条件。海南的生活和生产资料价格已基本上由市场来调节；劳务价格也是由企业和市场来决定；外汇调剂市场从 1989 年建立到 1992 年共调剂了 30 亿美元；资金调节市场拆借，5 年累计达 640 亿元人民币。由市场决定价格的新机制的建立，为股份制试点创造了有利的前提条件。

2. 初步形成了各类企业平等竞争的格局

在海南各类所有制的企业不受比例限制竞相发展。5 年来，海南各类企业的发

---

[*] 载《香港经济导报》1993 年 6 月。

展速度比较快,有45个国家和地区在海南设立了4000家左右外商投资企业,全国各地在海南设立8000多家企业,私营企业已达4000余家。1993年4月8日海南省政府颁布了《海南省企业法人登记管理暂行办法》,实行企业依法自主直接登记制度,改革束缚企业发展的一切不合理规定。在海南,所有企业都享受15%的所得税税率;并且,企业经营方式多样化,企业经营范围比较广,一业为主,多种经营。内地来海南办企业,感觉海南环境比较宽松。所有制结构多元化和经营方式多元化格局的形成,为海南实行股份制,推进股份制改革奠定了较好的基础,由此也对下一步改革提出了几方面的要求:第一,不同地区、不同部门、不同所有制形式的企业普遍要求打破原来的行政、所有制的束缚,使企业有相应的独立性、自主性。因此,在客观上要求企业按股份制的方式来进行改造和运作。第二,由于企业的发展比较快,各类企业所具有的可自主支配的生产要素和预算外资金增多,为股份制的发展提供了物质保证,同时也要求寻求新的更加灵活的合作方式,从现在情况来看,股份制是最好的合作方式之一。第三,企业发展到一定规模后,大家自愿组合起来,采取股份化的办法,来进行大的开发项目。

3. 建立新型宏观调控体系

建省办经济特区一开始,海南就实行了以间接管理为主的"小政府、大社会"的宏观调控体系。在省一级基本突破了通行的省级机构模式,机构精简、人员减少,初步实现了政企分开,为企业发展提供了更大的生存空间,促进了市场和经济的繁荣。

在全国比较早地实行了社会保障制度。在海南登记的所有企业,包括私营企业、"三资"企业、国有企业,都按统一的标准参加到社会保障中来,这样就创造了全社会劳动力的合理流动及企业间平等竞争的社会条件。

二、海南股份制企业具有开放型市场经济的鲜明特点

海南是我国市场经济先行试点地区,海南的发展主要是面向国际市场,因而它是典型的开放型市场经济。海南股份制企业正是适应并推进了这种开放型市场经济的发展,具有海南特色。

从1984年海南第一家股份公司开始,近两年经省政府批准,海南已有68家企业步入规范化股份有限公司行列,股本总额近95亿元。这批股份有限公司中,有41家是在原企业基础上经过规范化改组而成立的,有27家是新设立。其中,个人股上市公司有5家,法人股上市公司7家。海南省股份制改革严格按照规范要求操作,股权结构合理。68家股份有限公司的95亿元股本中,国家股占2.15%;法人股占

80.26%；个人股占17.23%。股本总额中,企业原有存量为29.14亿元,占30.86%；增量为65.3亿元,占69.14%。结构比例符合国家及海南省有关法规政策。

1. 海南股份制企业具备了较大的企业规模

通过股份制改革,企业实力显著增强,经营规模迅速拓展。已获批准的68家股份有限公司中,股本金额在1亿元以上的有48家,其中股本在2亿元以上的有10家。股份制企业的高投入为壮大海南经济实力打下了坚实的基础,也为海南企业走向国际市场站稳了脚跟。

2. 海南股份制企业形成了各种形式的多元化投资主体

(1)以全民所有制企业改组设立股份有限公司。如:化纤公司、海药公司、力神公司、省航空公司、金盘实业公司等。通过股份制改组使这些国有企业实现了投资经营多元化,从根本上落实了企业经营自主权,实行了政企分开。

(2)以民营企业改组或发起设立股份有限公司。如新能源股份有限公司在主要发起人中吸收了国有企业的股份,使国有股权的比重超过原有私营企业的股权比重。这种新型的股权结构成为海南股份制改革的显著特点之一。1991年,新能源公司的第一大股东省农行信托投资公司,其国有资产在入股后的一年里,资产规模增长了177%。1992年11月深圳上市后,身手不凡,跻身于深圳股市的龙头行列。

(3)以技术、资本、土地折股三者结合组成股份有限公司。由民源海南公司以资金形式,中国科学院以技术产权折合成股份入股,美亭农业开发区农民把土地50年的合作权转为共同基金,而后把基金折成股份,农民既是企业的股东又是企业的雇员,就地培训就业。在全国首先实现了资本、技术、土地三者结合,具有创新的意义,这是中国城市市场经济和农村市场经济的结合,为发展海南现代农业提供了新经验。1993年4月在深圳上市后,处于股市中上等水平。

(4)以兼并、联营和承包经营来组建股份有限公司。如海南白云山实业公司,是由广州白云山企业集团,通过股份制带来资金、技术、产品、商标、销售渠道来我省兼并、联营和承包经营海南三个国有亏损制药厂,为搞活和改造海南亏损国有企业走出了新路。

3. 海南股份制企业发展紧扣海南省的产业导向

目前的68家股份有限公司中,从事旅游业和从事成片开发的有24家,从事工业的有13家,从事交通运输的有5家,从事市场及城市基础设施建设的有3家,从事金融业的有1家,这批实力雄厚的股份有限公司,已承担起海南亟须发展的一批重点建设项目,对加快海南产业结构的调整和优化将起到巨大的推动作用。

4. 海南股份制企业普遍具有良好的经营业绩

股份制改革将企业推向了市场,使企业的竞争意识和竞争能力都显著提高。海南较早实现股份制试点的 5 家公司,经营业绩普遍良好,投资回报率达 100% 以上,其股票在深圳上市后,连创佳绩,令全国资本投资者刮目相看。

三、股份制企业成为推动海南市场经济发展的中坚力量

1. 股份制企业已逐步成为海南经济的主体企业

(1)这 68 家股份制企业规模比较大,其中净资产在 1 亿元以上的就有 48 家,在 2 亿元以上有 10 家,最大的 5.8 亿元。这在海南企业的历史上是没有的。

(2)股份制企业体制灵活,适应市场机制的需要,在市场经济中发挥了很好的作用。

(3)68 家股份制企业的产业结构化较合理,以旅游业综合开发和成片开发为主的企业占 36.36%,投资于工业和交通运输业的企业占 27.27%,从事市场设施及城市基础设施建设的占 4.55%,这三项共 68.18%。

(4)股份制企业效益好,竞争能力强。

2. 海南股份制企业已成为海南重点实施项目的主力军

现在海南 15 个重点旅游项目中,有 6 个项目由股份制企业承担,占 40%。68 家股份制企业承担的国家和省立项的重点项目已达 40 多个,以成片开发为主的企业有 12 个。

3. 股份制企业为海南吸引建设资金开辟了一条渠道

1992 年,海南通过股份制改革,吸引外省法人参股和社会闲散资金 39.18 亿元,相当于海南省外引内联实际投资的 60%。

4. 股份制企业开始成为海南纳税大户

1992 年,仅新能源、化纤、港澳实业和珠江实业 4 家上市公司所缴纳的销售税和所得税总额就达 4853.89 万元,户均 1213.47 万元,是海南全省企业平均水平的 200 多倍。

5. 股份制企业成为国有资产保值与增值的重要而有效的途径

股份公司通过清产核资、产权界定,明晰了国有资产的产权关系,不仅能保证国有资产的完整和安全,而且使国有资产随着企业经济效益的提高和资产规模的扩大而升值。1992 年海南 4 家上市公司的国有资产平均增值 128%,其中最高的达177%,远远高于现有企业的国有资产增值比例。

四、目前存在的问题

1. 内部发行股票问题

1992 年,海南省政府为了保证股份制试点的顺利推进,推出了关于企业内部发行股票的暂行规定,规定社会特定公众即同企业有业务联系的单位和个人都可以购买这个企业的股票。这基于两方面的考虑,一是发行股票一开始就要注意并强调规范化。因此在发行对象上应考虑到有一定的社会性。但是,限于当时的条件,又不能向全社会公开发行股票,只能采取内部发行股票,因而允许凡是与企业有联系、有业务往来的单位和个人都可以购买该企业的股票。二是海南在股份制试点中可以进行一些探索。内部发行股票在原来没有规定的情况下以及今后还要搞的前提下,内部发行股票也可以规模适当扩大一点。这是可以研究、可以探讨的问题。

2. 关于股票市场

股票一级市场和二级市场有密切的联系。股票一级市场到了一定规模以后,没有相当的二级市场,必然要出现黑市场交易;没有二级市场的配合,整个股份制改革也缺乏动力。因此,应积极创造条件,争取建立股票的二级市场、证券交易中心、股票交易中心,推动股份制试点向深层次、规范化方向发展。

3. 关于公开发行的问题

现在公开发行股票的限制较多,一是规模要受限制;二是公开发行的总原则是要能够在上海、深圳异地上市的企业才能做公开发行的试点。完全用异地上市的标准来搞,会影响股份制试点的规模和范围。

4. 关于异地上市

深圳、上海证券交易所,目前不是全国的或区域的交易所,如果全国的股票要到异地上市,这两个交易所要变成全国的两个证券交易所,首先在体制上要理顺,另外现在还存在税率不同以及其他的很多差异。

五、海南下一步股份制试点的主要考虑

海南在改革方面总的考虑是以股份制改革为重点,加快各项改革的步伐。

1. 以股份制为重点,加快海南省重点产业重点项目的开发

海南的开发建设需要大量的资金,一部分要通过股份制、发行股票的办法来解决,要通过股份制加快国营企业的改造。扩大股票一级市场的同时,培育股票的二级市场,为建立完善的股票二级市场创造条件。进一步加强股份制改革中法制化、制度化建设。最近准备公布股份制管理条例,实践一段以后,用立法的形式确定下来,围绕着股份制,相应地要进行一些配套改革。

2. 进一步改革和完善小政府的宏观管理体制

计划体制、财政体制、经营体制的改革要配套。

3. 逐步建立完善的市场体系

随着商品市场的逐渐形成,金融市场、技术市场、劳务市场的建立和完善,成为市场建设的一个重要问题,海南省正在成立一个市场规划领导小组,研究和规划市场体系的建立,以积极发展社会主义的市场经济。

4. 其他社会配套改革

社会保障制度改革、住房制度改革、人事劳动制度相互牵连,要配套进行工资制度改革,为此,成立了一个由省长牵头的配套改革的领导小组,尽快提出各项方案并逐步推开。

海南完全有条件在改革方面走得快一些,尽快建立比较完善的社会主义市场经济体制,以适应特区建设的需要。

海南加快产权制度改革的实践[*]

（1994 年 3 月）

◇◇

海南的实践说明，向市场经济过渡最关键的问题是要加快产权制度改革。如果产权制度改革的问题不解决或解决得不好，向市场经济过渡的很多问题就解决不了，弄不好还会走弯路。在当前五大宏观经济改革方案出台以后，更要从改革的全局来认识产权制度改革对于整个改革全局的影响和作用。

海南办经济特区只有 6 年的历史，经济社会发生重大变化，重要的在于通过建立完善市场经济体制保持了自身的活力和由此产生的吸引力。海南在建立市场经济体制中，始终把产权制度改革作为关键，使市场经济体制建立在坚实的基础之上。

一、实行自主企业制度，加快企业产权独立化的进程

在这个方面最重要的实践是三条：

1. 允许各类企业不受比例限制，自主发展

6 年来，海南企业发展的速度比较快，各类经济成分的企业不受比例限制，大家自主登记，自主发展，平等竞争。就是说，谁来办企业都欢迎，所有企业都是一个政策。

---

[*] 载《海南日报》1994 年 3 月 11 日。

2. 把企业审批制改为自主登记制

自主登记制度,不仅是一个登记方法的改革,更是一个企业制度上的重大改革,因为在实行自主登记制度的时候,有 4 个方面的情况发生大的根本性的变化:

(1)登记时不按所有制登记,而是按照已经公布的《股份有限公司管理条例》、《有限责任公司(或合伙公司)管理条例》登记。

(2)经营范围,除了金融、保险等特殊行业以外,包括房地产在内的经营范围全部放开。

(3)登记时不再有主管部门、挂靠部门。

(4)注册资金,"分批注入"。所以,企业自主登记制使得企业能够自由发展,平等竞争,是解放和发展企业的关键一步。

3. 最近两年明确提出逐步建立以股份制为主体的现代企业结构,取得了重大进展

海南和其他地方有所不同,是个新建的小省,过去基础相当薄弱,国有企业特别是大中型企业很少,完全可以快步走出一条以股份制为主体的现代企业体系的路子。

目前,有几个不同的认识还需要进一步解决。第一,如何认识国有经济的主导作用,海南作为一个省,要不要以公有制为主体?海南的基本提法是以公有制或者是国有经济为主导。所谓"主导",主要指的是两方面,一是在产业结构方面,国有资产投向基础产业、重点项目。即便是基础产业、重点项目,也积极鼓励用股份化的办法来搞;二是效益,就是国有资产投向基础产业也要讲效益,也能够参与市场竞争。所以,讲主导作用主要是方向和效益两方面。第二,如何正确引导和扶持非国有经济的发展问题。这是十分现实的问题,一个是发展问题,一个是保护问题。第三,股份制在海南认识很统一,实践中还有一些问题。如何真正建立起一个以股份制为主的企业结构,现在在这个问题上还有一些实践问题需要解决。

二、由价格市场化逐步向要素市场化过渡

在价格市场化方面,海南 1988 年一建省就着手粮食价格改革,1991 年初步完成粮食价格改革任务。到 1992 年年底,生产资料价格也已经全面放开,整个商品价格市场化问题就初步解决了。

在要素市场化方面做得比较好的,一个是劳动力市场。海南这些年的起步,虽然

外来企业的引进相当重要,但与此同时引来了一大批高素质的劳动力。现在基本实现了劳动者自由择业,并且是通过劳动力市场达到自由择业。二是产权交易市场。产权交换、产权流动和重组是产权制度改革的重要内容,这些活动都必须通过产权交易市场来进行。经过多年探索,建立海南产权交易市场已形成明晰的思路,产权转让办法已经实施。1994 年海南的产权交易规模、数量都会有更大的发展,产权交易市场将十分活跃。如股权、专利权、固定资产将进入市场流通,国有存量资产也要通过产权交易市场重新配置。海南正积极创造条件,使更多的股份有限公司参与法人相互持股试点。目前,一些企业兼并活动正在酝酿和实施中。

三、由实施企业社会保障制度向建立全社会统一的社会保障体系过渡

海南作为全国社会保障制度改革试点省,1991 年 1 月 1 日正式出台了社会保障制度改革方案,实行以社会公积金为主,以个人账户为辅的新的社会保障体系。并且解决了一个最大的问题,就是无论是私有企业,还是国有企业,也包括"三资"企业、民营企业,都要参加到统一的社会保障体系中来,而且标准完全一样。今年又前进了一步,把党政机关也包括进来了,就是党政机关的工作人员也跟全社会一样,按照一个标准参加社会保障,这样,社会化的问题解决了。原来的设计,个人账户这部分也引进了产权理论,这一部分对于调动缴费者的积极性,对于实行适合我国国情、以公积金为主、个人账户为辅的社会保障体系是比较有利的。由于现在对这个问题的看法不同,海南的方案又做了些调整。不管怎样,需要从我国国情出发,认真研究个人账户问题。

四、以产权制度改革推动深化农村改革

在海南的农村改革方面, 也要贯彻产权理论。我们 1990 年提出承认农民对土地的产权问题, 但是一直没有推行。1991 年搞了一家股份制试点, 选择了一个乡, 把农民对土地的使用权折合入股, 使农民全部成为这个股份公司的雇员, 同时又是股东; 中国科学院以 10% 的技术产权入股; 企业以资金入股。实践证明, 这种形式对于发挥农村的土地效益, 提高农民的积极性, 都有极大的好处。最近成立的股份公司, 涉及到土地的时候, 主张农民以土地使用权折合入股, 量化到每户头上。这是下一步改革中把产权理论贯彻到农村改革、股份制改革中的一个很大的问题。

五、政府改革

以上所有这些改革,在很大程度上规范了政府的行为。海南由实行"小政府"行政管理体制向以法制为主的宏观管理体系过渡。目前,企业对政府行为的反映比过去要好得多,特别是最近两年加快了立法,把政府行为尽可能用法律规范下来。

海南的情况说明,独立的产权制度,或者是促进产权的合理流动,这是自主企业制度的根本问题;是形成市场价格合理化的重要基础;是建立新型社会保障制度的重要部分;是深化农村改革的一个关键性的问题;是调动劳动者积极性的重要因素。产权制度改革是贯穿在改革实践中的基本性、根本性、方向性的问题。

以产权制度改革为重点，
加快建立和完善海南市场经济体制[*]

（1994 年 1 月）

◇•

一、产权改革是深层次、涉及面广的改革

中国加快向市场经济过渡，在很多改革方面都直接或间接地涉及到产权制度改革问题。产权制度改革已成为影响改革全局的关键性因素之一，成为建立完善市场经济新体制的迫切要求。

1. 企业的现状迫切要求加快产权制度改革

我国的企业改革已有 15 年了，这期间经过了放权让利、承包经营责任制、利改税、转换企业经营机制四个阶段。不可否认，企业改革取得了重大成效。但是也应当承认现实。目前，国有企业经济效益差，亏损状况十分严重，真正赢利的只占企业总数的 1/3。国有企业的这种状况有多方面的原因。其中重要的一点是产权制度改革相对滞后。到目前为止部分国有企业，法人财产制度还没有建立起来，没有成为自主经营的经济实体和完全独立的法人实体，不能对企业的所有资产承担全部责任。对那些能够兼并、能够破产、能够转移存量、能够在市场上进行交易的产权制度改革进

---

[*] 在"1994 年海南省理论研讨会"上的论文，1994 年 1 月 20 日。

展较慢。因此,不能发挥国有企业资产存量的效益。现在提出建立以产权制度改革为基础的现代企业制度,这是对 15 年企业改革经验的正确总结和重大突破。现在看来,要加快企业改革,特别是国有企业改革,非以产权制度改革为重点不可。就是目前的乡镇企业、股份制企业,也有一个产权关系进一步清晰化的问题。

2. 加快产权制度改革是加快市场建设的迫切要求

要发展技术市场,重要的前提是要承认知识产权。没有知识产权这个基础,技术市场是很难搞起来的,是活跃不起来的。规范和发展房产市场,如果不承认广大居住者的房产产权,房产交易也要受到很大的制约。要发展资本市场,如果不承认、不保护广大投资者的股权、财产权,那么资本市场也缺乏一个很重要的基础。当然更不用说产权交易市场本身。由此看来,全面加快市场建设也迫切要求以产权制度改革为突破口。

3. 加快产权制度改革是深化农村改革的迫切要求

当前,农村改革面临的问题很多,有些问题相当重要。比如说,农村股份合作经济的发展、农村土地使用制度的改革、乡镇企业的发展等,这些方面改革的基础都在于产权制度的改革。如果不加快产权制度的改革,农村股份合作经济就缺乏最基本的条件;如果不加快产权制度的改革,农民在有偿使用土地期间对土地没有支配权、转让权,不能以多种形式加速开发,土地使用制度改革就搞不起来;同样,要发展股份合作经济性质的乡镇企业,在很大程度上要依靠产权制度的改革。所以,在一定意义上说,深化农村改革,是离不开产权制度改革的。

4. 加快产权制度改革是扩大开放、吸引外资的要求

在现代市场经济的条件下,在我国加快市场经济发展的新形势下,外资投入形式除由企业的直接投资外,还有股本投资和证券投资,并且股本投资和证券投资在外来投资中所占比例将越来越大。如果产权制度改革相对滞后,特别是在某些方面还不允许外资以股权形式加入到一些重点项目中来,或者不开放证券市场的一部分,就很难大规模吸引外资。所以在吸引外资方面,也要以产权制度改革为重点,逐步走到以股本融资和证券融资为主的新轨道。

5. 加快产权制度改革也同社会改革有重要的关系

无论是发展民办教育、民办科技、民办医疗、民办文化,都同相应的产权制度相联系,不在这些方面实现产权明晰化,使投资者对所办的社会事业有支配权、收益权,得

到法律保护,社会改革就很难迈出很大的步伐。

无论从哪一个方面来看,在很大程度上都要求必须要把产权制度改革作为突破口,作为重点。

二、加快产权改革的重要内容

1. 加快产权制度改革最重要的是加快推进公司制改造

推进公司制改造,最有效的形式是股份制,并且要加快产权市场的建设和发展。普遍推行公司制最迫切的就是要加快国有企业公司制改造。除了一些大型企业,特别是国家垄断性企业实行国有独资公司形式以外,其他的都要采取中外合资、有限责任公司、股份公司的形式。对于那些效益比较差、经营不善的企业采取租赁、兼并、破产等方式。对于乡镇企业、集体企业,今后也要逐渐按规范化公司制的办法加以改造。还要引导支持私营经济走到规范化的公司制轨道上来。搞公司制改革的重点,是加快股份制改革的步伐。股份制这两年在吸引内外投资,转换企业经营机制,保证国有资产保值增值,增加财政收入以及重点项目和基础项目的开发等方面,都起到了相当重要的作用。产权组织形式发展到股份公司,它使企业的社会化程度大大提高。因此,凡是有条件搞股份制的,凡是可以用股份制办法设立的,凡是可以用股份制加以改造的都要采取股份制的办法。现在看来,股份制是理顺产权关系,进行产权制度改革的一项行之有效的措施。加快发展股份制企业,要加强股份公司规范化管理,使股份制企业在发展中能够严格约束自己,能够真正对广大股民负责,并使股东对企业有一定的控制力、约束力。

2. 适应产权制度改革的要求,必须加快产权市场建设

要加快产权交易市场建设,鼓励各类产权如股权、专利权、固定资产等进入市场流通,国有存量产权也要通过产权交易市场重新配置。要鼓励企业特别是国有企业的国有资产存量进入市场,使各种类型的国有资产都能够走入产权交易市场,加快国有资产的流转速度。在交易过程中,使国有资产得到最有效的保值增值。

三、产权制度改革需要进一步解放思想

产权制度改革是深层次改革,它触及到计划经济体制最要害的问题,也极大地冲击着我们头脑中原有的某些固定概念,因此要进一步解放思想,转变观念。

1. 要确立法人财产权的新概念

法人财产权是对企业产权的一种概括性表述,中心是确立企业在财产权基础上的独立法人地位。企业是独立的法人实体,对企业财产负全部责任。不管谁出资,包括政府的出资,只对企业负有限责任。企业要真正成为一个具有民事能力,能以自己名义起诉和应诉的法人实体,这样企业才真正成为无上级企业。为此,我们要从根本上改变以往头脑中对企业的传统观念和认识。

2. 要确立公司制新概念

实行公司制,这同传统的企业所有制概念有根本不同。公司制有两个特点:第一,它是以财产责任形式设立的;而不是按所有制和行政隶属关系设立的。第二,公司包含多种经济成分,容纳多种来源的投资。随着产权的流动和重组,财产混合所有的经济单位越来越多,将会形成新的财产所有结构。公有制的主体地位主要体现在国家和集体所有的资产在社会总资产中占优势,国有经济控制国民经济命脉及其对经济发展的主导作用等方面。实行公司制,特别是股份制,所有制概念已经发生了一个重大变化。对此,必须有一个新的认识。

3. 要确立国有资本的新概念

在市场经济条件下,要从单纯追求国有企业的数量,转到追求国有资产的保值增值方面来。搞活企业的根本问题是搞活国有资产,要强调国有资产的经济社会效益,但最重要的是追求它的货币量和价值量。有的人讲现在国有资产的流失很严重。不排除目前股份制改造中确实存在对国有资产低估和个别高估的。但是国有资产流失最重要的原因是现行的国有资产管理体制、国有企业体制已经严重不适应市场经济发展的要求。因此,要用改革的办法来解决根本问题。要把国有企业的概念转变为国有资本的概念。既然是国有资本,那么管理、投资、营运就要有新的形式,就要遵循资本的运行规律。当然也不排除在个别垄断行业还要采取国有独资企业的形式。但总的来看,应尽快确立以多元化国有资本投资为主、单一的国有企业形式为辅这样一种营运国有资产并使之保值增值的新路子。

4. 要确立政府全心全意为企业服务的新概念

在企业普遍推行公司制以后,政府的主要任务要转移到为企业服务上来,特别是为中小企业服务上来。这是政府最重要的职能。特别是今后国有资本委托营运以后,政府要从直接管理企业转到对整个社会一般的管理、对企业的一般性服务上来。

这一点随着企业的发展越来越重要。过去在市场主体不明确,市场环境没有完全形成的前提下,讲转变政府职能是缺乏前提的。现在市场环境形成了,企业的主体地位逐步确立了,加快政府职能转变的基础已初步奠定,这也要在观念上有一个大的改变,以推动政府机构的改革。目前企业还面临着许多困难,如果不想办法为企业多做一点服务工作,多创造一点环境,多创造一点机会,就很难加快发展大好形势。"得企业者得天下"。在加快产权制度改革的同时,政府的职能要确实转到为企业服务上来。

放手搞活和发展各类企业[*]

（1993 年 3 月）

❖❖

海南省 1993 年体制改革工作的基本思想是：以放手搞活和发展各类企业为目标，加快推进各项改革。为了帮助大家研究和讨论我省《1993 年体制改革工作要点》（以下简称《要点》），我想对这个基本思想做三点说明。

一、为什么1993 年体制改革工作要以放手搞活和发展各类企业为重点？

1. 彻底搞活和发展各类企业已成为影响全局的迫切性的关键问题

（1）引进外资。1992 年全国实际利用外资 160 亿美元；广东省为 49 亿美元；我省是 5.32 亿美元，比上年增长 1.4 倍。我省利用外资虽然发展很快，但实际发展水平约为广东省的 1/10，约为全国的 1/30。

（2）固定资产投资。1992 年全国固定资产投资 7300 亿元；广东省为 672 亿元；我省是 87 亿元，约占全国的 1/100，还不及广东的 1/8。

（3）发展速度。1992 年全国国民生产总值人均 1994 元，增长 12%；广东省，人均 3443 元，增长 19.5%；我省人均 2133 元，增长 22.4%；比全国略高一点，比广东还少 1310 元。即使保持 22.4% 的增长速度，我们学广东、赶广东也还是有很多困难。

---

* 在海南省体制改革工作会议上的发言，1993 年 3 月 5 日。

这几个情况说明我省正处在改革开放的关键时期。我们要在建省五年取得显著成绩的基础上,将全省的各项工作特别是经济工作大大向前推进一步,就必须进一步加快改革开放的步伐。

其中的关键问题是企业问题。香港那么一个小地方却有40多万家企业;全省现只有4万多家企业,我们企业的数量少,质量比人家差。在已初步建立起社会主义市场经济体制基本框架的情况下,在投资环境已经得到初步改善的情况下,如果不放手搞活和发展各类企业,我省下一步的发展将会受到很大影响。

当前,我省在经济政策上已不具备明显的优势,搞活和发展各类企业就显得更加迫切。如何搞活和发展各类企业已经成为影响与决定我省经济形势的一个关键问题。更何况我省原有的国有企业基础十分薄弱,企业规模小、效益低。外资企业虽然已经发展到4000家左右,但总的看也是规模小。8000多家内联企业基本情况也是这样。在这样一个基础上,大胆放手搞活与发展各类企业、发展市场经济就显得十分迫切了。

2. 我国体制改革在取得进展的同时还存在影响企业发展的因素

我省经过5年来的体制改革,各方面进展比较大,但目前体制还是束缚和障碍企业发展。最近我们从搞活和发展企业的目标和重点出发,分析企业从开始申报到最后走向国际市场的整个过程,现行体制上存在的各种人为的弊端还相当多。从企业的管理办法、管理制度到企业的自主权等方面的问题比较多。所以,抓住搞活和发展各类企业这个关键,不仅可以起到带动整个经济发展的重大作用,同时也能解决体制上的一些弊端。

3. 搞活和发展各类企业的基本条件比较成熟

(1)通过5年的改革,初步奠定了市场经济发展的基础,形成了市场经济体制的基本框架,在体制上为搞活和发展各类企业奠定了一定的基础。

(2)我省原有的国有企业比较少,规模也较小,搞活与发展企业的包袱不重,完全可以轻装前进。全面搞活和发展各类企业的主要矛盾不是一般的转换国有企业经营机制的问题,而是实现对国有资产管理的市场化的问题。

(3)在近两年的改革发展过程中,我省也出现了一批有竞争力的企业,特别是股份制改革中出现的有实力的企业,为我们搞活和发展企业积累了一定的经验。海南建省办特区之初,中央就给予政策,允许我省放手发展各类企业,允许各类企业平等竞争,竞相发展。从各个方面看,搞活与发展企业的条件是基本成熟的,现在关键是要大胆采取措施,把这件事情真正抓起来。

二、搞活与发展各类企业的主要任务是什么?

1. 在股份制试点的基础上,全面推进股份制

虽然1988年《国务院批转〈关于海南岛进一步对外开放加快经济开发建设的座谈会纪要〉的通知》(国发[1988]24号文件)就提出海南可以进行公开发行股票试点,但由于我们企业基础以及各方面的条件还不具备,直到1990年下半年才真正把这件事提出来,到1991年上半年才逐步开展试点。从一年多的试点情况看,股份制企业与股份制试点确实给我省带来了多方面好处。到1993年2月初为止,我省已批准规范化的股份制企业共52家,股本总额是74.65亿元人民币,其中新发起设立的股份制企业有17家,在老企业基础上改组设立的股份制企业有35家。一年多来,这52家股份制企业在海南发展中起到了良好的示范带动作用,已逐步成为海南市场经济的主体企业和全省重要项目的主力军,并开始成为我省吸引资金、加速开发建设的重要渠道以及地方财政收入的重要来源,是国有资产保值与增值的重要有效的途径。

当然,股份制改革试点中还存在一些问题和不完善方面,但是它的初步实践已经证实了中共十四大提出的"推行股份制有利于实现政企分开、转换企业经营机制和积聚社会资金"。正是在这样的基础上,我省1993年要全面加股份制试点,全面推进股份制,其重要任务是三项:

(1)扩大股份制试点企业的范围,有条件的企业要尽快走向股份制规范化的道路。《要点》提出了扩大试点范围的具体措施。特别是要大力发展法人持股的股份公司以及有限责任公司。少数可以采取社会募集方式,一部分采取职工内部持股与法人持股相结合的定向募集方式。今年要特别鼓励市县加快股份制试点。三亚市已经搞了4家,效果不错。现在琼海申报了2家,文昌申报了1家,通什也在考虑。在一些市县以龙头项目、重点项目为主,采取股份制发起设立的方式和改制方式,对于加快县级经济发展将起到重要的作用。

(2)在扩大股份制试点范围,全面推进股份制的同时,着力培育股票流通的二级市场。最重要的是要抓好法人股的内部转让。第一,可以提高国有资产的回报率;第二,可以使企业通过法人股的转让吸收一大笔资金,扩大企业规模或者上新的项目。

(3)抓紧股份制公司的规范化管理。如果管理不规范,存在严重问题,就会使股份制企业不能很好地发挥作用。这里特别重要的是,国有企业改制为股份制企业,在管理方式上还有一个转变的过程,存在一个规范化管理的问题。如果从企业管理到财会制度不能适应市场经济的需要,股份制企业就不能很好地发挥作用。所以说,管

理能不能到位,是影响股份制企业作用的核心问题。

2. 尽快把国有资产推向市场,实现国有资产管理市场化

《要点》里提出几个方面的问题,包括国有资产管理体制、经营办法以及相应的法规。我省原有国有资产规模不大,但亏损现象很严重。如何适应市场经济竞争的需要把国有资产尽快推向市场,在竞争中最大限度地增值保值,是发挥社会主义公有制经济力量的一个十分紧迫的大问题。国有资产的影响,主要是在市场经济的资产增量问题,而不是搞了多少个全民企业。只有在市场经济的竞争中使国有资产的资本量增大了,才能体现国有资产的力量。要按照市场经济的要求搞活国有资产。有关部门在这方面提出了许多很好的建议。

3. 依据我省转换全民所有制企业经营机制的实施办法,破除一切对企业的不合理规定

最近国务院经贸办、国家体改委联合批复了我省贯彻《全民所有制工业企业转换经营机制条例》的实施办法,这个办法即将公布。从我省情况看,现在要打破对企业的不合理规定,主要问题有三个:

(1)在经营问题上不要以所有制划线。只要哪里有项目,就往哪里投,要放手发展各类企业,为搞活市场奠定基础。今后要逐步破除全民企业、集体企业、私营企业这样一些在经营上的传统概念,逐步形成同市场经济相适应的股份制企业、有限责任公司、无限责任公司、合伙公司这样的新概念。企业以什么形式组合完全是出于经营需要、生产需要,而不是所有制性质的需要。要在这方面解放思想,打破各种人为的束缚,真正将国有资产投到最有效益的项目中去,实现国有资产的回报率大大提高,使国有资产不断增值扩大,发挥社会主义公有制的主导作用。

(2)解除一切对企业的不合理束缚。从企业的登记开始,到企业的经营范围,企业的立项,企业的主管部门,也包括对某些企业的验资,这些问题都要做出明确规定,逐步取消一切对企业的不合理规定。要从企业登记开始,从过去的注册登记制度改为企业依法自主登记。除特殊行业如金融、邮电这样一些行业以外,其他经营项目都可以放开。企业立项,除了国家重要的项目以外,其他的企业立项也要放。企业搞什么项目,不搞什么项目,是企业内部的事情,在某种意义上还属于企业保密的范围。不是国家与省的重点项目,不需立项的,就不要立项。企业的主管部门制度要逐步取消,使企业真正成为无上级主管部门的企业。

(3)把本来属于企业的权利统统还给企业。落实转换经营机制实施办法中的14条自主权,凡是应由企业自主决定的权利都要还给企业。

三、加快配套体制改革

根据放手搞活和发展各类企业的目标,《要点》中提出了各项配套改革措施。最重的要配套改革就是政府转变职能、市场建设、社会配套改革。

1. 政府职能转变

关于政府职能转变,就是要以一切有利于搞活和发展各类企业为目标来转变政府职能。政府是为企业服务的,要以是否有利于搞活和发展各类企业来衡量政府职能的好坏,确定哪些职能应当保留,哪些职能要取消。在转变政府职能的同时,积极稳妥地进行机构改革的同时,把现在的行政性公司逐步转变为经济实体。近年来由于某种情况的变化,又将一部分经济实体赋予了行政管理的职能,但还要逐步将它们转为经济实体。

县级机构改革的任务相当重。建省之初,1988 年曾提出县和省一样搞"小政府、大社会",但由于县级经济发展有个过程,县级机关干部的出路是个极大的问题,所以县级机构改革还没有出台什么大的动作。中央编委 1992 年开会确立了县的机构编制数和人员编制数。按照中央的编制数,我们的差距很大。从我省情况看,县级机构改革不可能一步到位,有一个转变职能和县级经济发展的过程。只能在县级经济发展过程中逐步实现这个要求,特别是少数民族地区,应当适当照顾。

政府转变职能的另一个重要问题是国家事业单位问题。我省现有 350 多个事业单位。如何按中央要求,逐步将有条件的事业单位实行企业化管理、企业化经营,这是一项很重要的任务。现在 18 万干部中,事业单位占的比例相当大。

2. 市场建设

市场建设最迫切的问题是提高市场的组织化程度。现在全省有 549 个集市贸易市场,应当说是比较活跃的。但是,能够带动生产,有规模的、能够连结国际国内两个市场的,现在还基本上没有形成。各类集市贸易市场的组织化程度比较低,所以今年重点是要提高市场组织化程度。

市场建设各方面都很重要,但最重要的是商品批发市场和金融市场。如何搞活金融市场对于整个发展相当重要。我省金融市场是比较活跃的, 短期资金市场拆借资金达到 500 多亿, 外汇拆借市场 4 年多来达到 26 亿美元。这对于活跃经济生活是相当重要的, 但是随着经济的发展, 金融市场的建设已经成为市场建设的重要问题。

3. 社会配套改革

企业不能真正走向市场,有些不是企业的问题,而是有些外部条件还不具备。比如住房制度改革,由于历史原因,我们住房制度改革出台拖了一段时间,到 1992 年年底才上报,国务院正式批复了。今年要根据不同情况,积极稳妥地全面推出住房制度改革。社会保障制度改革要加大保障的覆盖面。例如,事业单位如何参加社会保障,党政机关如何参加,农垦如何与全省的社会保障统一起来,也是要解决的大问题。

配套改革还有个干部人事制度改革,有关部门正在具体做这件事,怎样配起套来,企业的干部制度怎样改,打破企业干部与职工的身份界限,这里还有一系列问题需要解决。这些配套改革搞好了,对于搞活企业、发展企业将会起到重要的保证作用。

《要点》还将农村改革和农垦改革作为一项重要问题提了出来。1993 年要以放手搞活和发展企业为目标,加快各项改革。如果将这个关键问题抓住了,肯定会大大促进我省经济的全面发展。

坚持实行"小政府、大社会"的体制方向

"小政府"的主要功能是保障社会经济运行的外部环境,维护市场规则,进行经济预测和制定发展计划,开展公开协商对话,保护公共财产,举办公共工程,保护生态环境等。

"大社会"的新体制是同商品经济发展和民主政治建设相适应的、以大市场为基础的、自我调节、自我发展的新社会结构和有效的社会运行机制。

"小政府、大社会"新体制包括的主要内容是:党政分开、政企分开、精简高效、法制健全、下放权力。

——1988 年

建立和实行"小政府、大社会"新体制[*]

（1988 年 6 月）

◆◆◆

海南建省办经济特区，建立和实行"小政府、大社会"的新体制，引起了人们的普遍关注。海南省为什么必须执行"小政府、大社会"的新体制？其主要内容有哪些？今后如何建立"小政府、大社会"？这些都是大家普遍关心的问题，应当做出必要的说明。

一、海南为什么必须实行"小政府、大社会"的新体制

海南实行"小政府、大社会"的新体制，主要是由两方面因素所决定：

1. 由建省办大特区的基本任务所决定

实行更加灵活、特殊的政策，运用国际国内一切成功的经验，发展生产力，发展商品经济，是海南建省办大特区的一项基本任务。商品经济发展水平的高低，决定着政府职能范围的大小。从一般规律来说，商品经济愈发达，政府的职能范围应愈小，政府的组织机构愈少。反过来说，若要使商品经济有一个更大的发展，就必须使政府职能范围相应缩小，充分发挥各种经济组织和社会组织的积极性、创造性。

建国以来，我国历次机构改革，都力图建立精简高效的"小政府"。但是，由于不

---

   [*]　向海南省工委的汇报稿，1988 年 6 月。

具备商品经济发展这个基本前提,对政府的职能、结构、行为方式都缺乏自觉的认识;对全社会的各项事业习惯于统包统揽,不愿放手给"大社会"成员自己去做。因而,政府机构改革不可避免地要走上"精简—膨胀—再精简—再膨胀"的路子。总结这个历史经验,可以得出这样一个结论:政府机构改革必须以商品经济发展程度为基本前提。按照商品经济发展的需要,政府机构改革必将或早或迟地走上"小政府"的轨道,对于海南来说,这个"基本前提"正在逐渐形成。因此,在建省办大特区的初期,我们必须实行党政分开、政企分开,建立"小政府、大社会"的新体制。

2. 由海南特定的政治、经济条件所决定

海南建省办大特区,是在全国深化经济体制改革,全面展开政治体制改革的特定条件下提出来的。因此,海南在建省一开始,就应当按照中央关于深化经济体制改革和全面进行政治体制改革的要求来设计"小政府、大社会"的新体制。

(1)海南将实行多元所有制结构,不规定以哪一种所有制为主。国有企业、集体企业、个体企业、外资企业、合资企业等,都要依照法律规定实行平等竞争。在这个前提下,政府主要的功能是:保障社会经济运行的外部环境,维护市场规则,进行经济预测和制定发展计划,开展公开协商对话,保护公共财产,举办公共工程,保护生态环境等。就是说,同海南经济成分发展相适应的政府,应是办好自己应办事情的"小政府",它不可能对整个社会经济发展统包统揽。

(2)海南的体制改革是以发展大市场经济为背景的。要加速海南的经济发展,必须下放权力,充分调动各方面的积极性。个人、企业以及各种社会组织能够依法决定自己范围的事,以充分发挥它们的经济自主权和自我管理功能,逐步实行广泛的民主自治、民主管理,搞"大社会"、充分发挥"大社会"自我调节的功能。

二、"小政府、大社会"包含哪些主要内容

根据中共十三大关于政治体制改革的基本要求,结合海南省当前的具体情况,"小政府、大社会"的新体制至少包括这样五个方面的内容:

1. 党政分开

"小政府"首先应是能独立负责的高效率的政府工作系统。为此,必须实行党政分开。党的组织不干涉属于政府职权范围的事。这是建立"小政府、大社会"的基本前提。

(1)海南省委的工作机构没有设置与政府重叠的对口部,只设置了办公厅、组织

部、宣传部、统战部、体制改革研究室等五个职能部门。

（2）不设不在政府任职而又分管政府工作的省委专职副书记、专职常委。

2. 政企分开

海南办大特区,要实行多种经济成分共同发展的经济制度,要大力发展"三资"企业,发展外向型经济。与此相适应,必须实行政企分开。这是建立"小政府、大社会"的关键所在。

（1）按照发展商品经济的内在要求,转变政府职能,建立合理的政府结构。现在把政府结构分为 4 个系统、26 个工作机构。

——政治保障系统:包括监察厅、公安厅、国家安全厅、司法厅、法制厅。

——行政事务和社会服务系统:包括办公厅、人事劳动厅、外事办公室、民政厅、民族宗教事务委员会、教育厅、卫生厅、文化体育厅。

——经济监督和调节系统:包括财政税务厅、经济监督厅、人民银行。

——经济发展与组织系统:包括贸易工业厅、交通运输厅、农业厅、科学技术厅、建设厅、环境资源管理厅、经济合作厅、经济计划厅、省人民政府口岸管理办公室。

此外,省政府还直接管理社会经济发展研究中心。

（2）发展经济实体,搞活经济。把原行政区 11 个专业经济管理部门和 8 个行政性公司,都改为相应的企业化经济实体,以切实实行平等竞争的原则。

3. 精简高效

机构精、人员少、效率高,这应是"小政府"的基本特点。现在,海南省现行省直属党政常设机构,是全国当前最精简的省一级机构,共设 42 个厅级单位(二级机构和虚设机构不包括在内),省直属党政机关人员编制,除编制单列的公检司法及安全部门外,控制在 2600 人以内。与建省前原海南行政区相比,包括原行政区没有、建省后新设的人大、政协等 9 个厅级机构在内,现在的省属党政机构,比原行政区减少 25 个,人员编制减少 520 人;与全国各省相比,海南省直属机构约减少 1/3 到 1/2。海南省党政机关机构设置及机关工作人员编制之少,全国罕见,是一个名副其实的"小政府"模式。

4. 法制健全

"以法治岛"是建立"小政府、大社会"的正确方向。中央赋予海南人大很大的立法权,海南省人大及其党委会成立以后,将抓紧各项立法工作,并将聘请海内外有立法经验的人士参加立法工作,尽快使海南省的工作走上法制化、制度化的轨道。

5. 下放权力

下放权力,就是个人、企业、社会组织能依法决定自己范围内的事情,这是实行"小政府、大社会"的重要途径。

(1)随着海南所有制结构、社会结构的变化,要逐步建立和培育各种类型的社会组织,建立和完善社会协商对话的制度,拓展对话渠道,充分发挥社会组织在经济生活、政治生活、文化生活和社会生活中的作用,提高政治透明度。

(2)逐步确认和确保企业的自主权,使企业能够自主经营、独立核算、自负盈亏、自担风险,有权依据法律规定本企业内的一切事务。

(3)工、青、妇、科协、文联、侨联、台联等群众团体,由"官办"向民办过渡,逐步做到领导人自选,经费自理,活动自主。其编制不列入党政机关序列。

三、如何建立"小政府、大社会"新体制

实行"小政府、大社会"的新体制,是有一个逐步发展过程的。这里既有一个总结经验,进行充分的理论论证,使其规范化、具体化的问题,也有一个条件逐步成熟的问题。因此,要着眼于目前的实际情况和需要,逐步推进。

目前,海南省"小政府"已初步建立并开始运转。这是建立和实行"小政府、大社会"新体制的第一步。"小政府"启动后,要求"大社会"体制改革相应跟上。如果"大社会"不与"小政府"相配套,"小政府"也很难运转和巩固。下一步应当解决的主要问题为:

1. 政企分开问题

政企分开一方面是构筑"大社会"框架的重要步骤,另一方面又是保证"小政府"健康发育的后续手段。政企分开是一个难度更大的问题。其一,从全局来说,政府如何管经济,尚未十分清楚;其二,已经清楚的部分还需要进一步规范化、制度化。政企分开的程度决定着"小政府"的发育程度。

目前,至少有三个问题需要进一步探索和解决。

(1)国有资产管理问题。如果拿不出解决这个问题的有效办法,不管政府机构如何"小",政府的职能转变解决不了,政府还会直接把自己的"手"伸到企业去。经过一个阶段,"小"就会变"大",这个问题十分复杂,涉及很多方面。但是由于它是实现政企分开的关键所在,又必须大胆地进行改革。

(2)如何把11个专业主管局改为经济实体,这也是一个很复杂的问题。如果搞

不好,很可能名称变了,但职能却没有改变,政企关系没有真正解决。

　　(3)如何把 8 个行政性公司改为真正自负盈亏的企业集团。不彻底解决这个问题,既解决不了政企分开的问题,也不会形成平等竞争的局面,企业、市场就活不起来。

2. 政府工作人员素质和工作效率问题

　　"小政府"的工作机构建立起来了。由于工作机构增减,各部门面临着大量的工作要做,这就相应地要求"小政府"的工作人员具备与相应的素质和工作效率。因此,必须改变旧的思想观念和旧的工作方法,使工作人员素质和工作效率有一个较大的提高。这样才能使"小政府"机构高效有序地运转起来。所以,在海南"小政府"工作机构建立起来后,当务之急是加快政府工作人员的培训,尽快推行国家公务员制度。

3. 立法问题

　　建立"小政府、大社会"的新体制,必须抓紧进行立法。这对海南来说主要有两方面的意义:第一,是防止政府由"小"变"大",要制定行政编制法、行政组织法,行政预算控制法(条例),形成对政府的硬性约束机制;第二,是理顺各方面关系,顶住来自各方压力的根本措施。海南的"小政府"不是与中央机关简单对口的"政府"。因此,它与中央各部门、各方面的关系比一般地方政府更复杂。若能制定一套科学的法律(条例),将有利于处理好"小政府"与中央各部门的关系。

　　至于如何建立和实行"大社会"新体制,是一个十分复杂的问题,还有待于从各方面进行认真深入的探讨。

海南实行"小政府、大社会"的
方向没有错*

（1990 年 1 月）

◇◇◇

两年前,海南省公布实行"小政府、大社会"新体制,曾引起国内外的极大兴趣,成为来海南考察的热门话题。两年来,海南实行"小政府、大社会"的实践结果怎样,人们有不同的议论和说法。这些议论和说法大体是两种意见,一种意见认为海南实行"小政府、大社会"的方向是正确的,并且取得了积极的成果;一种意见认为海南实行"小政府、大社会"不符合实际,行不通。到底哪一种意见更全面一些,更符合实际,需要做深入分析。

一、实行"小政府、大社会"的方向是正确的

实行"小政府、大社会"是党政机构改革的试验,这个试验符合我国经济体制改革和政治体制改革的要求

中共十一届三中全会以后,中国进入改革开放的新时期。经过几年的探索,1984年中共十二届三中全会关于经济体制改革的决定中提出了要实行社会主义有计划的商品经济。这样,就不能不对实行了几十年的、同传统的计划经济体制相适应的政府机构进行改革。从 1984 年以来,我国各级党政机构先后进行改革。但总的来说,这

---

* 载《新世纪》1990 年第 2 期。

个改革还处在起步摸索阶段,尚未完全走出一条新路。

正是在这样一种情况下,海南建省办全国最大的经济特区。中央要求,海南建省后各级机构的设置和人员编制的确定,要符合经济体制和政治体制改革的要求,要坚持党政分开、政企分开,机构要小,要多搞经济实体。机构的设置要突破其他省、自治区现在的机构模式,也要比现在的经济特区机构更精干、高效,实现"小政府、大社会",使海南省成为全国省一级机构全面改革的试点单位。

正是在这样的历史背景下,海南实行"小政府、大社会"引起国内外各方面的普遍关注。前来考察者络绎不绝,他们希望从中得到启发和借鉴。大多数考察者的基本态度有两个,一是普遍给予肯定,认为海南政府机构小,人员少,改革步子迈得大,有成效;二是认为这个体制搞起来不容易,希望坚持到底,不要半途而废。从这个意义上说,"小政府、大社会"不仅是海南的问题,也是全国改革进程中的重要问题。

海南实行"小政府、大社会"的方向没有错。这个判断是有充分根据的。第一,实行"小政府、大社会"的基本前提没有变。党中央、国务院决定在海南办全国最大经济特区,实行更加特殊的政策,是实行"小政府、大社会"的基本前提。所谓更加特殊的政策,其中就包括"小政府、大社会"。第二,"小政府、大社会"的基础条件没有变,海南要逐步建立有利于商品经济发展,以市场调节为主的新体制框架,这是实行"小政府、大社会"的基础条件。第三,"小政府、大社会"体制在实践中发挥了重要作用。它在培育市场机制,促进经济发展,发挥社会功能等方面大有可为。许多投资者反映,在海南办企业比其他地区有大得多的经营自主权。这些在"小政府、大社会"体制初创时期取得的成就,应从根本上、方向上加以肯定。

二、实行"小政府、大社会"不可避免地会遇到一些矛盾和困难

实行"小政府、大社会"是一种试验,并且是一个不同于传统体制的试验。那么,在它实施过程中,特别是初期,碰到的矛盾和困难肯定会不少。问题在于,要以积极的态度去克服这些矛盾和困难,而不能一遇到矛盾和困难就打退堂鼓,走回头路。在"小政府、大社会"实践中,碰到的矛盾和困难会很多。

1. 海南实行"小政府、大社会"同中央各部门的矛盾

海南实行"小政府、大社会"之始,中央就明令各部门要支持海南的"小政府、大社会",规定凡是涉及海南经营管理权限的问题,要由国务院统一下文。要实现中央的这一要求,理顺海南与中央各部门的关系,需要一个过程,要做许多具体工作。各

种矛盾和困难的出现是必然的。例如,有的部门从有利于条条工作出发,提出这样或那样的要求,甚至以不对口为由,减少或取消应给予的某些支持。海南省某些部门也以此为理由,要求扩大机构,增设编制。看来,不理顺海南同中央各部门的关系,"小政府、大社会"的运转就会有这样或那样的难处和问题。

如何理顺这种关系,出路无非三条:第一,采取根本性措施,即设立海南第二关税区,海南同中央各部门脱钩,直接对中央、国务院负责,以彻底解决矛盾。当然,这需要时机和条件。第二,退回老路上去,这是一条上下都习惯的老路,各路人马都驾轻就熟。但是,实践证明,这条老路是行不通的,是没有前途的。第三,对"小政府、大社会"做某些调整。在坚持基本方向不变的基础上,做必要的调整,以适应目标的现实,取得中央各部门的支持和帮助。当然,还需要多做解释说服工作,争得中央各方面的理解和支持。

2. "小政府、大社会"同市场经济比较落后的现实矛盾

"小政府、大社会"能不能坚持下去,从不同的角度可以得出不同结论。从海南发展外向型经济、培育市场体系、办大特区角度看,可以得出肯定的结论,而从"贫困宝岛"的现实和自然经济、计划经济还占大头的角度来看,则可以得出否定的结论。这是一个两难的课题,反映出"小政府、大社会"同海南现实的矛盾。解决这个矛盾的办法有一个,即要区别不同情况,不搞一刀切,该"放"则放,该"统"则统,该"大"则大,该"小"则小。有的方面可以市场大于计划,政府职能要弱化,有的方面要计划大于市场,政府职能要强化。比如对农业的领导,目前一下子搞"小政府、大社会"的领导方式尚无可能,那么,就需要在"大政府"体制下加速农村商品经济发展,而后逐步向"小政府、大社会"过渡。这比"拉郎配"效果好一些,"阵痛"小一点。

3. "小政府、大社会"同市场机制发育不足的矛盾

"小政府"的基础是"大市场",但从目前的情况看,由于各种主客观原因,这两年海南市场机制的发育没有原有预料的那么快。这就决定了"小政府、大社会"的实现要有一个过程,很难一步到位。

4. 实行"小政府、大社会"同政府工作人员管理水平和管理能力不相适应的矛盾

"小政府、大社会"的主要特征是人员少、效率高。这就要求政府工作人员熟悉政府职能,有较高的业务水平。但是从实际情况看,还存在相当大的差距。加上各项工作制度、行政法规不健全,难免出现这样或那样的问题,影响"小政府"的功能。因

此,要下大决心,抓紧抓好干部的培训工作,强化干部的管理水平和管理能力,这是一项极大的、紧迫的任务。

三、实行"小政府、大社会"关键在于解决好两大问题

由于海南目前的经济基础还比较薄弱,由于海南市场机制的发育要有一个过程,因此,实行"小政府、大社会"不可能指望"一步到位",必须面对现实,在坚持的前提下进行适当的调整。从实际情况看,"小政府、大社会"的调整、完善,主要涉及两个问题。一是依据现阶段经济发展的需要进一步明确"小政府"的职能,二是如何理顺同中央各部门的关系。

1. 有效划定小政府的职能界线

一般来说,政府的基本职能有 4 项,即管理、监督、保障、服务。"小政府"的职能也大体包括这样 4 个方面。问题在于:

(1)"小政府"如何履行管理职能。宏观管理怎么管? 计划管理要不要? 占多大比例? 在对农村管理和对城市经济管理上要不要采取不同手段和方法? 只有把这个问题真正搞清楚,"小政府"才能正确而有效地发挥管理职能,同"大政府"的管理职能有所区别。

(2)在减少计划管理的同时,必须大大强化监督职能。在培育市场机制的同时,监督手段跟不上,就会出现各种问题。当前出现问题以后往往不是从监督方面总结经验,而是习惯于强调扩大计划管理范围,试图用老办法解决新问题。结果,问题不能很好地解决,还给"小政府"造成更多的困难。从实际情况出发,"小政府"需要大大强化经济监督部门。这是培育市场机制、扩大市场调节范围的需要,又会对增加财政收入、稳定经济、稳定社会起到重要作用。可以说,越是发展市场经济,越要加强监督职能。

(3)要强化"小政府"的社会保障职能。只有建立有效的社会保障制度,社会才稳定,各项改革,特别是企业改革,才能稳步推开。这是"小政府"的一项重要职能。

2. 有效理顺小政府与中央各部门的关系

关于理顺"小政府"与中央各部门的关系,这是当前一个十分现实的问题。海南设置"小政府",但面对中央政府诸多部门的条条管理,应该怎么办? 如果完全和各部门对口,就搞不了"小政府"。坚持"小政府",就不能搞条条对口。海南建省后,一批原经济主管局转为经济实体。有些单位还或多或少地承担一些行政职能,按原来

的办法继续同中央各部门保持对口联系。这样做的结果,看来弊大于利。容易造成新的政企不分,并且会扰乱正常的市场秩序,形成不了平等竞争的机制。同时,不利于政府宏观管理。为此,应当改变这种做法。同中央各部门的关系,是政府的事情,应当由政府来承担。但又不搞简单对口,可在有关厅局设立必要的二级机构,承担起这个职能,但不宜挂行政机构的牌子,更不宜用公司来取代政府职能。

完善"小政府、大社会"还有许多工作要做,例如,如何发挥行业管理协会的作用等。面对现实的各种矛盾和困难,实行"小政府、大社会"还相当艰巨。应当在坚持和肯定"小政府、大社会"方向的前提下,根据客观情况的变化,争取必要的完善措施。我们对中国改革进程中产生的"小政府、大社会"寄予无限希望,愿它能够在困难与矛盾之中稳步前进,取得成功。

实行"小政府"体制，
强化"小政府"功能[*]

（1991 年 6 月）

❖❖❖

　　海南建省办经济特区，建立并实行小政府的新体制，目的是通过建立一种同市场体制相适应的、新型的政府管理方式。3 年的实践中，"小政府"新体制在运转中由于各方面的原因，还存在许多需要认真研究并加以解决的问题，但是这个体制在实践中已表现出两个明显的特征：

　　第一，机构小，人员少。同原行政区相比，机构减少了 20 个，人员减少了 200 多人；同总人口比海南还少的宁夏回族自治区相比，厅级机构减少了 2 个，人员减少了 1000 多人。

　　第二，初步实现了政企分开，政府计划管理的范围明显缩小，管理方式转变为以间接管理为主。实践中初步显示出小政府体制对于实现以市场调节为主的外向型经济战略的重要的推进和保证作用。

　　在由传统体制向现代体制、内向型经济战略向外向型经济战略的转变中，政府的作用十分重要。小政府如何有效地组织和领导外向型经济发展，如何处理政府与市场的关系，如何将社会经济职能在政府与市场之间合理分配，这是一个需要解决的重大问题。

---

　　* 载《新世纪》1991 年第 6 期。

一、适应外向型经济发展需要,确立"小政府"职能

在实现外向型经济的战略中,小政府扮演着重要的角色。今后一个时期,它的最主要的职能就是采取有效手段,组织发育市场,推进海南市场同国际市场对接的进程。

"小政府"是以大市场为基础,没有这个基础,"小政府"就不可能发挥其应有的作用。因此,"小政府"的首要任务就是积极地推进大市场的形成。按照国际市场的要求,从海南的实际出发,"小政府"在市场形成的过程中,需要做许多方面的工作。主要是:规划市场,有计划、有步骤地引导市场形成;组织市场,积极培育各类要素市场,有领导地放开市场;监督市场,主要采取用经济手段包括必要的法律手段,对市场实行有效的监督,保证市场行为的合理化。市场服务,主要是市场的信息服务,向企业提供正确的市场信号,引导企业参与市场竞争,扩大出口,由此真正做到政府调控市场,市场引导企业。

"小政府"要完成自己的职能转变,必须解决3个问题:

(1)如何创造性地执行中央政府的指令,协调同中央部门的关系。中央政府不要求海南政府同中央各部门直接对口,目的是使海南的"小政府"从办好经济特区的实际出发,创造性地发挥自己的作用。如果"小政府"对于中央政府关于全国经济发展的第一项政策和指令,不加以创造性的运用,对于来自中央各部门的指示和要求不加以灵活掌握,小政府职能的实现就将受到极大的限制。

(2)省级小政府同19个市(县)的关系。海南同其他经济特区有一个很大的不同,它管辖着19个市(县),这19个市(县)在今后很长的一段时间里,由于经济发展程度的制约,还不可能实现小政府的要求。在这样一个基本条件下,既要加强对19个市(县)的领导,又不能用传统的方法领导,这是一个很大的矛盾,但是这个矛盾不解决,小政府就很难实现自己职能的转变。

(3)如何按照小政府的职能要求来规范政府公职人员的行为。小政府在职能转变的过程中,由于各种制度、规范还不健全、不完善,制度的制约力相对比较薄弱,在这种情况下,小政府公职人员的行为特别是政府各部门负责人的行为,会对小政府履行职能的效率发生很大的影响,小政府的公职人员从传统的工作方法转到新的工作方法,也还有一个适应过程。在这个转变时期,如果没有一定强制性的制约,传统的领导方式和工作方法就会经常在新体制中出现。

"小政府"要完成自己的职能转变,一个关键问题就是要根据经济发展和市场发育的要求,把计划管理这一块逐步转为市场调节。例如生产资料市场、粮食市场的建立,都需要政府审时度势,大胆地推进价格改革,否则,市场机制的形成就会十分困

难。由此可见,小政府在市场机制形成中的作用是十分重要的,要实行以市场为主导,发展外向型经济,就需要小政府加速完成职能转变,采用强有力的手段保证自己新职能的实现。

二、建立自我约束机制,保证小政府的精简与廉洁

"小政府"要有效地实施领导,在转变职能的过程中,还需要解决两个问题:第一,防止"小政府"由小逐步变大,从而阻碍职能转变;第二,防止在新旧体制转轨的过程中,少数公职人员腐败行为的滋生与蔓延。

1. 防止"小政府"由小变大

防止小政府由小变大是一个十分严峻的问题,因为有许多因素会促使小政府逐渐向大政府复归:

(1)"小政府"的各个部门特别是经济管理部门会时常以同中央部门不对口,工作不方便为由,要求增设机构、扩大编制;中央有关部门也会经常向海南的"小政府"提出机构对口设置的要求。在这种情况下,如果不考虑小政府的全局,而对这种要求迁就照顾,久而久之,小政府的机构就会逐渐膨胀起来。

(2)在"小政府"同中央各部门关系尚未理顺情况下,会时常发生由于不对口而所需款项难以拿到甚至不能拿到、应该得到的支持得不到的现象,而这些款项和支持对海南的经济发展又十分重要。在这种情况下,会时常因为眼前利益的需要而做出一些让步。

(3)由于"小政府"公职人员的管理能力和管理水平还有一个逐步适应新要求的过程,一些机构的编制不仅暂时压不下来,还有继续增长的可能。

(4)海南同全国一样,每年都要按照上面的政策安排为数不少的人员进入政府部门。这样长期下去,"小政府"公职人员的编制就会被突破。

(5)事业编制增加很快。两年来,省一级大大增加了事业编制,其中一部分是行政化了的事业单位履行政府职能。此外,还增加了一些非常设性的机构,有的还被纳入编制序列,这也加大了政府编制的人数。

由此看来,由于这几个方面的问题,如果不采取十分有效的措施加以限制,用不了太长的时间,"小政府"的机构就会逐步增加,由此影响政府职能的转变。

2. 防范少数公职人员腐败行为的滋生与蔓延

反对和制止"小政府"职能转变中少数政府公职人员的腐败行为,是树立"小政

府"威望、发挥"小政府"作用的十分重要的问题。在"小政府"职能转变的过程中,少数政府职员不可避免地滋长腐败行为。如果在实行"小政府"体制之初不严格地反对和制止政府腐败现象的滋长,就有可能扭曲政府行为,也有可能严重破坏政府形象,使政府不能有效地发挥作用。因此,必须从一开始就把反对腐败的斗争作为"小政府"建设的一项极其重要的任务。

三、建立市(县)与开发区并存的双重开发领导体制

1. 三种领导对象,三种体制

目前,海南小政府面对三方面的领导对象:19个市(县);已经建立和逐步建立起来的若干开发区;拥有100万人口的国营农场。这三种领导对象在体制上有很大差别。

(1)19个市(县)虽然担负某些经济开发的任务,但主要是按照原有方式运转,体制上并没有很大的变化。

(2)开发区则采用的是一种适应外向型经济发展的全新体制。

(3)国营农场是中央的直属企业,受中央和省的双重领导。

小政府如果对这三方面采取同一种领导方式,肯定出现许多难以解决的困难。在这一情况下,如果不从体制上理顺小政府同三方面领导对象的关系,小政府就会陷于各种矛盾之中而无法充分发挥自己的作用。这是一个需要认真解决的问题。

2. 不同领导对象,不同领导方法

解决问题的根本途径是建立市(县)与开发区并存的双重领导体制,也就是要从海南的实际出发,严格界定市(县)若干经济开发区管辖范围,并且尽早加以明确,使小政府直接面对市(县)和开发区两种体制并且实施两种不同的领导方式。

(1)"小政府"同市(县)的关系,应尽可能地放权于市(县)。例如,尽早实行分税制,制定市(县)可自己决定的事项。扩大它们的某些权利,从而使市(县)担负起更大的领导责任。这样做,一方面调动了市(县)的积极性,一方面又使"小政府"腾出相当精力来抓好开发区的建设。

(2)"小政府"对开发区要完全采取新的领导方式。开发区的领导机构作为省政府的直接派出机构,设置要小而精,尽可能地按国际惯例来实施对开发区的领导。开发区的领导机构直接受省政府领导而不分别归于行业的领导。这样就会大大提高开发区管理机构的管理效能,有利于吸引外资。现在的问题是应当尽早按照开发建设

的需要，在全省范围内划出若干不同用途的开发区，而后向国内外公开招标。这样既有利于大规模地吸引外资，又能使土地资源集中化，充分发挥海南土地资源的优势。

"小政府"公共财政政策的确立[*]

（1994 年 11 月）

◇◇◇

财政附属于政府，有什么格局的政府，就有什么形式的财政。海南实行同发展以市场调节为基础的外向型经济相适应的"小政府、大社会"体制，相应的财政体制不可能再是那种政府包揽一切的大财政体制，而只能是一种透明高效的公共财政体制。

一、当前海南财政迫切需要解决三大问题

按照外向型经济战略的要求，目前海南的财政需要解决的问题是：①如何增加财政收入，包括请求中央继续给予拨款及补贴的问题。②如何缩减支出，进而在"小政府"原则下建立新的公共财政体制。这个问题，是全部问题的焦点和症结，是解决财政问题以支持外向型经济的根本出路。③如何协调中央财政与地方财政的关系，以适当的办法解决条块矛盾，并由此增加特区地方政府的自主权。

无论从解决赤字的角度，抑或从发展海南省以市场调节为基础的外向型经济的角度，全部财政问题的中心点都在于：在转变政府职能的同时，改变支出结构，缩减政府开支，实行公共财政政策。简单的低税制仅仅是收入调节上的一种方案，甚至是相对次要的一面。如果不实施公共财政政策，简单低税制的收入政策是没有基础，是不可行的。

公共财政政策，意味着政府的财政支出只限于整个社会中同公共事业相关的一

---

[*] 载《新世纪》1994 年第 12 期。

些开支。这包括三个主要方面：①用于国家安全及政府行政职能方面的开支。②为社会经济活动提供条件和环境的基础设施，并且主要是其中非营利性的，长期不能收回投资并见效的，以及企业和私人力不能及的部分。③一部分社会公益事业和社会保障事业。

二、为什么要实行公共财政政策

1. 实行公共财政政策是解决"小政府"与"大财政"的矛盾，从而健全财政收支体系的必由之路

海南自建省开始，即按"小政府"的原则设置机构，在编制和人员等方面都做了精简，力图在经济体制改革的同时，在政府机构及职能转变上也进行一种新的尝试。但是，与此密切联系的财政支出结构却未能做出相应的转变，基本上沿用传统的方法。即体现为一种大财政格局，财政承担了诸如直接投资，各种补贴等许多直接管理经济的责任。过度的责任必然形成难解的包袱，由此构成小政府设计与大财政格局之间的矛盾。这种矛盾的必然结果是：附属于"小政府"的大财政收不抵支，赤字累累。这种状况如不加以改变，可能会形成恶性循环。改变这种状况不应该也不可能老是依赖中央的援助，根本的办法只能从改革财政体制的角度，即变大财政格局为公共财政政策来谋求出路。

2. 实行公共财政政策是解决财政收支失衡的重要举措

从发展大特区外向型经济的战略目标看，海南财政领域存在的问题的关键不仅仅在于现实的财政收支失衡，甚至不主要是财政收支失衡的问题。如不改变"大财政"格局，不从改变投资主体、引入竞争机制、发展外向型经济和提高经济效益等实质问题着手，即使国家长期给予定额补贴，也难以解决不断增长的财政赤字，难以真正发展外向型经济。

从目前情况看，海南地方政府包揽了许多"不该管也管不好"的事。其结果，一是政府陷入繁杂的日常管理事务中，难以集中精力总揽全局以进行宏观指导，难以集中财力进行基础设施建设以尽快改善投资环境。二是企业自主性和积极性受到抑制，由于是政府的直接投资，企业在接受投资和提高投资效率等方面都缺乏足够的责任感。怎样投资和如何生产等完全是经营者自己的事，不是政府而是直接经营者才能真正管理好这类微观经济活动，因此，需要通过改变投资主体等方式把它们直接纳入市场竞争中去，使资源的流动和配置真正实现优化。

3. 实行公共财政政策是理顺政府经营者关系的核心之一

海南要发展以市场调节为基础的外向型经济,必须理顺政府与直接经营者的关系,同时发挥两个积极性:一是政府不直接介入和干预企业经济活动,从而真正地发挥宏观指导和宏观调控的积极性;二是直接经营者通过权责利的高度结合,极大地发挥生产者的积极性和创造性。这两者相互依存,互为条件,只有政府退出直接管理及经营领域,才能为生产者的自主经营提供前提条件;只有生产者实行完全的自主经营,才能为政府的宏观指导创造良好的基础。要完成这一转变,所要解决的核心问题之一就是实行公共财政政策。这就是公共财政政策在短期和长期所具有的建设性意义。

三、如何实行"小政府"的公共财政政策

从理论上讲,政府的财政支出除必要的政府(含属于政府的各种机构等)开支、部分社会公益事业和部分基础设施的投资外,其余都不在支出范围中。

应取消的主要是两部分,一是政府的非基础设施的直接投资,经验证明,这类投资的效益往往较低。二是各种补贴,主要是对企业的补贴和对消费品价格的补贴。前者具有明显的扶弱抑强从而抑制资源优化的弊端,后者的暗补方式使居民难以体会到政策的效益,同时扭曲了市场价格体制。并且,补助已成为财政越来越难以支撑的负荷,1989年海南这两项补助已达2.64亿元,占当年财政收入的44%。

在必须取消一些财政支出外,公共财政还必须增加一些支出项目。需要增加的支出项目主要是社会保障。从现实情况即可操作性上看,可以考虑这样的实施方案:①逐步取消对企业亏损补助(1990年的亏损补贴占总收入约15.67%),取消亏损补贴必须与企业改革和社会保障制度(尤其是失业)的建立配套进行。②逐步取消对消费品的价格补贴(1990年的价格补贴占总收入约28.33%)。这里的关键点是:在逐步放开价格,适当提高工资的同时逐步取消价格补贴。这实质上是把暗补转变为明补。因此,配套措施主要是价格和收入的改革及调整。③非基础设施的投资,由于这实际上是一个转移投资主体(由政府集中转为企业自主)的问题,因此要和企业改革、财政金融改革等配套进行。我国(包括目前的海南)长期以来存在着投资饥渴、基建膨胀、基建规模难以压缩的老问题,其根源就在于企业体制和财政信贷资金吃"大锅饭"。

如果公共财政体制能有效建立,政府公共支出本身就会成为一种有效的宏观调控手段。它同税率、准备金率、再贴现率和公开市场业务一道,共同构成政府调控宏

观经济的一组有力的杠杆。这样,可以为我国财政体制改革积累经验。

海南通过公共财政政策等一系列改革措施的出台,必将极大地推进海南发展外向型经济的速度。与此同时,海南将逐渐由赤字财政转变为盈余财政,在财政资金上由中央向海南的净流入转变为海南向中央的净流入,即向中央财政做出贡献。这不仅是地方政府及地方财政的义务所在,更重要的是,这一成果将有力地向国内外证明,中央关于建立海南特区并以外向型经济模式来开发海南的战略方针是正确的。

建立"大社会"新体制的内涵与任务*

（1988 年 6 月）

一、"大社会"体制的基本涵义

"大社会"的新体制是同商品经济发展和民主政治建设相适应的、以大市场为基础的、自我调节、自我发展的新社会结构和有效的社会运行机制。

实行"大社会"新体制，是在党的政治领导下，在国家宪法和法律的范围内，使全社会的每个企业、事业单位和群众团体都能独立自主地开展活动，从而充分调动全社会方方面面的积极性，共同加快海南岛的开发建设。

建立"大社会"新体制，目前主要涉及三个方面的改革：群众团体的改革；专业经济管理部门和行政性公司的改革；事业单位的改革。

二、迫切需要出台"大社会"新体制

"大社会"新体制必须尽早出台。其原因是"小政府"与"大社会"是建立海南省新体制的两个方面，"小政府"与"大社会"的改革相应跟上，如果"大社会"不与"小政府"相配套、"小政府"也很难运转和巩固。

"小政府"方案公布后，原有的一部分干部需要转移到"大社会"中去。目前，这部分干部对自己的出路尚未清楚，思想不稳定。此外，原在"大社会"中的干部也有

---

* 向海南省工委的汇报稿，1988 年 6 月 16 日。

一个重新安排的问题,他们中的多数在等待观望。在这种情况下,如果"大社会"新体制不尽早出台,不利于干部队伍的稳定,由此将产生很多矛盾。

目前,各个企业、事业单位、群众团体都在设计自己改革的方案。要使这些单位的改革方案同"大社会"新体制相一致,"大社会"体制的总体方案要尽早公布。否则,一旦这些单位的改革方案付诸实施,再来纠正其中的某些问题,将十分困难,同时也难避免影响工作。

建立"大社会"体制比建立"小政府"体制更复杂、更艰巨,涉及的问题更多,很难一下子全部解决。因此,必须尽早设计"大社会"体制的总体设想,并按照这一总体设想,有领导有步骤地实行"大社会"的新体制,做到成熟一个,解决一个。

三、关于七个群众团体的改革

1. 改革的基本目标

七个群众团体改革的基本目标,是逐步由官办改为民办,即领导人自选、经费自筹、活动自主,从而使群众团体在党的政治领导下,在国家宪法、法律范围内,充分行使自己的民主权利,增强活力,充分发挥党和政府联系群众的桥梁作用,真正代表和维护群众利益。

2. 七个群众团体的情况不同,不能一概而论,不加区别

改革必须根据群众团体的不同特点来设计其组织结构。根据 7 个群众团体所担负的职能,可划分为两类:一是工会、青年团、妇联。二是科协、文联、侨联、台联。对这两类团体采取不同的改革对策。

3. 工、青、妇三个群众团体的改革对策

工、青、妇三个群众团体,它们担负着党和政府联系群众、做好群众工作的职能。因此,在一定时间内,他们还不可能一下子转为真正的民办组织。

当前乃至今后一段时期内,工、青、妇三个团体改革的主要任务是:转变职能,转变工作方式,克服行政化倾向。按照这样一个要求,近期可考虑采取以下改革对策,理顺这三个团体同省委的关系。

(1)这三个团体建立类似机关党委作用的党组织,主要抓党的建设,起监督保证作用,归属省直工委领导。

(2)这三个团体的领导人,不再采取党的组织部门直接任命的方式,而实行差额

预选、差额报批的办法。

（3）省委不宜再向这三个团体下达硬性任务，允许它们按照省委总的要求来独立自主地展开活动。

（4）这三个团体的中层干部管理权应下放。由它们自己决定中层干部的任命和管理。

（5）组织人事部门只控制三个团体的编制总量，其人员的调进调出，由其自行决定。严格控制三个团体的行政编制和行政经费。建议保留原有三个团体的事业编制和行政经费（现有人员总计80人）。此外，允许它们用自筹经费增加新的人员编制。对于一些重要活动及办公用房、干部住房等方面所需经费，视情况可由政府采用贷款和补贴的方式来解决。

（6）这三个团体兴办的经济实体，政府应给予较宽的优惠政策。

4. 科协、文联、侨联、台联四个群众团体的改革对策

科、文、侨、台4个群众团体，属于学术性、联谊性的民办群众组织。因此，这4个群众团体的改革，可考虑一步到位，即明确宣布，这4个团体为民办群众性团体，使其各自按照自己的章程办事，可采取的主要改革对策是：

（1）这4个团体可按自己的章程自行协商选举自己的领导人，只报有关部门备案，不再实行审批、任命。

（2）这4个团体的编制、组织机构、活动方式、活动内容，均由它们自己决定。

（3）对于4个团体在开办初期的经费开支、某些活动用费，视情况可由政府给予部分补贴和低息贷款。

（4）这些团体如果承担由政府交办的某些任务，政府应视情况给予补贴。

（5）这4个团体办经济实体，政府应给予优惠政策。

（6）建议侨联改名为"海南省华侨联合会"，以有利于团结海南海外侨胞开发建设家乡。

（7）这四个团体建立类似机关党委作用的党组织，主要抓党的建设，起监督保证作用，归属省直工委领导。

四、关于专业经济管理部门和行政性公司的改革

1. 改革的基本目标

专业经济管理部门和行政性公司改革的基本目标是：实行政企分开，用经济手段

管理经济,由政府部门转为经济实体,使企业自主经营、独立核算、自负盈亏、自担风险,从而创造平等竞争的社会环境,促进市场经济的发育,增强企业活力。

2. 改革对策

11 个主管局和 8 个行政公司在转为经济实体的第一阶段,还不可能一步转化为单纯的经济实体,因为在政企分开尚未完全解决以前,它们还承担着某些政府职能。如:代替政府管理国有资产,负责本行业的发展规划,协调行业内各方面的相互关系等等。

(1)11 个主管局在转轨过程中,可保留一定的行政编制,但数量应严格控制。8 个行政性公司可不再保留行政编制,拨给行政经费。这 19 个单位都应同财政部门签订资产合同,对国有资产增值负责。

(2)这些单位在初办时期,政府应给予一些扶助性补贴和某些优惠政策。

(3)这些单位的经理,由政府有关部门任命、聘任、招标。但不再享受相应的行政领导的政治、生活待遇。担任哪个企业的领导就相应享受哪个企业的待遇。

(4)这些单位对所属单位的资产增值负责。其所属单位只有权决定这些企业的厂长、经理(即第一把手),但不允许包揽这些下属企业的产、供、销活动,不搞兼并,开展平等竞争。

(5)作为发展方向,这些公司的党组织都应实行属地管理。目前,可归属省政府直属工委领导。

五、事业单位转向"大社会"问题

1. 改革的基本目标

事业单位逐步过渡到"大社会",是一个必然的趋势。总的要求是:实行政事分开,扩大事业单位的社会职能。改革的基本方向是使多数事业单位企业化,除少数的单位由国家拨款外,其他有条件的单位实行财政补贴或自负盈亏,真正把事业单位搞活,充分发挥事业单位的经济效益和社会效益。

2. 改革的对策

由于事业单位的情况相当复杂,应采取不同的改革对策。按事业单位的性质、职能,可大体分为六类:机关性质类;科研类;新闻出版类;体育文艺类;教育卫生类;社会服务类。应按这六类事业单位的不同情况采取不同的改革措施。

（1）各类事业单位,只要具备条件,就应尽早实行企业化管理,推行承包制,追求经济效益和社会效益。

（2）允许并鼓励各类事业单位兴办与本职工作相应的经济实体,并给予优惠政策。

（3）在"小政府"出台后,应严格控制事业单位的膨胀。同时还应严格控制原有事业单位的行政编制,一般不宜扩大。但允许自筹经费解决事业单位编制问题。

（4）对于那些营利性单位,可视情况逐步减少行政经费及财政补贴,限定在一定的期限内转变成经济实体。

（5）转变为经济实体的事业单位实行企业化经营后,原有的固定资产按国家资产管理办法管理。

（6）事业单位领导人应面向社会,以聘任、招聘、考试等各种方式产生。

（7）为了鼓励事业单位实行企业化管理,一般不应再设立中间层次的行政管理单位。

（8）事业单位的党组织,按其单位性质,分别归属两个直属工委,待条件成熟后,再实行属地管理。

六、关于人员的出路问题

"大社会"体制出台后,最困难的一个问题是干部的出路问题,这是改革的关键所在。人员出路涉及三个问题:一是干部的离、退休问题;二是在职干部的待遇问题;三是干部岗位和职务变化后的出路问题。

我们建议,解决这三个问题的主要原则是"老人老办法,新人新办法":

第一,可否考虑上述单位三年内的离退休干部由国家包下来。3 年后,凡是转为经济实体单位的退休人员,由各自单位根据自己的规定解决(不包括离休人员)。

第二,工、青、妇的领导干部在职期间应享受相应的政治、生活待遇。科协、文联、侨联、台联四个团体的领导干部在政治待遇上相应照顾,其生活待遇按各自的章程自行解决;其他单位在未转为经济实体前,其领导干部可仍享受原有的政治生活待遇。

第三,3 年内,原有的干部离开所在单位后,由组织、人事部门参照原来职务给予适当安排,同时应鼓励他们走向社会自谋职业。3 年后,由各单位自行解决。

第四,上述单位在录用新的人员时,应采用聘任制、合同制的办法。解聘后,这部分人员由社会消化。

七、应当注意的几个问题

1. 绝不能把群众团体搞成单纯经济实体

群众团体办的经济实体,必须与群众团体的宗旨相符合。对于它们兴办的经济实体一般应给予特别优惠的政策。但与其活动宗旨不相关的经济实体,一般不应享受优惠政策。按照这个精神,建议由有关部门制定群众团体办经济实体的有关原则和规定,从制度上防止把群众团体搞成单纯的经济实体。

2. 应尽快制定有关法律和条例

"大社会"体制的一个重要特点,是靠法律和制度来调解、协调。各类组织和单位在走向"大社会"的同时,就应抓紧制定配套的法律、条例,以从法律上、制度上防止各类问题的产生。当前,应按照中央的有关精神,抓紧制定我省有关社团、新闻出版等方面的实施性法规、条例。

3. 对新成立的各种社会组织必须严格审批手续

今后,"大社会"中各种学会、协会、联合会等社会组织必然大量产生。对此既要允许它们发展,但又不能放任自流,必须建立相应的制度规定。

4. 改革要统一领导,分步进行

建议上述各单位按照"大社会"体制的总体设想,研究本单位的改革方案。凡是与总体设想的基本精神不相符的,不应批准。在改革的步骤上,不搞"一刀切",成熟一个,批准一个,推进一个。

建立适合海南实际的
新型社会保障制度[*]

（1991 年 5 月）

◆◇◆◇◆◇◆◇◆◇◆◇◆◇◆◇◆◇◆◇◆◇◆◇◆◇◆◇◆◇◆◇◆◇◆◇◆◇◆

一、海南社会保障制度改革的目标、思路和特点

1. 改革的目标

一年多来，经过调查研究和反复研究，认真总结我国几十年来社会保障的经验教训和借鉴国外社会保障的成功经验，我认为，海南社会保障制度改革的目标是：从海南实际出发，争取用 5 年左右的时间，逐步建立同海南经济社会发展要求相适应的，社会保障与个人保障相结合的，兼顾公平与效率的，社会化、制度化的新型社会保障制度。

2. 改革的思路

在实施改革中，必须做到：

（1）从实际出发，分步到位。社会保障水平与海南省经济发展水平相适应。保险费的缴纳和积累水平同国家、企业、个人的承受能力相适应。各项社会保障制度的

---

[*] 向海南省政府领导的汇报稿，1991 年 5 月 28 日。

改革有计划、分层次推进。先城市后农村;先企业、后机关;先搞好养老、医疗保险改革,后搞待业、工伤保险改革。

(2)综合协调,配套改革。社会保障制度改革是一项复杂的社会系统工程,涉及面极广。因此既要注意制度内部的社会保险、社会福利、社会救济、社会优抚等各项改革的相互配套,又要把社会保障制度改革与企业改革、住房制度改革、分配制度改革、财政税收制度改革、价格体制改革、人事劳动制度改革、金融制度改革、计划体制改革等相互配套,协调进行。

(3)新老转换,平滑过渡。在改革中,对我国旧的社会保障制度不能简单否定,对国外的社会保障制度不生搬硬套。注意搞好新老制度的衔接与转换,做到平滑过渡,尽可能减少改革过程中的社会震动。

3. 改革方案的主要特点

(1)养老保险改革方案。第一,在养老保险的覆盖面上,由原来主要的国营企业内实施,扩大到国营、集体、内联、外资、私营等各类企业。这将有利于劳动力在各类企业间的合理流动和促进劳务市场的发育。以后逐步扩大到农垦企业和城镇个体工商户,最终将覆盖全社会。第二,在养老保险金的来源上,由原来的国家、企业统包改为国家、企业、个人三者合理分担,增强职工的自我保障意识。第三,在养老保险金的给付上,由原来的保险费缴纳与保险金给付彼此脱节改为二者紧密挂钩。这样可以提高职工缴纳保险费的积极性以及劳动的积极性。第四,在养老保险金的管理上,打破固定工、合同工、临时工等三类职工的保险金互不调剂共济的旧办法,实行养老资金的社会化管理。由过多地依赖行政手段管理改为主要依靠法律手段管理。第五,在养老保险金的营运上,由原来以市县为单位的单一方式营运(存入银行)改为全省统一的、多形式的营运,以便在更大范围内分散风险,实现保险金的保值增值。

(2)企业职工医疗保险制度改革方案。我们提出了三种方案供决策时选择,并认为方案二与方案三,尤其是方案二是目前比较现实可行的选择。方案二特点是:第一,医疗费用的来源由国家、企业、个人三者合理分担,可以较好地保障职工的基本医疗。同时,风险共担又可以增强职工个人的自我保障意识。医疗费用的支出由国家、企业、个人三者相互制约,因此,具有较强的费用控制机制,可以有力地防止医疗资源的浪费现象。第二,对职工个人的医疗费用负担规定了上限,即最高负担以不超过本人年工资总额的10%为限。有了这个保护线,可以增强患病职工抵御疾病风险的能力。第三,在实行医疗社会保险的同时,充分发挥企业在医疗保险中的应有作用。这比较适合我国国情和医疗保险管理水平。

(3)公费医疗制度改革方案。近几年来,海南在公费医疗制度改革中实行的医疗费与个人利益适当挂钩的办法,已取得较好的效果。这在全国已走在前头。考虑到将来国家要实行公务员制度,公务员的医疗制度也在其列,故目前主要是在原有基础上进一步巩固和完善。

(4)职工待业保险制度改革方案。第一,扩大保险覆盖面,由国营企业职工扩大至国营、集体、内联、外资、私营等各类企业职工,以促进劳动力的合理流动和劳务市场的发育。第二,改革待业救济金的给付办法,一是按照国际惯例,将 24 个月的最长给付期改为 12 个月,以激励待业职工加快再就业。二是待业救济金的计发基数由本人标准工资改为本人工资总额,以保障待业职工的基本生活。

二、各方面对社会保障制度改革方案的主要建议

海南的各项社会保险制度改革方案,1991 年 3、4 月间印发省直各部门、各企业、各市县广泛征求意见,4、5 月间,又向新加坡、美国、德国、挪威等国专家进行了再次咨询论证。

总的来说,各部门、各企业以及外国专家比较一致地肯定了上述的改革方案,认为这些方案切合海南实际,具有可行性。与此同时也提出了一些建议和不同意见。大体可为四类:一是应予采纳,在方案细化时解决的;二是在方案设计时已经反复考虑过,但未写入方案,应另外专门研究;三是从海南省实际出发,暂不宜采纳的;四是还有少量目前看法还不一致,需要进一步研究,在方案出台前加以明确的。

1. 对于养老保险改革方案的意见

(1)投保人跨省流动或在国家机关与企业之间流动时,其养老保险关系的转移办法。

(2)养老保险费费率依然较高。有人建议改革出台后,扩大了保险面,费率应当适当降低,起步时应保持较低的积累率以减轻企业负担并有利于改革出台。

(3)方案中应明确政府在社会保障中的责任与作用。例如政府应对养老保险金的给付提供最终的财政担保,以增强投保人的信心。改革出台时应给予一定的财政支持。对于保险基金的投资营运应给予优惠,以保证其保值增值等等。

(4)基础养老保险金的给付比例不宜一刀切。

2．对于企业职工医疗保险改革方案的意见

（1）医疗保险费率应适当降低。

（2）医疗保险管理办法应当从简。如投保人住院不必经保险机构批准，住院病人的处方就不必报社会保险机构审查等。

3．对于公费医疗改革方案的意见

（1）医院改革工作必须同步进行。不改变医院创收赢利、有权无责的状况，医疗保险制度改革难以奏效。

（2）个人承担的医疗费比例每年以 120 元为上限，超过者单位应予补贴。单位医疗费超支过多者财政部门应予以补贴。

4．对失业保险改革方案的意见

（1）失业救济金给付标准由以本人原工资为基数改为统一标准。

（2）1% 费率过高。

（3）党政机关干部转入企业后失业，其失业救济金如何发放？

三、改革方案出台前需抓紧进行的几件工作

1．尽快成立能够胜任社会保障制度操作的、富有效率的工作机构——省社会保障局及其在各市县基层机构，立即培训各级管理人员，并请各级政府对方案出台给予财政支持，以便早日着手各项具体工作

2．以政府名义颁布关于实施养老、医疗各项社会保险条例的行政法规，在海南正式实行新的社会保障制度。经过一段实施后，再正式立法

3．利用各种宣传工具，在海南广泛宣传社会保障制度改革的重要意义和基本内容，使之家喻户晓

4．养老保险制度等各项改革方案的定量测算验证工作在方案出台前后应抓紧进行，以便对方案的长期运行效果及时做出预测，并借以建立海南社会保障计算机计算模型

四、关于实施改革方案中的几个具体问题

1. 关于外资企业参加养老保险的缴纳费率和税前列支问题

外商办企业就要为工人买保险,这是国际惯例。世界各国的养老保险制度,除了有的国家对某些特定的产业规定不同的缴费比例外,一般的都是统一费率,所有企业都按统一费率缴费。海南改革方案提出国营、集体、内联、外资、私营等各类企业职工按统一费率缴纳养老保险费,是符合国际惯例的,也有利于劳动力在企业间合理流动和促进劳务市场发育。养老保险是劳动力再生产的需要,养老保险支出属于生产费用,各国一般都给予免税。其中有的国家为了避免高收入者以养老保险为名逃税,具体规定了可以免税的缴费基数和缴纳比例,超过法定基数和比例的不予免税。海南的改革方案对此未做规定。一是因为目前企业职工(含外资企业职工)的收入水平还不高;二是海南的养老保险与外国不同,是以社会保障为主,企业纳缴的基础养老保险费是记入社会共济金账户的,而不是记入其个人账户的。由于目前外资企业职工队伍比较年轻,基本上没有退休人员,而国有企业的退休人员比重较大,又规定退休人员不再缴费,故外资企业目前所缴纳的基础保险费基本上是用来分担了国营企业退休人员的养老费用。在这种情况下,不宜再对外资企业另行规定与国营企业不同的费率或不同的列支办法,这也利于按国际惯例实现企业间的平等竞争。

2. 关于行政事业单位工人参加医疗保险的问题

行政事业单位的工人同其他各类企业工人一样,统一参加社会保险,这有利于劳动力的合理流动。但考虑到长期以来行政事业单位的工人是和所在单位的干部一起参加公费医疗制度的,他们的工资水平目前又较低,一下子推向社会医疗保险,使行政事业单位同时实行两类不同的医疗制度,可能震动较大。目前以暂不参加为好,待企业职工医疗保险制度改革实施比较稳定后再进行具体研究设计。

五、关于社会保障管理机构问题

根据海南省及我国社会保障事业发展的正反经验,借鉴其他国家的做法,我们建议:建立社会保障管理体制严格实行政、事、企三分开的原则,海南社会保障机构设置应分为三个层次:

（1）作为政府的领导机构，成立省政府社会保障委员会。

（2）负责社会保障制度具体运作的法定事业机构——省社会保险事业管理局。它按照省人大和省政府颁布的条例、法规进行各项社会保险事业的管理和运作，接受省社会保障委员会的领导和计划、财政、审计、卫生、工会等部门的监督。

（3）来在条件具备时设立省社会保险银行，它是全省保险资金的投资营运企业，负责保险资金的保值增值。

这样，就可以形成政、事、企三者相互配合、相互制约的强有力的社会保障管理运作体系，保证社会保障制度健康稳定运转。这样做，也将最终改变我国"政府办企业、企业办社会"的旧格局，实现政府与企业二者职能的同步双向转换，使职工摆脱对于企业的终身依附关系，实现劳动力的合理流动，使社会保障由企业行为转化为社会行为。

第四篇

以突出"特"字为主线的
海南发展

海南建省办经济特区 20 年来的发展实践证明，什么时候抓住了"特"字，什么时候海南的发展就能赶上、超过其他地区；什么时候丢掉了"特"字，什么时候就会落后于其他地区的发展。

根据胡锦涛总书记海南发展要"突出'特'字、努力构建具有海南特色的经济结构和更具活力的体制机制"的指示，继续紧紧抓住"特"字，沿着"特区"的发展道路前进。

——2007 年

突出优势,实现"一省三地"的经济发展目标

"一省三地",是指把海南建设成我国独具特色的生态文明省和南海油气资源开发基地、国际性休闲度假基地、热带绿色农业基地。

"一省三地"的经济发展定位符合科学发展观,是以科学发展观为指导的发展定位。目的是突出海南的发展优势,并由此形成有海南特色和吸引力的发展环境。"一省三地"的发展定位目标清晰,对经济社会发展具有较强的指导性。

——2005 年

确立"一省三地"的发展目标[*]

（2005 年 8 月）

◇◇◇

从海南建省办经济特区 17 年的实践看,发展目标的定位十分重要。从 1988 年海南建省办经济特区,围绕发展定位的讨论没有停止过。由于发展环境的变化和其他多种因素,海南的发展定位长期未能很好地解决。例如,过去曾提出贸、工、农的发展方针,也曾提出过以旅游为主导,后来又提出以工业为主导,提出建立信息岛。"十五"时期,确立了"一省两地"的发展目标。应当说,"一省两地"的提出有积极意义,产业发展目标比较清晰。问题在于:第一,"一省两地"局限于产业发展定位;第二,不能把发展新型工业同"新兴工业省"画等号。

总结 17 年的实践,我认为海南的发展定位问题还是一个有待于进一步研究解决的问题。"十一五"时期是海南经济发展的关键时期,在"一省两地"的基础上把海南的发展定位问题解决好是非常重要的。第一,对于全面突出和发挥海南的经济优势有着重要的作用;第二,对于寻求海南经济持续快速增长的发展之路有重要作用;第三,对于改善投资环境、增加投资的吸引力有重要影响;第四,对于统一认识、明确发展战略、调动各方面的积极性有重要影响。基于对"十一五"时期海南经济形势的判断和海南省情的了解,我建议"十一五"期间海南应确立"一省三地"的发展目标。

---

[*] 在海南省政协关于"制定十一五规划建言献策"专家座谈会上的发言,海口,2005 年 8 月 25 日。

一、"一省三地"的基本内涵

1."一省三地"的概括

(1)"一省"是指生态文明省,即建设我国独具特色的生态文明省。

(2)"三地"是指南海油气资源开发基地、国际性休闲度假基地、热带绿色农业基地。

2."一省三地"的主要特点

(1)突出海南的发展优势,并由此形成有海南特色和吸引力的发展环境。

(2)符合科学发展观,以科学发展观为指导的发展定位。

(3)发展目标清晰,对经济发展具有较强的指导性。

3."一省三地"同"一省两地"的内在联系

(1)从产业定位发展为经济发展定位。"一省两地"是产业定位,"一省三地"是经济发展定位。"一省三地"把环境优势和产业发展特点相结合,突出了海南的整体优势。由此看来,"一省三地"是在"一省两地"基础上的发展。

(2)发展新型工业不能等同于"新兴工业省"。在海南,发展以南海油气开发为重点的新型工业是大势所趋,是至关重要的。问题在于,由此把这一产业定位概括为"新兴工业省"是值得讨论的。

(3)从海南的实际出发,明晰"新型工业"的重点,即以南海油气开发为重点的资源加工业。

二、把握省情、抓准机遇、发挥优势——"一省三地"发展目标的确立

优势就是资本,把握省情就是把握优势。一个地区的发展,归根结底在于其发展是否能善于利用资源、突出优势、扬长避短。只有突出优势、善于利用资源,才能在发展全局中找到自己的独特地位,走出一条可持续发展的道路。

1. 保持独特的生态优势,建设独具特色的生态省

随着整个人类经济社会的发展,人们对生态环境的需求逐渐成为基本性的需求。

海南的生态环境优势逐渐被大家认识。1991年11月1日,童大林同志在参加我院成立大会上提出,海南要成为我国第一个世界级的大公园。当时很多人并不是很理解。10年以后,再来看这件事就大不一样,海南的区域环境水平、区域生态水平都排在全国前列。正是这种独特的生态优势,将成为海南发展最独特的保障。失去了这样一个优势,就失去了海南长期发展的基础。因此,我们考虑依托海南这种独特的生态优势,把海南建设成为独具特色的生态省。

2. 发挥南海资源开发优势,建设南海油气资源开发基地

我国已经由工业化的起步阶段进入中期阶段,对油气的需求量在急剧增加,一定程度上对国际市场的依赖性也在增强。因此,从我国油气资源大的战略格局来看,南海油气资源开发将成为国家资源战略的重要组成部分。从多方面来看,很多工作已开始进行。目前,我国跟菲律宾、越南都达成了协议,共同开发南海油气资源,为加快我国南海油气资源开发提供了比较好的外部环境。而海南岛已探明的油气储量大概占全国储量的26%左右,仅低于新疆,在全国位居第二。海洋油气资源是海南的巨大资源优势,也是一个战略优势。因此抓住这个优势,把海南建设成为南海油气资源开发基地,并采取实质性步骤加快开发,对海南的中长期发展具有重大作用。第一,为以油气资源开发为重点的新兴工业的发展打开了一条路,能使海南经济总量有一个历史性的提升。第二,能真正突出和发挥海南经济特区的区位优势。第三,如果能争取国家把南海开发与海南战略基地建设列入国家总体发展规划,这将对海南的发展产生十分重要的影响。

3. 突出海南旅游资源优势,建设国际性休闲度假基地

海南的旅游资源优势独特,有极大的发展潜力。海南的旅游近几年已经成为全省经济发展的一个支柱产业。从1998年到现在,旅游产值大体占GDP的15%左右。海南休闲度假的旅游资源优势相当突出。从目前的情况看,海外游客的消费水平、旅游的创汇收入水平还比较低。与国际同类岛屿比,同周边国家比,差距很大。海南作为一个以休闲度假为主的岛屿,其旅游优势才刚刚开始显现出来。

4. 利用海南的农业优势,建设热带绿色农业基地

海南热带农业资源的发展潜力巨大,有很大的发展空间。海南人均占有耕地和台湾大体差不多,海南的农业自然资源状况,从总体上说比台湾还好一些,但是农业的效益与台湾的差距相当大。近些年,海南的热带农业有了很大的发展,为海南经济的恢复性增长做出了贡献。但是,迄今为止,热带农业的潜力远没有充分发挥出来,

发展的空间仍然很大。另外,台湾水果运往大陆成本太高,下一步可能会在大陆建立种植、加工、出口基地。若这个判断是客观的,我认为海南最有条件,并且历史上两岸也曾有过这方面的讨论。台湾在20世纪80年代曾提出对海南岛实施全面的农业、渔业技术援助项目。中央政府也曾高度关注过这一问题。但由于某些原因,使得这件事长期搁置。我们能否在"十一五"时期把这件事情做成,对海南的农业发展极其重要。

三、推进"一省三地"建设的重要举措

1. 加快改革,努力创造体制创新的环境

海南经济高速发展时期,最重要的是创造了改革开放的大环境。1990～1992年,进入海南的短期资本年均在350亿～500亿元。当时,海南的改革是走在全国前列的,各方面的投资者对海南也寄予很大的希望。现在,在发展面临新的机遇的情况下,需要通过体制创新来创造环境。比如说江浙一带,民营经济在整个社会投资中占到60%左右,而海南的民营经济在整个社会投资中不到1/3;浙江、江苏、广东在新增工业产值中,民营经济贡献率高达80%～90%,尤其是浙江,高达95%。而海南在这方面不足20%。因此,省委、省政府在引进大项目的同时,应注重营造民营经济发展的环境。

2. 主动争取,积极努力,进一步形成海南对外开放的新环境

南海战略基地的建设、洋浦自由工业港区的建设以及与台湾农业合作基地的建设,都取决于我们能否主动争取,努力工作。从建省到现在,我们一直在强调开放是海南发展的主题。营造开放的环境,仍然是未来几年海南发展的重要因素。比如说旅游要发展,很大程度上在于与外来投资者的合作,建立一个国际一流的休闲度假基地。

3. 营造良好的事业环境,形成做事情、干事业积极向上的社会氛围

目前海南的环境建设,存在很大的问题,惰性很大。这是海南发展软环境中最突出的一个矛盾。要抓住机遇,做成事情,关键在于积极向上的精神和求实、务实的工作作风。如果没有这样一种良好的工作氛围、社会氛围,再好的机遇也做不成事。"十一五"是海南发展非常关键的时期。从全国的全局出发,我们具有其他地区所不具备的资源、特色。从这一实际出发,会形成海南历史发展突破的基础条件。在这种

条件下,关键取决于我们做事情、干事情的体制环境和积极向上的工作氛围。

4. 进一步形成培养人才、吸引人才的社会环境

应当着力做好三件事:一是在抓好九年义务教育的同时,拓宽高中教育渠道,解决好海南上高中难的问题;二是进一步出台相关措施,吸引各方面的中高级人才;三是改革高校体制,尽快实现海大和"两院"的合并,并由此提高教育质量。

5. 充分运用经济特区的立法权,加快经济社会发展的相关立法,形成良好的法治环境

6. 采取实质性措施,促进城乡协调发展

最近几年的开发,使我国的土地资源急剧减少。海南岛在这方面具有相当大的优势。目前,省委、省政府在"十一五"规划中提出,要把海南岛作为整体进行规划。这一点十分重要。目前的关键是,能否在几个大的经济区域,采取统一规划、统一土地利用、统一基础设施的"三统一",以形成城乡协调发展的新格局。比如大三亚的规划,即在未来5年,能否将三亚与陵水、乐东、保亭一市三县相连,统一规划、统一基础设施、统一土地开发,以三亚为中心,把附近三个县的发展带动起来。未来几年,如果能把三亚、海口、琼海、儋州四个点周围的区域统一规划、开发的话,海南将走出一条充分利用土地资源、实现城乡协调发展的新路。现在中央提出建设社会主义新农村,而海南建设社会主义新农村的途径则是城乡协调发展。

"十一五"时期是海南发展的关键时期[*]

（2005 年 3 月）

海南从建省办特区到现在,即将进入到第 18 个年头。18 年来,海南经济发展主要经历了四个阶段:一是从 1988 ~ 1993 年,是海南经济快速增长期;二是从 1994 ~ 1997 年,海南进入经济低速增长期;三是从 1998 年开始,海南进入经济恢复期;四是最近两三年,海南经济进入较快增长期。现在,海南的发展又到了一个十分关键的时期。

一、海南"十一五"发展的大背景

从全国的情况来看,中央一再强调,要以科学发展观作为各项工作的指导思想。因为我国的社会矛盾发生了重大变化,从中共"八大"到中共"十六"大,我国有一个基本提法,即:我国的主要社会矛盾是人民群众日益增长的物质文化需要同落后的社会生产之间的矛盾。但是,我国人均 GDP 达到 1000 美元后,社会面临着日益突出的两大矛盾:

1. 经济的快速增长与发展严重不平衡与资源、环境约束的矛盾

据国家统计局最近公布的数字,我国从 1980 ~ 2004 年的 25 年间,全国 GDP 年均增长 9.6%,实现了近 30 年的经济快速增长。在经济快速增长的同时,出现了经济发展严重不平衡与资源、环境约束的矛盾。

---

[*] 在海南省人民政府咨询顾问委员会上的发言,海口,2005 年 3 月 31 日。

（1）城乡差距不断扩大。20世纪80年代中期,我国城乡收入差距达到1.86：1,而今年的最新数字是3.3：1。有专家估计,如果把各种社会保障等因素考虑在内,我国城乡实际收入差距在6倍左右。也就是说,我国的城乡实际收入差距,是世界上比较严重的国家之一。

（2）区域发展严重不平衡。从我国目前的情况看,我国东西部的差距,实际不是在缩小,而是在扩大,尤其是最近两年,逐年拉大。

（3）资源短缺矛盾越来越突出。随着我国进入重化工业阶段,资源短缺现象越来越严重。世界新增石油产量,有近30%是供应给中国的。根据美国布朗先生最近的预测,如果继续以目前的速度发展,20年以后中国的人均收入将与美国持平;中国每天将消耗掉9900万吨石油,比目前全球的日产量还要多18%;要吃掉全球2/3的粮食;用纸量将是目前全球用纸量的2倍多;等等。资源的短缺,尤其是油气资源、矿产资源的短缺,将成为制约我国经济发展越来越突出的因素之一。

（4）环境污染越来越严重。如最近发生的松花江污染事件,已经引起了国际社会的关注,并有可能成为社会动乱的爆发点。如果我国的经济增长仍然只注重速度,再过20年、30年,后果将不堪设想。因此,我们要走可持续发展的道路。

2. 公共需求全面快速增长与公共服务不到位、基本公共产品严重短缺的突出矛盾

这个突出矛盾主要表现在五大方面:

（1）就业与再就业。20世纪90年代中后期以来的国有企业改革和经济结构调整,至今已向社会释放出3000多万下岗职工。此外,城镇每年新增劳动力近千万,农村还有上亿剩余劳动力将逐步转移到城镇中来。如果就业问题解决不了,我国将引发多种矛盾和问题。因此,面对巨大的就业压力,千方百计扩大就业,成为各级政府公共服务的重点之一。

（2）基本医疗。有关数字显示,北京目前有1/4左右的人因病不去医院。据去年卫生部公布的数字,我国农村有一半的农民因经济原因看不起病;中西部有60%左右的人因病住不起医院。2003年,我国农村人均纯收入2622.2元,而农民一次性住院费用平均为2236元。辛苦劳动一年的收入仅够支付一次的住院费用。2002年世界卫生组织公布的医疗公正化指数,在191个国家和地区中,我国排在第188位。

（3）教育,尤其是义务教育方面的需求越来越强烈。从20世纪80年代中期到现在,我国教育费用上涨了25~50倍,而同期居民收入增长不到3倍。我国供养一个大学生,不包括吃、住等费用,需要一个农村家庭14.6年的纯收入,需要一个城市家庭4年的纯收入。在"八五"计划中,我国曾承诺在2000年以前,教育支出要占到

国民总产值的4%,要接近20世纪90年代初世界发展中国家的平均水平。可实际上直到2003年,中央财政性教育经费占国民生产总值的比重仅为3.28%,比2002年还减少了0.4个百分点。泰国在20世纪90年代教育支出就占GDP的4.27%。我国5亿多农村从业人员,平均受教育的年限还不到7年。

在从生存型向发展型转变的过程中,受教育程度是与贫困程度直接相关的。世界银行的一份研究报告指出,在导致拉美收入分配不公的各种因素中,教育因素所占比重高达25%,而中国则至少占20%以上。

(4)社会保障。海南是全国第一个搞社会保障试点的,并创造了海南社会保障模式。1993年,我国的社会保障欠账大概在3000亿左右,而现在则至少达到了2万亿左右。根据国家财政部公布的数字,从全国总体上来说,社会保障的覆盖面只有10%左右。

(5)公共安全问题。生产、卫生和食品等公共安全越来越成为广大社会成员的基本公共需求。现实生活中各种伪劣商品充斥市场,广大百姓对劣质肉、毒米、毒面、变质牛奶和奶粉等问题深恶痛绝,食品安全已成为一个很突出的社会问题。从SARS危机到这次的禽流感,再到人们日常的生活,公共卫生安全问题,已成为广大老百姓尤其是农村人口生活中越来越突出的一个问题。据统计,近几年全国每年因用药不当而住院治疗的高达250万人。同时,生产安全的问题已逐步引起全社会的高度关注。近期不断发生的矿难引起人们对公共安全的极大关注。数据表明,2004年,我国煤产量仅占世界总量的1/3左右,但矿难死亡人数却占世界矿难死亡总人数的80%。2004年我国发生各类生产安全事故80.4万起,死亡136755人。

全社会在就业、医疗、教育、社会保障、公共安全方面的需求,越来越多、越来越迫切。目前,我国在提供基本的公共产品方面严重不足,由此形成了一些新的矛盾和问题。正是在这样一个背景下,新一届中央政府提出了科学发展观,这有两大涵义:一是以人为本,逐步做到人人享有基本的公共服务。经济发展的目的,是为了人的发展,是为了不断提高人的生活水平。二是可持续发展。比如说,要建设中央提出的节约型社会,就是资源与发展要一致;要建设环境友好型社会,也就是环境保护与发展要一致,经济发展与社会发展要协调。因此,从两大矛盾日益突出的背景来看,我们要由单纯追求GDP的增长转向以人的发展为目标的可持续发展。

3. 海南"十一五"发展面临的双重任务

目前,海南的人均GDP与广东之间的差距越拉越大,只相当于广东的46%左右。因此,这次省委、省政府"十一五"规划提出要解决"三低一小"的问题,即解决工业化水平低、城镇化水平低、人民生活水平低,经济总量小的问题。在全国可持续发展的时候,第一,海南经济只有保持较快发展,才能保持全国中等偏上的发展水平;第二,必须要走出一条可持续发展的道路,才符合中央的要求,才符合未来经济社会发展的基本规律。这也就为海南"十一五"发展提出了双重任务。

二、"十一五"是实现海南经济发展历史性突破的重要时期

"十一五"是实现海南经济发展历史性突破的重要时期。从总的情况看,海南具备了经济加快发展、经济总量明显提升的多方面有利条件。因此,抓住、抓准机遇,突出和发挥自己的优势,海南就有可能在"十一五"期间,也就是海南建省办特区20周年之际,实现经济发展的历史性突破。

1."十一五"时期海南面临着经济发展的良好机遇

从全国来讲,"十一五"是经济社会协调发展的重要历史时期。从海南来看,"十一五"时期将面临的内外环境是很有利的。

(1)由于我国能源需求的加大以及与东盟贸易投资自由化进程的加快,南海油气开发将成为国家下一步经济发展的重要战略。"十一五"是实施这一重要战略的起步阶段。

(2)据估计,中国与东盟2008年前后将全面实现贸易投资自由化。海南岛独特的区位优势,应当在中国—东盟自由贸易区中扮演重要的角色。

(3)未来5年,中国大陆与台湾在经贸合作的某些方面可能有一定的突破。海南应当抓住这个机遇,在两岸经贸合作中有所作为。

(4)国内市场将发生一些重要变化,尤其是在"十一五"中后期,经济增长模式将逐渐由投资拉动型逐步向消费拉动型转变。其中,重要的是服务业的发展和农村市场的启动。这对海南大力发展以旅游为主的第三产业是一个重要的机遇。

(5)"十一五"时期是我国全面实施经济发展与环境保护相结合的新阶段,这会大大突出海南良好的生态环境的优势,为海南把未开发的优势转化为后发优势创造了一个良好的机遇。

从以上几个方面来看,"十一五"时期,海南的发展面临着历史新机遇。如果我们能清醒地估计这个机遇,善于抓住机遇,就能使海南的发展与国家的发展联系在一起,重新确立海南在全国发展中的战略地位,由此实现海南发展的新的历史性突破。

2."十一五"时期海南的经济发展有可能实现历史性突破

从海南建省办特区17年的发展规律看,"九五"时期海南经济由低谷向恢复性

增长转变,"十五"时期由恢复性增长开始进入一个较快增长的阶段。从经济发展的一般规律和海南的综合发展环境分析,"十一五"时期海南有条件保持经济的持续快速增长,经济总量也有可能发生重大变化。目前,海南 GDP 的总量太小,不到 800亿,是制约海南整体经济社会发展的重要因素。如果海南能抓住"十一五"的发展机遇,全面完成正在进行的十大工程项目,并且在洋浦工业港区建设和提高旅游国际化水平方面有新的突破,海南的经济总量有可能会成倍增长。从现在的情况看,实现这个目标的可能性是很大的。

三、实现"十一五"时期经济发展历史性突破的重要意义

抓住机遇,实现"十一五"时期海南经济发展的历史性突破,对海南的中长期发展关系重大,并且具有决定性影响。

1. 对海南的对外开放有决定性影响

"十一五"时期,如果我们能够抓住南海开发、中国—东盟自由贸易区等机遇,海南的对外开放就大有希望,并由此使海南在我国新时期对外开放中扮演重要角色。

2. 对海南的改革和制度创新有决定性影响

近些年来,在海南有一些事情办不成、办不了,主要是缺乏一种外力推动下的制度创新。如果我们能在"十一五"时期加快改革开放、制度创新的步伐,就会为解决这些问题提供重要的推动力。

3. 对改变海南经济总量有决定性影响

如果海南能够真正抓住"十一五"的发展机遇,未来几年能在南海油气资源开发中上一些重要的项目,并且使现有的建设项目能按期完成,"十一五"时期经济总量的成倍增长是有现实基础的,也是有可能的。

4. 对明显改善海南的投资环境有决定性影响

我们讲投资环境,有两个方面的环境尤为重要。一是金融发展的环境。没有金融环境,良好的投资环境是难以形成的。海南改善投资环境,应在改善金融环境上下很大的工夫。二是企业发展的环境,尤其是民营企业发展的环境。能否抓住"十一五"时期的机遇,在改善金融环境和企业发展环境方面有所作为,对海南的发展来说十分重要。

建设海南环境保护特区
是建设生态省的根本之策[*]

（2004 年 11 月）

所谓环保特区,是划定一个特定的区域(一般是指一个水循环流域或者一个岛屿地区),采取严格的环保措施保护自然生态环境与天然林、海防林、海岸带、海水、沙滩等,运用世界上先进的治理环境技术和治理机制,治理各种污染,采用严格、科学、有效的环境保护标准进行工农业生产和从事经济运行、城市管理的特定区域。同时运用市场的手段对一定流域内的水源、空气、排污、固体废弃物协调管理、综合整治,使经济和环境协调发展的一个特定区域,执行较其他地区更严格的环境标准、污染物排放标准和节水、节能标准,以及更多关注于环境的保护、整治。

1999 年,海南省通过了《关于建设生态省的决定》,使生态省建设规划在海南生态环境建设中开始发挥积极作用。为实现生态省的基本目标,建议将"建设海南环保特区"作为我省"十一五"规划的重点之一。

一、建设海南环境保护特区具有迫切性

建设海南环境保护特区,是指在海南岛的整个区域内,以保护生态环境为主要目标,实行环境保护的特殊立法,按国际标准采取严格的环境保护措施,真正把海南岛

---

* 在"第八届岛屿观光政策论坛"上的发言,海口,2004 年 11 月 6 日。

建成中国的生态省。

海南拥有得天独厚的热带风光和丰富多样的生物资源。由于历史原因,经济基础差、开发程度不高,属于欠发达地区。正因为如此,海南的生态环境状况整体上保持了全国最优的状态。这为海南建设环境保护特区奠定了良好的基础。

但由于各种原因,环境污染和生态破坏严重,生态环境压力很大。海南岛中高周低,河流短促,多台风,干湿季节明显,东部湿润,西部干旱,具有较显著的地域特征,生态环境脆弱;热带天然林的保护投入少,难以解决周边地区人民群众的生活生产问题,乱砍滥伐、乱捕滥猎现象难以杜绝,天然林及生物多样性保护受到威胁;保护区面积分散,生物物种的繁衍和遗传缺少足够的活动和生态空间;海防林带树种单一,加上台风侵袭,多处撕裂,生态防护效能降低;沿海风沙化土地存在的流动沙丘与半流动沙丘没有得到根本治理,局部地区荒漠化还有扩大之势。随着工业化和城市化的提速,一些资源将难以为继,环境问题会更加突出。

为了使海南真正起到生态示范省的作用,迫切需要研究生态示范省建设面临的文化、观念、公众意识、政策、体制、机制、企业行为、政府行为、生态建设关键地区民众生产生活需要等约束,采取非常规的政策、措施,保证海南生态省建设规划的顺利实施。

二、建设海南环境保护特区对海南意义重大

建设海南环境保护特区,是海南落实科学发展观的战略举措,对海南的持续发展有重大意义。

第一,建设海南环境保护特区有利于发挥海南的资源优势,使海南在发展经济的同时保护好生态环境。

第二,建设海南环境保护特区有利于发展旅游,实现海南旅游的升级转型,使海南成为中国一流、世界知名的国际旅游休闲度假胜地。环境是海南旅游的基础,海南的旅游要有新的发展,关键是要保护好环境。

第三,建设海南环境保护特区有利于发展海南绿色农业,热带高效无公害农业是海南农业的最大特色,如果土壤、水体等生态环境受到破坏,这个优势将受到严重影响,甚至不复存在。环保特区的建设,有助于进一步保持海南无公害的绿色农业及无疫区的优势地位。

第四,建设海南环境保护特区有利于发展海南新型工业。海南发展新型工业的基本要求是不破坏环境、不浪费资源、不低水平重复。建设环保特区既有利于合理规划、布局新型工业,又有利于环境保护。

三、建设海南环境保护特区的步骤

建设环境保护特区需要积极行动起来,与实行的产业开放战略相结合,走一条环保、协调、可持续发展之路。建设环保特区可以分两步走:第一,组织国内外专家研究编制"建设海南环保特区"的具体方案,进行可行性研究;第二,在各方论证的基础上,向国家申报"建设海南环保特区"的方案,积极争取国家的批准和支持。

具有全局影响作用的海南现代农业[*]

（1994 年 12 月）

◆◇◆

　　海南岛是中国最大的经济特区，又是中国唯一的热带地区。因此，海南现代农业的发展具有全局性的影响作用。

一、现代农业对海南的全面发展具有全局性的作用

1. 海南农业资源潜力巨大，农业是海南的真正优势

　　（1）海南岛具有丰富的土地资源，素有"热带宝地"之誉。海南岛易开发土地资源和人均土地占有量远高于台湾，目前开发利用的土地只占全岛面积的 55%。

　　（2）海南岛四面环海，海岸线占全国大陆海岸线的 10.1%，海产品种类繁多，十分丰富。目前，海南岛的海洋产品生产规模很小，只能满足本岛市场的一般需求。

　　（3）海南岛热作资源得天独厚，享有"百果园"之称，是中国最大的热带、亚热带水果产区之一。目前，这个优势尚未充分发挥出来。

　　（4）海南岛蕴藏着丰富的南药资源，素有"天然药店"之称，可入药的品种占全国南药资源的 40%。目前，这些资源基本上还没有开发利用。

　　邓小平曾经说过，"海南岛和台湾的面积差不多，那里有许多资源，有富铁矿，有石油天然气，还有橡胶和别的热带、亚热带作物。海南岛好好发展起来，是

---

　　* 在海南省现代农业发展研讨会上的演讲，海口，1994 年 12 月 5 日。

很了不起的。"海南岛独特的自然资源优势，为海南发展高产、优质、高效的现代农业提供了优越的条件。海南农业资源潜力巨大，是海南岛的基础优势、根本优势之所在。

2. 发展现代农业可以为海南旅游业、加工业和贸易的发展奠定坚实基础

海南有着十分宝贵的旅游资源，发展旅游业得天独厚，海南旅游业的发展离不开农业的发展。无论是旅游景点的设置、旅游设施的建设，还是旅游购物、旅游观光、旅游文化等都离不开农村和农业的发展。

海南的旅游资源大部分在农村，所以农民完全可以在家门口兴办旅游业，使农业与旅游业相结合。当今，国外旅游业纷纷同农业结合起来，比如搞观光果园、观光花园、休闲农庄、特种动物养殖园等。台湾从 20 世纪 80 年代后期开始大力发展观光休闲农业，目前已有柑橘、荔枝、草莓、香菇等十多种系列观光休闲农庄，遍及台湾岛 15 个县市 37 个乡镇，每年有近百万人前去观光旅游。海南目前已有这方面的试验，应继续大力发展旅游观光农业，更好更充分地发挥海南资源的优势。

加工工业是海南发展工业的基本出路，海南工业的发展要依靠农业的支持。据 1992 年的统计，海南以农产品为原料的轻工业占整个工业产值的比重达到 49.5%，而同年全国以农产品为原料的轻工业比重只有 29.8%。海南税利最多的 100 家工业企业中，有 47 家是以农产品为原料的。可见，海南的工业对农业有很高的依存度。

海南农业的发展也为贸易的发展提供充足的物质内容。海南的对外贸易主要依靠热带农产品和以农产品为原料的加工工业产品，如反季节瓜菜、热带饮料食品、热带工艺品等。海南现代农业的快速发展，能更大地促进海南贸易的发展。

3. 海南发展的实践证明，农业在海南经济发展中的作用越来越大

据统计，1993 年海南农业创造的附加值是 75.52 亿元，工业创造的附加值仅为 28.10 亿元，农业在工农业所创附加值中所占比例为 72.8%，而同年全国农业附加值仅为工业附加值的 47%，农业在工农业总附加值中所占比例仅为 31.98%。1992 年，海南人均农业产值居全国 30 个省市自治区的第一位，而人均工业产值为倒数第三位。同年，海南农业、水利部门的就业人数是工业就业人数的 9.38 倍。从投入产出比例来看，1988 年至 1992 年，海南对于工业的投入是农业的 2.9 倍，1992 年农业创造的国民收入却是工业的 2.8 倍。1994 年上半年，海南工业总产值增长 7.3%，农业总产值增长 14%，农业人均生产性收入比去年同期增加 22.9%。海南农业增长速

度不仅远高于工业,而且大大超过其他省份的发展水平。以上几个对比数据说明:第一,海南目前仍然是一个农业大省,农业仍然是海南经济的支柱;第二,海南农业对海南的经济发展已经做出巨大贡献;第三,只要对农业给予更多的重视和投入,走出一条现代农业发展之路,农业将会有更大、更快的发展,对海南整个经济发展的贡献也会更大。

总之,充分利用海南农业优势,加快发展现代农业,将会大大带动海南旅游、贸易和加工工业的发展,从而促进海南整体经济优势的发挥。海南现代农业的发展,会奠定整个经济快速发展的基础,对海南发展全局具有重大影响和作用。

二、在加快海南现代农业发展进程中,走出一条经济 发展与环境保护相结合的"绿色道路",这对中国 乃至世界都有重要影响作用

海南岛是世界上仅存的少数几块未受污染的地区之一,没有污染使海南拥有其独特的自然环境优势,并引起了国际社会的高度重视。海南发展的绿色道路,离不开环境的优势,离不开海南热带农业的优势。

海南现代农业发展有充分的"环保意识",与环境保护相结合,走"生态农业"的新路子,以开发海南独特的热带农产品以及热带农产品加工业为海南现代农业发展的基本方针。

许多国内外专家在考察海南岛后都指出,海南走生态农业发展的新路子,充分发挥热带宝岛的独特自然优势,生产广大内地不能生产的东西,加快发展天然食品加工业,将占领内地甚至海外市场,带来大大高于传统农业的经济效益以及长远的社会效益。海南在这方面真正做出成绩,走出一条在发展生态农业中实现经济发展与环境保护相协调的绿色道路,海南就将逐渐闻名于世,并且会得到国际社会的支持。因此,发展生态农业,保持海南良好的生态环境,是海南生死攸关的大事,是海南长远发展的大计。对此,绝不可以掉以轻心。

三、依靠改革开放加快海南现代农业发展,可以发挥对 全国农村改革和农业发展的示范作用

要把发展海南农业的潜在优势变为现实优势,根本出路在于改革开放。近几年来海南依靠改革开放推动现代农业发展已取得一些初步成效。

1. 采用公司制办法,实行资本、土地、技术三者的最佳结合

目前,农民对土地没有独立的产权,不能转让和重组,妨碍农业生产要素的重新组合,难以展开有效的市场竞争,不能充分发挥农业规模效益,也难以推广农业生产的机械化、科技化和现代化。要深化对农村土地使用制度的改革,使农业在农民产权独立和自愿重组的基础上,提高农业生产的社会化程度。海南民源现代农业股份公司,通过把中国科学院的技术以及农民土地折价入股的办法实行资金、技术、土地的三结合,为采用高新技术大规模进行农业开发作了较为成功的尝试,并初步取得了较好的经济效益和社会效益。事实说明,通过公司制办法,建立"公司 + 农户"的新体制,是深化农村土地制度改革、推进农村经济快速发展的成功举措,应当在实践中不断完善。

2. 扩大利用外资比重,发展农业的综合开发区

农业综合开发区的最大好处,就是能够突破小农经济的局限,实现农村经济和农业生产的专业化、商品化和工业化,有利于高新农业技术的推广,有利于加快推进农村经济体制改革,促进社会主义市场经济体制的建立。1990 年 5 月,海南省正式创办了全国第一个农业综合开发试验区。试验区在区内建立"成片开发、连片作业、倾斜投入、综合开发"的农业新区,坚持走"贸工农一体化、产供销一条龙"的开发路子,取得了比较显著的成效。海南有必要在总结经验的基础上,通过进一步扩大开放,吸引更多的海外资金特别是台湾资本来海南进行农业综合开发。海南热带农业的比较优势目前远没有发挥出来,在很大程度上受制于投入不足。海南的热带农业是可以吸收消化大量资金并取得稳定回报的产业,给寻求利润的资本提供了良好的机遇和场所。海南应充分利用对外开放的政策优势加大吸引外资的力度,靠高投入带动海南农业经济的高增长。

3. 推进股份合作制,实现农村组织制度创新

农村一家一户分散经营的组织体制,具有很大的局限性。如何在农民分散拥有各自土地产权的前提下,实现农业生产的集约化经营,这是亟待解决的的问题。农村股份合作制是在广大农民对传统的组织制度的反省和对新的组织制度的企盼中产生的,目前尚处于探索起步阶段,需要更为大胆的试验,并为其创造更宽松的环境。推进农村股份合作制,实现农村组织制度创新,使海南农业焕发出新的活力。

4. 通过热带农业资源的集中开发推进海南小城镇建设

从小城镇的形成来看,以某种专业生产为基础形成的专业市场或大型集贸市场

能带动其他非农产业和小城镇的建设。从海南的实践看,兴隆农场、八一农场都是通过农业以及热带风光开发形成的旅游热点,并已向具有一定档次和规模的城镇发展。它大大促进了该地区的经济发展,并辐射和带动了周围地区,农民也因此受益。这种依靠一定优势产业步入小城镇的道路具有普遍的意义,值得不断探索。

　　无论从海南发展的全局来看,还是从海南现代农业发展对全国的影响作用来看,可以充分肯定,海南现代农业如果能加快发展起来,其热带农业优势能充分利用起来,正如邓小平指出的那样,是一件很了不起的事情。

关于海南"三农"问题的十点建议*

（2003 年 6 月）

◇◇

当前,讨论"三农"问题具有特别重要的意义。SARS 危机后再来看"三农"问题,有一些新的认识:

第一,城乡结构问题越来越突出。现在看,解决"三农"问题的主要出路在于城乡的协调发展。突出的矛盾是,如果未来 10 年左右不能很好解决上亿农民进入城市的问题,农民收入的增长、农村的结构调整就十分困难。因此,需要在城乡协调发展中为解决"三农"问题寻找出路。

第二,我国的收入分配差距,尤其是城乡之间的收入分配差距越来越大。有学者估计,全国城市人口与农村人口实际收入的差距在 1∶6 左右。城乡收入差距不断扩大,对我国的经济发展、社会稳定构成严重威胁。

第三,SARS 危机直接暴露出政府在农村公共卫生、教育等社会事业方面的欠账太多。改革开放以前,农村合作医疗的覆盖率大概是 85%,现在只有 10% 左右。农村的合作医疗和义务教育的状况十分令人担忧。

在上述背景下分析海南的"三农"问题,我提出以下十点框架性建议。

一、采取积极措施,加快海南农村和城市的协调发展

近些年来,海南的农业发展情况比较好:一是农业一直保持较高的增长势头;二

---

* 在海南省政协四届二次常委会上的发言,海口,2003 年 6 月 18 日。

是农民人均收入逐年有明显的增长,排在全国前10位左右。从实际调查的情况看,海南农民的人均实际收入水平,在一些地区,比统计的数据还要高一点。

城乡协调发展是解决"三农"问题的重中之重。海南是一个农业占大头的小省,又是我国最大的经济特区。未来的5~10年,海南在城乡协调发展方面能不能走在全国的前列?有没有条件走在前列?并由此采取哪些措施?这是海南应当着力研究并解决的重大问题。建议将海口、三亚、琼海、儋州四个市区,尤其以海口为重点,作为城乡协调发展的试点。从四个地区的情况看,都有它自身的优势。现在需要做的是:

根据这四个地区下一步发展的特点和趋势,全面加大基础设施建设,把城市的基础设施,逐步延伸到城市所辖的某些周边地带。海南过去在道路、供电等基础设施建设方面做得好一些,但对供水、煤气供应、宽带接入等问题还没有很好解决。如果在未来的3~5年,能在这四个地区,采取措施,调整城乡结构,加大基础设施建设投资,海南的城乡结构发展在这四个地区就能取得一些突破。这样,还能够大大扩展海南土地的可利用价值。

在这四个地区加大基础设施建设投入的同时,加快社会事业发展。海口和琼山已合并为一市,但是琼山地区的社会发展与海口相比差距很大。因此,就需要在社会发展方面加大投入,缩小中心城市和周边地区在社会发展方面的严重差距。

如果在这四个地区的城乡协调发展方面能够实现突破的话,有可能使海南在城乡结构协调发展方面,走在全国的前列。

二、创造条件,加快实现海南统一城乡税制的步伐

最近几个月时间,国务院在解决农村问题上有两个重要举措:一是在推进农村费改税的同时,提出有条件的地区可率先取消农业特产税,并且已出台了一些相关的政策措施。从现在的情况看,全国取消农业特产税呈加快的趋势。二是粮食购销改革的新措施。制定相关政策,在放开粮食购销价格的同时,把补贴直接落实到农民头上。

目前,海南农村税制改革面临"两难"的选择:第一,海南农业税收的特点与全国不大一样,全国农业税比重大,农业特产税比重小;而海南的农业特产税比重大,农业税比重较小。2002年海南农业特产税3.06亿,农业税仅为0.56亿,农业特产税是农业税的5倍左右,取消农业特产税的难度较大。第二,从海南的情况看,又迫切需要取消农业特产税。因为海南农业的发展方向主要不是种粮食,出路在于发展热带种植业、养殖业。尽快取消农业特产税,有利于发展种植业和养殖业,对海南热带农业的发展会起到一个很大的促进作用。目前,海南农业各税占省级财政收入的比例

为 9.38%，全国是 2.94%。在农业税收结构上，全国农业税占的比例是 59.3%，农业特产税、耕地占用税、契税加起来是 40.7%，海南农业税仅占 11.5%，但农业特产税一项就占到 62.8%。从这个情况看，取消农业特产税对海南来说，的确是个"两难"的问题。不应当因为面对"两难"问题，就推迟取消农业特产税的进程。建议采取"分解"、"分类"的办法来解决农业特产税的问题。

把农业特产税做一些分解，有的取消，有的并入到农业税中，有的可以采取降低税收比例而后逐步到位的办法。有的可以变成企业所得税，有的可以变成个人所得税等。

经过 3～5 年时间的过渡，海南可以分项逐步实现城乡税制统一。海南有条件在统一城乡税制方面先走一步。

如果不能在全省全面取消农业税，那么至少可以在海口等地区有条件的地方先走一步。

取消农业特产税，是农村税制改革的关键一步。建议省政府尽快出台取消农业特产税的相关措施。一方面中央有这个大政策，另一方面，海南的发展也需要这样做。至于涉及到乡镇一级的财政问题，可以采取一些过渡的办法，如争取中央的支持，或结合农村的基层组织建设精简机构等，逐步解决。

三、加快以公共卫生和基本医疗为重点的农村社会保障建设

从调查的情况看，海南的农村公共卫生和医疗情况与全国一样，相当落后。从我们调查的几个乡镇看，有的医疗开支仅占农民日常开支的 0.3%，每年人均医疗开支仅 15.2 元，农村合作医疗名存实亡。

SARS 危机直接暴露了目前农村医疗的落后状况，并反映出这些年来我们在保持经济增长的同时，在改革发展的具体实践方面还存在一些严重的偏差。例如，考核干部偏重于考核 GDP 的增长指标，而不太注重考核经济社会的全面发展，把 GDP 的增长指标与干部的政绩直接挂钩，造成了一系列的问题。因此，建议省政府专题研究农村公共卫生和农村医疗的建设问题，并明显地加大对农村公共医疗的投入，加快建立新型的农村合作医疗体系。

四、采取措施，逐步解决和落实农村的义务教育

有两个数字应当引起我们的高度重视：一是海南每万人拥有的大学生数仅占全

国平均水平的50%左右;二是全社会劳动力中高中以上文化程度所占比例也只相当于全国平均水平的50%左右。这两个50%的状况,严重制约海南的经济社会发展。据我院对琼海市3个乡镇"农村适龄学童和家庭主要劳动力的受教育情况"的调查表明,小学教育程度者占37.5%,初中教育程度者占45.7%,高中教育程度者占15.5%,文盲占1.3%。这说明,有些农村地区九年制义务教育远没有实现,这是一个十分严峻的问题。建议:

第一,对九年义务教育情况进行全面摸底,并在此基础上进行专题讨论,采取相应措施,全面落实农村的九年制义务教育。

第二,鼓励社会各方参与支持农村的义务教育。只要出台一些相应政策,就能调动全社会尤其是企业支持农村义务教育的积极性。

五、尽快以法律形式,切实保护农民土地权益

海南农村的民事纠纷案件有相当一部分同土地的纠纷相联系,占30%～50%,有的地方高达70%左右。从调研的情况看,农村土地纠纷的产生主要有如下原因:①部分地方在村集体经济组织与村民签订承包合同书时,双方的权利、义务及土地的四至、面积、承包金多少、违约责任等都没有明确的约定,导致出现纠纷,诉诸法律时司法救济难度大。②个人转让土地只有口头协议,产生矛盾后讲不清楚。③土地承包法没有特别强调妇女的土地权益,承包书上只有丈夫的姓名,使妇女在不知情中丧失土地。④关于土地征用款虽然法律规定只能作为村集体的生产资料来使用,而不能分给个人,但对于违反这一规定的行为却没有规定相应的法律责任和追究责任的主体及途径。从实际情况看,现行的《中华人民共和国农村土地承包法》还需要在实施过程中对一些重要的问题做出更具体的规定。

落实《中华人民共和国农村土地承包法》,对于农村的稳定,对于农民权益保护都是一件大事。建议省人大尽快出台"关于落实《中华人民共和国农村土地承包法》的实施条例"。

六、加快建立农产品加工业的新体制

海南农业的发展在很大程度上是和农产品加工业直接联系在一起的。目前,海南加工业的状况比较落后,同海南热带农业的发展严重不相适应。海南农产品品种繁多,资源丰富,但海南农产品加工业的技术水平低、规模小,尚未形成良性循环格局。2000年,全省农产品加工业产值不过162.8亿元,仅为农业总产值的29.87%,

远远低于全国84.5%的平均水平。随着我国加入WTO和"中国—东盟自由贸易区"的推进,海南农产品面临着新的挑战和冲击。农产品加工业具有引导农业生产的功能,能调节农业产业结构,提高农业生产的标准化水平,使生产和消费相衔接,从而减少生产的盲目性。大力发展农产品加工业,提高农产品加工的深度,延长加工链条,就能提高农产品的附加值。这是增加农民收入、带动农业发展、扩大就业的一条有效途径。如何采取措施,加快发展海南农产品加工业,由直接输出原料或低层次的粗加工输出农产品,发展成高附加值深加工后再输出,并由此形成一个新的体制,是下一段海南热带农业发展中一个相当关键的问题。

七、关于加快发展农业中介组织问题

海南目前有上百个各类农业的中介组织,包括:运销协会、荔枝协会、胡椒协会、槟榔协会等,大多数是以技术交流和指导为主的农业合作组织,主要由政府引导,提供部分资金扶持,虽然冠名以"协会",但不是真正意义上的农民协会或农业中介组织。这类组织规模小,没有经济实力,总体上说,发挥的作用不是很明显,农民自愿参与的积极性不高。由于缺乏农村中介组织,农民与公司所建立的"公司+农户"的农业生产模式是不完善的。个体农户面对大公司缺乏讨价还价的能力,在合作中处于劣势。只有依靠中介组织把农民组织起来,才有可能与大公司进行互利互惠的合作。只有建立为农户服务,代表农户利益的中介组织,代表农民与公司签订合同,开拓市场,打开销路,才能进一步维护农户的权益,解除农民的后顾之忧。建议政府能够出台相关措施,大力扶持农业的各种相关中介组织,促进海南农业的发展。

八、关于海南农业的开放问题

自2003年10月1日起,中国与泰国将在"中国—东盟自由贸易区"框架下实现水果和蔬菜产品的零关税。中国政府同时承诺,这项政策不仅对泰国适用,而且对东盟各国适用。200种果蔬产品,包括龙眼、荔枝、菠萝蜜、山竹等热带水果的进出口关税将由现在的平均30%降为零。关税的下降必将带来市场上水果、蔬菜价格的变动,乃至国内对各产地水果需求的转移。这对每年出岛热带水果量超过100万吨的海南来说,并不是一个好消息。但目前为止尚没有看到岛内各界有何反应。我认为,这件事对海南的农业冲击很大。与东盟的农业相比,海南热带水果生产存在规模小、缺乏科学的管理技术、品种分级方式不规范,以及销售渠道不畅等问题,一旦国家完全放开进口,实现果蔬产品和其他农产品零关税,海南仰仗资源优势和地域优势建立起来的热带高效农业产业会受到严重影响。随着全球化和自由贸易的推进,农业产业的开放是不可避免的。因此,建议有关方面应当尽快提出相关对策,提前做好准备。同时,应当把这方面的信息告诉广大农户,让农民有所准备。

九、关于海南农村改革的两个重要问题

海南农村改革面临两个问题:首先是粮食购销体制市场化,商品粮生产的补贴直接补给农民的问题;二是推进农村信贷改革问题。

早在1991年,海南就基本完成粮食购销同价的改革,在全国最早进行了粮食购销体制的改革。2001年,海南按照国务院的部署,又展开了粮食购销体制的改革,说明海南的改革有反复,直接影响了种粮农户的收入。海南粮食购销体制改革起步早,有条件落实国务院的相关规定,把商品粮生产的补贴直接补给农民。

海南农业资本要素投入少,是制约农业发展的重要因素,海南农业迫切需要资本要素的投入。创新海南农村金融体制,建议:第一,对农村金融组织进一步改革,发挥农村信用社的作用;第二,促进专业金融机构支持海南热带农业的发展;第三,根据海南农业种植业的特点,研究和实施小额贷款的实施办法;第四,海南农业开发的重大项目应在全国乃至国际上进行公开招标,以利于有实力的企业来海南参与农业开发。

十、分步实施农垦的改革

农垦是海南经济发展的一支重要力量,农业组织化程度比较好,规模经营水平比较高。但是由于农垦的改革长期处在徘徊的局面,使农垦在海南经济发展中的比重大大下降,由改革开放之初的30%下降到目前的7%左右。农垦的全面改革不能再拖下去,再拖就会进一步降低农垦在全省的经济比重,对农垦的发展不利,对全省的发展也不利。海南农垦改革久拖不决,比较被动。

从现在的情况看,农垦的改革,实施一揽子解决的办法有相当大的难度,建议采取逐步推进的办法进行改革,一是鼓励农垦的橡胶加工等优势企业组合起来成为企业集团,经过一段时间的发展,成为一个规范的上市公司;二是对实行承包的农户,实行民营化的政策,逐步分离;三是对成熟的农场,尽快规划,进行城乡协调发展的建设试点。

以制度创新实现新世纪
农垦改革发展的全面突破[*]

（2002 年 5 月）

◇◇◇◇◇◇◇◇◇◇◇◇◇◇◇◇◇◇◇◇◇◇◇◇◇◇◇◇◇◇◇◇◇◇◇◇◇◇◇

海南农垦经过 50 年的创业发展，现已成为以天然橡胶及热带作物为主，拥有 115 亿元资产总额的农、工、商综合经营的大型企业群体。拥有大中型企业 126 家，控股子公司 17 家，参股企业 19 家，拥有 85 万公顷的土地，占全省陆地面积的 1/4，人口近百万，占全省总人口的 1/8，实现全省 1/14 的国内生产总值和 1/7 的工农业总产值，为海南的经济社会发展做出了巨大的贡献。

一是创建了中国最大的天然橡胶生产基地。农垦几代人经过艰苦的奋斗，在海南这块并不适宜种植橡胶的土地上，凭着执着的奉献精神和辛勤的劳动创造了我国橡胶在北纬 18 度以北大面积种植成功的奇迹，1999 年，橡胶种植面积近 25 万公顷，年产干胶 22 万吨，产量占全国年总产量的 50%。可见，没有海南农垦就没有中国的天然橡胶产业。农垦人为完成国家战备需要的政治任务付出了几代人的青春和心血乃至生命，这种无私的贡献将永载史册。

二是为国家和地方创造了大量的财富。第一是以利润形式上交给国家；第二是以税收的形式通过属地原则上交给海南各有关市县。近 50 年累计上缴国家和地方财政税利 40 多亿元，平均每年农垦缴纳各种税、费达亿元。海南有的市县 1/3 以上的税收来源于农垦系统。海南农垦还在资金、技术、种苗、物资等方面有力地支持了

---

* 为海南农垦创建 50 周年而做，海口，2002 年 5 月。

地方的经济建设,为海南经济的发展做出了很大的贡献。

三是肩负起传播文明、建设文明社会的使命。建国之初,为巩固海防前哨,一支来自全国20多个省市、20多个民族,以军事建制为特点的海南农垦大军迅速组建起来,落脚在海南岛偏僻落后的荒地。农垦人带来了时代文明的种子,播种到长期与世隔离的海岛居民。农垦准军事化的开垦方式,在较短的时间里开发建设了一个集场区、学校、医院、交通、公安保卫等在内的庞大的企业社会服务体系。同时以农场场部为依托,在海南建成了一批小城镇,带动了周边农村经济社会的发展,维护了海南社会的稳定。

今天,我国正在由计划经济向市场经济的转轨过程中,农垦作为特定历史条件下集政治、行政、经济及社会一体的管理与服务系统,已与市场经济的要求越来越不适应,经济发展水平也呈逐年下降趋势,面对现实,农垦改革需要以制度创新来实现改革发展的突破,以适应新形势的发展要求。

一、海南农垦改革已到了实质性突破的关键时期

从海南发展的内外环境看,农垦体制改革已刻不容缓,既有外部竞争的压力,也有内部生存的压力,而且随着我国加入WTO,农垦改革的时间和空间都非常有限,必须当机立断,痛下决心。

1. 农垦面临的经济衰退

农垦是海南经济发展的一支重要力量,曾有海南的"三分天下有其一"之称。但是,由于农垦体制改革滞后,近些年农垦在海南发展中的分量大大下降,占全省GDP的比重逐年下降,由1979年的32.7%降为2000年的6.93%。近两年GDP增长速度均低于全省平均水平。农垦三次产业GDP、工农业总产值、全社会固定资产投资额等指标在全省的比重以及上缴税金占全省地方财政收入的比重也都是一路下滑。人均GDP在2000年为3871元,只相当于全省平均6894元的44%。农垦系统虽然2000年利润为860万元,但近几年经济效益却是每况愈下,由建省前10年赢利累计创利10多亿元,到1999年累计净亏1亿元(减去前10年赚的10多亿元),亏损面达83.7%。现在农垦面临的不仅是发展的问题,更是迫在眉睫的生存危机问题。

2. 与市场经济要求不相适应的海南农垦管理体制

海南农垦的管理体制虽然进行了多次的改革,并取得了一定的成绩。但总体说来,它不能适应社会主义市场经济的要求。市场经济要求的市场调节配置资源原则、

平等竞争原则、利润最大化原则与海南农垦现存的带有十分浓厚计划经济色彩的"三合一"(农垦总局是一套人马、挂总局和总公司两块牌子,执行着政府、企业、社会三种职能)体制越来越难以相容,并导致一系列的矛盾与冲突,资产流动困难、社会保障压力大、职工外流并且素质较低、债务沉重、橡胶成本加大、产业升级和结构调整缺乏资金等。海南农垦企业急需建立现代企业制度。

3. 在 WTO 框架下,我国农村经济尤其是农垦经济面临着严峻的挑战

我国加入 WTO 后,一方面面临着发展的机遇,如当前,国内干胶年需求量为 90 万吨,而生产量只有 40 万吨,有 60% 的供需缺口。另一方面也面临着严峻的挑战。从有关 WTO 协议看,我国农产品总体平均关税将由目前的 30% 降至 2004 年的 17%,而美国农产品进入我国的税项在我国入世后 5 年内减至 14.5% ~ 15% 等。随着关税的降低必将有大量的橡胶产品涌入中国,这是对海南农垦的巨大挑战。因为,海南农垦基本上是从事农业生产的,而且橡胶生产是支柱。海南农垦与周边国家橡胶经营水平相比,无论是生产条件、直接生产成本、单位产量、价格水平、加工水平,还是橡胶性能质量都存在较大的差距。缩小差距,提高竞争力的途径就是:提高橡胶生产的科技含量,降低生产的综合成本。这必然要求农垦企业是一个完全独立的经营实体。适应中国加入 WTO 的形势要求,也要求海南农垦加快体制改革的步伐。

从上述情况看,实行农垦总体改革的时机已到,而改革的关键是解放思想,采取实际步骤来迅速推进农垦的改革进程。

二、以股份化、民营化、地方化为目标,实现农垦改革的总体突破

1. 股份化改革

《中共中央关于国有企业改革与发展若干重大问题的决定》指出:"国有资产通过股份制可以吸引和组织更多的社会资本,放大国有资本的功能,提高国有经济的控制力、影响力和带动力。"根据海南农垦的实际,股份制是农垦企业调整产权结构、改革产权制度的最佳模式,有利于较好地建立起产权明晰、权责明确、政企分开、管理科学的现代企业制度。

(1)农垦产权制度改革。第一,建立三个层次的农垦资产管理体制构架。建立海南农垦集团有限责任公司(或农垦国有资产经营管理有限责任公司)、专业控股公

司和农场改制企业三个层次的农垦资产经营构架。第一个层次是由国家和有关部门授权给新建立的农垦集团公司行使国有资产出资人职能,行使国有资产管理运营监督职能;按照产权关系行使出资人的权利,承担国有资产保值增值的责任。第二个层次是以重点行业资产为依托组建一业为主、多种经营的专业投资控股公司;或以管理较好的大农场为依托,改制为投资控股公司。第三个层次是将现有农场改制为公司,按产业、地区相近的原则分别划归不同的控股公司经营。第二,国有资产产权重组。把海南农垦国有资产划归海南地方政府,对学校、医院、道路、桥梁等非经营性资产产权实行剥离。对那些有发展前景、有市场、有效益的垦区企业,以资本为纽带,建立以股份制为主要形式的新企业;对于有一定存量资产,仍有潜力可挖的中小企业,可采取股份合作制的组织形式进行改造;鼓励建立以家庭为单位或家庭自愿联合经营的民营庄园;对于那些长期亏损而又扭亏无望,确实资不抵债的小型工商企业、场办二级企业及小型农场,依法实行破产、关闭,或取消农场建制实行民营化。第三,进行资本多元化改造,建立开放的、多元化的产权结构。从内部,将原农场的部分资产以股权的形式量化到职工,作为对农垦职工过去奉献的返还。再是根据垦区企业经营者管理技能和科技要素入股,其股权的实现方式可以是现权亦可以是期权,使农垦职工成为企业股东,实现生产者与生产资料的充分结合。从外部,大量地引进农垦以外的多种资本,如内地的资本,港、澳、台及外国的私人资本,实现资本多元化与投资主体多元化的改造。第四,进行以农场为主的现代企业制度改造。一是赋予垦区企业法人完整的财产权利。选派股东代表或董事,使国有法人股东权能真正到位。二是严格按《公司法》建立层次分明的公司法人治理结构,明确股东会、董事会、经理之间的权限,建立和规范可以追究责任的董事会议事规则和决策程序,以此保证所有者权能到位。三是在国家法律法规范围内,公司董事会决策的事项,政府不再干预和审批,构建责权明确的管理体系。

(2)把农垦企业的优势资产组合起来组建优势产业集团。建立1~2家以橡胶及其加工和热作为主的股份制企业集团公司,吸收外部资金,重新组合,成为我国橡胶生产加工的最大企业集团,以此带动农垦的发展,扩大橡胶的生产规模。为海南农垦走出困境、健康发展奠定基础。企业集团的组合要按股份制的要求来办,进行优势组合,而不以现有的某一公司为基础组合。股份制企业集团起步要高,使它能争取得到各方投资者和国家的支持,争取在一定时期内成为有较好发展前景的上市公司。

2. 民营化改革

(1)从现实出发,大胆探索农场民营化改革的路子。对国有资产质量较差、生产经营状况发生严重困难的农场,要大胆探索以土地长期承包给职工为重点的民营化改革。根据市场需求,建立服务性专业公司加职工家庭经营的企业经营模式。要通过国有划拨土地使用制度的创新,赋予职工家庭长期稳定的土地使用权,保护职工土地承包经营的合法权益,促进民营农业经济的快速发展。

(2)深化经营体制改革,稳定和完善农业双层经营体制。改革农业经营体制,积极推进和进一步完善以职工家庭承包经营为基础、统分结合的双层经营体制。对开割胶,通过承包经营形式,赋予职工家庭开割橡胶长期经营权,实现所有权与经营权分离。要大力发展职工自营经济,不断增加职工收入。通过扶持、引导、服务和运用承包、转让、股份制和股份合作制等形式,逐步使种植业、养殖业全面实行职工自营。

(3)加快工商企业和小型农场产权制度改革步伐。继续推进以"两个退出"、"一个民营"为主要内容的工商企业改革。具体做法是:一是对产品市场看好,资源丰富的骨干企业,通过股权转让,退出部分国有资本,改制为国有法人控股或参股的股份制企业,对技术落后、市场劣势、浪费资源、扭亏无望、污染严重的小企业坚决关、停或实施破产。二是职工退出国有企业身份。三是对小型工商企业和场办二级企业,要全面通过以改组、联合、兼并、拍卖、租赁、承包、股份制、股份合作制等形式进行彻底改制实行民营。四是对少数长期亏损、扭亏无望的小型农场,可采取取消农场建制,彻底进行民营化改造。

3. 地方化改革

在海南农垦体制地方化改革中,原来承担的社会职能回归社会,并与全省的小城镇建设结合起来,统一规划、统一建设,建设资金合理分担。使农垦经济迅速摆脱国有企业普遍面临的困境,完成深化改革和第二次创业的过程,再次成为海南农业和农村现代化的中坚力量。

(1)行政管理体制。农垦的行政管理体制改革可将由海南农垦总局承担的有关政府管理的职能以属地原则回归于海南省政府及有关市、县政府。农垦总局承担的社会服务职能,如学校、医院等,按行业或部门逐步纳入省、市、县的相关部门进行统一协调与管理。

(2)农场场部社区建设与全省小城镇建设相结合。依照市场导向与社会导向对农垦社会系统的社会服务机构进行重组。农垦中的许多农场,以场部为中心,经过几十年的建设发展,已经形成了一整套的社会功能,而且还辐射到周边农村,无论从规划布局、经济发展,还是文化生活等,实际上已构成一定地域范围的中心,它可直接改变成正规建制的小城镇。这些小城镇在一定的范围内,构成经济、文化的中心,向周边农村产生一定的辐射功能,对海南整个社会的现代化水平提高将会产生重要影响。

三、以观念创新促进农垦体制的创新

1. 农垦体制改革要建立与生产力发展相适应的生产关系，并以此作为体制改革的基本出发点

转变传统计划经济体制下形成的旧观念，树立社会主义市场经济的新观念，统一思想认识，努力实现资源配置的优化和经济结构的优化，实现国有资产保值增值和职工群体受益，实现改革成本的最小化和改革效益的最大化。

2. 农垦社会保障体系的改革应根据农垦企业的类型来制定

属于历史遗留问题的，考虑逐步消化。按照"老人老办法"的精神，根据农垦职工养老历史欠债偿还原则，划出部分国有资产，通过评估进行变现，并以此获得资金来解决15万离退休职工的社会统筹问题；按照"新人新办法"的精神，根据农垦职工养老金历史欠债偿还原则，划出部分国有资产，通过评估以产权置换股权的办法，让部分在职职工成为农垦企业的股东，并逐步引导这部分股东型职工走社会统筹和个人账户相结合的道路；对买断工龄，完全进入自营经济的职工，按照以个人交费为主，国家给予政策扶持的合作保障制度模式，农垦以合理价格出让部分国有资产，使其获得长期土地使用权和其他经营权的办法来解决其社会保障的统筹问题。

3. 对农垦土地的国有性质需做出重新界定

农村家庭承包责任制，农地承包期30年不变，农地属集体所有，农户有权决定农地经营方式，生产资料产权清晰，有效地稳定了农户的生产经营收益预期。实际上，农村承包制是一种产权变革与经营方式变革相结合的深刻的制度变革。但在海南农垦实行承包制的过程中，国有资产产权关系并没有发生实质性的变革，承包制也是有名无实，没有起到促进生产，提高效益所应有的效果。农垦系统中属于农业工人的职工，应按照农村的承包制经营权模式来从事农地的生产和经营，这样，才能从根本上充分调动经营者内在的积极性。

4. 统一规划农垦城镇化建设

农垦系统要转变观念，适应海南小城镇建设的实际和农垦改革的迫切需要，把封闭的场部小城镇建设纳入全省城镇发展的统一规划，制定优惠政策，吸引外来资金的投入。要善于开拓土地市场，以地生财，实现土地资本市场化，借助各方面的力量共

同建设小城镇。

在推进农垦体制改革过程中,要打破不适应经济发展的旧的利益格局,做好改革的舆论宣传,加强思想政治工作,使广大干部和职工认识到农垦体制改革的必要性、紧迫性,减少改革的阻力。

以突出"特"字为主线，

实现海南又好又快发展*

（2007 年 5 月）

◇◆◇

在中共海南省第五次代表大会上，卫留成书记在报告中鲜明地提出："突出'特'字，重塑特区意识，重振特区精神"。新时期新阶段，如何以突出"特"字为主线，实现海南又好又快发展，需要深入研究。

一、突出"特"字是实现海南又好又快发展的主线

20 年前，中央决定海南建省办经济特区，并制定了三步走的战略目标：第一步，用 3～5 年时间赶上全国的平均经济发展水平。第二步，用 5～8 年时间赶上沿海发达地区的平均经济发展水平。第三步，用 20 年左右的时间，赶上东南亚一些国家和地区的平均经济发展水平。建省办特区头几年，海南经济发展的环境和势头很好，1992 年人均 GDP 就已经接近全国平均水平，但后来因为多种因素，海南的发展离这个目标越来越远。直到近几年，海南的人均 GDP 才又逐步接近全国平均水平。在这样的背景下，重新提出突出"特"字，顺应了海南发展的需要和全省上下的共同愿望。

---

* 在"海南省直机关学习贯彻省第五次党代会精神党务干部培训班"上的演讲提纲，琼海，2007 年 5 月 9 日。

1. 突出"特"字与创办海南经济特区的基本目标

（1）突出"特"字是经济特区的本质内涵。把1988年9月1日许士杰书记在中共海南省第一次党代会上做的报告和卫留成书记在第五次党代会上做的报告进行比较，可以发现两份报告中某些思想是相同的。第一次党代会报告第一段十分明确地提出："党中央国务院决定海南建省办大特区，这是一项具有深远历史意义的英明决策，海南建省办大特区目的是采取国内外行之有效的具体制度和管理办法，大力发展生产力，充分发挥海南的资源、地理优势，使海南在当今中国改革开放和实现一国两制中发挥重要作用。"省第五次党代会报告中也有一段话："创办经济特区是党和国家为推进改革开放和社会主义现代化建设做出的重大战略决策。经济特区在改革开放的历史进程中，一直扮演着窗口、排头兵和试验场的角色，发挥着示范、辐射和带动作用。"时隔20年，省第五次党代会报告，再次对海南建省办特区的本质内涵做了重新认识。

（2）突出"特"字是中央对经济特区的基本要求。现在，社会上有一些说法，比如："特区在改革开放的新形势下没有必要继续办下去"、"中央对经济特区的基本方针已经发生变化了"。对此，省第五次党代会报告明确提出："经济特区在全国改革开放和现代化建设中的历史地位和作用不变；经济特区不仅要继续办下去，还要办得更好；中央鼓励经济特区在制度创新和扩大开放等方面继续走在全国前列。"2005年，温家宝总理参加深圳特区座谈会时指出："中央对于发展经济特区的决心不变；对经济特区的基本政策不变；经济特区在全国改革开放和现代化建设中的历史地位和作用不变。特区要以特别之为，立特区之位。"由此可见，在新的历史发展时期，中央对经济特区的要求就是："经济特区在全国改革开放和现代化建设中的历史地位和作用不变；经济特区不仅要继续办下去，还要办得更好；中央鼓励经济特区在制度创新和扩大开放等方面继续走在全国前列。"因此，在新形势下，经济特区仍然要突出"特"字，只是"特"的内容发生了新的变化。

（3）突出"特"字是经济特区实现又好又快发展的重要路径。实现海南又好又快发展，要走怎样的道路？省第五次党代会报告用一段话回答了这个问题："今天，当我们站在新的历史起点上谋划海南未来的发展时，回想当年邓小平提出创办海南经济特区的初衷，重温中央几代领导集体对海南经济特区发展的殷切期望，认真领会中央领导对海南工作的最新要求，总结海南经济特区走过的风雨历程，对照我们与发达省份的差距，客观分析当前面临的机遇和挑战，都会得出一个结论：我们需要重塑特区意识，重振特区精神，再创特区辉煌！"

过去，海南失去了很多机遇，十分可惜。从近二十年的实践来看，我们的出路在于一定要紧紧抓住"特"字，沿着经济特区的路子，走出一条又好又快的发展之路，才能够再创特区辉煌。今年全国"两会"期间,温家宝总理到海南代表团时提出海南要在扩大开放、制度创新方面大胆的实践,并殷切希望把海南建设成为开放之岛、绿色之岛、文明之岛、和谐之岛,在开放方面有更大的作为。

2. 突出"特"字与海南建省办经济特区近二十年的基本实践

海南近二十年的发展历程是和加快开放直接联系的。什么时候海南改革开放进展得快,经济社会发展得就快。从建省到现在,海南的经济发展大体可以分为四个阶段。

(1)经济高速增长期(1988～1994年)。随着海南建省办经济特区,全省经济进入高速发展期。1988年海南GDP增速就达到10.3%,1990年以后都以两位数的速度发展,尤其在1992、1993年,成为全国GDP增长最快的省份。

总体而言,海南发展的第一阶段是快速发展的阶段,是迄今为止海南平均发展速度最快的阶段。在指出这个阶段由于多种原因存在经济泡沫的同时,也要看到党中央、国务院决定在海南创办比其他特区更特的大特区的号召力和吸引力,以及人们对它寄予的希望。

(2)经济增长低迷期(1995～1997年)。1995～1997年,海南进入发展的低迷阶段,GDP增幅大幅下降,甚至在1995年低于西藏,成为全国倒数第一;1996年为4.8%,全国倒数第二,略高于西藏;1997年为6.7%。经济增长速度减慢有一定的客观性,就是1994年中央调整了相关政策,但最关键的是,我们要有清醒的头脑,分析和认识出现这种情况的原因。

(3)经济恢复增长期(1998～2002年)。1998～2002年,海南经济进入恢复性增长阶段。1998年海南GDP增长率是8.3%,1999年是8.6%,2000年是8.8%,2001年是8.9%,2002年是9.3%。

(4)快速增长期(2003～2006年)。2003～2006年,海南再次进入经济较快增长阶段,其标志就是经济开始以两位数增长,而且呈现逐步加快的发展趋势。2003年GDP增长率为10.5%,2004年是10.4%,2005年是10.2%,2006年是12.5%。省统计局在第五次党代会期间发了一份"数字变化看海南"的材料,我们通过那些数字可以发现,海南的变化重点都在最近四五年。比如,全省社会固定资产投资,2002年是225亿,到2006年增长到426亿,增长近1倍;地方财政收入,1987年是2.9亿,2002年51亿,2003年61亿,2004年69亿,2005年84亿,2006年年底达到102亿;再看城镇居民人均可支配收入,在2002年不到7000元,2003年是7200元,2004年是7700元,2005年突破8100元,2006年达到9395元;农村居民人均纯收入在2003年只有2588元,低于全国的平均收入水平,2004年达到2818元,2005年达到3004元,2006年达到3256元,这些数字都是在近几年内发生的,变化比较快(见表1和表2,图1、

图 2、图 3 和图 4)。

表 1 不同发展阶段海南省 GDP 增长速度 （单位：%）

1988～1994 年	1988	1989	1990	1991	1992	1993	1994
	10. 3	5. 7	10. 6	14. 9	40. 2	20. 9	11. 9
1995～1997 年	1995	1996	1997				
	4. 3	4. 8	6. 7				
1998～2002 年	1998	1999	2000	2001	2002		
	8. 3	8. 6	8. 8	8. 9	9. 3		
2003～2006 年	2003	2004	2005	2006			
	10. 5	10. 4	10. 2	12. 5			

资料来源：相关年份《中国统计年鉴》，2006 年海南统计公报。

表 2 不同发展阶段海南省 GDP 总量变化 （单位：亿元）

1988～1994 年	1988	1989	1990	1991	1992	1993	1994
	77	91	102	121	182	258	331
1995～1997 年	1995	1996	1997				
	364	390	410				
1998～2002 年	1998	1999	2000	2001	2002		
	439	471	518	546	604		
2003～2006 年	2003	2004	2005	2006			
	671	790	895	1052			

资料来源：相关年份《中国统计年鉴》，2006 年海南统计公报。

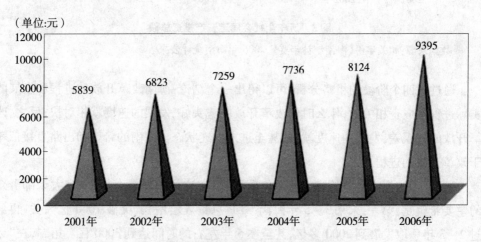

图 1 海南历年城镇居民人均可支配收入

数据来源：相关年份《海南统计年鉴》，2006 年海南统计公报。

（单位:亿元）

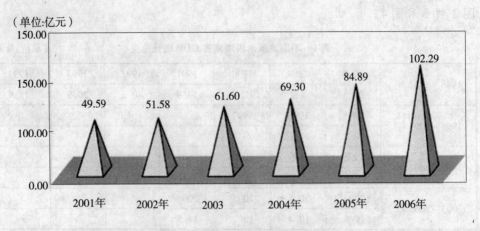

图2　海南历年地方财政收入

数据来源:相关年份《海南统计年鉴》,2006 年海南统计公报。

（单位:亿元）

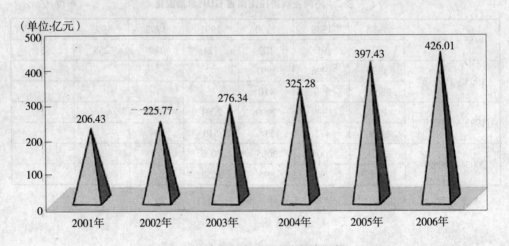

图3　历年全社会固定资产投资总额

数据来源:相关年份《海南统计年鉴》,2006 年海南统计公报。

通过对四个阶段的粗略分析,可以得出一个结论:海南改革开放的进程和发展的实际进程是成正相关的,什么时候改革开放的势头好,发展的速度就相对快;反之,改革开放的气氛差,发展的速度就慢,甚至进入低迷状态。海南的希望和出路直接依赖于改革开放的进程。

这几年来,海南经济始终保持两位数增长,在这样的发展态势下,广大干部群众的主要希望是:第一,未来 3~5 年海南 GDP 总量成倍增长,突破 1000 亿大关,再经过 2~3 年争取发展到 2000 多亿,甚至在 5 年左右的时间达到 3000 亿。第二,在"天时"、"地利"的情况下,能"人和"。在省委、省政府的领导下,全省上下同心协力,和谐发展,形成良好局面。

（单位：元）

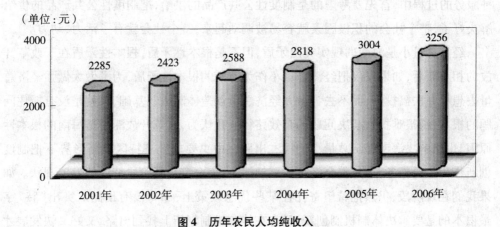

图4 历年农民人均纯收入

数据来源：相关年份《海南统计年鉴》，2006年海南统计公报。

省第五次党代会报告对海南近五年的发展做了总结："这五年，是我省经济健康稳定较快发展的五年，是社会事业投入最多、发展最快的五年，是城乡面貌发生大变化的五年，是人民群众得到实惠最多的五年，也是我们思想越来越统一、凝聚力越来越强的五年！成绩来之不易。"这个总结是符合实际的。回顾建省办特区的20年的实践，要十分珍惜近几年的发展成果和发展势头，在此基础上，再用3～5年时间，海南的发展就会实现更大的突破。

3. 突出"特"字与新阶段实现海南又好又快发展的现实选择

在改革发展新阶段，海南要实现又好又快发展，给突出"特"字提出了新的课题。

（1）扩大开放与又好又快发展。海南只有围绕扩大开放这个主题，才能够实现又好又快发展。一般来说，经济的开放度和经济增长成正比，经济开放能够促进经济发展，经济开放度与经济发展之间成正相关关系。尤其是岛屿经济，在相当大程度上依赖于开放。国际上在经济自由度排名前10位的国家和地区中，只有瑞士是内陆国家，其他都是岛屿国家或岛屿地区。这说明，岛屿国家或地区在其经济发展过程中，对对外开放的依赖性相当高。海南是我国第二大岛，有岛屿经济特点，对经济开放度的依赖性相当大，经济开放度在一定程度上是海南经济发展的决定性因素。

（2）体制机制创新与又好又快发展。一个国家体制的好坏，很大程度上决定了这个国家的经济增长效率。制度是经济发展的关键因素，好的制度安排能使各类生产要素自由流动，使市场配置资源的基础性作用增强。在经济全球化背景下，经济开放度与经济自由度成正相关，政府在制度变迁中具有重要作用。中国作为一个经济体制转轨大国，制度产品是这个时代最重要、最基本的公共产品，所以政府在提供各种服务的过程中,首先要考虑的是制度性公共产品的供给,把制度性公共产品的供给解决好了,整个社会的积极因素就容易被调动起来,整个社会就有了活力、动力。

经济总量小是海南的现实突出矛盾,但不是根本性矛盾,根本性矛盾在于改革开放的相对滞后,如果仅仅把经济总量小作为海南的根本性矛盾,为了做大做强经济总量去想尽办法搞投资,而不去为做大经济总量创造体制机制基础,那就是没有抓住问题的根本,将很难找到解决问题的有效路径。我认为,改革开放滞后是海南的根本性原因,也是解决海南经济总量小的根本出路。中央要求经济特区在新形势下把制度创新作为主要任务,这是符合经济发展规律,也完全符合新阶段特区的发展现状。如果我们在现阶段,仍然把希望寄托在某些优惠政策上,那将没有出路。突出"特"字最根本的是要解决体制机制创新,只有在体制机制创新上找到出路,又好又快发展才能建立在一个可靠的基础上。另外,中央提出落实科学发展观最重要的是体制机制问题,在这个背景下,要把行政管理体制改革提到一个重要位置。

(3)特色经济结构与又好又快发展。经济结构是一个很广义的概念,既包括所有制结构,又包括产业结构、城乡结构和地区结构。良好的经济结构可以推动经济增长,经济增长加快了,又促使经济结构向好的方向发展,经济结构和经济增长是相互促进的关系。海南的特色经济结构有一个突出特点,就是在改革开放过程中形成的。热带农业是海南的特色,但如果不通过开放引进海外的优良品种,热带农业就不可能成为海南有竞争力的优势产业。同样,旅游也是在开放过程中形成了优势。

(4)独特的生态环境优势与又好又快发展。现阶段,海南独特的生态环境已经从潜在优势转变成为现实优势,在未来5~10年,环境问题将成为全球热点,海南的环境优势将凸显。

突出"特"字,就是要善于抓住机遇,加快发展;就是要积极在对外开放上有新的举措;就是要敢于不断在体制创新上有新的突破;就是要振奋精神,真抓实干,艰苦创业。所以,突出"特"字是海南实现又好又快发展的主线。

二、突出"特"字是海南进入历史发展新时期的重要机遇

省第五次党代会报告明确提出:"海南进入新的发展时期,又一次面临难得的历史机遇。"这句话是对近二十年发展的一个重要总结。突出"特"字和机遇问题是联系在一起的,突出"特"字主要就是要谈机遇,没有机遇就无法突出"特"字,同时,再次强调"特"字也是海南面临的难得的历史机遇。

1. 突出"特"字的内在要求就是要抓住发展的历史机遇

（1）我国改革开放进程与历史机遇。中国改革开放 30 年,创造了举世瞩目的发展成绩,我们可以总结若干条经验,但如果从历史高度来看,我们最重要的经验就是30 年来我们把握了三次经济全球化的重要历史机遇。

（2）海南近二十年的实践经验与历史机遇。海南改革开放进程比全国晚 10 年,1988 年建省后,中央决定在海南办比其他特区更特的大特区。海南在这 20 年期间,由于多种原因失去了很多重要机遇。今天,再次提出突出"特"字,海南又一次面临难得的历史机遇。

2. 突出"特"字是顺应时代发展的客观需要

（1）突出"特"字与改革发展的历史新起点。我国的改革发展进入历史新阶段,中央对海南有新的要求,省五次党代会报告站在历史高度对如何突出经济特区的"特"字做了全面的战略部署。

（2）突出"特"字与中央对海南工作的最新要求。2006 年 12 月份,胡锦涛总书记明确提出:"要着力突出经济特区的'特'字,努力构建具有海南特色的经济结构和更具活力的体制机制。"这成为省五次党代会报告的主题。这是新时期中央对海南的总体要求。

（3）突出"特"字与全省上下的共同愿望。经过 20 年,海南的经济发展接近全国平均水平。当前,全省上上下下最大的希望是海南在国家进入改革发展新阶段时能更好更快的发展。

3. 突出"特"字是新阶段海南发展的重要机遇

（1）国家的能源战略与南海油气资源开发。国家能源战略需求和南海油气资源开发将是未来 10～20 年海南发展最重要的历史机遇。南海目前还处于勘探和初步开采阶段,随着勘探进程和与周边国家的谈判进程的加快,油气资源开发的速度也会加快。抓住这个机遇,对提升海南在国家发展战略中的地位十分重要。

（2）"10＋1"、环北部湾区域合作与海南开放的战略地位。环北部湾区域合作中重要的是南海油气资源开发。这就提升了海南在南海油气资源开发中的重要地位。

（3）"休闲时代"与旅游产业发展。美国未来学家甘赫曼将人类社会发展的第四次浪潮预言为"休闲时代",休闲度假将成为人们生活的重要组成部分,也将成为一种主要的经济活动。从国内来看,随着整个经济社会发展水平的提高,人们的消费结构发生变化,人们在旅游度假方面的支出将逐步提升。这为海南大力发展现代旅游休闲业提供了重要的历史机遇。

(4)环境压力与环境优势。良好的生态环境已经成为发展的一大目标。在全国环境压力越来越大的情况下,海南的环境优势被凸显出来。

所以说,新阶段突出"特"字,海南有很多机遇,过去的一些潜在优势现在也逐步转化成现实优势,只要我们善于把握发展趋势,善于抓住机遇,海南未来的发展是很可观的。

三、突出"特"字是新时期实现海南
又好又快发展的主要任务

海南在发展上如何突出"特"字,有几个关键性的问题:第一,要站在全国改革发展的全局来认识海南的"特"字。如果离开了全国改革发展的全局来谈海南特色,不仅难以理解它的全局性意义,而且也难以准确认识"特"的本质。第二,要在把握时代发展背景的基础上理解"特"字。在经济全球化进程大大加快的今天,海南要赋予"特"字新的内涵。第三,要站在新的历史发展起点来研究如何突出"特"字。过去,海南已经有一些"特"的体制机制,比如"小政府、大社会",但新的历史时期,经济社会发展对体制机制建设有了新的要求。从这三方面问题出发研究海南进入新的历史发展时期如何突出"特"字非常重要。

1. 以积极、务实的精神在新时期的扩大开放中有所作为

(1)国际旅游岛。2000年我提出"为适应加入 WTO 的新形势,建议海南在产业开放上有所作为。"2001年,中改院向省委正式提出建立国际旅游岛的框架性建议。省五次党代会报告明确提出"加大旅游开放,推动国际旅游岛建设。建设以旅游开放为主要内容的综合改革试验区"。

(2)洋浦保税工业港区。洋浦最大的优势在于港口条件十分好。南海油气资源开发,可以在港口停靠、储藏,并能按照国际惯例,自由进出。把洋浦建设成保税工业港区,有利于国家之间合作开发南海油气资源,更有利于发挥洋浦在国际油气大通道中的枢纽作用。

(3)琼台农业合作。我始终在呼吁建立琼台农业合作。海南一些优良农业品种是琼台农业合作的结果。海南和台湾比,主要差在加工、保鲜、包装、储藏方面。另外,台湾农产品的国际市场份额很大,海南的农产品在国际市场中的份额太小。所以,十分需要琼台农业合作。在这方面,海南曾错失机遇。当前,琼台农业合作的潜力和空间仍然很大,关键是要付出艰辛的努力。

2. 以更大的决心和力量构建更具活力的体制机制

（1）以完善省直管县为重点的行政管理体制改革。全国行政管理体制改革的重要任务是逐步建立"省直管县"的体制。海南建省之初就实行了"省直管县"的体制。现在要进一步完善这个体制，一是在坚持全岛统一规划、统一利用资源的大前提下，处理好省和市、县的关系，这需要做大量的行政调整，比如未来三亚区划的问题和海口区划的问题，必须在行政管理体制上做出大的调整，以有利于全省统一规划和统一土地资源利用。二是在这个前提下，如何发挥省和市县两级的积极性。并在严格事权划分的基础上，加快各级政府转型的实际进程。

（2）推动农垦改革取得实质性进展。

（3）取得新阶段市场化改革的突破。海南市场化改革的任务远没有完成，甚至有的指标落在全国之后。比如，全国大多数省份基本完成国有中小企业改革。但迄今为止，海南还有50%左右的国有中小企业的改制还没完成。再比如说，海南民营经济在经济发展中的比重远远低于全国的发展水平。

（4）积极推进以基本公共服务为重点的社会体制改革。

（5）努力推进干部管理体制改革。如何建立与突出"特"字相适应的干部管理体制是未来几年海南发展中最为关键的事情。

3. 努力构建具有海南特色的经济结构

（1）进一步丰富和提升"一省两地"产业发展战略。

（2）陆海并举，加快发展海洋经济。

（3）坚持全省统一规划，逐步实现城乡一体化的经济结构。

4. 努力保持和发挥好独特的生态环境优势

（1）从全面落实科学发展观的高度，提高对保护环境的认识。环境已经不是发展的条件，而是发展的一个目标。要在优化环境的前提下促进增长。从落实科学发展观的高度看，我们必须对保护环境有全新的认识。

（2）对环境保护的现状要做全面、客观的评估。

（3）环保体制机制创新最为重要。两年前，我提出"把海南作为全国第一个环保特区"，即采取符合国际惯例的严格的法律制度安排实行环境保护。

全面建设海南特色的小康社会

全面建设具有海南特色小康社会的总体目标是：深入贯彻落实科学发展观，突出以人为本，全面协调、可持续发展，走特色之路。力争到 2018 年，把海南建设成为经济水平显著提高、居民生活比较富足、持续协调发展能力强、生态环境良好、体制机制充满活力的全面小康社会。

——2007 年

以科学发展观为指导，
全面建设具有海南特色的小康社会[*]

（2007 年 9 月）

依据胡锦涛总书记 2007 年 6 月 25 日的重要讲话和卫留成书记在海南省第五次党代会上的报告精神，在对海南全面建设小康社会现状做总体分析的基础上，提出海南全面建设小康社会的总体目标、指标体系和相关的五点建议。

一、海南全面建设小康社会的现状

1. 全面建设小康社会进程分析

（1）全面建设小康社会取得明显进展。2005 年全面小康总体实现程度为 66.3%，比 2000 年上升了 6.2 个百分点。从 2000 年到 2005 年，全面小康总体实现程度平均每年提高 1.24 个百分点。

（2）全面小康社会建设低于全国总体水平。海南全面小康总体实现程度起点高，2000 年高于全国 2.7 个百分点，2004 年始，全面小康社会总体实现程度开始低于全国，2005 年比全国低 1.9 个百分点。总体来看，从 2000 年到 2005 年，全面小康总体实现程度年均比全国低 0.92 个百分点。

（3）建设全面小康社会六大类指数与全国比较。按照国家统计局 2005 年小康社会实现情况监测的六大指数,把海南与全国的情况做比较,社会和谐指数高于全国 8.02 个百分点;资源环境指数高于全国 14.19 个百分点;经济发展指数低于全国 2.11 个百分点;生活质量指数低于全国 10.02 个百分点;民主法制指数低于全国 9.39 个百分点;科教文卫指数低于全国 9.73 个百分点。

2. 全面建设小康社会的特点分析

经过多年的努力,海南全面建设小康社会开始呈现某些特色,并为全面建设具有海南特色的小康社会奠定了重要基础。

（1）2002～2006 年经济呈现快速发展的趋势。2002 年至今,经济均呈两位数增长,尤其是 2006 年,超过了全国经济增长速度。总体概括为以下几点:一是 2002～2006 年,生产总值均以两位数增长;二是经济增长速度开始超过全国,2006 年达到 16.2%;三是从目前的发展趋势来看,未来一个时期内,经济呈现快速增长态势。

（2）海南资源环境优势突出。主要的情况是:一是海南生态环境全国第一。在全国 31 个省市、自治区和直辖市中,海南生态环境质量指数(92.6),全国排名第一。二是人均水资源量居全国第一。三是空气质量居全国第一。四是森林覆盖率全国第四。2005 年,海南森林覆盖为 48.87%,位居全国第四。全国排名较以前有所下降。五是海域污染程度最低。

（3）区域经济社会发展加快。在这里主要把近年来海口、三亚、洋浦地区生产总值占全省 GDP 的比重做了分析。主要有以下几方面:一是近年来,海口、三亚、洋浦地区经济发展加快。二是海口、三亚、洋浦三地经济总量占全省 GDP 比重加大,从 2001 年的 31.21% 上升到 2005 年的 46.11%。三是海口、三亚、洋浦三地经济呈加快发展势头。

（4）农村全面建设小康社会进程加快。这里主要从几大指标上做分析:一是 2005 年农村全面建设小康社会实现程度为 22.8%,全国为 28.2%,海南在全国排名 16 位。二是 2005 年与 2004 年相比,农村全面小康实现程度上升了 6.6 个百分点。三是 2005 年与 2004 年相比,农村全面小康实现程度增幅高于全国 10.1 个百分点。

3. 全面建设小康社会的差距分析

总体上看,海南和全国的差距比较明显。2003 年以来,海南经济连续几年以高于 10% 的速度增长,已从恢复性增长步入健康、稳定较快增长的轨道。但海南仍然是经济欠发达省份,全面建设小康社会,仍面临以下几个难点问题:

（1）人均 GDP 和居民可支配收入偏低。2005 年人均 GDP 和人均可支配收入分别低于全国平均水平 5.85 和 6.71 个百分点。人均 GDP 逐年增长,但与广东、江苏等发达地区相比,差距仍然在继续拉大。2006 年,人均 GDP 不到广东和江苏的 1/2。城镇人均可支配收入仍低于全国平均水平。农民人均纯收入与全国平均水平的差距逐渐缩小,2006 年与全国相差 331 元。

(2)经济结构不合理。从产业结构来看,非农产业比重偏低,2006 年低于全国 20.91 个百分点。从所有制结构看,私营企业的比例过低,2004 年海南是 41.2%,比全国的总体水平低了 20 个百分点;国有企业占比较高,海南为 16.7%,不仅高于广东、江苏的 1.2% 和 2.45%,也高于全国的 5.9%。从就业人口看,海南第一产业就业人口比重大幅度下降,但与全国相比,比重仍然很高,2005 年占 55.37%;第三产业就业比重大幅度增加,但比重仍然很低,2005 年占 35.90%。从城镇化率看,比全国高 2.21 个百分点,但仍偏低,分别低于广东和浙江 15.48 和 10.82 个百分点。

(3)区域发展失衡。第一,中部农村地区发展远远滞后于发展较快的中心城市区。中部欠发达地区,人均 GDP 不到海口的四分之一。中部欠发达地区城乡居民收入差距较大。琼中城乡居民收入比达到 3.88∶1。第二,县域经济的地位不断下降。县域规模以上工业产值占全省 GDP 比重,从 1998 年 63.3% 下降到 2005 年的 35%。从 2002 年开始,县域规模以上工业经济水平与市区的差距越来越大。

(4)社会事业发展相对滞后。在这里用两个指标做分析,第一,受教育程度的差距。海南省九年制义务教育普及率与全国水平相当,而且小学义务教育的巩固率在全国排名前列,但初中毕业生升高中的比例低于全国平均水平 12 个百分点,较江苏低 32 个百分点。第二,科技事业发展的差距。2005 年海南省科研经费的支出占 GDP 的 0.21%,仅为全国平均水平的 1/6。

4. 全面建设小康社会存在差距的主要原因分析

全面建设小康社会存在差距有经济、社会等多方面的原因。但最突出的矛盾是经济发展滞后的影响。

(1)经济发展滞后是影响全面小康社会进程的主要因素。按照国家统计局 2005 年的指标计算,海南全面小康社会实现程度落后全国 1.9 个百分点,把各种因素算在一起得出的结论是:经济因素对全面小康社会进程的影响大约在 45%～50%。也就是说,一半左右的差距来源于经济发展的相对滞后。

(2)中部地区经济发展滞后是制约全面小康社会进程的重要原因。从 2001～2005 年,中部地区六市县 GDP 总和呈平稳上升趋势,但在全省 GDP 所占比重却呈下降趋势。中部地区占全省 GDP 比重从 2001 年的 8.19% 下降到 2005 年的 7.67%。2005 年,中部地区人均 GDP 约为全省人均 GDP 的 1/2,人均收入只有海口市的 1/4。

（3）居民平均可支配收入低在很大程度上影响了全面小康社会进程。2005 年，海南居民人均可支配收入对全面小康社会进程的影响约为 7% 左右。

二、全面建设具有海南特色小康社会的基本思路

1. 总体目标

深入贯彻落实科学发展观，突出以人为本，全面协调、可持续发展，走特色之路。力争到 2018 年，把海南建设成为经济水平显著提高、居民生活比较富足、持续协调发展能力强、生态环境良好、体制机制充满活力的全面小康社会。

（1）以加快经济发展为主线。在这里概括地提出三个目标：第一，经济水平显著提高，全省生产总值达到 3000 亿元，年均增长 9.7%。第二，人均生产总值达到 32000 元，年均增长 8.6% 以上。第三，到 2012 年，人均 GDP 达到全国中上水平。

（2）着力改善民生，明显提高居民生活质量。这里提出四个指标。第一，居民健康更加改善，平均预期寿命达到 75 岁以上。第二，城镇人均可支配收入达到 20000 元，农民人均纯收入达到 8000 元，人均收入水平，尤其是农民人均纯收入远超过全国水平。第三，平均受教育年限达到 10.5 年。第四，基本社会保障覆盖率达到 80% 以上。社会就业比较充分，覆盖城乡居民的社会保障体系基本建成。

（3）突出"特"字，走海南特色之路。特色是比较优势，是竞争力。突出"特"字要做好以下三个方面的工作：第一，发挥特色经济结构的比较优势。第二，保持优良的生态环境。第三，体制机制充满活力。

2. 建立本指标体系的主要依据

在总体目标的指导下，我们的研究报告设计了框架性的指标体系，这个指标体系的主要依据是：

（1）适应以科学发展观为指导全面建设小康社会的要求。

（2）立足于海南全面小康社会建设的客观要求，反映海南实际。

（3）参照国家有关部门和其他省份的指标体系，与全国相衔接。有关部门的指标体系制定，主要包括四方面：第一，2005 年国家统计局建立的全国全面建设小康社会统计监测指标体系；第二，国务院发展研究中心课题组 2004 年提出的全面建设小康社会指标体系；第三，国家发改委小康指标体系课题组 2007 年提出的全面建设小康社会指标体系，这个指标体系目前还在研讨过程中，我们参考了其初稿；第四，不同省份的指标体系。江苏、浙江、福建的指标体系。

（4）与国际上衡量人类发展程度比较通用的指数接轨，便于国际比较。参照了联合国开发计划署建立的人类发展指数（HDI）。包括人均国民生产总值、预期寿命和教育程度三方面指标。

3. 指标体系的设计

参照以上各个指标体系，我们从经济水平、社会发展、生活质量、生态环境、制度环境5个方面设置24个框架性指标。在经济发展水平指标上，设置了5项指标：人均地区生产总值、服务业增加值比重、城镇化率、城乡居民收入比、地区经济发展差异系数。在社会发展水平指标上，设置了5项指标：平均受教育年限、基本社会保障覆盖率、城镇调查失业率、5岁以下儿童死亡率、城乡最低生活保障人口比重。在生活质量水平上，设置了5项指标：平均预期寿命、城镇居民人均可支配收入、农村居民人均纯收入、恩格尔系数、人均住房面积。生态环境方面，设置了5项指标：水质量综合指数、空气质量、万元GDP综合能耗、森林覆盖率、自然保护区面积占国土面积的比重。在制度环境上，设置了4项指标：市场化程度、对外开放度、社会安全指数、廉政指数。

4. 指标体系的特点

这份框架性的指标体系有四个特点：第一，以经济发展为主线；第二，着力解决民生问题；第三，突出生态环境保护；第四，营造经济特区的制度环境。

5. 实现程度分析

（1）全面建设小康社会指标实现态势总体良好。利用本指标体系对海南全面建设小康社会的实现程度进行测算，2005年实现程度为71.8%，这个测算结果比按国家统计局制定的指标体系测算的结果高出5.5个百分点。

（2）全面建设小康社会的优势明显。第一，实现程度在90%以上的指标有：城乡居民收入比、平均预期寿命、5岁以下儿童死亡率、空气质量、万元GDP综合能耗、森林覆盖率。第二，实现程度在80%左右的指标有：服务业增加值比重、城镇化率、地区经济发展差异系数、平均受教育年限、城镇调查失业率、城乡最低生活保障人口比重、恩格尔系数、人均住房面积、社会安全指数。

（3）实现全面小康社会目标的难点。主要集中在5个"偏低"上：第一，人均GDP水平偏低；第二，基本社会保障覆盖率偏低；第三，城镇居民人均可支配收入偏低；第四，农村居民人均纯收入偏低；第五，对外开放度偏低。

三、海南全面建设特色小康社会的相关建议

1. 加快经济发展

(1)保持较快的经济增长速度是海南全面实现小康的首要关键。第一,如果海南能继续保持人均生产总值8.6%以上的增长速度,2018年就能达到全面建设小康社会的人均GDP的指标要求,这将是加快实现海南全面建设小康社会的重要基础。第二,有效实施"大企业进入、大项目带动"战略,以大项目支撑大产业、以大产业支撑扩张海南经济总量、提升质量,是近期5～10年快速提高人均地区生产总值的路径选择。在这个问题中,控制人口规模也很重要,如果人口规模增长过快,人均地区生产总值就会受到影响。

(2)以特色的经济结构提高居民收入水平。第一,第三产业是就业程度相对广泛的产业,也更能直接地提高从业者收入。以加快推进国际旅游岛建设为载体,把以旅游业为龙头的现代服务业打造成支撑海南长远发展的重要支柱产业,大大提高现代服务业的增加值比重。第二,大力发展热带绿色高效农业,加快推进农业结构调整,建立农业投入稳定增长机制,提升农业产业化水平,明显提高农民收入。

(3)以环境优化经济增长。第一,良好的生态环境,是海南特有的资源优势,是海南的生命线,是海南发展的根本。第二,努力在建设资源节约型和环境友好型社会中走在全国前列,充分发挥良好的生态环境对可持续发展的直接拉动作用。第三,创新环保的体制机制,保持生态环境全国领先,全省进入生态良性循环的新阶段。

(4)控制人口规模,实现人均资源效益。第一,海南人口规模较小,资源丰富,人均资源占有率相对较高,具有明显的可持续发展能力和后发优势。第二,维持低生育水平,严格控制外来人口,有效缓解人口、资源、环境压力,使经济发展与人口、资源、环境相协调,以实现人均地区生产总值的较快提升。

2. 构建具有特色的经济结构和更具活力的体制机制

(1)建立特色的经济结构。第一,大力发展热带高效农业。第二,构建具有海南特色的新型工业体系,积极引进高新技术产业。第三,把以旅游业为龙头的现代服务业打造成为支柱产业。第四,发展海洋经济,合理开发和利用海洋资源,建设海洋经济强省。第五,着力提升非公有制经济比重。第六,坚持全省统一规划,形成合理的区域经济布局。

(2)保持和发挥好独特的生态环境优势。第一,坚持"生态立省",发展循环经

济,走可持续发展道路。第二,尽快对生态环境进行全面评估,加强环境综合治理力度。第三,探索环保的体制机制创新,积极争取建立环保特区。第四,建立生态补偿机制。

(3)构建更具活力的市场经济体制。市场化指数和经济发展大体呈正相关关系。《中国市场化指数:各地区相对市场化进程2006年报告》显示,海南市场化指数近些年大幅下降,在全国排名由2001年的第8位,下降到2005年的第20位。在市场化指数的23个基础指标中,海南有18项指标在全国的排名位次都有不同程度的下降。作为经济特区要加快市场化改革,强化"特区"意识,重塑"特区"理念,在体制创新上先行先试,以更具活力的体制机制促进又好又快发展。

(4)在对外开放上走在全国前列。按照国家统计局全国全面建设小康社会统计监测指标体系计算的结果,海南省全面小康指数66%,而对外开放度比全面小康的指数要低,仅为58%左右。只有把提高经济开放度作为经济工作的重中之重,才能形成独特的优势,推进又好又快发展。当前要充分抓住南海资源开发的重要机遇;加快建设"国际旅游岛";加快建设洋浦自由工业港区;积极融入"10＋3"、"9＋2"、环北部湾区域合作。

3. 着力加快中部地区的经济社会发展

(1)加快基础设施建设,为推进经济社会发展奠定基础。

(2)以教育扶贫为重点,加大教育经费投入,改善农村医疗卫生条件,不断推进文化事业发展,提高中部地区社会事业发展水平。

(3)积极争取国家对海南生态补偿的财力支持,加大对生态效益地区转移支付力度,建立对重点生态区的专项资金支持模式,并开征生态环境费(税),设立"生态补偿与生态建设专项资金"。

4. 以区域协调发展为重点,促进城乡统筹发展

从现状来看,要加快建设具有海南特色的小康社会的实际进程,最重要的是以区域协调发展为重点,促进城乡统筹发展。

(1)以市带县,加快海口功能区与三亚旅游经济区建设。第一,扩大海口功能区。以海府地区为中心,西推东进至马村、老城、南丽湖,循序扩大城市空间。为了城市的相对均衡发展,海口的功能分区和空间布局应为:分解城市中心功能,分散布局各类中心,形成多中心的城市格局。第二,建设"三亚旅游经济区"。建立三亚市、陵水县、保亭县、乐东县等4个市县的经济合作关系,以三亚市为中心、以旅游为重点、以城乡统筹发展为目标的"三亚旅游经济区",实行"以市联县"的特殊管理体制,带

动南部地区经济社会全面、协调、持续发展。现在,如何扩大海口功能区,又将是我们面临的新问题。从海南的区域发展情况看,海口、三亚、洋浦在全省的经济地位明显,并且未来地位的提升的速度会越来越快。

(2)创新区域与产业结合发展模式,规划五大产业功能区。全省一盘棋统筹规划5大产业功能区:北部城市综合产业功能区、东部滨海旅游综合功能区、南部热带滨海旅游功能区、西部天然气石油化工产业功能区、中部生态保护与生态农业功能区。

(3)坚持全省统一规划。通过统一规划、整体部署,形成城乡互动、优势互补、相互促进、共同发展的区域经济格局。第一,坚持城乡统一规划,注重城市规划与区域发展规划、土地利用规划、重大基础设施规划的有机衔接。第二,坚持基础设施统一规划,提升设施配套功能。第三,坚持重要资源统一规划和配置。第四,坚持产业布局统一规划。这样的统一规划涉及到海口、三亚与周边县市的关系,我们提出"以市带县",首先是有利于县域经济的发展,比如在统筹规划、统筹基础设施、统一土地利用的基础上,县级土地利用的价值可以得到明显的提升。所以,这样的统一规划首先有利于海口、三亚及周边县市的县域经济发展,更有利于未来海南全省以区域统筹为重点,走出一条城乡统筹发展,加快实现有特色的全面小康社会之路。

(4)整合旅游资源,推进城乡区域一体化建设。以建设海南国际旅游岛为契机,把整合全省旅游资源与统筹城乡发展相结合,通过区域联动、优势互补,实现旅游资源有效整合和优化配置,促使海南走出一条城乡统筹发展的新路径。

5. 全面建设小康社会的组织实施

(1)高起点编制《海南全面建设小康社会总体规划》。

(2)科学制定《海南全面建设小康社会评价指标体系》。

(3)建立全省全面建设小康社会的监测体系。

紧紧依靠制度创新和产业开放
全面建设海南小康社会[*]

（2002 年 12 月）

一、在制度创新扩大开放方面走在
前列与全面建设海南小康社会

加入 WTO 及中共十六大召开以后,我国的改革开放出现了一个突出的特点,即开放倒逼改革。正如中共十六大报告提出的"以开放促改革促发展"。这个重要思想,对经济特区具有特别的指导意义。

1. 我国的改革开放进入新阶段

中共十六大报告提出,我国加入 WTO,对外开放进入新阶段。我国对外开放新阶段发生了哪些大的变化,会出现哪些大的发展趋势? 我概括了三大变化:第一,从一般政策性开放走向全面的制度性开放;第二,由局部的开放走向全方位的开放;第三,由一般竞争性领域的开放走向以金融保险为重点的服务业及基础领域的全面产业开放。

在我国对外开放新阶段,经济特区如何继续在开放方面走在全国的前列,我认为有可能在三个方面发挥作用:第一,在实现全面的产业开放方面走在全国的前面。下

---

[*] 在"海南省领导干部培训班"上的演讲,2002 年 12 月 26 日。

一步,在中国加入 WTO 实行全面产业开放的大背景下,海南能否在产业开放方面走在全国的前列,这是海南经济特区一个很重要的课题;第二,在祖国大陆同港澳(包括在条件成熟下的台湾)实现区域贸易自由化的进程中发挥自己的特殊作用;第三,在推进我国与东盟贸易自由化的进程中发挥自己的独特作用。

我国加入 WTO,改革开放进入新阶段。我两年前提出,"开放倒逼改革",我国加入 WTO 是第二次开放、第二次改革。第二次开放将推动第二次改革,改革面临新的突破。

当前,改革已进入以全面调整利益关系为重点的总体攻坚的新阶段。全面调整利益关系,既需要兼顾各种利益关系,更要冲破某些既得利益集团所形成的阻力。为此,需要推进结构性改革。

贯彻中共十六大提出的"以开放促改革促发展"的方针和"鼓励经济特区和上海浦东新区在制度创新和扩大开放等方面走在前列"的要求,海南的改革应从一般的政策调整转向制度创新,改革必须到位,改革必须彻底,改革应在更高的层面上展开,建立与国际多边贸易体制相衔接、与国际管理相适应的市场经济体制。

2. 依靠改革开放加快经济社会发展是海南建省办经济特区近 15 年的基本经验

建省前,海南经济条件和人民生活水平在全国都较为落后。随着建省办经济特区,中央赋予一系列的优惠政策和改革开放的试验权,海南进行了改革的超前试验,并从多方面取得丰硕成果,社会主义市场经济体制已初步形成。海南市场化改革的超前试验在全国也产生了广泛的影响。海南率先在全国实行"小政府、大社会"的行政体制改革,进行了包括精简机构人员、转变政府职能、减少行政审批等一系列改革探索并初有成效。

海南积极推行以建立现代企业制度为主的企业改革,曾对 300 多家企业进行规范化的股份制改造。1992 年以来,先后颁布实施《海南经济特区股份有限公司条例》、《海南经济特区有限责任公司条例》、《海南经济特区股份合作企业条例》,率先以立法形式确立股份制企业市场主体的法律地位。海南率先在全国以立法形式推行国有企业公司化改造,积极探索国有经济的实现形式,并已取得初步成效。

海南注重培育和发展各类商品市场和生产要素市场,初步形成统一、开放的市场体系。1990 年在全国率先实行粮食购销同价改革,放开粮食价格。1992 年率先取消主要生产资料价格的双轨制,实行计划价格与市场价格并轨。

从 20 世纪 90 年代初开始,海南率先推行社会保障制度改革,初步建成以公积金为主、以个人账户为辅的全社会统一社会保障模式。1993 年至 1995 年,先后颁布实施了《海南经济特区城镇从业人员养老保险条例》、《海南经济特区城镇从业人员失业保险条例》、《海南经济特区城镇从业人员工伤保险条例》、《海南经济特区城镇从业人员医疗保险条例》。

海南利用国家授予的地方立法权,在规范市场主体、维护市场秩序、加强宏观调控、完善社会保障、促进对外开放等方面初步形成了与社会主义市场经济运行相适应的法律框架体系。

回顾海南改革的历程,制度创新形成了海南的后发优势。对此,应当有充分的估计和客观的评价。对海南房地产的发展也应有客观的分析与评价,它有经济发热、"泡沫"的一面,也有适应当时经济发展需要的一面,不要把一切统称为投机行为,应对企业的投资发展热情给予符合实际的评价。

1995 年之后海南的改革进展缓慢,许多改革措施实际上是方法、政策上的调整,改革不到位,改革不彻底。原先处在全国前列的重要改革滞后于全国许多省市,集中表现为:非国有经济发展滞后,市场发育程度滞后,政府改革滞后。据《中国市场化指数:各地区市场化相对进程 2001 年报告》,2000 年海南"非国有经济发展"指标,全国排名第 14 位;"非国有经济在工业总产值中所占比重"指标,全国排名第 16 位;"市场配置经济资源的比重"指标,全国排名第 17 位;"价格由市场决定的程度"指标,全国排名第 17 位;"减少政府对企业的干预"指标,全国排名第 27 位;"缩小政府规模"指标,全国排名第 25 位;"市场中介组织的发育"指标,全国排名第 18 位。

3. 全面建设海南小康社会对制度创新、扩大开放提出新的要求

关于全面建设海南小康社会,目前我听到的议论概括起来有三种:第一,如果全国能够实现全面建设小康的目标,海南就没有问题,即可与全国保持同步;第二,根据数字分析,海南在 2020 年以前实现这一目标有困难;第三,海南有可能提前几年实现全面建设小康社会的目标。

全面建设小康社会,我们所面临的主要任务可以简要概括为"三个过渡、四个要求"。即由低水平的小康向较高水平的小康过渡,由不平衡的小康向平衡的小康过渡,由不全面的小康向全面的小康过渡;全面提升经济建设、政治文明建设、文化建设和可持续发展建设。

经济方面的主要检验指标有四大类:一是人均 GDP 由现在的 1000 美元左右达到 2020 年的 3000 美元左右;二是建立起比较完善、开放的市场经济体制;三是城市化率达到或不低于 50%;四是人民物质生活方面的要求,主要是指中等收入者的比重不低于 40% 或者在 40% ~ 50% 之间。

海南有无可能领先于全国提前几年实现全面建设小康社会的目标?海南如果以

略高于7%的增长速度发展(全国要以不低于7%的年均GDP增长,才能在未来的17年实现全面建设小康社会的目标),其结果可能是,2020年当全国人均GDP达到3000美元时,海南却达不到;相反,可能拉大与沿海先进地区的差距。海南若按翻两番的速度发展,即2010年全省GDP比2000年翻一番,2020年GDP比2010年再翻一番,情况是,2020年海南人均GDP为2566美元,比人均GDP 3000美元的标准尚差434美元。我们测算,如果未来20年海南经济以年均9%或10%的速度增长,可望于2018年或2016年提前达到人均GDP 3000美元的目标。

我们需要研究在全国保持7%左右的增长速度,在沿海和发达地区不低于8%的增长速度时,海南有无可能达到9%或10%左右的增长速度。若能保持9%～10%的年均增长速度,海南才能够实现中共十六大提出的有条件的地方可以通过制度创新和对外开放走在前列,提前实现全面建设小康社会的目标。有无实现这一目标的可能性及路径依赖何在? 需要我们做出实事求是的判断,并提出切实可行的措施。

二、实现产业开放的突破与全面建设海南小康社会

海南现有经济基础及其岛屿经济的特点,决定了未来20年要保持快速增长,根本出路在开放。海南能否在对外开放方面走在前列,关键在于要抓住机遇,在实现产业开放方面取得重大突破。

1. 关于建立海南国际旅游岛

我国加入WTO,海南经济进一步发展最具关键性和可操作性的行动计划就是建立国际旅游岛。它涉及到五个方面的问题:第一,实行免签政策;第二,对外国旅行社全面放开旅游业务;第三,扩大旅游相关产业的开放度;第四,实现旅游主要产品的零关税;第五,利用外资参股,把凤凰机场或美兰机场扩建成国际航空港。如果这个建议能够实行,估计经过5～8年的努力,旅游业占全省GDP的比重将从目前的16%提高到30%左右,并真正成为全省的支柱产业。与此同时,对于房地产业的发展将产生明显的拉动作用。此外,对扩大社会就业也将产生重要作用,预计到2010年以后,旅游业的从业人员将达到33万到40万之间。旅游产业的全面开放,不仅会带动房地产业的发展,而且会逐步拉动海南农产品加工业以及各种相关服务业的发展。

2. 关于农业产业的开放

我们在1991年就开始策划,并于1993年提出琼台农业项下自由贸易的建议,使海南在农业产业方面与台湾建立更紧密的贸易关系。这件事曾轰动一时,后来因多

种原因搁置了。我国加入 WTO,海南在农业产业开放方面还有一个重要的机遇,即中国与东盟"10＋1"自由贸易区的建立。从 2003 开始,中国与东盟在农业等项下逐步实现自由贸易关系,农业的某些产品将逐步实行零关税。有人认为,中国与东盟建立自由贸易区对海南来说是挑战和压力,因为东盟的农产品比海南好又便宜,可以直接进入大陆市场,海南农业缺乏竞争力。我不这么认为,对海南来说,有两个方面的重要机遇:一是如果"10＋1"农业项下某些产品获得零关税以后,台湾已经南下的农业企业会调头转向中国大陆。海南应尽早成为连接大陆市场和东盟市场的重要加工基地和种养基地。从地理位置等多方面分析,海南是重要的选择之一,或者说主要的选择地。二是东盟一些大的农业企业想进入中国大陆市场,除了部分本土农产品打入中国大陆外,一些特殊农产品或加工产品需要在大陆建立生产、加工、出口基地。海南岛因自然资源和所处的特殊地理位置将很有可能扮演这种基地的角色。

3. 关于海南油气资源的开发利用

随着南海油气资源的开发和利用,中外合资、合作的可能性不仅存在,而且具有现实性,并且在一定条件下有逐步扩大的可能。这对海南下一步的经济增长有重大意义。

4. 关于把洋浦建成以资源加工业为重点的综合性工业基地

应该利用洋浦的区位优势和资源优势,加快建成以资源加工业为重点的综合性工业基地。

5. 关于博鳌亚洲论坛和海南的产业开放

博鳌亚洲论坛一个很重要的意义在于,它能够大大提升海南的知名度和开放度。旅游的发展离不开知名度,有了知名度就会促进旅游。要利用好博鳌亚洲论坛进一步推动海南的对外开放。

以上 5 个方面的建议,其中最迫切、最直接、最现实的就是建立海南国际旅游岛的计划。

三、加快制度创新进程与全面建设海南小康社会

1. 大力发展混合所有制经济,实现企业改革的新突破

海南在建省办经济特区之初,混合所有制经济发展起步早、比例高。对当时拉开

全国股份制改革的序幕起到了重要的促进作用。首先,海南第一个在全国出台了股份公司、有限责任公司的管理条例。第二,海南最早提出建立以股份制为主体的现代企业结构。第三,海南形成了最早一批股份制的民营企业。后来,由于宏观经济形势发生变化,再加上海南的经济状况等多种原因,使得混合所有制经济的发展受到了严重的挫折。到现在为止,海南在混合所有制经济发展方面落在了许多省区的后面。例如,到2001年年底,海南全社会投资中80%是国家投资,而在一些发达地区正好相反,80%是社会和民间投资。这就说明一个问题,即投资主渠道还是国家,投资规模肯定很小。海南要发展混合所有制经济,出路就在于:

(1)努力营造民营经济发展的良好氛围。如果民营经济在海南整个经济比重中没有明显的提高,海南实现经济的持续增长是不现实的。民营经济的增长速度快,海南经济的发展速度就快。目前,省政府、省人大正积极采取若干措施,为民营经济创造发展的外部空间,包括立法问题、各种条例的制定等。

(2)尽可能创造条件,鼓励和支持各类股份制经济的发展。第一,采取相关措施重组现有的股份制企业;第二,支持海南的民营企业,以它们为主体大力发展混合所有制经济;第三,为新到海南的民营企业创造良好的发展环境。

(3)农垦改革问题。海南的农垦改革长期处在徘徊的局面。我几年前提出,农垦改革"股份化、民营化、地方化"的思路。把农垦优良资产部分整合起来,组成股份制企业,使之尽快地成长起来,以此带动农垦相关产业的发展,并使相当一部分产业实行民营化。学校、公安等应当实行属地化管理。农垦的改革不能再拖下去了,再拖就会进一步降低农垦在全省经济中的比重。

2. 积极培育和扩大中等收入者比重,实现收入分配制度改革的新突破

北欧是比较典型的高福利制度国家,但它不仅仅是福利制度与政策的安排,更是一个基本的经济社会制度的安排。北欧的中等收入群体已达到80%左右,也即80%的中等收入群体实现了共同富裕,这正是我国的改革所要追求的目标。

下面来研究我国的收入群体问题。第一,我们要全面建设小康社会,中等收入者的比例到2020年时应该努力占到整个社会的40%左右。中等收入者的比例现在的情况有三种算法:一种是16%,一种是18%,还有一种是19.6%。就是说,在不到20年的时间里,每年中等收入群体的比例要扩大1.5个百分点,才有可能到2020年时使中等收入群体的比例达到40%或略高于40%。第二,划分不同群体应主要以收入水平为基本标志。我国正处在经济体制转轨的关键时期,重大利益关系的调整和相关的社会分配政策正处在不断地改革和变化之中。正如中共十六大报告提出的许多

重大利益关系尚未理顺。在这样一种情况下,阶层的划分是比较困难的,有很多不确定的因素,尤其是制度的不确定因素。因此,在我国特定的经济社会转型时期,应以经济的收入来源作为划分不同收入群体的主要标志。

海南要实现全面建设小康社会的目标,我们面临的主要任务是:

(1)对收入分配制度改革做出重大调整。按照中共十六大报告提出的,放手让劳动、知识、技术、管理和资本等一切创造社会财富的源泉充分涌流出来,确立劳动、资本、技术、管理等生产要素参与分配的原则。海南有无可能在此方面先走一步? 如果我们能够确实地研究一些实际问题,能够在这些问题上有所突破,海南就有可能吸引和留住各类技术和管理人才。如果我们真正能够按照中共十六大确定的基本原则把这个问题解决得好一些,海南不愁没有人才。

(2)充分发挥政府的作用。政府要放开所有制,调控收入分配权。中共十六大报告讲到国有资产管理改革,这是一个很重要的突破。但是现在有个倾向,即以此为由,重新建立机构,然后把企业管得死死的。我认为中共十六大提出的国有资产管理改革,第一个目的是有利于国有资本的运营,实现国有资产增值保值的目标。第二是有利于企业的独立性。离开这两条容易造成新的政企不分,并由此容易形成新的腐败。

(3)加快产权制度改革。产权制度改革在我国转轨时期,对于理顺重大利益关系,推动分配制度改革有着特殊的作用。

3. 以提高农民收入为目标,实现农村改革的新突破

中共十六大报告提出要提高农民收入。加入 WTO 以后,我国农业暴露出来的问题主要不在于农产品的竞争,而在于农民收入问题。这些年农产品增加了,但农产品的价格不断下跌,农民的收入就受到影响。单纯从农业入手解决农民收入问题,已经很困难,必须寻找新的出路。

(1)逐步全面取消农村的税收制度安排。对农民直接征收农业税、特产税和屠宰税以及耕地占用税的国家在世界上并不多。如果我国能尽早把这件事情解决好,对农民来说就等于解脱了沉重的枷锁。

(2)在基层政权改革上做出新的制度安排。乡一级有无必要建立庞大的党政机关,有没有可能性把它变为一个乡公所。如果这个事情能够很好地解决,对于解放农村的生产力会有极大的作用。

(3)把土地彻底交给农民。目前《土地承包法》已经出台,关键在于逐步使之规范化,并在条件成熟的情况下,允许耕地使用权抵押。这样就实现了赋予农民长期而有保障的土地使用权的目标。

（4）加快县一级的综合改革。

4. 继续按照"小政府、大社会"的要求,实现政府改革的新突破

我国是一个经济转轨的大国,加入 WTO 直接对政府提出挑战。我国的市场化改革走到今天,政府的职能必须要转换。政府在制定规则、遵守规则方面的作用,在很大程度上决定着市场化改革的成败,决定着市场化改革的进程。从这个意义上说,我国加入 WTO,政府改革成为重点。

现在提到软环境建设就会谈到政府机关的形象和效率问题。我们按照每万人中占有的公务员数量看,海南要高于全国其他地区。从这个意义上说,我们现在已不是一个"小政府"。如果我们能够在政府的形象和效率方面确实采取一些可行的措施,由此大大降低企业的交易成本,给企业和个人创造干事情、干成事情的社会氛围,我们就能够树立"小政府"的良好形象。海南政府改革的一个重要目的就是软环境的建设问题。

四、创新的思路、创新的精神状态与 全面建设海南小康社会

按照中共十六大的要求,海南在全国提前几年实现全面建设小康社会的目标是有可能的,我们应当有这个信心。

1. 海南有条件、有可能实现经济的持续快速增长

第一,海南有较好的发展前景,经济走出低谷,已经进入恢复性增长阶段,并将在近一两年步入持续快速增长的阶段;第二,海南具有独特的资源和地理环境;第三,海南走可持续发展的道路,优势巨大。海南完全可以创造一个良好的制度环境,事在人为。

2. 创新的思路

紧紧把握经济持续快速增长的目标,想办法、制定政策、出台法规。海南是我国最大的经济特区,我们要从经济持续快速增长的目标出发,无论在对外开放和制度创新方面,都要争取走在全国的前列。

3. 在统一认识的前提下,采取实际行动

海南建省办特区到现在近 15 年了,我们失去了许多重大的机遇。目前,关键是统一思想,抓住机遇,确实采取实际的行动步骤。例如,尽快抓紧实施国际旅游岛计划。这样,海南的进一步发展就大有希望。